# 山花今烂漫　何须绘麟阁

黄祖洽　黄　萌　编著

中国原子能出版社

**图书在版编目（CIP）数据**

山花今烂漫　何须绘麟阁 / 黄祖洽，黄萌编著 .
—北京 ：中国原子能出版社，2024.10

ISBN 978-7-5221-3614-1

Ⅰ.K826.11-53

中国国家版本馆 CIP 数据核字第 2024YG0682 号

**内容简介**

本书是黄祖洽先生百年诞辰纪念文集，共分三部分：第一部分收录黄祖洽对往事的杂忆和历年来写过的一些杂文、杂诗（词、联）；第二部分是黄祖洽长女黄萌在父亲的部分口述内容及对一些相关专家的访谈和调研的基础上，对父亲从事国防科研工作经历的系统回顾；第三部分则选用部分黄祖洽师友和学生的回忆、怀念文章。本书比较全面地反映了一位功载史册的物理学家的成长轨迹，以及伴随时间推移、世事变迁，他对事业、人生的不懈思考与追求，勾勒出一位谦虚、严谨、认真、执著、淡泊名利的科学家、教育家画像。

**山花今烂漫　何须绘麟阁**

**出版发行**　中国原子能出版社（北京市海淀区阜成路 43 号　100048）
**责任编辑**　陈　喆
**装帧设计**　侯怡璇
**责任校对**　刘　铭
**责任印制**　赵　明
**印　　刷**　北京天恒嘉业印刷有限公司
**经　　销**　全国新华书店
**开　　本**　787 mm×1092 mm　1/16
**印　　张**　22.625
**字　　数**　362 千字
**版　　次**　2024 年 10 月第 1 版　2024 年 10 月第 1 次印刷
**书　　号**　ISBN 978-7-5221-3614-1　　**定　价　88.00 元**

**网址：http：//www.aep.com.cn**　　**E-mail：atomep123@126.com**
**发行电话：010-88828676**

# 序：寄情科学　淡然处世

黄祖洽先生是我国卓越的物理学家、教育家，值此百年诞辰之际，由黄祖洽先生和其女儿黄萌女士共同编著的《山花今烂漫 何须绘麟阁》一书的出版，汇集众声，让我们了解一个更为立体、更为鲜活的先生，这是一件十分有意义的事。

黄萌女士希望由我来作序。对此，在荣幸之余，又有些迟疑，我担心自己没有这个资格。黄祖洽先生是我所敬重的领导、老师，但由于工作性质的原因，我对他研究领域的学术工作了解十分有限，不能很好地阐述先生一生的重要贡献。但黄先生的人格魅力、科学精神，却对我有着深远的影响。因此，我就写写我和黄先生交往中的几件小事。

黄先生是为我国原子能事业和战略核武器设计立下不朽功勋的理论物理学家。他和彭桓武先生一起奠定了我国核反应堆理论和设计的基础；为我国原子弹、氢弹的原理探索和战略核武器的研究设计率先开路，贡献卓著。同时，他为我国物理学基础研究殚思极虑，锐意开拓，广育人才，无私奉献。

上世纪 60 年代初，黄先生在原子能研究所受命组织"轻核理论组"，从事氢弹的理论预研，为了加强原子弹和氢弹预研工作的联系。1961 年底，黄先生接受组织安排，分出一半时间在核武器研究所兼职，担任九所一室（即理论部前身）副主任。钱三强先生再三嘱咐他："你要做一个'半导体'，原子能所的一些什么东西，你可以提供给核武器研究所这边；但是这边的工作呢，是一点不能透露。"大家开玩笑叫他"半导体"。因此，黄先生是我国早期唯一同时在研究氢弹和原子弹的专家。他在中子输运理论、状态方程、设计原子弹关键部件之一的点火中子源等方面做了许多卓有成效的工作，为中国第一颗原子弹的成功爆炸作出了卓越贡献。突破原子弹之后，九所主力转向氢弹的突破，黄先生领导的轻核理论组的主要成员 31 人合并到九所，所有研究成果也随同他们转到九所，这大大加快了突破氢弹的步伐。

突破氢弹战斗打响，彭桓武先生带着他的三个大弟子——周光召、于敏、黄祖洽，各自带领着刚毕业的大学生们，从不同的途径来寻找突破口，天天都演算得废寝忘食。人们没日没夜地探索研究，定期分享和讨论，资历不分深浅，人人都畅所欲言，常常争执得面红耳赤。正是这种民主的学术氛围，还有那种无私的科研精神，使得于敏先生带着队伍最先牵到了氢弹的“牛鼻子”，成为我国“两弹一星”元勋。但于敏先生并不承认这份荣誉只属于自己，所以当很多人称于先生为“氢弹之父”时，他总会拒绝这个称谓，他以为这份荣誉属于大家，属于集体。彭桓武先生也是这样。氢弹科研理论突破，获得自然科学一等奖，彭先生建议把奖章和奖牌放在研究所里，他说这份荣誉是属于参加氢弹研制工作的每一位同志。彭先生同时写了一幅对联：“集体，集体，集集体；日新，日新，日日新。”实在是含义深刻，是我们突破氢弹的真实写照和成功经验。

在我眼里，生活中的黄先生是很幽默的，也很会讲故事。黄先生做科研报告时，通常引用经典古诗文开场，再从中引出报告的主题。在做报告过程中，他的讲解深入浅出，有时还带着趣味的类比，让人明白易懂，印象深刻。

在一些人印象中，黄先生对人要求严格。在对待学问、对待研究时，黄先生确实如此。倘若学生做错什么，他不会直接批评，也不会直接告诉结果，而是让他自己检查，然后再指导。

同时，黄先生对人也很平和，会毫不保留地分享自己一些重要经验。研制原子弹这份事业，对于大家来讲都是摸着石头过河。那个时候学术民主，大家经常在一起讨论。每次探讨，大家都从各自熟悉的角度提出看法和建议，有时候争论得很激烈，我感觉大家的智慧都是在这种激烈的争论中给激发出来的。有一天晚上吃过饭，我和黄祖洽去散步，谈起了这段日子专家们为一个计算结果反复讨论的这件事。老黄语重心长地跟我说："参加讨论会，不能光看热闹，不仅要注意每个人发言的内容，还得从他们的发言中悟出每个人的思维特点和学术技巧。你看，彭桓武先生有著名的 $3\approx\infty$ 公式，即把两个待考查因素的影响作比较，如果比值大于 3，就暂不考虑分母的因素，把复杂问题大大简化。程开甲和周光召则擅长用勒让德函数展开和微扰法，取零级项、一级项、二级项来分解问题，分别列出方程求解，很快能给大家一些明确的概念和思路。而何祚庥呢，他却能在激烈的争论中，冷静地思考各方的主要论点，去其偏颇，突出合理的内核，引导出一个更为完美的意见。他常常能取各家之精华，求同存异，做出一个大家都能接受的小结，或提出下一步需深入思考的问题。"

老黄说："你要特别细心去观察、思考每一个人的特长，把这些本事都学到手了，日后你可就会成为了不起的科学家啦。"黄先生的这席话，对我触动很大，尤其是我后来当了院里领导后，我清醒地意识到领导从事核武器研究这样集体性很强的科研群体，一项重要工作就是去发现每个人的优点，然后安排工作。尽量让他们在合适的场合、给合适的机会去充分施展他们自己的才能，充分发挥他们的积极性。要尊重同事，要尊重他们的劳动成就和应得的荣誉，绝不能跟他们去争名利，这样才能把大家的积极性调动起来，更好地完成科研任务。邓稼先说过，核武器事业是千千万万人共同奋斗的事业。在一个集体里，大家互相学习、互相尊重，取长补短，为了共同的目标，劲往一处使，才会使集体变得坚强有力、攻无不克。

总之，老黄的一席话，引导我在科学大道上成长、成熟，让我终生受用。

我和黄先生最后一次见面是在 2014 年 6 月，那时他已经病重住院。一天，她女儿黄萌给我打来电话说黄先生想见我，于是我急忙前往 301 医院看望黄先生。到了医院，黄萌拿着一张报纸给我看，里面有一篇报道美国关于核武器核查技术的文章。黄先生知道我在做这方面的研究，所以要把消息告诉给我。那天，他还给了我三篇他的相关的文章，供我参考。那个时候，黄先生已经说不了太多的话，很多话都是黄萌理解后转述给我。病重如此，但他心里还是惦念着我国核科学、核事业的未来。

有记者曾问我，怎么看待“有人认为，我国‘两弹一星’元勋里应该有黄先生”这个问题。我的回答很肯定：黄先生当然是“两弹一星”元勋之一，我认为获得“两弹一星”功勋奖章的专家是元勋，他们是元勋们的杰出代表；还有许多没有获得奖章的元勋。

在自然科研领域里，科研成功是贡献，科研不成功也是另外一种贡献，实验不成功后的理论数据，都会为实验成功奠定基础。一个科研项目和工程，都是一个团队和集体，只不过这个团队中，总是需要一个代表而已，就像我们院士一样，不能说我们当选了院士就比别人贡献大，其他没有当选院士的人就贡献不大，没有这个道理。“两弹一星”元勋不仅仅只是 23 个人，那是一代人，是一种精神，是“两弹一星”元勋们。

值此黄祖洽院士百年诞辰之际，最好的纪念就是让黄先生身上体现的“两弹一星”精神代代相传！

以上是为序。

胡思得

中国工程院院士

原中国工程物理研究院院长

# 目 录

## 第一部分 三杂集



## 第二部分 1950年至1980年间的科研经历

## 第三部分　回忆黄祖洽

# 第一部分

## 三杂集

# 自　序

这本集子收有我对往事的杂忆和历年来写过的一些杂文、杂诗（词、联），所以命名为《三杂集》。其实，杂忆就是回忆零星往事的杂文，杂诗（词、联）也不过是特别简短的有韵杂文。《三杂集》本来也可以叫做《杂文集》，不过这样一来，就怕有人误以为是什么文学家的《杂文集》，把它高看了。另外，我这里“三杂”的意思还可以理解为：一是成文的时间杂，有少年时期的，有成年时期的，也有老年时期的；二是文体杂，有文言、有白话、也有半文不白的书信体；三是题材杂，涉及多方面的题材，只有少量涉及我的专业——理论物理和核物理。不过，一个人的思想、观点、志趣和爱憎总会在他写作的文、诗或回忆中反映出来。这个集子虽然杂，却比较全面地反映了一个出生在上个世纪20年代的中国人，随着时间的推移、世事的变迁、知识的长进和经验的积累，精神面貌和思想感情逐步变化、发展的经历。“三杂”的第一部分是“八十杂忆”。这一部分包含了我童年、求学和工作过程中经历过的、现在还回忆得起来的一些故事。在第二部分所收录的杂文中有抗日战争年代我少年时期的一些作文，它们是母亲替我保存的；二哥又在母亲去世后清点她的遗物时，从我写给她的信中清理出他认为值得保留的一些寄给我，使我在重温这些文字的时候，能够回想起当年的生活和心态。至于和亡友访渔的一封来往信件却是他去世前寄给《九江一中学报》发表了，才保留下来的。散文若干篇，大多在不同书刊上发表过，反映我对某些科学和教育工作的看法。我本来对于“诗”是门外汉。但由于小时念过一些唐诗，不知不觉中培养出对诗的爱好。亲友中也有诗的爱好者，不时以诗相赠。所以不免在某些场合也“东施效颦”地学写几首“打油诗”，用以抒发感慨、赠送亲友或记述一时一地的经历。至于词和联则更是临时应景的即兴之作，和诗一起收在第三部分，只能算是敝帚自珍了。

读者可以发现，我这八十年的故事以及写过的杂文和诗、词、联几乎都和学习与教育有关，这也许正好说明，终生学习和终生教育的过程，实际上早已客观存在，每个人都自觉或不自觉地在实践着。现在加以提倡，当然是希望人们能把这一过程从“自在”的状态提升到“自觉”的高度，以便更好地提高总体国民素质。说起学习和教育，我觉得有个问题也值得注意：解放以来，特别是改革开放以来，我国人民的生活水平有了很大的提高，大多数的儿童和青少年具有过去无法想象的优越物质条件。这当然是好事。不过，在物质生活条件大大提高、得到家庭和社会宠爱和多方照顾的同时，有些孩子们似乎也失去了一些东西，那就是：和自然的接触被高楼大厦和汽车代步隔断了；自己动手制作简易玩具的乐趣被高价购买的现成玩具淹没了；克服困难的锻炼机会被大人的过度关心和包办代替断送了；独立思考的能力也因为运用的机会不多而退化了；由于精神空虚和手里有钱，一些抽烟、赌博甚至吸毒之类的不良习惯在少数青少年中蔓延开来。偶然看到这种现象真叫人心疼。最近党中央提出要加强对未成年人的思想品德教育，是非常及时而有针对性的。我希望这本集子里所讲述的有关我青少年时期的一些故事，也能够帮助现在的孩子们看到：生活有更多的可能性；自己想办法玩有更大的乐趣；艰苦环境可以磨炼自己的意志；经历危险和面对困难正好是锻炼自己能力的难得机遇；幸福在于正确认知和实现自己人生的价值，而不一定总是和他人所提供的优越物质生活条件相伴而来。我更希望广大的家长和教师们能从一个过来人的点滴回忆中，得到培养教育孩子的某些启发。

黄祖洽

2004年9月15日

# 一、八十杂忆

我从12岁开始离开家。以后相当长一段时间，心理上总觉得自己还是12岁，没有意识到自己已在不断长大。考虑问题也老是保持12岁的少年心态。1950年遇了车祸，出院后，头上缠着纱布条，行动迟缓，步态蹒跚，有点“老气”，不少人叫我“黄老”，我感到奇怪：自己还年轻，怎么一下子就被称为“黄老”了！后来身体慢慢恢复，承担的任务越来越多，工作忙起来也没工夫想到自己的年龄了。改革开放以后，环境变得更宽松，心情也感到更轻快。虽然还是和过去一样工作，耳边听到的表扬声却多起来。不少好心人都夸我干劲足，不像快80的人！其实我也不过是尽量用“做一个劳动者”“爱岗敬业”的要求来督促自己，不敢怠惰、偷懒罢了。近年来，随着体力衰退，倒确实有了“心有余而力不足”“年岁不饶人”的感觉。过去做学术报告、讲课，站着4个小时，边讲、边走动，还觉得神清气爽。今年站着讲两个小时的课，下来已觉足跟生疼了。看来自然规律不可抗拒，还是真老了。现在要回忆往事，不禁想到1985年7月，我随周培源教授夫妇去巴西圣保罗州坎皮那斯（里约热内卢附近）参加Pugwash Conference第35次年会的事。周老那时已83岁高龄，仍是精神矍铄，谈笑风生，在我们晚辈面前，一点也不掩饰和老伴拌嘴中“精神胜利”的乐趣。闲暇时对生活、学习和工作中的往事娓娓道来，听了颇受教益。他又说，老年人对过去事情的记忆是：“‘古代史’清楚，‘近代史’模糊，‘现代史’转眼就忘。”当时我刚年过花甲，居然也有同感，可能是我年轻时遭遇车祸，得过脑震荡，记忆力衰退更快所致。现在年将80，真体会周先生的话了，果然对青少年时代的有些经历，印象深刻，想起来还历历如画。后来的事，只有对照所能找到的有关资料片段，才能唤醒模糊的记忆，追想起来，加以叙述。否则便都是依稀仿佛，说不清楚了。例如，对几次留苏的经历，有些还有点文字记录帮助回忆，能写得具体些，有些没有依据，就只好一带而过；又如，对参加核武器研制过程中做过的、发生过的事，由于（按保密规定）个人不能保存工作记录和文字资料，时间已经过去好多年，即使还有些印象，考虑到涉及敏感问题，也是“少说为佳”了。好在《中国科学院院士自述》一书收录了我上个世纪80年代写的自述，当时记忆力还略好些，对有关经历有个概括的交代。该书已出版多年，没有听说对我那篇《自述》提到的事实有什么异议，想来没有差错。就干脆收入本文集的“杂文”部分，并在下面“杂忆”中引用了它。以下按大致的年代时序，拉杂地谈些回想得起来的往事，就算讲故事吧。

## （一）童年趣事

### 一支柳条

有一件事情发生在我很小的时候，它使我至今保持着一种对自然界一草一木的由衷爱好，一种对生命力的赞美和信任。那一年春天，大哥因被怀疑有肺病，医生建议到乡下空气新鲜的地方住一段时间。母亲便带着我们三兄弟在乡下临时租了两间茅草房，住了下来。房前有水田和池塘，水田里一大早就有农民在插秧，池塘边有几颗柳树和一些不知名的灌木，遍地是青草和野花，空气清新凉爽，小鸟唧唧啾啾地在树枝间飞来飞去，显得环境十分幽静，确实是个养病的好地方。有一天，我听母亲说了一句“有意栽花花不发，无心插柳柳成荫”，就问她什么意思？她告诉我，意思是花不好种，柳容易活。我听了就想试试柳条到底是不是容易插活，便在垂柳树上摘下一支光秃秃的绿柳条，插在池塘边的泥土里。每天早上一起来，就跑去看它有没有发出芽来，心里默默地祝告着：“求求你！一定要活起来呀！”过了两天，柳条还看不出什么变化，母亲却要回城一趟去料理家中一些事，还要带她最不放心留下的我这小儿子一块儿走。我却放心不下插在池塘边的那柳条，怕有人或畜生祸害它，便把它连同周围的泥土用手抠出来，把土团成一团，提着带有这团土的柳条，悄悄地走到茅草房旁边，找来找去，发现有一个曾经插过粗木桩的、一尺多深的空洞。便小心地把柳条放进洞里，什么人也没有告诉，就跟着母亲回城了。在城里呆了几天后，回到乡下，我首先想到我的“秘密”，赶紧跑到茅草屋旁去看藏在那个洞里的柳条。令我大为惊喜的是，柳条上居然已经萌发出小小的叶芽，它活了！我轻轻地把它拿出来，仍然连土块移栽到池塘旁边，让它在那儿更好地生长。眼看着自己亲手插下的柳条一天天长大，直到长成了一颗小树，真的好开心、好感动。我不禁赞美那柳条的坚强生命力，赞美大自然的伟大。以后我不管遇到什么困难，受到什么创伤，都会想起那柳条的生命力。它鼓励我发挥自己的意志和潜力，从许多次挫折中重新振作起来。

## 河西乡表舅家

出生在城市知识分子家庭的我，却在乡间经历过不少童年趣事。记得那时长沙市城区还局限在湘江东侧。西侧叫河西乡，有岳麓山和山南的丘陵地带。除了沿江岸有一个纺纱厂和一些小店铺外，都是星罗棋布的水田和农村庄园。我的表舅家在河西乡，是个不大不小的农庄。庄中有橘园、茶园、一些菜地和一小片竹山。他们家是以耕、读为业的旧式大家庭，三代同居。老一代是我母亲的三个舅舅（我叫舅外公）：大舅外公及其子女读过书，在外谋生，偶尔回家看看，仅留儿媳带孙子女常住家中；三舅外公有神经病，无子女；二舅外公壮年早逝，二舅外婆还健在。他们的儿子——我的表舅是个体格强壮、能挑起一百几十斤重担子，又熟悉各种农活、会经营农庄的当家人。表舅妈也十分能干，是表舅的好帮手。经常性的侍弄菜地、茶园、竹山、桔园，季节性的采茶、制茶、摘橘、挖竹笋，以及附带的养鸡、养鸭、喂猪等活计，都在表舅和表舅妈的带领和安排下，由全家人做得井井有条。表舅人极勤劳、憨厚。每年橘子收摘下来，装在箩筐里，都由他一担一担走山路挑到江边，然后坐船过河进城去卖。到了城里，有时顺便来我家看看，歇歇脚。这时母亲总要留他吃顿饭、抽两袋烟、聊聊家常。他少不了要拿出几个橘子来给我们小孩尝尝新。橘子红红的、甜甜的，又好看、又好吃。我们吃着橘子，看着他淳朴的脸和长满茧子的大手，感到表舅可敬可亲。每当母亲说想到河西乡表舅家去拜访时，我总缠着要她带我去玩。那时湘江上还没有大桥。去河西必须坐船（小划子）。一只小划子由一个船夫驾驶。他站在船尾，面向前方，两脚夹着舵，双手抓住两只长长的桨划着（不同于北京游艇上游人坐在船中，面朝船尾向后划）。这两只桨一会儿掠出水面，一会儿切入水中，随着运桨方式的不同，既能发出前进的动力，又能配合舵的摆动调节方向，必要时还能使船倒退。一只划子可以载七八个人。坐在船上，江风拂拂，很是爽快。远看天空的白云、飞鸟和江面的船只，近看船侧水中被桨激起的、向后流去的一个个漩涡，从小到大、逐渐消失，留心木浆在水中的划动和转折，感受划子在水面驰行的快慢和摆动，觉得特别有意思。从船夫划桨用力的姿态和小划子运动方式的变化，我慢慢体会到桨击水和水推舟之间作用和反作用的关系。船到西岸后，母亲牵着我走过一块狭长的跳板，下船上岸，经过河滩，爬上一个高高的、由好多级石阶梯砌成的台阶，就进入了“银盆岭”小镇。这镇上有一条由几家小饭铺和日用杂货店组成的小街。饭铺外边的长条板凳上，可以坐着歇一会儿，喝口水。出了镇，再走一两个小时的山路和田间小路，就到了表舅家。这里好玩的事儿真多。表舅的大儿子李毛应，我叫他应哥，只比我大一岁，很快就和我成了好朋友，带着我在他们庄园里跑来跑去，到处玩，一会儿到一株橘子树下，让我摘片叶子揉一揉，闻闻它那辛辣芳香的味道；一会儿到一棵毛竹边，摘下几片又长又宽的竹叶，一下子就做出个竹哨含在嘴里吹，或是灵巧地做成一只小小的竹叶划子，让它在木盆里水面上飘来飘去。如果去的时候是暮春天气，他会带我到已经采过茶的茶树丛中，摘下一朵小小的白花，让我试着吮吸，品尝花蒂中蕴含的蜜。中秋前后时光去，隔老远就可以闻到浓郁的、甜甜的桂花香。那是他们家房屋旁边种的两棵大桂花树，用开满枝头、一簇一簇的桂花在迎接我们。应哥告诉我，这两株桂花树每年可以产出几十斤桂花，收起来挑到城里去，能卖不少钱哩。他还告诉我，桂花树有两种：一种是像他们家开银白色小花的，叫银桂；另一种是开金黄色小花的，叫金桂。不管是不是开桂花的季节，爬到树上，在枝杈比较平整的所在坐着呆一会儿，都是惬意不过的事。在表舅农庄停留的几天，应哥领我看、给我讲了许多在城里看不见、听不到的新鲜事儿。上面提到的还只是一个开头，下面我还要说到有关他家橘园、茶园和竹山的有趣故事。这些见闻在我小脑袋瓜里留下了极深的印象。不过，令我最不能忘怀的还是我的童年好伙伴——应哥本人。他年纪小小的，就懂得那么些事，又会干许多农活。他和他爸爸一样，老实忠厚，待人亲热，长大后更学会了经营一些新的副业。他能干、强壮，是个很有作为的人。不幸却在十余年前，因为老伴早逝而伤心，导致脑血栓，瘫痪在床，终日痴痴地望着老伴的遗像出神，没有几年也去世了。

## 橘园和茶园

表舅家的橘园中种有几十株橘树，每年都能结出好几担著名的河西红橘，是他们家的重要财源之一。河西的红壤本就适于栽培橘树；长沙的温暖气候也有利于橘树的生长。但要取得橘子的优质和高产稳产，除了选择优良的种苗外，还必须管理得法。这方面表舅有丰富的经验。他告诉我，栽树苗前先要用猪粪施足底肥，然后要适时灌水、修剪，到要开花结橘的时候，更要及时施用鸡粪、鸭粪等追肥。他家养的许多鸡、鸭、猪，一方面可以提供肉、蛋产品，供卖出和自用，另一方面也保证了需用肥料的来源。此外，保护作物的防治病虫害工作也马虎不得。橘树上爱长一种类似大型椿象的害虫（当地人叫它"烘烘"，这名称可能来自它飞行时发出的声音），它寄生在树的枝叶上，繁殖很快，能通过爬行或短距离飞行从一处迁移到另一处，大量吮吸树汁，造成橘树营养流失、严重减产。这种害虫，当时只能靠人力捕捉、扑杀。但它们往往躲藏在枝叶深处，从地面难以发现、捕杀。只有个子小、动作灵活、会爬树的小孩们能帮助扑灭。于是应哥就组织起"小孩除虫队"来消灭"烘烘"。我如果赶上了，也会参加一起爬树、捉虫的活动。在树上捉了虫，先放在口袋里，下地后再把它们烧死或踩死。谁叫它们祸害果树呢？死了活该。有时也留下几只健壮会飞的，用细线拴住后腿，牵在手里，让它们飞着先玩一会儿，最后再踩死。橘树一般种在平地。茶树却都种在山坡上，可能是那儿通风更好，承受日晒、夜露也更充足，使得长出来的茶叶更好。采茶的季节在早春，最好是雨水节气之前。那时采下的茶叶是经过了一个冬天后新萌发出来的嫩芽，味道纯正浓郁，叫雨前茶。采茶的工作由表舅妈安排家中女孩们来承担，要一大早就起来，爬上山坡去干。她们心灵手巧，到早饭时候，每人已经带着一兜采下的茶叶回来了。茶叶采下来后，加工过程比较复杂，我也不懂，反正听说要经过晾晒和炒青等过程。幸好乡下也能请到比较懂行的制茶师傅来指导。这样制出的茶叫家园茶，意思是不能登大雅之堂，只能自家或送亲友喝。其实，从今天的眼光看来，由于整个生产加工过程都清清楚楚，没有什么污染，倒是可以放心饮用的绿色佳品。过了清明，茶树会开出许多小白花。这时候茶园里会飞来一群群小蜜蜂，纷纷忙着采蜜。应哥教我用片纸卷成一个小纸筒，一头捻封闭，一头开着，然后看准蜜蜂用手一捞，很容易就可以捞得一只，对着开口放进纸筒，再把开口捻闭，拿在耳边听它翅膀扇得嗡嗡响。如果纸是透明的，还可以仔仔细细观察小蜜蜂的形态和动作。玩够了，就捻开纸筒，把蜜蜂放出去，让它回家。

## 和竹子做朋友

听说，清朝著名的大书画家、“扬州八怪”之一的郑板桥最喜欢竹子，认为竹子中空、有节、峭直，似君子，因而以竹为友，常以竹为题，吟诗、为文、作画，曾有“不可一日无此君”的名言流传下来。我小时候和竹子做朋友，原因倒没有这样高雅，只不过是由于年幼贪玩，被表舅家的竹山迷住了，和竹子打过许多交道，自己也动手做过一些竹制玩具，好像和竹子做了朋友一样。那竹山里种有许多碗口粗的毛竹，形成一片竹林，我觉得是表舅家最好玩的地方之一。秋冬季节，我会在它的山沟壁上仔细寻找，看能不能找到一根竹鞭，就是那从黄土里伸出来的、和筷子差不多粗、两尺来长、韧性颇好又很挺拔的竹根。竹山里有那么多毛竹，但能找到的好竹鞭并不多。把它弄下来，很可以想像成古代骑士们使用的马鞭，在打仗游戏中玩。我总要把折下来的竹鞭带回城里给哥哥他们看，和他们以前得到过的比比谁的更好。春天，竹山地下会冒出许多竹笋。它们长得很快，一天一个样，没有几天就高过我了。冬天里虽然也会长出冬笋，味道比春天的春笋还更好，但长得很慢、个头小得多，产量也很少，相对于春笋来说不很重要。新笋长成竹子后，原来的毛竹就可以适当砍掉一些（间伐），以免竹子长得过于拥挤。毛竹和竹笋也算是表舅农庄中可贵的一宗出产。毛竹可以当建材，也可以卖给竹器店作原料。家中留几根砍下来的毛竹，以备需用时做点小用具，像竹梯、扁担、舀水的竹筒和引水的竹管之类，很是方便。竹笋可以挑到菜市场上去卖，既可以趁新鲜做菜吃，也能腌制成咸水笋保存，随时拿出来给孩子们作零食。我就吃过表舅妈亲手做的咸水笋。它那好吃的鲜味，至今想起来还不禁垂涎欲滴。可惜自从离开长沙以后，我就浪迹天涯，再也没有机会品尝过它了。竹笋的笋壳也不是废物。它可以做鞋垫或其他垫料，有时也用来给小孩做些小玩具，像布娃娃的小斗笠和小蓑衣之类。除了产出这些有趣的竹产品以外，表舅家的竹林对我最大的吸引力，还在于在那里可以尽情地玩爬竹子的游戏。竹子比较好爬，因为它粗细比较合适，手把着容易使劲。毛竹越往上越细，竹梢弹性很好，容易弯曲。爬到高处，可以摆来摆去，只要轻轻一晃，用手够住挨近的另一颗竹子，再把脚和身子挪过去，用不着下地就可以在林中飞来飞去，好像小说《人猿泰山》中那个人猿泰山在森林中大树间飞行一样，很是惬意。等到玩够了，可以抓住一根竹梢，把脚和身子往下坠，使那竹梢慢慢弯下去，直到我的脚离地不远，才把手放松，轻轻地落到地上。离了手的竹梢会自己弹回去。这些玩法当然都是跟应哥学来的。通过多次这类游戏，我的臂力和胆量都有不少长进。表舅家有许多零碎的竹片、竹筒。应哥看我喜欢，临别时总要塞些给我带回去玩。回家后，这些东西可变成了我的宝贝。我曾用来加工制造出不少有意思的文具和玩具。家中一套常用的木工工具在我加工时起了重要的作用。最简单的加工，是把一段比较粗的、两头带节的竹筒从中间适当地方锯开，长短两截分别做成水筒和笔筒。如果有接近竹梢的较细的竹筒，可以锯一段一头开口、一头带节的下来，在节膜中间钻一个小孔，配上一个大小合适的、用布条缠在筷子上做成的活塞，就可以组成一个用来抽水和喷水的唧筒，当时这可说是跟小伙伴们打水战的“先进武器”。用竹片做出一个竹蜻蜓是比较麻烦的事。先要通过锯、削、刮等工序，准备好一片长、宽、厚都合适的竹片。然后用小刀将它削成一个螺旋桨的形状，用木锉打磨光滑，再在桨的中心部位钻一个小孔（没有合适钻具的时候，可用一颗先在炉火上烧红的细钉子来钻，效果很好，因为这样竹片不会劈裂），下一步工作是从另外的竹片上削下一根竹杆，再加工成一根长短粗细都合适的竹签，紧紧地插进已经准备好的螺旋桨中间的小孔内。这样做出的只是竹蜻蜓的毛胚。进一步还要检查竹签和桨面是否垂直，桨片两端是否平衡，如不理想，就还要继续进行调整性的加工。检查竹蜻蜓制作是否完善的方法，就是让它试飞。如果用手将竹签一搓就可以让它平稳地飞出去，就算成功。不过，飞行的高度和持续的时间，还和桨面加工的形状以及搓动使它旋转的快慢有关。最佳的形状只有靠尝试和经验积累才能逐步达到；但为加快旋转的速度，我却想出了一个行之有效的“土办法”：从蚊帐杆上锯下一小截斑竹管，在管侧钻一个小孔，然后找一根一尺来长的线绳在竹蜻蜓的杆上按合适的方向绕许多圈，把绕好的竹蜻蜓插进斑竹管，让线绳头从管侧的小孔引出。玩时，左手握住斑竹管，右手握住线绳头使劲一拽，竹蜻蜓便会很快旋转着，高高飞出。我还利用竹料做过弓箭。找一块弹性较好的长条竹片，弯过来，两端系上一根绳子，就做成了一把最简单、最原始的弓。随便什么长条形的东西，像竹筷、木杆、直的树枝等，都可以当作“箭”搭在上面射出。不过，我对这样简单玩意儿的兴趣却没有保持几天。我想要做出准头更好、劲头更大的“武器”。后来，我把一条宽约一指、长约三寸、从废旧自行车内带上剪下来的橡皮条弯成U形后，捆在一根斑竹管的一端，作为代替弓的发射器；将一片五寸左右、不带节的竹片劈成许多小竹签，用碎玻璃片把一根小竹签刮光，前面再捆上一颗钉头被砸平的小铁钉，便成了一支锋利的箭；这样的箭用上面所说的发射器射出去，可以射到大树高处的树枝上，一直钉进去，可算小孩手中的“尖端武器”。不过这武器玩起来有点危险，千万不能对人使用。有一次玩时，我把橡皮条拉得过猛，结果箭头被拔出斑竹管，歪了一下，钉子竟刺进了自己的手腕。当时家中除了比我大两岁的二哥外，大人都出去了。二哥被我的莽撞吓坏了，赶紧替我把钉子拔出来，用布条捆紧伤口上面一些的手臂，止住血流，在伤口上敷了一些牙粉，然后用纱布包上。还算有惊无险，伤口没有受到感染。隔了几天，刺伤处就结痂愈合了。从此我很少再玩这危险的玩具。

## 童子军棍的妙用

20世纪30年代初，中小学设有“童子军”课，给每个上这课的学生发一根木质的圆棍，供操演之用，叫童子军棍。1米多长，直径2—3厘米，还挺结实。我们把童子军棍拿回家来，利用它又圆、又长、又结实的特点做游戏，其中有些直到现在想起来还觉得挺有意思。举一个例子：长沙夏天很热，人们为了图个凉快，习惯使用竹器，像竹凳，竹床和不带腿的竹板床等。竹板床轻便，乘凉时可以搬来搬去，用完后靠着板壁立起来也不占地方，最受小孩欢迎；把两、三根童子军棍平行放在地面，上面搁上一张竹板床，两三个人坐在上面，其中一个人拿根竹竿在地上撑，就可以在堂屋或走廊的地面上滑来滑去，好像划船一样。假日在家中，我们常玩这种“陆地行舟”的游戏。有时高兴起来，从走廊的一头出发，大叫“开船了”；等撑到另一头，还要叫一声“到岸了”，大家才嬉笑着假装付钱下船。童子军棍的另一个妙用更加有趣。那是我在外婆家里看到的。厚舅上过中等工业专门学校，心灵手巧，自备有一套简单的木工工具，也无师自通地掌握了锯、劈、刨、锉等木工技术，在家喜欢做些小家具。但常常令他感到遗憾的是没钱购置车床，无法完成车圆、打光等工序。后来看了我们的童子军棍，他居然构想出了一个自己动手做“土车床”的方案。他想，可以利用两根平行的童子军棍作两个平行的（主动和随动）棍轴，轴承则用在适当位置分别挖出了两个圆洞的两块较厚木板做成。圆洞的大小刚好能插入棍轴，洞内壁涂上了凡士林作润滑剂，以减少摩擦；必要的时候，也可以在圆洞内嵌入由自行车上拆下的滚珠轴承。在主动棍轴伸出轴承的一端，一个挨着一个地，牢牢安装上几个半径从大到小的轮子（我仿佛记得他用的是去掉轮胎后留下的带凹槽辋的废旧车轮），作可供选择的主动轮；用一条结实的、长度可以调节的皮带，绕过某一个主动轮辋的凹槽和另一根随动棍轴，缩紧皮带使主动轮能带动随动棍轴旋转；通过安装在半径最大的主动轮上的曲柄连杆机制，用脚踩动一块由合页与连杆相连的木板提供动力，使连杆做往复运动，从而带动主动轮，使它旋转，并通过皮带带动随动棍轴快速转动。如果将皮带平移到半径较小的主动轮辋的凹槽内并收紧，随动棍轴转动的速度就会较慢。这根转动速度可调的轴棍，提供了只有车床才能提供的条件。厚舅用这种“土车床”做出了许多精美的木制品，让邻居们好生羡慕。

## 抗日的歌声

1931 年 9 月 18 日，日本关东军发动对我国东三省的侵略。暴露了日本帝国主义先占东北，再亡中国的狼子野心。当时我刚念小学二年级。还清楚地记得，上音乐课的时候，老师教我们唱的歌：“日本人呀不讲理，杀我同胞夺我地，小朋友们快快来，团结抗日齐努力！……”“我有铁，我有血，我有铁血，可救中国！还我河山誓把倭奴灭，醒我国魂誓把奇耻雪！……”。这些歌声在我小小的心灵中唤起了抗日救国意识。日本侵占东北后，继续入侵华北。1935 年 12 月 9 日，北平学生举行的抗日示威游行，在全国掀起了抗日救亡的高潮，长沙学生也起来响应。这时我已上小学六年级，参加了学校组织的抗日宣传活动。平时只是上学、回家，从不自己外出的我，也随着同学们上街宣传。我们除了在街头做些唱歌、演讲之类的宣传活动外，还挨家挨户地向老百姓揭露日本侵略者侵占东北后又想进一步侵吞华北和全中国的野心以及 19 路军在上海和 29 军在长城抗击日军、英勇作战的情形；同时进行募捐，动员居民捐钱去慰劳前方将士。我们小学生的这些抗日爱国活动得到了广大市民的同情和支持。尽管我们唱歌和演讲的水平不高，还是获得了不少掌声。在挨家挨户宣讲和募捐的过程中，我看到和听到了老百姓的困苦生活和他们对政府大打内战，不管人民死活和日寇侵犯的不满。令我印象最深刻的是：一般居民家的门都好进，对我们的宣传也表示同情、理解，哪怕是贫穷的劳苦大众都乐于量力捐助；而有些住着小洋房的家庭，本来应当更有力支持抗日的，却是门难进、脸难看、冷嘲热讽、一毛不拔。有时甚至还嗾狗来吓唬我们这些小学生。遇到了这样的事，同学们没有不气愤得暗骂汉奸、洋奴的。

## 看书玩

小时候，认识了一些字，就喜欢把叔叔、哥哥们以前看过的《儿童画报》《儿童世界》《小朋友》之类的书（它们都被父亲堆放在一个木箱中）翻出来看着玩。对照着图画，勉强猜认着图上说明的文字，居然也能了解故事的大致情节，觉得很开心。在看书玩的过程中，连猜带问，慢慢多认识了不少字。识的字多了，后来就能离开图，阅读文字更多、更长一些的有趣故事。不知不觉中，养成了自己找书看的爱好。上小学后，每学期开始都领到一些新课本。拿回家，包好书皮，就迫不及待地翻看，找书中有些什么吸引人的内容。不过，新课本毕竟太少，满足不了看书的“瘾头”，只好满屋子找别的书来看。连母亲放在抽屉里的“皇历”也被我翻出来，看其中阴阳历的对照，每天“宜”什么、“忌”什么，看每个月前面附的小诗（我还记得阴历正月前的小诗是：“岁朝宜黑四边天，大雪纷飞是旱年；最好立春晴一日，农夫不用力耕田。”）和由黄、白、黑、赤等九个表示颜色的字组成的一个九方图，琢磨它们究竟有什么含义。琢磨来、琢磨去，加上问大人，诗的意思虽然大致明白，但“宜”“忌”有什么根据？九方图是怎么得出的？起什么作用？始终也没弄清楚，只好丢开不管。有一天，无意中发现家中另外一个平常不让孩子们打开的木箱里，竟满装着许多石印袖珍本的绣像绘图旧小说。什么《薛仁贵征东》、《薛丁山征西》、《隋唐演义》、《水浒传》、《精忠岳传》、《封神榜》和《镜花缘》等，甚至还有几种文言文的小说，像《聊斋志异》、《子不语》、《草木春秋》之类。发现了这一箱“宝贝”，也不管看得懂，看不懂，只是一本一本拿出来看着玩，爱不释手。看了这些小说，倒也使我对文字的阅读速度和理解能力有了不少长进，同时对其中人物的忠奸、好坏、善恶有了些敬佩、同情或鄙视、厌恶的认识，潜移默化间培养了某些同情正义、鄙视邪恶的感情。不过，由于看小说着迷，也着实花费了我不少时间，有时耽搁了更重要的事。如果不是由于父亲的制止，我小学时期的课外时间也许会全部消耗在看这些小说上。父亲给我讲了着迷于看小说的害处，并且推荐我看一本刘薰宇编写的《趣味数学》。看了这本书后，我的兴趣果然转到了数学上。从小学四年级开始，算术成绩也从原来的中游状态上升到全班最好。各种类型的四则杂题使多数同学茫无头绪，我却能按照老师的要求，先把题意想清楚，必要的时候用图解的方法来分析，一步一步按题中说的条件把算式列出来，这样就能化繁为简，把看似复杂的问题清晰地解出来。同学们常来让我帮助分析题意，老师也常表扬我。越是受表扬，越提高了学数学的兴趣。算术老师林康要求学生很严格，至今我还记得他在算术课上要求的两条：一是每写下一个式子，一定要在旁边注明它的意义；二是移项或移行的时候，一定要连着前面的符号（＋、－、＝号）一块儿移。我之所以到现在还记得林康老师，就是因为他在小学教算术中要求的这两条：从第一条我养成了注意算式物理意义的习惯；从第二条我习惯了数学运算的一丝不苟。父亲的书柜中有不少历年来为了自学而购买的数学和科普知识方面的书籍。我不时隔着书柜的玻璃门，察看柜中的书名。其中上、下两卷的《数学游戏大观》和一套几本的《科学大纲》先后引起了我的好奇心，便在闲时取出翻阅，得益不少。暑假中，我到乡下外婆家去住，随身带了从父亲书柜中挑选出的一本小册子《幻方》和一本吴在渊编写的《代数》。对前一书的兴趣来源于小时留在脑中的，对“皇历”中九方图捉摸不透的疑问，以为读它可以解决。可惜后来发现《幻方》介绍的知识虽然也很有趣，但和九方图却根本没有关系。不过，吴在渊《代数》这本书自学过后，倒确实让我得到了代数方面的启蒙知识，使我初中学代数时不觉得陌生。

## 读旧书的半年

从湘潭第一高小毕业后，父亲让我去当地一个私塾读了半年旧书。这个私塾设在一个祠堂的大厅里，大大小小的十多个学生都由一位老先生教。教学的内容很杂：有识字的，有念《三字经》的，有念《百家姓》的，有念《千字文》和《幼学》的，如此等等。老先生坐在厅里最里面的一张大桌子后，前面排着学生们坐的小课桌。他教课的方式是：让一拨一拨的学生挨次到他那儿去，听他念几段要学的书，跟着他念，然后叫学生回到自己的座位上大声朗读，直到能背诵了，可以去背给他听，他才再往下教你念几段。大厅里总是书声朗朗，煞是热闹。有时候，听别的学生朗读就像听唱歌一样，听多了，自己没学也会唱了。像《三字经》我就这样听熟了。老先生对学生要求很宽松，不指定你每天要念多少，也不要求学生老是坐在厅里，可以自己出到大厅外面的花园里去玩捉迷藏、爬树等游戏，也可以提早回家。父亲送我去，请他教我念四书（《大学》《中庸》《论语》《孟子》）。他说要半年时间。我小时候记忆力比较好，又已经念过小学，自己参考书上的注解能基本上懂得所念文字的意思，所以背诵的进度超过了老先生的预期，不到半年就把四书背完了。他只好接着教我念《唐诗三百首》中的绝句部分。读旧书费了半年时间，总算从此对传统文化有了些启蒙。小时背诵的东西，不容易忘记。随着以后生活经验的积累和各方面知识的长进，对记住的内容理解得会越来越多，有时甚至会成为某种感悟的源泉。私塾的这种教学方式，是不是也有它的可取之处？

## （二）抗战时期的中学生活

### 一波三折的就学过程

念过半年旧书后已是 1936 年年底，我随家迁回长沙，租住崇文里街道的一处房屋。1937 年春，先入平大中学。该校校址在长沙东北郊外，离家很远，每天上学放学来回步行，中午吃从家里带去的饭。这学校据说是原来一个“平民大学”改办的。在长沙算不上一流，但我觉得老师讲课还是蛮认真的。记得有一次上生物课，老师讲解蕨类植物，说它的嫩芽可吃，地下茎可制淀粉，还能入药，给我留下了很深的印象。放学路上，经过一个小山，上面草木茂盛。我就上去寻找，看有没有蕨类植物。对照着老师介绍的形态，我果然在山坡上草丛中找到了蕨的双锯齿形叶子。看看它背面，确实有一行行的孢子囊。亲自验证了学过的知识，倒也十分高兴。不过，平大中学一个学期还没有念完，我就接到当时已在南京工作的父亲的一封信，信中告诉我，南京中央大学准备办一个附属的 5 年一贯制的实验中学，希望我去考，争取把小学毕业后耽搁的一年补回来。于是我就去了南京，暑假中考上了那个实验中学。可恨日本军队 7 月 7 日在卢沟桥发动了全面侵华战争，8 月 14 日以后又进攻上海，轰炸南京，我们不得不于 9 月离开南京，回到长沙。我考入位于长沙市荷花池的兑泽中学，住校学习。念了一年以后，为躲避日本飞机轰炸，随学校搬到澧县新洲。不过在新洲呆了不到一个学期，就因为日寇进一步入侵，学校遣散同学，我只能回到长沙河西乡表舅家中（当时父母已去江西河口）。1939 年 2 月才随京舅去江西上饶，再转回寓居河口的父母家中，插入当时迁至该地的九江中学初中二年级下学期。

## 在流亡中的九江中学

九江中学原名江西省立九江乡村师范，原校址在九江市甘棠湖畔，1938年迁至江西省铅山县河口镇，1940年再迁至该县杨村，1941年改名江西省立九江中学。除了高二暑假中，由于日寇侵占上饶，曾短期迁到深入武夷山的小村“涂家”外，我在山清水秀的杨村生活学习了4年。那时的物质生活相当艰苦：宿舍借用属于当地一家大姓祠堂的库房；睡的床是用同学自己上山砍来的毛竹，请竹匠搭起的通铺；吃的是糙米饭和8人一碟的咸水豆芽菜。不过同学们学习都很努力，有青春向上的朝气。没有电灯，晚上自修就在教室里把课桌两个两个相对拼起来，两人共用一碟油灯写作业。直到高三下学期，学校才设法弄到一盏汽灯为全班晚上照明。杨村周围是农田，按不同季节种着麦子、油菜及其他菜蔬。一条小河流过村边，河那边是山区，河边有一只用竹篙撑的小船停在那里，准备村民用来撑到对岸办事。我每天大清早起床、嗽洗后，就跑步到河边，自己把小船撑到对岸，再爬上一个小山顶，在上面先做一套早操，再练嗓子，大唱抗战歌曲。然后下山、过河、回宿舍，拿出英语读本到田间朗读一阵，才到食堂开早饭的时候。值得一提的是，我们有几个志同道合的同学，一起在河边开了一片荒地，种上了两畦苋菜、两畦蕹菜和几窝南瓜、冬瓜；用河水浇灌，河水掺上从厕所弄来的人粪、尿可以用来施肥。当时有个叫傅重炳的安徽同学，个子不高，却能挑起一担人粪、尿。有个九江同学张绍禹，身体好、力气大，人特别忠实厚道，重活抢着干，让像我这样体格较弱的干松土、拔草、摘菜一类的轻活。劳动流汗了，就到河边用水洗洗，舒服畅快。工夫不负有心人，过了一些天，我们种的蔬菜已茁壮成长，于是摘下来送到食堂里，大大改善了伙食。原来苋菜可以摘好几茬，南瓜、冬瓜也不断结出长大。我们开的这片菜园还真解决问题。我们把它命名为“习圃”，寄托向颜习斋学习的意思。河边劳动回来的小路旁，有一个长满小树和杂草的小土丘。我们把它稍加修葺，居然成了一个可以休息、可以看书的小园。由于参加的同学有江西、安徽和湖南三个省籍的，这小园被我们命名为“三省园”，当然也暗含曾子所说“吾日三省吾身”的意思。这样有趣的学习生活，现在看来倒是可遇不可求的了。我们那时还有一个好处，就是同学之间在艰苦条件下能团结互助、取长补短。生活上，处境好一些的乐于帮助更困难的。记得去杨村上初三的那一年，学校食堂要交一石米作伙食费。我家暂时交不出来，还是向同学韩天荣家借的。后来上高中，取得了公费待遇，解决了吃饭问题，但副食很差。有个同学叫熊用贤，他的经济情况比我好一些，有时向农民买到鸡蛋，总要分一些给我吃；我的衣服破得不能穿了，他也把自己多余的让我穿。可惜毕业分别后听说他英年早逝，让我至今怀念不已。学习上，每个同学各有特长，有的长于文史，有的长于数理，有的长于生物，有的长于地理，有的长于唱歌、绘画。“能者为师”，互教互学。所以尽管有些课没有老师，后来我们整个班的升学率并不低。九江中学虽然经过搬迁，但是由于当时校长缪正有远见，尽可能保留了原有的图书、仪器和有经验的优良老师，所以教学质量相当不错，同学们的学习风气也好。记得在初二下学期学化学的时候，教课的蔡希欧老师讲得简明扼要，有系统，相当受同学欢迎，使我对化学产生了兴趣。我对化学反应方程式需要死记硬背不满意，后来在学校图书室里发现一本从日文翻译过来的《化学解法》，借回去一看，才知道各种类型化学反应的进行是有规律可循的。只要掌握这些规律，区别反应的不同类型，并且记住一些基础知识，像各元素的电离倾向序列，哪些盐类易溶于水、哪些不溶于水等，就很容易判断反应进行的方式和方向，写出有关反应的方程式。代数方面，由于有了些基础，便在富余时间自学从家中找到的几本《算学小丛书》。这套小丛书中的习题，在书末都附有答案，很便于自学时练习。通过独立做这些习题，既锻炼了解题的能力，也开始体会到数学的美妙。1940 年初中毕业后的暑假中，找到了一本父亲念旧制中学时用过的，老一辈留法数学家何鲁编写的代数课本。这是本篇幅不大，行文简洁（文言文），然而内容颇为丰富的书（包括方程论、代数方程的数值解法、极限及导数的概念）。粗读第一遍的时候，有许多地方不懂，便用铅笔在有疑问处轻轻划上问号。第二遍从头仔细阅读时，一边读、一边用笔在草稿纸上自己推算，把原书省略了的过程补出；每搞清楚一处原来有问题的地方，便用橡皮擦去相应的铅笔问号。这样，一个暑假，把这本书读了六遍，总算把所有的问号都擦去了。虽然费劲，但每弄清一个问题，都感到非常高兴，像得到了什么宝贝似的。等到把全书都看懂，书中的主要内容便转化成了自己脑袋中的知识。从此，我在精读一本好书时，便养成了自己思考问题的习惯。上高中一年级时，课程中安排的几何和三角学来比较轻松。我在学校图书室里又找到何鲁编写的一本《微分学》，便借出来看。这本书的特点是非常注意利用微分学的方法讨论函数的几何图象。学会了后，在继续自学高等数学和物理时，脑袋中比较容易形成清晰的几何图象，大大有利于对有关问题实质的理解。另外，我还在家中找到伍兹和巴雷编写的《高等混合数学》上、下两册，先从上册的解析几何开始自学。到了高二，一方面继续自学《高等混合数学》，另一方面，受教语文的汪际虞老师影响，在校图书室里借出了司马迁所写《史记》的选读本，进行阅读。熟读了其中的一些名篇后，对史迁的叙事笔法、立论见解和文章气势十分倾倒。说来也怪，有时竟能通过朗读这些感人至深的文章，振奋精神，使伤风之类的小病不药而愈。（当然，实际上在当时困难的医疗条件下，也不容易找到治病的药。）后来又借阅了商务印书馆所出《万有文库》中的《通鉴纪事本末》（袁枢根据司马光纂《资治通鉴》改写）。浏览后，觉得它的文章之美虽然不能和《史记》相比，但看起来也和小说一样引人入胜，而且比小说具有更加可靠的历史背景，有益于提高自己对许多历史事件的认识。高二本来应当还有物理课，不过学校没有请到合适的老师，只好让同学们自学。初中时教我们物理的老师熊怡，对同学很友善，曾经在我提问时，借书给我，让我通过看书自己解决问题。高中既没有物理老师，我在自学中遇到问题，还是去找熊老师问，他仍是借书给我，让我自己看。中学时代在数学、物理和文史方面的自学经历，使我以后在大学、研究生的学习过程中和走上工作岗位后，保持了主动自学、注意学习和思考相结合的习惯，也使我增加了独立克服困难的自信，得益匪浅。

## （三）去西南联大的旅途

### 从杨村到赣县

1943 年高中结业后，按江西省教育厅的规定，必须到设在赣县的夏令营受军训一个月才能毕业。于是同学们只好结伴同去赣县。杨村距离赣县相当远，当时日寇已经侵占浙赣铁路以北及其附近交通要道，去赣县必须绕过敌占区，经过贵溪、弋阳、鹰潭、李家渡、丰城、樟树、吉安、泰和、遂川等地，除了通水路的地方可以乘小船坐一程，休息一阵外，都只能扛着不多的行李，迈开双腿徒步走。幸好当时正是夏天，要带的行李不多。书籍一类重东西则由同学们合雇的一辆独轮小车运着。我身体瘦弱，幸亏同学张绍禹像兄长一样帮助照顾，才坚持下来。这样，总共花了半个多月的时间，风餐露宿，好不容易才到达赣县，去夏令营报到。在夏令营受训期间，中正大学、广西大学和厦门大学联合在营区招考。我参加了考试并被录取。但听说西南联大的物理系是全国最好的，因为那里集中了我国物理学科方面最好的教授。我便下决心要上那儿去学习。因此，夏令营一结束，我就拿着营里发给每个学生回家的路费，和一个比我高一班、已经在中正大学就学一年的同学程珊相约，设法去内地，各自寻求自己理想的大学。

## 从赣县到贵阳

我和程珊先后乘汽车从赣县到韶关，换乘粤汉铁路上的货车到衡阳。到衡阳后，挤上了湘桂线上去桂林的火车，我记得是被挤得爬到行李架上。第二天到了桂林后，暂歇在公路边的一家小客栈，去市内找一个别人介绍的朋友求助，结果只得到了 5 元钱，远不够搭“黄鱼车”去贵阳需要的费用。没有办法，只好回到小客栈，一个人坐在公路旁发愁。这时一些过路汽车的司机吃完饭后也坐在路旁休息。其中有个中年汉子看我垂头丧气的样子，便走过来问我怎么回事？当他知道了我是因为没钱坐车去贵阳考大学而发愁时，便慷慨地让我免费坐他开的车去。原来他是个运油车的司机，正要开着一辆满载着 53 加仑桶装汽油的卡车去贵阳。他让我爬到两层汽油桶上面，抓住捆汽油桶的绳子坐在桶上，便可开始上路。这对我来说真是喜出望外。我本来就是个爬树好手，爬到高高的两层汽油桶上坐着不成问题。不过，当汽车在公路上奔驰拐弯时，还是有些害怕。特别是经过广西、贵州两省毗连处的山路时，望着路旁的悬崖，真是心惊胆战。过了这一段后停车休息时，司机告诉我，那段有个地方叫“掉死崖”，常有汽车在那儿掉到悬崖下面去，坐在上面的人都会摔死。我们总算幸运，平安通过了。汽车到贵阳后，我谢过司机，便找到在贵阳的京舅家。原来我外婆和两个舅舅早几年已经从长沙逃难到了贵阳。京舅找到了一个机关做科员；厚舅则在一个工程队做测量工作，带着外婆在附近的扎佐镇住。本来西南联大在贵阳设有招考点，所以我赶到贵阳来想参加考试。可惜到达后为时已晚，过了考期。只好在京舅家暂时住下来温习功课，等到明年再考。

## 从贵阳到西昌

在贵阳住了三个月左右。这期间还到扎佐镇的厚舅家住了一个来月，一面温习功课，一面给厚舅分担些绘图工作。这一个来月中我特别感受到外婆对我的疼爱，可惜从此以后再也没有见过她老人家了。从扎佐镇回贵阳不久，恰好当时在川滇西路公路局工作的豫庆叔路过贵阳到重庆有公务，在京舅家见到我，知道我想考西南联大，便劝我先随他去重庆，然后再一起去他们在西昌的公路局。他告诉我，我二哥也正在公路局的机修厂工作。他又说他们局里常有车去昆明，明年暑假我就可以搭便车去考西南联大。我觉得他这主意不错，便随他走，经重庆去了西昌，在川滇西路公路局的员工子弟小学做了一个学期的教师。那个小学由公路局的编辑室代管，只有几个学生，已有个女老师教音乐，还没有教算术和语文的，我刚好可以教这两门课。此外，编辑室主任还让我兼管孩子们的体育课。这几个学生有的是三年级，有的是五年级，得分别教学。这倒有点像我念过旧书的那私塾一样，只是教的内容不同。西昌有个“邛海”，其实只是个不太大的长形湖。晚饭后我常和二哥在湖边散步，发现湖边有些小木船停靠在那儿没人管，二哥告诉我，这些小船是附近老百姓去湖里打鱼用的，打鱼回来就把桨拿走，剩下船就靠在岸边，用根绳子拴在一块大石头上。这倒引起了我划船的兴趣。我曾带学生们在上体育课时去岸边划过船（用船上垫脚的木板代替桨），学生们都很高兴。但后来有家长提出意见，怕有危险。我不便再带学生去，只在下班吃过晚饭后自己去划着玩。有一次我和二哥一起把一条船划出去差不多有三分之一湖宽的距离后再往回划时，忽然刮起了打头风，我们两人使劲往回划也不管用。这时已经天黑，二哥很着急，说：“这怎么得了！”我建议干脆顺着风往对岸划，他也同意。便一起向对岸划去，没多久就到了对岸。在岸边一直等到第二天天亮，才找到人把我们送回来。这次经历虽然有点冒险，事后想想倒也有趣。

## 从西昌到昆明

在西昌，我把工作之余的时间用在温习生物这门课程上，因为这是唯一还没有好好温习过的。我把陈桢为中学生写的厚厚一本《生物学》从头至尾仔细看了两遍，花了半年时间，很快就到暑假了。恰好公路局有辆车要去昆明，我便搭上车离开西昌。经过滇西的禄丰时，在一个床上有无数臭虫的小客栈歇了一晚。其实那一晚根本没有得到休息，因为刚一躺下，臭虫就出来咬得你无法入睡，逼得你不得不起来一只一只地捉了放在油灯（一碟菜油加上一根灯芯燃烧着的灯）的火苗上烧死。要是用手捏死的话，你的手上会沾满血，而且臭气难闻。等到你以为消灭干净了，再躺下想睡时，不等你睡熟，第二批臭虫又从床板缝里爬出来咬你。这样一批一批地捕杀，不知不觉天就亮了。只有司机可能早就习惯了这种生活，不怕臭虫咬，睡得着觉，第二天起来照样开车到了昆明。那时我大哥在昆明郊区马街子的中央电工器材厂工作。他有个中学老同学李敦蔚在西南联大先修班学习，宿舍在昆明拓东路联大工学院附近。暑假中宿舍有空床位。大哥事先接到我的信，知道我要到昆明考联大，就托李敦蔚替我安排了一个床位，伙食也搭在他们的膳团里。我到达昆明后，吃住问题都由他帮助得到了解决，可以安心准备应试了。住在先修班宿舍，还可以向李敦蔚和他的同学们了解联大入学考试的科目、地点和日期。毕竟，我这小山村里出来的中学生有太多的事情不知道，需要向他们请教，因为他们都是准备参加入学考试，进入西南联大的。李敦蔚比我大哥还大一两岁，中学毕业后因事耽搁了升学，现在有了条件才进入先修班。他照顾我就像对自己的小弟弟一样。大哥还有一个中学老同学吴声治，同时也是电工器材厂的同事。他电学学得很好，曾好几次应大哥之邀来拓东路我暂住处，帮助解答我自学萨本栋编《普通物理学》电学部分中搞不清楚的问题。

## （四）大学生活和出国经历

### 游进了知识的海洋

考上西南联大物理系后，我搬进了新校区的宿舍。那是抗战期间联大在昆明成立后，因陋就简盖起来的一排排长条形的茅草房。每间宿舍的一端当中开有一个门，进门后中间是通道，通道两边各有三个“单元”，每个单元是用两个双层木床呈“L”形拼出来的，“L”的短划一端是“单元”的出入口，挂个布帘当门。“单元”里放有一张小方桌。单元之间和单元与通道之间，都只用包行李的油布隔开，所以同一宿舍内，住不同单元的同学交流起来十分方便。一个单元虽有 4 个床位，实际上常常只有三个人住，剩下的一个床位用来放箱子、书籍等物。要是住满了 4 个人，这些东西便只好放在床和桌子底下了。当时宿舍的分配有相当的随机性；一般只按报到先后，不按院系分配。所以同宿舍的同学中，可以有不同系，甚至不同院的。这样有个好处：可以使人的接触面更广，促进不同学科的交流，扩大每个人的眼界和知识面。记得我住在进门右手的第二个单元。同单元中有个学哲学的同学李德齐，他来自成都，对哲学和物理的关系感兴趣，我们很谈得来。通过他，我还认识了好几个从成都来的、不同系的同学。其中有一个先学数学，后转文科的同学严令武，待人友好，思想敏锐，有组织才能，对事物有自己的看法。我对他比较佩服。宿舍门口右手第一个单元住有一个不知名的中文系同学，常爱在饭后用湖南话开讲一段《今古奇观》中的故事，声震全宿舍。隔着通道和我住的单元相对的，有两个外语系的同学，其中一个叫赵少伟，说话风趣，常和他的同学隔床侃侃而谈，评论一些校中或他们系中的名教授，听了令人耳目一新。右手第三个单元里有一个学历史的同学吕铮和一个学数学的同学陈诗华。吕铮为人忠厚，温文尔雅。陈诗华比较活跃，通过他，我又认识了数学系的一个高年级同学方侃。方侃对数理逻辑有兴趣，恰好我高中时看过罗索写的一本数理逻辑，所以和他有共同语言。那时联大同学很多都到青云街的茶馆去，一边喝茶一边自习。我自习一般都上大图书馆，很少自己去茶馆，因为在图书馆借书方便，也不用花钱。不过，方侃喜欢邀我上茶馆聊天，他对物理系和数学系的情况都比较了解，在聊天中告诉了我他所知道的联大著名教授和优秀同学的情况，也给我介绍了数学方面值得精读的几本经典著作，像英国数学家 Hardy 写的《*Pure Mathematics*》、大学丛书中一本从德文译成中文的关于线性代数和几何空间的书，以及德国数学家 Courant 及 Hilbert 写的两卷本《*Methoden der Mathematischen Physik*》。前两本书我念大一时都从图书馆中借来仔细读了，对打好分析和代数方面的基础很有好处。Courant 及 Hilbert 的书则是等到大二学过德文后才开始看。在大一时，我倒是请大哥从电工器材厂的图书室里给我借了 Courant 写的两大本英文版的微积分，作为课外的补充自学用书。那时我所选修的微积分课是程毓淮教授讲的。程先生讲课清晰、风趣和富有启发性，习题留得不多，课后用不着花多少时间。这使我有足够的时间自学 Courant 写的微积分书和做它上面的习题。看书时产生的疑问正好可以在上程先生的课后向他请教。程先生乐于为我解答问题，并且在他讲了这门课的最后一堂后，动员我转数学系。我确实很喜欢数学，但觉得用数学来解决物理问题更有意思，所以没有接受程先生的意见，还是在物理系学习。除了微积分外，大一时还有一门主课——普通物理。开这门课的有好几个教授，我选了霍秉权教授讲的。霍先生和蔼可亲，他讲课时有些口头语，如强调某个前提时，总会冒出一句："要是……的话、的话、的话呐"，又如说"对不起"的时候，总是说"beg pardon"，同学们常在课后学着玩。我在他课上或课后提问较多，他便让我课余到图书馆借阅 Grimsehl 写的一套英文版《物理教程》。他说这套书内容丰富，对实验的介绍很详细，物理观念也很清楚。我花了很多时间到图书馆一本一本地把这套书借来阅读，充实了基础的物理知识。这样，大一时，除了从这个教室跑到那个教室忙着上课外，不是在图书馆看 Grimsehl 的物理，就是回宿舍看 Courant 的微积分并做习题，供我游泳的知识海洋比以前扩大了许多。其实我所面对的知识海洋远远不止数学和物理学，在大一时我还必须选修另外一些课程的学分。那就是英语、语文、中国通史、普通化学、体育和三民主义等。时间应当如何安排？在征求一些高班老同学的意见后，考虑到对语文、中国通史、普通化学我都有些基础，不需要在课余花费太多时间就可以通过，体育只要去上课，三民主义更只需在期末交一篇论文，于是我除了花大量时间在物理、数学上外，还安排早上的时间专门念英语，同时在上英语课时特别注意老师的口语。教英语课的老师个子高高的，戴一副眼镜，遗憾的是现在已忘了他的姓名，但他在一堂课上，由课文内容引申出来的一番话却让我迄今难忘。他说一个人对待恋爱可以采取三种不同的态度，它们可用三个短语来描写：1. Meeting of two animals；2. Seeking warmth；3. Mutual creation。年轻人在遇到这问题时不妨问一下自己，采取的是哪一种？从这位老师那里学到的，不仅是英语知识，还有对待婚姻恋爱问题的原则。到了大二，由于对数学的重视，我仍选修了数学系开的高等微积分和高等代数两门专业课。讲高等微积分的是申又枨教授。他个子较高，体形微胖，表情幽默，上课时常常在黑板上写了一些算式之后，转过身来伸长脖子、瞪着两只眼睛望一会儿同学们，好像在等着有人发问似的，然后再继续他的讲解。他的专长是复变函数，据说曾当过复变函数大师 Osgood 的助教。我们使用的教材就是 Osgood 写的 *Advanced*

*Calculus*。有一次申先生讲课时说：Osgood 对所著 *Funktion Theorie* 一书颇为自负，认为可以千年不朽，前一阵又听从 Osgood 那里来的人转告，今年他的自我评价更提高到了"两千年不朽"云云。申先生说完这话，作了一个姿态，惹得满堂大笑。讲高等代数的是蒋硕民教授。他曾去著名的"数学之都"德国格廷根大学留学，记忆力极强。他虽然专长于偏微分方程，但上高等代数课时根本用不着带讲稿，一边口讲，一边用粉笔在黑板上写出提纲。从引进"域""环""群""矢量""矩阵"等定义和运算规则到"对应""同态""同构""子群""商群"等基本概念和有关定理，一直介绍到"伽罗华群"的理论，并应用来证明了代数基本定理。有条不紊，逻辑严密。记得同班上课的有数学系的万哲先和二年级才从浙大物理系转学到联大的李政道。我们对蒋先生都很敬佩。物理系大二的专业课有理论力学和电磁学。电磁学是由叶企孙教授讲的，叶先生采用的课本是 Page 和 Adam 写的《电磁学》。叶先生讲课简明扼要，鼓励学生自学。他推荐了两本参考书：Abraham Becker 写的和 Jeans 写的两本，介绍说：前者长在物理观念，后者长在数学推导。Abraham Becker 的书图书馆可以借到，不太厚。我借来看时，一边看，一边记下了比较详细的笔记。Jeans 的书，我从一个出让该书的同学处买到，一直伴我到现在。理论力学第一学期由赵忠尧教授讲。他出的习题有时较难，需要仔细分析才能做出。李政道在这方面比我强。他告诉我，他曾做过许多理论力学的难题，而且总是自己先想，做出来后，再对答案，所以得到比较多的锻炼。第二学期的理论力学课，由于赵先生准备出国，改由王竹溪教授讲。王先生曾于 1935 年赴英国剑桥大学师从 Fowler 研习统计物理，1938 年获博士学位后回国在西南联大物理系任教授，当时才 27 岁，是联大最年轻的教授之一。王先生治学严谨，上课时讲述清楚，板书工整。他讲理论力学的后半部分，包括刚体运动和分析力学，要求有偏微分方程和变分法的数学基础。他建议同学们学习 Goursat 编著的一套三本关于数学分析的书。当时听高班同学说，王先生曾亲自作过这套书上的习题，大家都觉得很了不起。这学期中，课后向王先生请教的问题越来越多。期末，在和他讨论到非完整系统的力学方程时，他建议我看 Appell 的法文原著，当得知我大二选修的第二外语是德语而不是法语后，告诉我法语并不难学，于是借了一本 *Complete French Grammar* 给我，并且教了我法文字母的读音和拼法，建议我利用暑假自学法语。恰好，为准备复员迁校，5 月 4 日

学校就提前结业，暑假开始得早。我自己无法先行离校去北平，只能留校等待学校组织集体搬迁，留校的这段时间可以用来自学法语。自学了一段时间以后，确实发现，有了英语的基础再学法语是比较容易的。经过两个月左右的努力，自学完了 *Complete French Grammar* 一书。等迁校到北平清华大学复课后，果然已能借助字典看懂简单的法文数学书。

## 参加学生运动

抗日战争时期，西南联大有“民主堡垒”之称。这是因为它继承了抗战前北方学生爱国民主运动的传统，同时也是因为它地处昆明，在云南地方政府的直接管辖下，蒋介石的统治有点鞭长莫及，相对弱一些。联大校门两侧的围墙是各种各样壁报、板报、布告和私人启事张贴的地方，大家把它叫做“民主墙”。对于初进联大的我来说，“民主墙”上五光十色的东西颇有些吸引力。便逐一阅读起来。看得多了，才发现它们各有自己的观点和特色，原来是不同社团负责办的。特色方面，有通过从大后方和敌后来的各种新闻报道、就事论事说明问题的，有借助杂文、亦庄亦谐、歌颂光明、鞭笞黑暗的，也有介绍哲学入门知识、借以和对方进行理论争辩的，不一而足。观点方面，基本分为两派：主张反对内战、发扬民主、团结抗日的和为蒋介石消极抗日、积极反共、镇压民主的政策涂脂抹粉的。回到宿舍，听同宿舍的同学们议论，发现不同的人对各报也有不同的评价。但赞成反内战、反独裁、要抗日、要民主的占绝大多数。1945 年 11 月 25 日，联大、云大、中法、英专四大学学生自治会联合发起在联大新校舍图书馆前大草坪举行反内战时事讲演晚会，请钱端升教授讲《对目前中国政治的认识》。那晚我也和同学们一起坐在草坪上听着，听他大声疾呼：“内战必然毁灭中国！”“我们需要联合政府！”大家热烈鼓掌，表示赞成拥护。不料围墙外忽然响起了阵阵枪声，原来是许多军队包围了联大新校舍，想用武力镇压学生的反内战集会活动。这枪声暴露了国民党反动派的狰狞嘴脸。不过参加集会的师生并没有被枪声吓倒，集会照样进行，教授们继续慷慨激昂地演说。武力威胁更加激起了广大同学反内战、反独裁的抗争义愤。看到武力威胁没有效果，反动当局又采取了切断电源的卑劣手段，企图阻止晚会继续进行。等到学生自治会的同学点亮早已准备好的汽灯，同学们更是一片欢呼，继续听教授们讲演。接着又有个自称“王老百姓”的人出来捣乱，也很快被人揭穿了其国民党省党部官员的身份。晚会在反内战歌声中结束。同学们都很激动，纷纷要求罢课抗议军队的武装威胁。事实上，第二天也没有上课，因为上课的钟声没响。11 月 27 日，昆明市学联召开各大中学校代表大会，决议全市总罢课，并成立了各校罢课联合委员会（“罢联”）。罢课开始后，我就在罢课委员会组织下，参加一个小组，上街宣传，向人民说明反内战晚会受到破坏的真相，解释内战必然毁灭中国的道理。记得有一次跑到五华中学去宣传，遇到学校当局关上了校门。我便利用自己个子小的特点，从铁栏杆的缝里钻进学校，到教室里一看，中学生们纷纷围上来向我打听外面的情况，我把反内战演讲晚会上和以后发生的事情给他们说了一番，然后又从铁栏杆的缝里钻出来。又有一次，我随着一个小组到昆明市中心——近日楼去宣传，很快就围上来许多老百姓，听我们讲反对内战和团结抗日的道理，控诉军警对联大学生集会的武装威胁。由于人多，站在后面的听不清楚，我便干脆爬到近日楼的高台上大声演讲。同去的沈芾生同学后来给我说，想不到你平时总埋头看书，还敢对着那么多人演说。其实我也是激于义愤，看见那么多老百姓同情学生，才壮着胆子上去讲的。不过，反动当局还是企图用武力镇压学生运动，有些同学在街头宣传中被暴徒打伤。我一个同班同学何泽庆，就在一次街头宣传时被特务打了一枪，伤了胳臂。何泽庆比我小两岁，生性天真、耿直，有正义感，平时学习认真，和我相处很好，但讨论起问题来，不搞清楚决不罢休。这次罢课宣传中他也是个积极分子。竟然被特务枪伤，我听说很担心，赶紧跑去看望他的伤势。幸好，子弹已经取出，伤口也包扎好了。我劝他好好休息，他自己好像还不太在乎。12 月 1 日，反动当局又组织暴徒冲击联大各处校舍，殴打师生，打伤多人，并用手榴弹炸死 4 人。酿成昆明“十二·一”惨案。由此引发反内战、争民主的“十二·一”学生运动，得到了昆明乃至全国学生和人民的响应，给蒋介石反动政权以很大震动。罢课持续了一个月，一直到 12 月 27 日才复课。

## 复员北上

1945 年 8 月 15 日，日本投降，抗日战争胜利。全国人民欢欣鼓舞，组成西南联大的北大、清华、南开三校也准备复员北上。具体的安排经三校领导商定是：各校先派人北上进行必要的复校筹备事宜，以便一年后能分别在北平、天津的原校址开学复课。学校要求同学们，同学们则仍在昆明完成 1945—1946 学年的学业，于 1946 年 5 月 1 日填写志愿书，分发各校。于 1946 年 5 月 4 日提前结业。由于物理系的教授多半是清华大学的，所以我选择了清华。复员工作从 5 月 10 日开始，学生分批乘善后救济总署提供的卡车，从昆明出发，经贵阳到长沙；从长沙经武汉到南京则搭乘轮船；从南京到上海坐火车；从上海乘开滦煤矿运煤南下空返的登陆艇，到秦皇岛转火车赴天津、北平。沿途各站（长沙、汉口、南京、上海、秦皇岛等地）均由联大及三校校友组织接待委员会负责照料，并与当地学校联系解决食宿问题。我好像是到 7 月初（可能是学校组织的最后一批）才离开昆明的。一路有清华校友会安排，还算顺利。只是不知道什么时候吃坏了东西，有些腹泻。到上海后，校友会介绍去医院治疗，经诊断，说是阿米巴痢疾，先打几针吐根素止住腹泻，医嘱到北平后再彻底治疗。从上海去秦皇岛坐的登陆艇吨位较小（500 吨），航行时受风浪影响，颠簸得相当厉害，不少同学晕船，禁不住大吐，有些甚至连黄水都吐出来了。我觉得晕船的产生和精神作用很有关系，便振奋精神，站在艇边，对着大海大声歌唱，转移对颠簸的注意力，结果竟克服了晕船反应，平安地到达了秦皇岛。从秦皇岛经天津到北平，由校友会安排先住在宣武门外国会街的一幢大房屋里。据说这里就是以前召开国会的地方。住处安顿后，校友会又和北大医院联系，请他们收我住院治疗阿米巴痢疾。那时候，北大医院对联大复员到北平来的同学极其热情。经过近一个月的精心检查和治疗，我的病终于得到了根治。

## 清华园的 4 年

1946 年 10 月 1 日，清华大学在原校址“清华园”复校开学。在此之前，从西南联大分转过来的同学，已陆续前去报到，分住粗经修葺的 4 幢宿舍：新斋、明斋、善斋和静斋。前三幢住男同学，女同学则住静斋。这些宿舍本来都是漂亮的高楼，虽然被日军占用了 8 年，受到了不少破坏，但经过修葺后，还是比联大新校舍的茅草屋好得多。我和何泽庆及电机系的蔚盛勋三人被分到新斋 4 楼东头的一室。不巧的是，这室的暖气管开始没有修好，暖气通不过来，一到冬天就冷得够呛。晚上盖上厚棉被睡，早上起来，夜里呼出的水汽已经在被面结成了一层薄冰。上课后，发现除了联大分来的同学外，还有几个从别的大学转来的同学，其中包括从“金陵大学”转来的陈篪和钱敏。大三选的专业课有热力学、光学和物性论，分别由王竹溪、余瑞璜和叶企孙教授授课。王先生讲热力学使用的教材主要是他自己编写的英文讲义（解放后，他根据此讲义的主要内容编写出版了一本《热力学》，高等教育出版社，1955 年），也指定一些在校图书馆可以借到的参考书。上课时他在黑板上书写笔记，同时还口头解释。他板书很快，字迹秀丽。抄写下来就是一本不错的讲义。内容包括一部分他自己的研究成果。像关于多元系统的稳定性条件等。王先生不但治学严谨、教学认真，而且热心帮助学生。上面我说过他帮助我学法语的事。我在这里还要讲一讲他对我生活上关心的事。有一次上过热力学课后，他跟我一起走出教室，问我为什么最近面黄肌瘦？我告诉他是因为近来吃食堂的硬饭，消化不良，导致腹泻的关系。他就让我上他家去吃几天软食调理调理。平常我也常上他家请教问题，知道王师母贤惠、慈祥，所以接受了他的好意邀请，在他家调理了一段时间，直到腹泻痊愈。王先生出的热力学习题既可以帮助学生深入理解有关学习内容，又可以培养学生运用数学工具、解决物理问题的能力，做起来有相当的难度，也很有趣。一般每次留的习题总要用一个晚上的自修时间才能完成，同学间常就这些习题自发地进行讨论。讨论中，我发现陈篪想得仔细，理解深刻，很值得学习。他是个很优秀的同学，毕业成绩是全班最好的。毕业后，他留在清华当了一年助教，解放后主动去东北支援建设，在鞍钢工作。后来又到北京钢铁研究院工作，曾被评为科技战线上的“钦人”，不幸在“文革”中因病英年早逝。另一个因病英年早逝的同班同学何泽庆和陈篪的情况有点类似。他就是“十二·一”学生运动中，上街宣传时被国民党特务打过一枪的、同班中最小的同学。他心灵手巧、肯动脑筋，遇到问题有自己的看法，理论和实验方面在班上都是佼佼者。解放后同样主动去东北支援建设，先去大连工学院，后被调到长春地质学院做教学工作，同时在地球物理方面进行研究。除专业工作外，他还对一些交叉学科感兴趣。不料在整风反右中，竟因说过“康德的《纯粹理性的批判》不无道理”的话，被打成右派，送去黑龙江农场劳动改造了几年。从农场回校后，“文革”中，又因他认为经济问题也可以用数学方法研究而被批斗，受到不公正的待遇，在不良的生活环境下得了结核病，又因链霉素使用过量导致肝癌，住院后不治死去。两个很有希望的同学，还没来得及做出他们应有的贡献就这样逝去了。当年极左思潮的危害，由此可见一斑。余先生讲光学用 Drude 书中的部分内容作教材。同班中李德平对余先生讲的课理解最好，我也常向他学习。叶先生讲物性论，牵涉的范围很广，有：引力常数的测量、物质的弹性、物质的磁性和气体分子运动论等。每部分都只介绍一两个关键实验，借以引进一些有关的基本物理常数，然后推荐有关名著供学生参考。叶先生讲课时稍微有些口吃，但内容简练，富于启发性，对发挥学生的主观能动性极有好处。记得他讲气体分子运动论时，只根据 Kennard 的书讲了分子速度的麦克斯韦分布、分子平均自由程、平均热速率等概念，便介绍两本气体分子运动论的经典著作：一本是奥地利物理学家 Boltzmann 用德文写的；一本是英国天体物理学家 Jeans 用英文写的。我学过德语，便把 Boltzmann 的书从图书馆中借来好好地看了一番。这为我后来从事输运理论的工作，提供了坚实的基础。又有一次上课时，叶先生联系物质的磁性给大家说，最近在 *Nature* 上看到一篇短文，报道某天文学家发现一颗恒星（他说了该恒星的编号，不过我现在忘了）的磁场强度和其质量的比值与太阳的相应比值几乎相等。这可不可能不仅是巧合？是不是意味着星体的磁场和质量有某种联系？我听后大感兴趣，心想这可能牵涉到相对论。因为听说相对论解决了几个天体物理学中过去存在的问题。我把这想法告诉叶先生。他知道我还没有学过相对论，便向我推荐了英国天文学兼物理学家 Eddington 编写的 *The Mathematical Theory of Relativity* 一书。1947 年暑假，我把这本从图书馆借出的书进行了细读。读过后，虽然学会了广义相对论中使用的那一套数学形式，但对天体磁性和质量的关系这问题却并没有找到线索。开学后，我找叶先生去请教。他说，据他所知，太阳的磁场可能是由它自转时内部等离子体运动形成的电流产生的，地球的磁场也可能是地心流态铁的运动产生的。后来我在叶先生指导下写的大学毕业论文就是从这个角度讨论地磁问题的。现在我才知道，质量和电磁场的关系问题可能比我当年所想的要深刻得多。1948 年大学毕业，这时已是解放前夕。北平的政府机构和有钱人纷纷南迁，市场萧条，就业困难。要好的同学不是已经或准备去解放区，就是回南方的家中等待世局演变去了。我不愿放弃物理，又没能在北平的学校或研究机构找到合适的工作。唯一的选择是考研究生。因为考上清华研究院的研究生，既可以继续物理学的钻研，又可以继续申请贷金，解决生活问题。考谁的研究生？我找王竹溪先生咨询，他告诉我，钱三强先生已经从法国约里奥-居里实验室回国到了北平，并且应聘在清华大学做教授。他建议我报考钱先生的研究生，在核物理方面做研究。我采纳了王先生的建议，报考并考上了。一开始，钱先生给我介绍他在国外用核乳胶发现铀核三分裂的工作，教我如何用显微镜看乳胶片中裂变碎片的径迹，又教我用他从国外带回的Ilford核乳胶片在暗室中浸入硝酸铀溶液中一段时间，让硝酸铀渗入乳胶，再经过显影、定影，晾干后，放到显微镜下观察，就可以看到一些铀核自发裂变的径迹。这些径迹的长度可以在显微镜下测量。测量结果有一定分布，可以在坐标纸上画出来，或者用数据处理法来分析，得出径迹的最可几值。钱先生给我说，我们能不能不依赖进口的Ilford核乳胶，自己研制出同样灵敏甚至更好的核乳胶来。他让我看一篇论述乳胶制作的文章，自己试一试。我看了文章后，便着手研制核乳胶的准备：修复整理清华科学楼最下一层北头实验室中的暗室；用一些在物理系库房可以找到的零件装配出一台恒温器；上街采购原材料，包括胶片、硝酸银、显影剂、定影剂和一些其他化学制剂。此外，物理系还为我买了一个土冰箱，订了送冰的，以备冷藏之用。然后开始利用这些条件尝试制备核乳胶。我也不记得经过了多少次尝试，终于初步制出了可以看出铀核自发裂变径迹的核乳胶。在整个试验制作过程中，何泽慧先生也和钱先生一起，关心、指导我的工作。1949年5月，彭桓武先生由昆明来北京，在清华大学任教授。钱先生忙于学术组织管理工作，社会活动比较多，又知道我对理论物理感兴趣，便征得彭先生和我的同意，让我改跟彭先生做理论物理方面的研究生。那时彭先生刚34岁，已是国际物理学界的知名学者。记得他来清华后在物理系作的第一次学术演讲，是介绍海森堡散射矩阵的理论。他的介绍深入浅出，使听众能随着他的讲解理解到，海森堡提出散射矩阵的指导思想就是他主张理论应当联系可观测量的一贯思想。后来彭先生为研究生开讲量子力学时，强调的也是这思想。彭先生一个人寄居在叶企孙先生家里。找他请教和讨论问题非常方便。有时他干脆让我跟他在清华园里一边散步，一边讨论。讨论的范围很广，从对他在国外学习生活的回忆到对有关学术问题的看法都有。有时散步误了用餐时间，他就慷慨做东，请我到工字厅旁的小馆吃一顿，吃过饭再继续讨论。一次讨论中，他建议我用量子力学方法计算氟化氢分子，因为氟原子核外有9个电子，离组成一个封闭壳层差1个电子，或者说氟原子核外是带一个空穴的封闭壳层，而氢原子核外有1个电子，如果能把总共牵涉到10个电子的氟化氢分子的结合问题转化成在各自核心作用下一个空穴和1个电子相互作用的问题，就可以探讨能不能用类似海特勒-伦敦求解氢分子结合问题的方法来求解它。我对这问题很感兴趣，便从氟化氢分子的哈米顿量出发，着手尝试，看能不能通过某种变换，把它化成所需的，包含两个核心，外面有一个空穴和一个电子作用的哈米顿量形式。在经过一段时间尝试，发现不成的情况下，也曾从哈吹-福克（Hartree Fock）波函数的约化变形考虑，看能不能达到目的，不幸也没成功。后来我考虑到氟化氢分子不同于氢分子：前者的结合以离子键为主，后者的结合以共价键为主。因此变换思路，设想把氢原子的那个电子填到氟原子外层的空穴中，把氟化氢分子看成是一个具有电子满壳层的负氟离子和一个带正电的氢核组成。恰好我在文献中查到，有人用哈吹-福克方法计算过负氟离子的波函数。这就给我采用变分法计算负氟离子和氢核所组成系统的结合能，创造了很方便的条件。计算的结果还可以，彭先生也同意这样做。这工作写成文章后，就是我的硕士论文《氟化氢分子的一个量子力学计算》。

## 不幸的车祸、有缘的婚姻

1950年7月下旬，我在清华研究院通过硕士论文答辩后，就离开清华园，被分配到中国科学院近代物理研究所理论室工作。同时还有几个清华大学物理系的毕业生也被分配到这个所实验室工作。当时这个所设在东皇城根甲42号院内，有一幢包括实验室、图书室和办公室的办公楼，一间给理论室用作办公室的西厢房和几幢作工场、仓库、厨房和食堂用的小平房。当时理论室已有彭桓武（兼室主任）、金星南、邓稼先和叶龙飞等人在工作，他们正在彭先生指导下，通过计算轻核的结合能来探讨低能区域核子间作用力（假设有两个力程）的可能形式。我报到后，所里先给我几天假休息。利用这假期我到东北去了一趟，先去沈阳探望多年不见的季灵叔夫妇，然后又去大连看望在大连大学（后来改成了大连工学院）工作的何泽庆。8月上旬回到北京，开始在理论室工作，在彭先生指导下考虑如何用忽鲁登变分法计算低能区质子-质子散射的相移。不久，发生了一件意外的事.8月27日星期天，几个从清华一同分来的同学，约我一起回清华园去玩。他们都是骑自行车的，我也借了叶龙飞的自行车骑着，一块儿去了。下午骑车回城，出清华西门，过北大西门，向海淀骑去，以后的事，就是别人事后告诉我的了。原来，当我骑过海淀西街的时候，被从后面驰来的一辆汽车撞成脑震荡，晕倒在地。幸亏这辆汽车就是清华大学的校车，上面坐着认识我的老师和同学。他们当即把我送到中央人民医院（那时在白塔寺附近）脑系科住院治疗。据说，我在医院病房昏迷不醒有两个多星期之久，起初所里组织同事轮流照顾我，后来才请了一个护工看护。等恢复知觉后，才发现自己躺在病床上，护工坐在床边的椅子上。恢复知觉的过程好像是从梦中醒来：梦见自己骑着自行车在雷雨中，听到隆隆不断的雷声；醒过来后，才发现这不断的雷声实际上是来自窗外的建筑工人在砸石头的响声。护工王雅清看见我醒来，赶紧去通知护士转告医生。医生告诉我来院后的情况，叫我仍旧安卧休息。休息中，王雅清跟我讲了我没醒过来时什么都不知道的情况，真让我自己也感到后怕。在医院又躺了一些天后，我可以起来慢慢行走了，便转到文津街中国科学院院部继续休养。那时科学院还在草创时期，整个院部就设在一幢三层楼里。我被安置住在底层的一个平常用作招待室的房间。当时计划局的关谷兰是清华学长郭敦仁的夫人，他们知道我受伤后在那儿休养，曾一同来看望。他们两口子都极其热情、开朗，关谷兰更以就在二楼工作之便，常来照顾我。她怕我一个人躺在那儿难受，便建议我织毛线，还教我一种织围脖的针法，织出来自然就成了双层的。我觉得挺好玩，便动手织起来，有时躺在床上织，有时也坐起来织，用心专一，双手也得到活动，对休养大有好处。随着围脖一点点加长，日子也一天天过去，我的伤势逐渐康复，可以起来在楼上楼下到处走走，关谷兰便邀请我周日上她附近家中去玩。郭先生周末已从清华大学回来。我和他们一家子谈谈笑笑，很愉快地度过一天。下午他们再把我送回文津街。和关谷兰一起工作的还有几个大学毕业后新分配来的女青年。一来二往，也都认识了。她们都很同情我这“伤号”，特别是张蕴珍，她作风正派，办事认真，心地善良，乐于助人，家就在北京，常从家里做些酱牛肉之类的食品带来给我增加营养。我也常和她谈心，帮助她学习俄语，慢慢彼此有了好感，成了朋友、恋人。1952年年底，我们结成了终身伴侣。想起来，她出生河北，我来自湖南；她在辅仁大学学化学，我入西南联大学物理；可以说是相距很远。由于时代的变化，由于我车祸的偶然事故，竟走到了一起，共同生活了50多年，不能不说是一种缘分。对我来说，在遭遇车祸之后的休养过程中，能遇到这样好的另一半，真可说是因祸得福。

## 四去苏联

我去过苏联四次。

第一次是1951年8月，由中国科学院派遣去苏联科学院学习，8月13日乘火车离开北京，经满洲里出境，23日才到达莫斯科，火车上坐了11天。我本来没正规学过俄语，但解放后清华开设了俄语课，我做研究生时去旁听过一学期，学会了字母、拼音和语法初步，有一本Potapova编的《Russian》带在身边。火车上便拿来自学，力求掌握俄语的基础知识，也算是临阵磨枪吧。到莫斯科后，驻苏大使馆来接我们，安排食宿，分别告知将分去的单位。8月29日，苏联科学院研究生部的办事人员带我们住进高尔基大街49号招待所。开始时，苏方让我们4个男同学住一间大房间，同来的梅镇彤则被分去和一个苏联女研究生季娜同住一个房间。6点钟的时候下了一场大雨，街上水一下子积得很深，不过雨停后水很快就退了。水还没退时，便有很多苏联妇女光着脚在街上走，不少人还把高跟鞋拿在手里。这种景象在国内是看不到的。第二天下午，季娜志愿做向导，领我们去参观红场。沿路她把一些有意义的建筑指给我们看，向我们解释，像市苏维埃、莫斯科最大的百货店、得到斯大林奖金的建筑和普希金花园等。到达红场时，克里姆林宫上的大钟指着6点差10分左右，红场上有许多人在排队，季娜说是在等着看列宁墓。她领着我们加入行列，因为我们是外来参观的，所以能插入较前面。所有的人都脱帽进入列宁墓，围绕列宁的棺走一周出来。棺是玻璃的，里面有电灯，灯光照着头部，使大家都可以瞻仰到列宁的遗容。看过列宁墓后，又去参观克里姆林宫前面的纪念铜碑和革命先烈的墓，日丹诺夫、伏龙兹和加里宁等的坟都在这里，坟上有他们的铜像。红场看来不大，比北京天安门广场小得多。克里姆林宫前面种的松树，因为天气冷，据说隔几年就要换一次。我们由列宁墓出来时，正是下午6点，听到当当的克里姆林钟声。据说每到12点钟声响时，通过广播，全苏联都可以听到。有同学说这是资本主义的丧钟，当时思想都很“左”，看事物很简单，有这看法也不奇怪。季娜又建议我们去游览高尔基公园，由红场去那儿，顺便可以参观莫斯科的地下之宫——地下铁道。地下铁道里灯光照亮如同白昼，车站都由大理石建成，装饰的雕刻十分精美。地下铁道车每到一站，停留时间都很短，开门关门自动控制，所以上下车都必须很快。车票只要在进入地下时买一次，以后只要不上来，爱在下面坐多久都可以。所以我们每站都下来，欣赏各站石雕的不同艺术风格。高尔基公园很大，里面有好几处音乐厅，运动和游玩的地方尤其多，有种游戏是专门训练青少年习惯于坐飞机的。莫斯科河流经高尔基公园，河中有木排、汽船和各种游艇。站在克里姆林桥上看莫斯科，莫斯科河水在桥下静静地流着，远处的建筑都隐在雾里，只看见有些高高的尖顶若隐若现地从雾里露出来，分外凸现出莫斯科的美。以后几天，季娜和她的两个同学维娜和冬妮亚又领我们去参观了斯大林博物馆和动物园等处。为了帮助我们补习俄语，苏联科学院派了两个老师每天来辅导。一个叫杰姆斯卡娅，是位老太太；另一个叫巴茜，是位中年妇女。前者是有名的语言学家，后者也是很有经验的老师。隔了一段时间，老师们觉得我们可以开始专业学习了，我便被分配到苏联科学院列别捷夫物理研究所学习。起初负责指导我的苏联学者是著名理论物理学家福克院士。我们每个星期见面一次，他让我作“多时”场论，先调研有关的论文。不过他那时已经五十多岁，平常在列宁格勒工作，每个星期要到莫斯科来一趟对他不太方便。后来所里就改派费因贝格教授指导我研习宇宙线物理。过了一年，我因脑震荡后遗症，在不同场合犯了几次癫痫。大使馆怕出安全事故，便安排我于1952年8月提前回国，仍回近代物理所，半时休养。在接近一年的半时休养中，我从俄文版翻译了伊凡年科和索科洛夫编写的《经典场论》一书（曾获斯大林奖），由科学出版社出版。我觉得，对于从事数理物理学习和研究的人，《经典场论》是本很好的参考书，所以趁着半时休养的机会把它翻译了出来。

第二次去苏联是1953年2—6月，为中国科学院访苏代表团做专业翻译。这次在苏联访问了莫斯科、列宁格勒、基辅、新西伯利亚和塔什干等城市和许多苏联科学院的研究所。另外，苏联科学院还派人给代表团作了好几次介绍有关科学组织和管理经验的报告。在参观著名的切仑科夫研究所时，发生了一件意想不到的事。原来这个研究所的实验室里有极强的磁铁，参观者不能戴着手表进去。因此亲自带领我们参观的切仑科夫院士让我们把手表摘下，放在他办公室的桌上，而且开玩笑地说了一句：“别害怕，不会丢的！”谁知参观完回到办公室的时候，桌上所有的手表都不见了。这时大家目瞪口呆，十分尴尬。因为大家都知道，苏联研究所的保卫工作十分严密，外人未得允许是不可能进来的。切仑科夫很生气，斥责有关的管理人员。后来，他们的保卫处负责人说他一定会把事情查清楚，请我们先回住处。隔了两天，他果然把手表都送了回来，说是他们所里的一个醉鬼干的。访苏回国后，我仍在物理研究所理论室工作，开始调研反应堆理论，做一些初步计算。

第三次去苏联是1955年11月至1956年6月。1955年10月19日，钱三强作为团长，率领成员近40人的“热工实习团”去苏联的热工研究所，参加实验型重水反应堆和回旋加速器的设计审查。该所在莫斯科郊外，我们住在普希金街的“十月”旅馆，每天坐汽车来回上下班。我和彭桓武先生同住一室，负责实习反应堆理论设计部分，平时很便于讨论。我们在听了该所主管工程师关于将要提供给我国的重水反应堆工程结构的报告后，先阅读该所反应堆理论主管加拉宁博士写的资料，有不清楚的地方便找他请教；然后根据反应堆元件和活性区中各种材料的结构和中子截面数据，计算出活性区元件栅格的增殖特性；在此基础上，再考虑控制吸收棒的效应、反射层的作用和几何配置的影响，算出活性区的临界尺寸；也就是说，在重水水平面的一定高度下，活性区中要插多少根元件，反应堆才能到达临界状态。加拉宁所写的资料当时还是保密的，要每天从保密室借出，下班前再还回去。不过，不到一年，它就印成书在苏联公开发行了。书出版时，我们已经回国，加拉宁博士寄了一本送给我。我把它从俄文译成了中文，就是1958年由原子能出版社出版的《热中子核反应堆理论》，这是后话。在苏联时，我用两种方法，对临界尺寸进行了计算：一种是用中子通量加权平均的方法把不均匀的活性区化为均匀的增殖介质，当作均匀堆来算；另一种是把具有复杂结构的元件抽象成用一定参量描写的线源，再用非均匀方法计算重水介质中线源栅格的临界尺寸。它们是两个极端的近似方法：一个把活性物质跟中子的作用分散，另一个把这作用集中，实际的情况应当在二者之中。经过仔细计算，两种方法得出了临界尺寸的同样结果。虽然这结果比苏联原设计书上给出的数据小了百分之十以上，但我还是相信自己的结果。后来和加拉宁博士讨论，他也认为设计书上给出的数据可能有误。1958年，在我国实际建堆的临界启动过程中，证明了我的结论是正确的。

第四次去苏联是1958年10—12月，参加二机部部长刘杰率领的代表团访苏，作为专业工作人员，协助提供我们自己有关核潜艇用压水型反应堆的初步理论设计的计算结果，供刘部长在和苏方谈判时参考；同去的还有赵任恺、韩铎和董茵等人。遗憾的是，由于苏方缺乏在核潜艇方面对中国提供帮助的诚意，虽经刘部长几次出面谈判，仍然没能得到我们希望得到的结果，只好无功而返。回国后，我还回到原子能研究所理论室做反应堆理论研究工作。

## （五）和原子能打交道

从 1950 年分配到近代物理研究所，直到 1980 年调离核武器研究所，我和原子能打了 30 年的交道。大体来说，前 15 年做的是为和平利用原子能服务的反应堆理论研究和设计工作，后 15 年做的是有关核武器的理论研究和设计工作。其间也做过一些有关中子输运理论和临界安全评估的研究。

### 反应堆理论

上面提到过，初到近代物理研究所，在彭桓武先生指导下用忽鲁登变分法计算低能区质子-质子散射的相移。这工作由于遭遇车祸而中断，直到 1951 年 5 月我恢复工作后才完成。后来和理论室的同事们一起调研核理论。1953 年初，按照钱三强所长的部署，我开始调研反应堆理论，当时反应堆理论还带着相当的保密性，公开的资料很少，加上美国对中国封锁、禁运，国外的资料很难得到。能找到的只有 Fermi 写的 *Neutron Physics*，其中对反应堆的工作原理有些简单介绍。稍后才能买到 Glasstone 及 Edlund 所编写 *The Elements of Nuclear Reactor Theory* 一书的俄文译本，这书虽然略而不详，但仔细读后仍能从中看出一些有用的东西。结合对扩散方程和中子输运理论的研究和理解，我曾试着做过一个均匀反应堆的模型计算。这些预备性的调研工作，为我 1955 年参加“热工实习团”去苏联从事实验型重水反应堆的设计审查工作，打了些基础。通过对反应堆理论专家加拉宁博士所提供资料的学习和自己对实验型重水反应堆的系统计算，我对反应堆理论有了更深入的理解。1955 年在日内瓦召开了和平利用原子能会议，会议文集提供了有关反应堆理论的不少资料。参考这些资料，结合国家的需要，1956 年以后，我和新分来的许多大学毕业生一起，开展了另外一些类型反应堆（如轻水型动力堆、元件堆、快堆）的理论研究和初步设计。当然，对已经建成的实验型重水反应堆运行中出现的一些物理问题，我们也一一加以研究，为堆的更好运行提供帮助。1960 年 6 月我参加我国原子能所代表团去民主德国德累斯顿，在国际反应堆会议上所作有关我国第一个重水反应堆理论工作的报告，就建立在这些研究工作的基础上。关于快堆的研究工作，原来是配合核武器研究所进行的，后来做这部分工作的人就干脆并过去了。

## 核武器理论设计

（参见本文集第 72 页《自述》一文）

## 核临界安全问题的研究

核临界安全是原子能事业中至关重要的问题之一。只要牵涉到生产、处理、加工、装配或储存浓缩铀或钚之类的易裂变物质，就有在不经意间发生超临界安全事故的可能性。因此在有关工厂、车间、实验室、仓库或装置的设计、运行、操作和管理中都必须注意事先防范超临界安全事故的出现。主管原子能工业的原二机部曾组织一些专家成立过一个临界安全小组，在部主管局的领导下，负责对部内各厂、所可能出现的具体临界安全问题提出咨询意见。这个小组由彭桓武先生任组长，我任副组长。有一次，我随彭先生去一个核工厂，先在运行工程师的引导下参观、了解有关设备的布置和工作情况，注意可能出现超临界事故的环节和出现的条件，然后回宿舍工作，计算可能出现事故的恶性程度，拟定防范的措施和应当执行的特种安全规程，供厂方参考。这次工作中，不但向彭先生学习了工作方法，更重要的是向他学习到对临界安全工作的慎之又慎的负责精神。1966 年，我作为组长和副组长阮可强及施贵勤等一起，受原二机部主管局的委托，要审查四川一个原来由苏联援助的在建工厂的临界安全问题，因为苏联撤回了有关的专家和关键资料，特别是为防止临界安全事故的操作规程。由于不便去该厂实地参观、学习，部里安排我们住在四川峨眉山报国寺（那时还没有对游人开放），来自厂里的工程师们则住到上面一些的伏虎寺。我学习彭先生负责的精神，先组织两方面的人一起商讨工作如何进行。结果决定，先请厂里的工程师们分别给我们上课，介绍工程设计中涉及的各生产过程和有关车间、设备安排的详细情况，我们一面听课，一面记下可能出问题的地方。每天白天他们从伏虎寺下来到报国寺讲课，晚上他们回去后，我们进行讨论，交换意见，提出问题。用这种方式进行了一个月，厂里的工程师们才把情况介绍完毕。接下来，我们几个就把记下来的问题分头进行计算，再一起讨论。阮可强既学过化工机械，又学过反应堆理论，在我们的讨论、研究和计算中起了重要的作用。经过近一个月的工作，我们为该厂拟定出了一份确保临界安全的操作规程，并向该厂工程师们讲述，根据他们的意见作了补充修改后，才报到部里。后来经过部里批准，作为正式文件下发有关工厂执行。

## (六) 回归学校

### 到北师大低能核物理研究所

1980 年 5 月 1 日，我从核武器研究所被调到北师大低能核物理研究所任教授兼所长。当时这个所正在草创时期，本来由亲自参与草创的金永龄和周瑞英两位老师分任正副所长。我调来后，他们一定要我做所长，金永龄说，他愿意保留“北京市辐射中心”主任的职务，便于和北京市打交道，让我专心作所长。原来，按建制，低能核物理研究所是北师大管辖下的单位，辐射中心是北京市管辖下的单位，但实际上二者是一班人马、两块牌子，分别向北师大和北京市负责。这样一说，我也不好推辞。不过，说实在的，这个所的研究工作主要牵涉到离子注入工艺和材料改性的实验研究，虽然也属于核物理应用的范畴，但对我却是全新的东西，只好先当学生，向老同志们学习。我请周瑞英做常务副所长兼中心的常务副主任，主持日常工作。周瑞英爽快地答应下来。另外还请韩主恩和吴猛作为副所长和总支书记一起参加所的领导工作，他们两个也都是“建所元老”，熟悉所内情况。有他们四位共同协力，我这所长学生就好当了。周瑞英是个既热心又能干的同志。她做常务副所长，主动向我介绍所内各研究课题进行的情况，并且把行政琐事都承担下来。我分别到各课题组了解工作内容，进行学习。并在学习的同时做了几件事：一是每个星期召开一次所务会议，我们 5 人在一起根据各研究室、组工作的进展，商讨需要所里帮助解决的问题（人力的调整、业务上的帮助、经费的支持以及和协作单位的联系）、所里应当建立的规章制度和新工作计划的安排。二是组织一个学术委员会，吸收各研究室的学术带头人参加，研究干部的培养、人员素质的评估、各课题研究工作中出现的学术争论、书刊的订阅、所报的出版等问题；请韩主恩拟定了学术委员会的工作规程，经所务会议通过后执行；又找了个熟悉业务、很负责任的学术秘书马明修，把有关事情抓起来。学术委员会也推动各研究室成立学术小组，研究本室的学术问题，组织室内的学术活动。理论室的学术活动开始时由我组织进行，后来理论室的人增多了，就由室主任贺凯芬负责。通过室内学术活动，除了交流彼此的工作情况外，还给研究生讲过好几门课程；其中有的（如“输运理论”、“当代理论物理的前沿”及“从分子动理学到流变学”）由我讲授，有的（如“小波分析”及“激光和等离子体的相互作用”）由室内教师分头准备，轮流讲授，集体讨论。在这些活动中，不但让研究生学习到前沿的知识，也让参加活动的教师们（包括讲授者）在讲授和讨论中得到提高和启发。三是亲自抓全所性的学术活动，定期请各课题的学术骨干或外来学者作报告，介绍情况，交流思想，讨论问题，提出建议，希望通过学术活动提高大家的业务水平。四是把原子能研究所一些行之有效的学术管理办法介绍过来，希望借助它们比较成熟的经验，提高所的管理水平。其实，这几件事的有效实现也离不了所领导集体中其他同志，特别是周瑞英同志的努力。在1980—1984年我的任期中，所的工作之所以还有些成绩，主要应当归功于所领导集体和全所同志的团结合作、共同努力。可惜周瑞英和马明修两位同志都不幸英年早逝，使我们所的进一步建设失去了重要的力量。

## 带研究生

1964年10月，我在原子能科学研究院曾经招了两名研究生：一位是刘寄星，他的调研方向和题目是：稀薄等离子体中高速飞行体引起的扰动；另一位是何汉新，他的调研方向是有关冲击波的结构。但因文革，后来取消了研究生制度，故他们均未作学位论文，未授学位。

来北师大后，除了所长的工作，我的时间多用来带理论物理方面的研究生和自己做研究。刚来所时，有个原来由其他老师招的硕士生黄维华让我带。我在初步了解所内研究工作的情况后，建议他用固体理论的方法研究砷化镓的导热性，以便和离子注入砷化镓的实验研究相配合。两年后，他通过答辩获得了硕士学位，去了一个军事院校工作。1982年3月，我自己招了一个博士研究生丁鄂江，同年9月又招了三个硕士研究生：黄雪梅、张勇和朱慧珑。丁鄂江的数学基础好、物理概念清楚、做学问的态度好、能力强，是个难得的人才。

我建议他做 Boltzmann 方程的求解工作，向他介绍了苏联物理学家在这方面通过变换到傅氏空间获得的新成果，并且根据我研究输运方程的经验，建议他注意主要出现在边界附近的精确解和近似解的差异。他工作十分努力，经过一段时间的学习和摸索，就用他熟悉并应用过的奇异扰动方法，在傅氏空间求得了具有小 Knudsen 数的 Boltzmann 方程的正规解和初始层及边界层中的解。在他所得的级数形式的解中，消去了久期项，从而解决了多年来困扰前人的问题。这个工作就是他在 1984 年用来通过答辩的博士论文。1986～1987 年，丁鄂江去挪威 Hauge 教授那里做博士后，做浸润相变的研究工作，回国后，在理论室起了很好的学术带头作用，协助我带博士研究生宋岩、陈金玉等，指导他们做浸润相变方面的研究工作，我也向他学习了浸润相变理论。我和丁鄂江合作多年，从他做博士研究生开始，经常在一起讨论问题，互相学习，互相启发。除了几篇文章外，我们还合作编写了《输运理论》和《表面浸润和浸润相变》两本书。我认为，一个人成才不成才，主要靠自己，环境的影响和师友的帮助当然也不可少，但只是提供条件、帮助和启发。在指导研究生时，导师固然应当着意营造良好的学术氛围，进行适当的指导，帮助解决一些疑难，但最重要的还是启发他自己对研究工作的兴趣，介绍他看一些有关的文献，要求他作学术报告，报告时导师可以提出问题，展开讨论，使理解深入或引发更有兴趣的问题。这过程中研究生如能形成自己的想法，导师就可以鼓励他进一步着手工作，看有没有深入探讨的价值，能不能作为写作论文的题材。论文写作中也应当帮助把关，保证质量。不过，导师绝对不宜也不可能越俎代庖、包办代替，要充分发挥研究生的主观能动性。实际上，我所带研究生的论文题目（见表 1）多半是这样形成的。我觉得这样培养出来的研究生更有发展前途，更能发挥自己的潜力。实践证明也确是如此。上面所说丁鄂江的情况只是一例，其他表中所列已获博士学位各人，现在大都已能独当一面，自己也可以培养博士生了。例如冯世平，本来我曾建议他和吕燕南分别研究合成金属氢新途径中牵涉到的固体物理和分子物理问题，但在摸索了一段后，他的兴趣转到了重费米子系统及其超导特性的研究上。我鼓励他按自己的想法做，并介绍他去参加科学院理论物理研究所关于类似课题的研讨班。后来他在学位论文中采用安德森晶格模型，讨论了重费米子超导系统的低温反常行为，得出了可与实验相比的一些理论计算结果；并在超出平均场的理论框架下，用奴役玻色子方法讨论了重费米子系统中准粒子之间的相互作用。1986 年，瑞士一个以柏诺兹和缪勒为首的小组发现，镧钡铜氧化物体系的超导转变温度可高达 36K，远高于当时已知的具有最高超导转变温度（23.2K）的超导合金 $Nb_3Ge$，这一发现轰动了物理学界。冯世平认识到它的重要性，很快就投入了高温超导领域的理论探索。十多年来坚持不懈地和合作者及所带研究生一道，沿着自己的研究方向，取得了一系列有意义的成果；1997 年获得“求是科技基金会杰出青年学者奖”，1998 年被国家授予“有突出贡献的青年专家”称号。

**表 1**

| 序号 | 姓名 | 入学时间 | 论文题目 | 授予学位 | 备注 |
|---|---|---|---|---|---|
| 1 | 刘寄星 | 1964 年 10 月 | 调研方向：稀薄等离子体中高速飞行体引起的扰动。因文革取消研究生制度，故未作学位论文，未授学位，只颁发了毕业证书。 | | |
| 2 | 何汉新 | 1964 年 10 月 | 调研方向：等离子体物理、有关冲击波的结构。因文革取消研究生制度，故未作学位论文，未授学位，只颁发了毕业证书。 | | |
| 3 | 黄维华 | 1980 年 9 月 | 砷化稼导热性的理论研究 | 硕士 | |
| 4 | 黄雪梅 | 1982 年 9 月 | 关于氧化分凝问题的变分近似解 | 硕士 | |
| 5 | 张勇 | 1982 年 9 月 | 表面氧化堆垛层错的研究 | 硕士 | |
| 6 | 朱慧珑 | 1982 年 9 月 | 金属中空位迁移规律及其应用 | 硕士 | |
| 7 | 丁鄂江 | 1982 年 3 月 | Boltzmann 方程的奇异扰动解法 | 博士 | |
| 8 | 吕燕南 | 1985 年 3 月 | 高密度氢物质制备新途径的理论探讨 | 博士 | |
| 9 | 冯世平 | 1985 年 3 月 | 重费米子系统及其超导特性的理论研究 | 博士 | |
| 10 | 朱慧珑 | 1985 年 9 月 | 金属材料辐照损伤的理论研究 | 博士 | |
| 11 | 宋岩 | 1988 年 9 月 | 混合流体浸润相变的研究 | 博士 | 与丁鄂江合带 |
| 12 | 杨国健 | 1988 年 9 月 | 非线性光学系统不稳定性和非经典性的理论研究 | 博士 | |
| 13 | 吴新天 | 1991 年 9 月 | 无序系统中的相变 | 博士 | |
| 14 | 欧阳华甫 | 1992 年 9 月 | 1/f 噪声的理论研究 | 博士 | 与丁鄂江合带 |
| 15 | 陈金玉 | 1993 年 9 月 | 血液流变特性和流体浸润行为的研究 | 博士 | 与丁鄂江合带 |
| 16 | 张书东 | 1994 年 9 月 | 关于地震预报和无序材料的断裂 | 博士 | 与丁鄂江合带 |
| 17 | 李静辉 | 1994 年 9 月 | 关于随机系统中噪声及其对若干输运过程和非平衡相变影响研究 | 博士 | |
| 18 | 杨洪流 | 1995 年 9 月 | 随机噪声对非线性动力学系统行为的影响 | 博士 | 与丁鄂江合带 |
| 19 | 周路群 | 1996 年 9 月 | 多稳结构和诱导禁带弧子 | 博士 | 与贺凯芬合带 |

续表

| 序号 | 姓名 | 入学时间 | 论文题目 | 授予学位 | 备注 |
|---|---|---|---|---|---|
| 20 | 应阳君 | 1998 年 9 月 | 细胞钙振荡模型的研究和一个有关的时滞系统的非线性动力学 | 博士 | |
| 21 | 王虹宇 | 2002 年 9 月 | 超快超强激光与等离子体相互作用的一些物理效应及应用 | 博士 | |

## 给本科生讲课

我本来就觉得大学教授给学生讲课是理所当然的事。不过，由于低能核物理研究所过去只招研究生，不招本科生，所以自从 1980 年来北师大后，1999 年以前还只给研究生、没给本科生讲过课。1999 年暑假，所里开始招本科生，我就给他们开了一门课：现代物理前沿选讲。它的内容主要介绍 20 世纪物理学家在宇观、微观和宏观三大领域所取得的重大成就。选讲的题目有：时空概念的变化；相对论浅释；膨胀的宇宙和宇宙的演化；量子物理学的发展；微观世界的层次；基本粒子的标准模型；对称性和守恒量；微观物理学和宇观物理学的联系；宏观物质世界的复杂性；量子流体；激光冷却和捕获原子；分数量子霍耳效应；高压物理学。开这门课的目的是想让刚开始接触物理学科的大学生能对物理学的全貌有一个鸟瞰，引导他们注意：物理学的前沿有许多意义深远的、十分有趣的问题，值得一个青年人用他的毕生精力去探讨、去追求。这门课开出以后，物理系的新生选修的也很多，一共有 140 人左右听课，把一个大教室都坐满了。我认为学习是学生自己的事，不需要别人来强迫，而强迫的方法也是无效的。所以我不用点名之类的办法来考核同学们有没有缺席。如果他没有兴趣，心不在焉，强迫他坐在那里又有什么用哪？还不是浪费时间！事实证明，虽然不点名，一个学期下来，缺席的同学并不多。考虑到同学们大多数刚开始学高等数学。我在开始几讲中，着重介绍每讲所涉及的主要物理内容和所蕴涵的物理概念，介绍物理学家取得有关成就的历史背景、他们献身科学、实事求是的精神，以及认定目标、坚持不懈的努力，避免使用高等数学。让同学们听课就像听故事一样有兴趣，不知不觉中受到科学精神的熏陶和科学家人格的感染。为了加深同学们对讲课内容的理解，我适当地留一些习题，让他们通过做习题来培养自己解决问题的能力。期末我指定一篇英文文章，请同学们阅读后写篇小论文。一方面培养他们自主阅读英文文献的能力，另一方面根据所交小论文和平常的习题也可以评出学期的成绩。由于讲这个课，我自己也学到了不少新知识：一方面在备课时要认真查阅有关的参考资料，搞不清楚的地方还要做些推算，或者找各方面的专家请教；另一方面，同学们在讨论中提出的问题也往往促使我进一步思考、研究。我真正体会到了“教学相长”这句话的道理。2002 年，我又给大三和大四年级的同学开讲了“粒子物理基础”专业课，介绍近 30 多年来粒子物理所取得的重大成就——能综合解释粒子物理中现有实验事实的“标准模型”，另外还参与讲授“核物理和人类生存”这门课的概论部分，论述核科学在人类可持续发展的过程中能起的作用。

黄祖洽摄于 401 图书馆（年代不详）

1980 年独照于塔院家中

与博士生讨论（摄于 1983 年）

1983 年 4 月在长沙国防科技大学讲学

黄祖洽（左 2）与彭桓武（左 4）等出席清华大学校庆（摄于 1984 年）

黄祖洽（中排左 8）与北京师范大学材料科学与工程系（低能核物理研究所）2005 届毕业生留念

# 二、杂文

## （一）少年作文十篇

### 客居杂记

（1939年春，时就读于迁至河口[①]之九江中学初二下。）

去岁冬，以长沙大火故，逃难至河口。河口者，本为江西四大名镇之一，以产连史[②]著。其所产连史，岁值数百万，其质光滑洁白，于我国纸业中，仅次宣纸而居第二。又产茶叶。每当四五月之交，采茶者、制茶者、拣茶者，随处可见。其岁出亦以数十万计。是故斯地往昔之繁盛，实不难想见。惟自浙赣路通车以来，商业重心渐移至上饶，而河口之繁荣，遂亦成明日黄花，不胜美人迟暮之感矣。

河口之商业盛况，虽成陈迹，然昔时所遗下之气象，则犹可随地见之。即就嫖赌二项观之，妓女之多，多如牛毛，几乎每街具有。此类情形，可证其必曾为交通之通衢，四方商贾之集散地。至于赌博，最通行者似为麻将。上自军警各界，下至普通居民，无不乐而为之，亦无不精悉此道。故无论白日黑夜，大街小巷，皆可闻砰砰之声。河口既受此种种恶劣风气薰染，其社会情形自极黑暗，居民亦习于衰颓萎靡，毫无振作之象；一日之生活，除必需之少数劳动外，即为养鸟赌博。近自抗战军兴，此沉睡之古镇萎靡之民众，始渐觉生气勃起焉。

---

① 原为江西省铅山县属镇，现为铅山县人民政府所在地。

② 指“连史纸”。

## 杂记一则

（1939年秋，时就读于迁至杨村之九江中学初三。）

十一月七日，校中放假一天。同学等因久耳“神仙洞”之名，决意往游此胜迹，并思往洞中一探究竟，以破除此久嚷人口之迷信。适值天气晴朗，万里无云，遂于午饭后，结伴十人开始出发。

神仙洞位于杨村东南约十里许之狮子山上，据当地父老传说，在昔此山原为一狮所化，故名狮子山。每遇阴风惨雨之时，犹可闻怒吼之声云云，无稽之谈，实属可哂。至若神仙洞，则传称直通石塘，亦无人经过。吾辈途中约经二时始至此洞口，口广三尺，高亦如之，恰可容一人蹲伏而行。吾辈列为一队，首为王君，手执洋烛及一棒，以防毒气及蛇类之侵。其余各人，则或执手电，或执木棒，鱼贯而入此黑暗幽深之洞。洞中空气不甚佳，稍带硫磺气。洞势向下倾斜，而洞底又有水，行时颇易溜滑，故必须攀壁作蛇行。行约三丈余，忽逢陡壁，深约六尺许，不得再前。众同学均拟折回，余独奋呼曰：“十里外至此探险，原欲破此秘密，以除乡人之迷信耳，奈何半途折回，使功亏一篑耶!”，遂促王君前行，王君亦一跃而下，吾辈随之俱下，更行二丈许，又遇高壁约四尺者当前，余辈乃蹑衣而上，及上则已至尽头而不能更进矣。于是以粉笔题字于其上曰：民国廿八年十一月七日九中探险队抵此，遂兴辞而返。方知乡民之传说，实无可信之价值；而我人之处世，亦不能不具研究之精神及坚韧之毅力也。

## 读《张载西铭》后之感想

（1940年秋，时就读于迁至杨村之九中高一。）

学者谓有宋一代理学家之思想，可于张子西铭见之。余观其文，辞简而理精，盖东坡所谓“浩乎不知其津涯而非深也，茫乎不知其畔岸而非远也”者矣。

余以为西铭之要在“民吾同胞，物吾与也”之观念及“存吾顺事，没吾宁也”之精神。盖万物并生，人为之长。虽有强弱智愚之分，然皆藉天地之气以生，假天地之养以存。故天地者、实万物之父母，而物物之间，亦莫非手足同类也。天下有一人不安其生，则是吾兄弟之颠连而可悯者也。天下有一物不得其所，则是吾同类之困顿而可哀者也。故推吾博爱之心，可及乎万物，而物我之间因之不分；此其所以为大也。且夫顺天者昌，逆天者亡，是以君子于其遭际，莫不欣然以安之。颜渊在陋巷，一箪食、一瓢饮，人不堪其忧，颜子不改其乐。孟子去齐，答弟子曰：“吾何为不豫哉!”是皆明乎天道，而乐于守道。故虽有困厄之事，犹能泰然以处之。及其死也，内省无疚，中心无愧，安然以赴之。此其所以为达也。

呜呼！设人人以“民吾同胞，物吾与也”之志而为心，则天下将至于无争。又设人人以“存吾顺事，没吾宁也”之道而处世，则天下将至于无事。岂不伟哉！

## 爱国贵于自爱说

(1940年秋，时就读于迁至杨村之九中高一。)

余尝读《礼记》“大学”篇，观其论治国平天下之道，而卒归之于修身。呜呼！是可谓能得其要矣。使天下之人，均能明乎此言而竭力行之，而天下有不平者，余不信也。况以区区之国，若其国民，人人皆能以修身为务，而其国有不治者乎。

且人之爱其国也，莫不愿其国之治平而富强。人之爱其身也，莫不愿其身之明智以忠信。然国者，身之集也。人有不自爱其身而能爱国者乎。

昔鲁哀公问儒行于孔子。孔子首曰：“儒有席上之珍以待聘，夙夜强学以待问，怀忠信以待举，力行以待取。”所谓席上之珍以待聘者，自爱其德也；夙夜强学以待问者，自爱其智也；怀忠信以待举者，自爱其志也；力行以待取者，自爱其行也。人能自爱其德，则民族道德可保；人能自爱其智，则民族文化必高；人能自爱其志，则国家必无败类；人能自爱其行，则国家必有良材。如是而国家不强、民族不大者，未之有也。

嗟夫！今之君子，高处庙堂之上，哓哓然曰：“如此乃能爱国家；如彼始可孝民族。”然察其私行，则龌龊卑污至不堪问。而护之者反曰：“彼高世之才，必有遗俗之累。”深可慨也。

## 过则勿惮改说

(1940 年秋，时就读于迁至杨村之九中高一。)

史称太甲无道，伊尹放之桐宫，三年太甲悔过，伊尹复立之，商道赖以中兴。夫太甲以万乘之尊，而伊尹放之，其无道也可知。而竟能自怨自艾，复立之后，不特不以伊尹为僭，又托之以重任，此岂常人之所能企其万一哉！

盖上古之世，人性美而尚质，有过者，知反求诸身。故颜渊不二过，子路人告之以有过则喜。此二子者，盖明乎人之不能无过，而知有过之不足为忧，但求能改而已。降乎近世，美日益减而恶日益增，质日益泯而文日益盛，文过饰非之风遍于天下。人皆习于辩驳拒谏之术，足以自顺其过，此所以蹈过者多而改过者寡也，悲夫！是故欲求有过之勿惮改，则须明犯过之不足忧，而无所用其文饰。良以人本灵物，七情动其内，五欲诱其外，非大智大勇，孰能免犯过哉。然犯过之后，良知渐起，而未尝不有所悔。当此之际，天理物欲，交战于中，若能毅然以改之，则天理胜而物欲绝，良知因之而具，此蘧伯玉之所以行年五十而知四十九之非也。使当此之际，良知不足以拒物欲，则物欲愈甚，而蹈过愈易矣，可不慎哉。

嗟夫！过而能改则不复过，过而不改则过日多，然则改过恶所用其惮哉。顾今之人卒不能改过者，其皆不明此理乎，其明之而不能行乎！

## 孝弟为立身之本说

(1940 年秋，时就读于迁至杨村之九中高一。)

夫孝者，事天地父母之大道；而弟者，体天地父母之意以敬上事长也。盖孝子敬于天地父母，则必善体天地父母生我爱我之心，以爱物待人，而思以爱之福之，使百姓各安其生，万物各得其所。如是而孝弟之道尽矣。故弟也者，非离孝而别存，乃由孝而推行之也。

居尝思之：士君子而能尽于孝道，则行父母之遗体不敢不敬；待人处世之间，一言一行之微，亦莫敢不谨；战战兢兢，惟恐有辱父母之声誉。是以口无择言，而言满天下无口过；身无择行，而行满天下无怨恶。如此则立身有道而不苟矣。能推孝道而及于弟，则事上待下莫不中于规矩、合乎法度，惟恐有悖天地父母之心。故以之事君则忠，以之待人则敬。如是乃得出身以为天下用，以继人之志，以述人之事，以扬名声而显父母。呜呼！此立身所以必本乎孝弟也。

孔子曰："夫孝，始于事亲，中于事君，终于立身。"始于事亲者，善事天地父母也；中于事君者，善体天地父母之意以事长上也；终于立身者，盖谓推天地父母之心以立身行己也。由此观之，立身固本于孝弟，而孝弟尤贵乎立身，昭昭然明矣。

今之君子，半习欧美之化，顿忘孝弟之义；终日游荡，不顾父母之养者有之；争夺遗产，以与兄弟争讼者有之。如此之徒，而欲望之以立身，亦难矣哉！

## 成功与失败

（1940年秋，时就读于迁至杨村之九中高一。）

世皆以成败论英雄，然成败果足以别英雄乎？若其用心善，则虽败犹可曰英雄也；若其用心不善，则虽成功亦何为哉？徒以亿万人之血腥而供少数人之牺牲而已。

且成功之来也必渐，非朝立志而夕即可达者也。一功之成，必经无数之失败。亿兆无名之英雄，始换得少数成功之好汉。以总理革命之热心、救民之抱负，且历十次之失败，方成创造民国之大业。吾人其可显成功之果而没失败之因乎？

不但此也。失败之荣，犹有千百倍于成功者。盖成功之手段不正，或所成之事功不正。则虽能荣于生前，而不能荣于生后；虽能荣于小人，而不能荣于节士；虽能荣于当代愚夫之言，而不能荣于后世史臣之笔。如阿瞒、秦桧之辈，虽能得意于一时，而今更安在哉！然若事虽失败而其手段正当，或功虽不成而其事属义所当为。则虽败于肉体而不败于精神；虽见笑于小人而可得知于节士；虽败于当代愚夫之口而不败于后世史臣之笔。如李膺、陈蕃、文天祥之辈，失败于一时，而今有不敬之者乎？

由此观之，若就成败之广义而言，则忠诚坚毅之士必成功，而狡诈奸滑之徒必失败。文天祥虽死，而其气节足以推翻胡元于百年后；七十二烈士虽牺牲，而其热血即可建造民国于一载之间。吾人可谓之失败乎？阿瞒虽能篡汉，然不见司马氏之代魏乎？秦桧虽成和议，然不见武穆坟上之铁像乎？噫！后之君子观于此，其有所惧乎！

## 士不可不先言耻说

（1940年秋，时就读于迁至杨村之九中高一。）

余读史至东汉光武，崇气节、尚廉耻，而士多洁身自好、清高自守，未尝不掩卷赞叹。惜乎其末流趋于标榜，不务实际，此所以卒酿钩党之祸也。然当是时，士多以知耻为务。故今日论世风者，犹多称美东汉。降乎魏晋六朝，风气大坏。是以武人割据，文吏贪污，而民生凋敝不堪矣。此其故何哉？盖士忽廉耻、重名利而已。

孟子曰："无恒产而有恒心者，惟士为能。"盖以惟士为能明乎道而耻乎利也。夫然，能历贫贱而不更其志，处富贵而不动其心。夫然，能出身以为天下用，而不患无功；立身以为天下法，而不患无名。此士之不可不先言耻也。

夫耻者，入于耳，省乎心；故闻流言，则反察诸身；闻过失，则耻而改之。吾以为耻之于行，犹疑之于学。士之学必尚疑，故行必知耻。温公曰："德胜才者君子，才胜德者小人。"吾诵此言而知君子过人之处在知耻，而小人害人之方在有才也。如此言之，则士务耻则为君子，矜才则为小人。毫厘方寸之间，不可以不辨也。

## 民贫则奸邪生说

（1940年秋，时就读于迁至杨村之九中高一。）

三代而上，民性善淳；又有尧舜之君立乎上，稷益之臣导乎下。故人皆和睦，奸邪不生。虽有洪水天旱之灾，而天下不动。此固由于平日蓄积之具，然亦民乐为善之效也。是以仲尼言为政，在足食、足兵、民信其上；不得已则食、兵可去，而民无信不立也。

秦汉而降，君则桀纣之比，非复尧舜矣；民则日以巧偷，非复淳善矣。是以饥荒之岁，穷苦之民，内有冻馁之病，外无仁政之施。纷纷揭竿而起者，无日无之。此晁生之所以论贵粟，而叹民贫则奸邪生也。

洎乎今日，益非昔比。俗敝民偷，奸邪日甚。古之人有饿死不失节者，今则无闻矣。故当今之世而言政，仍莫先乎富庶吾民。吾民既富庶矣，乃能教之以礼乐，而移之以德化，使复于古之世也。不然，居上位者服必绮纨、食必粱肉，而吾民仰不足以事父母，俯不足以蓄妻子，凶年不免于死亡，而欲望其循仁依义，奸邪不生，亦已难矣。

且夫民者，国之根本也。本固邦宁，古有明训。本固之道在于民安，而安民之道，在于足衣足食。如此则虽有奸邪之徒，亦无响应之助矣。今乃使民耕者不得食其食，织者不得衣其衣，人怀怨望之心，亲处穷苦之实；狡猾之徒，因势以利导之，则民奸邪之生，将如燎原之火，不知其止矣。嗟夫！

## 读庾信“小园赋”书后

（1940 年秋，时就读于迁至杨村之九中高一。）

盖闻文生于情，情动于思，思感于忆，忆本于离，是以骚人墨客每因去乡而叹息，羁臣孽子多为见弃而悲吟。是以苏武见留，乃赋秋风之词；但丁去国，遂为慷慨之曲。类皆忧国志士、困厄穷臣，感离别之悲而出以不平之鸣者也。

余读子山小园之赋，郁然有怨慕之志，未尝不悲其志之未逮而幸其遇之难得也。嗟夫！昔韩愈为柳子厚作墓志曰：“向使子厚斥不久、穷不极，虽有出于人，其文学词章必不能自力以致必传于后，如今无疑也。虽使子厚得所愿，为将相于一时；以彼易此、孰得孰失，必有能辨之者。”余亦以为向使子山不为西魏北周之所羁留，其才虽过于人，然其文章词赋之必不能传于今日，亦无疑也。

抑尝思之：文人无行，自古已然。当五代时，冯道历事数朝，恬不知耻，自号“长乐老”，居于湖山之上。可谓鲜廉寡耻矣。子山虽蒙北周明帝、武帝之优渥，而心怀故国，意念君亲，视富贵若浮云，履将相如敝屣。妻则比于梁鸿荆钗之妇，子则不异王霸蓬头之子。寄离愁于丛竹，寓别思于小园。以是观之，则子山之人品亦高矣。吾信其若居冯道之地，必不屑为冯道所为也。

# （二）日记三则

### 1949 年 12 月 6 日　星期二　晴冷有风

下雪之后刮了几天风，温度降到零下十度以下，河中的冰结得挺厚，这两天来，已经有人在溜冰了。我也要趁这机会多运动一下。

家里的事，我想最好不管，反正也管不着。

最大的缺点是坚持力不够，常常让工作半途而废；或者只看到大概轮廓就不追问下去。这种习惯如果不克服，从事研究工作是谈不到的。

彭先生[1]说，做研究时要把眼光放开，看到每一条可能走的路，不要局限在一点。而每一条路又要坚持把它走到底，这样得到的结果，不管是正面的或反面的，才有可靠性。

只有这样，才是科学的态度。平时那种凭直觉、凭灵感，在观念里打圈子，不深入穷追的态度，是非科学的。

努力的目标是：稳扎稳打，深入穷追。

## 1949 年 12 月 11 日　星期日　晴

晚上党支部会通过我申请入党。

支委会总结对我提的意见是：

1. 对于一个共产党员，唯一的目标是终生为共产主义事业奋斗。他必须无限忠诚于党的事业，必须准备随时在党所指派的工作岗位上全心全意、努力工作，不能把科学认为是超阶级的工作。

2. 科学的创造脱离不了劳动人民的劳动和社会经济生活的物质基础。只有在劳动人民获得解放、社会经济发展的条件下，科学才有发展的可能。要警惕自高自大和个人主义的学习态度与学习观点。要依靠组织、依靠同志，要认识一个党员必须成为群众中间的宣传、鼓动的活动家。

## 1949 年 12 月 14 日　星期三　阴转晴

对学习和工作都要把握主动，才能使时间运用更有效率；要把每天的运动当做任务坚持下去。

话说多了还是没有什么好处，尤其是怪话，既影响自己和旁人的工作情绪，又模糊了思想斗争的正确方向——应该对自己所说的话负责。

如同泽庆[2]所说的一样，保持愉快的心情是没有任何坏处的。经常愉快、

---

① 指彭桓武。

② 何泽庆，黄祖洽大学物理系同学。

经常微笑，即使在困难前面也不焦躁，不害怕，困难便一定可以克服。

## （三）书信一束

### 给母亲的十封信

母亲：您好！

上月我因事需去苏州开会，会议定在6月15日开始，14日报到。我因托人买到了6月10日的火车卧铺票（买票颇不易，所以买到了哪天就是哪天），提前离开了北京，次日（6月11日，恰好是星期天）在无锡中途下车，探望宗琦（二姐第三女），在她们那住了三天，游览了无锡名胜：蠡园、鼋头渚、梅园及锡惠公园等地和太湖中的三山公园。无锡本与苏州同属太湖湖滨的游览胜地，天然景色、园林艺术与历史文物，同属佳绝。蠡园、鼋头渚均属太湖湖滨公园，三山公园则为湖中断续相连的三小岛，湖光山色极为幽美。蠡园相传为春秋越国范蠡的游乐之地，园中长廊嵌有古名家书法碑石多块，其中有苏东坡诗16首。鼋头渚临湖岩岸上有石刻“包孕吴越”四个字，气象雄伟，发人思古之情。梅园中郁郁葱葱，尽为梅树，想当春暖花开之时，前来赏梅，风光当何等绮丽。园中有塔，可盘旋而上，登高而望，园中美景，尽收目中。锡惠公园中有锡、惠二山，惠山之下有泉，昔陆羽茶经品为天下第二泉云。

在苏州开会十余日，6月27日始离苏返京。开会之暇，对苏州园林及附近名胜，如虎丘山、寒山寺、灵岩山（有吴王夫差遗迹）、天平山（有范仲淹义田遗迹）、沧浪亭、狮子林、拙政园、网师园、怡园、留园、西园等著名园林，也得以趁便游览。各处除园林风景之胜外，使我感兴趣者，则为各代书法名家碑石。可惜现均已不让拓印，匆匆过目之后，不能记忆也。游拙政园时，记住其中几幅对联，趁现在还未忘，书之于后：

一亭匾曰：“荷风四面”，其联云：“四壁荷花三面柳，半塘秋水一房山。”写当地风景，堪称绝妙。另一亭之联云：“蝉噪林愈静，鸟鸣山更幽。”有王维诗感。有一阁名“绡绮楼”，其联曰：“处世宽而厚，平生直且勤。”此联可转赠京舅也。

出差回京以后，忙于为萌、硕、葵等（分别是准备高考、期考与毕业考试）辅导，未能及时写信，也无暇仔细写游记，更谈不到写诗记游了。

以上拉杂以告，学京舅的办法，一信二投，一寄母，一寄舅。

专此敬祝

康健

祖洽

7/9/1978

母亲：您好！

上月从苏州出差回京后，曾有函报告，并已接回信。

7月27日又离京经汉口、九江至庐山开中国物理学年会。7月28日晚抵达庐山，先住牯岭饭店，30日又搬至庐山大厦住。年会本要开到8月15日，但我因要早回京以便与豫庆叔一会，因此今日会议重要日程结束后，即行卜山至南昌，准备明日坐飞机回京。今晚在南昌旅馆写这封信。

这次由北京出发，恰逢阴天，车上不太热。到汉口时是7月28日凌晨4点，也没有受到暑，接着就换乘江轮至九江，船上江风吹来，颇为爽快。上庐山后，气温自然比山下低，所以是避了几天暑。会议从8月1日开始，7月29日及30日两天，游览了山中名胜：花径、仙人洞、芦林湖、三宝树、黄龙潭、乌龙潭、大天池、龙鱼潭、龙首崖以及小天池、望江亭等处。匡庐巍巍，景色秀丽，气候宜人，历来是避暑胜地。我久想一游，未能成行。今借开会之机，得遂此愿，与上月苏州之行，同属快事。

庐山名胜甚多，其最著者推仙人洞，盖因主席曾有“庐山仙人洞题照”一诗之故。洞原名“天泉洞”，附近有“佛手岩”“纵览云飞”及明太祖所题之“御碑亭”等景。由牯岭饭店至仙人洞，途经“花径”，其地因唐白居易一诗著名。白居易谪守江州（即今九江），任“江州司马”时，四月上山时山下桃花已谢，而山上桃花正盛开。白惊喜之余，拿笔写下一诗：

人间四月芳菲尽，山寺桃花始盛开。

长恨春归无觅处，不知转入此中来。

从此，此地命名“花径”。现辟为公园，有各种花卉陈列，园门两旁有联曰：“花开山寺，咏留诗人”，即指白居易赏花咏诗一事。

8月4日下午，复乘暇往游庐山东南之植物园，含鄱口、望鄱亭及五老峰等处。含鄱口为主席当年在庐山时喜游之地，山势迤逦，至此有一缺口朝向鄱阳湖，似欲汲尽湖水，故有含鄱口之称。五老峰五峰耸立，峰尖触天，俨然五老并坐，其一峰上有石洞名“五老洞”，其旁巨石上刻有“万古云霄”四个大字。五老峰之最高者海拔1436公尺，其顶之巨石上刻有“日近云低”等字，以状其高。峰之东侧有九重石壁，曰“九叠屏”，相传曾为李白隐居处。李白诗“庐山谣”即作于此。

这次经南昌，一是要赶回北京，二是天气太热，不然我就想趁便往河口或回湘一行。但现在都做不到了。

敬祝

康健

祖洽

8/7/1978于南昌

母亲：您好！

因事忙，久未给您写信。

上月到成都出差开会，顺便参观了都江堰（李冰父子在秦时所主修的水利工程），游览了青城山。这两处都在成都附近的灌县，灌县就以都江堰的灌溉工程得名。自秦至今，二千年来，这工程使川西平原成为天府之国，无怪乎后人尊李冰父子为“二王”，为之建庙供奉。

青城山在灌县城西南三十华里，旧称“天下第五洞天”，历来是道教圣地，汉代“天师”张陵曾上山结茅传道。山中古木参天，终年常青，石梯千级，曲径通幽，故有“青城天下幽，峨嵋天下秀”之称。我66年曾去峨嵋，今次又得去青城，可谓机会难得。

附二王庙对联两首：

深淘滩，低作堰，懿训昭垂，为准为则；

湾截角，正抽心，仪型足式，无颇无偏。

六字炳千秋，十四县民命食天，尽是此公赐予；

万流归一汇，八百里青城沃野，都从太守得来。

第一联中“深淘滩，低作堰”就是李冰传下的治水“六字决”，即第二联中所谓“六字炳千秋”也。李冰原秦时蜀郡太守，为人民建此奇功，可敬可佩！

附上照片一帧，是友人在都江堰工程之一“离堆”旁为我代摄。

专此敬祝

康健

祖洽

80.6.8

母亲：您好！

您接黄萌信后来信早已收到。今年夏天北京也很热，长期处于闷热天气。8月5日我离开北京，6日晨抵青岛，作短期休养，预计于21日离此回京。黄葵8日也来青岛，已于昨日回京。蕴珍10日来此休养，要到下月初才回去，黄萌也想于日内来此旅游。总之，今夏我们家除黄硕备考研究生留京学习之外，其余各人都或早或迟，或长或短地到青岛来休养或旅游。青岛三面环海，一面靠山，树木葱茏，海风吹拂，空气新鲜，环境安静，确为休养和旅游胜地。我来之后，得到了较好的休息，身体甚好，颇堪告慰。

昨日去离青岛40公里的崂山游览。此山并不甚高，但颇有名胜古迹，为道教名山，有“道教全真天下第二丛林”之称。蒲松龄聊斋志异一书中的名篇《崂山道士》，即以此地为背景。山中有龙潭瀑、上清宫、明霞洞、太清宫等处名胜。惜天旱日久，所谓龙潭瀑已近干枯，仅一小股水不绝如缕。山中岩石甚多，有石刻多处，其最足一提的是近海石壁镌刻“波涌参天”四个字，下记“始皇帝二十八年游于此山”，岂秦始皇东游沧海之遗迹乎？然字系楷体，而秦时犹无此体，则恐石刻亦系后世好事者之所为矣！其他石刻中有李白（唐）及康有为（清）等游此山时所赋诗篇，亦颇足一观也。崂山近临东海，汽车行驰于临海岩壁开出的公路上，颇感惊险。然远眺浩茫天际，白浪涛天之沧海，近观突兀峥嵘，千姿百态之岩石，亦顿有心旷神怡，眼界开阔之感也。

近曾接豫庆叔、婶来信，他们（包括季灵叔）人都好，六个儿女学业均有长进云。

专此敬祝

康健

祖洽

81.8.17于青岛

母亲：您好！

前两天，大哥来我处，交给您写的信，刚好碰见我出差回来。想他回湘潭后，已经告诉您了。上月31日下午我乘火车离开北京，于11月2日下午2时许抵达福州。宿一晚后，复乘汽车至泉州华侨大学参加核物理会议。泉州位于海滨，是古代著名的海港。前几年曾在泉州湾的海底打捞出一艘古代的大木船，据考证，是宋代的。由于船在海底被泥沙掩埋，所以打捞出来以后，千多年以前的木船基本上都还完整。现在建了一座宋代木船陈列馆，其大厅中陈列了此船，其他陈列室陈列的则是从船上取出的各种器皿、货币等物，参观以后，颇长知识。泉州还有个大庙（名开元寺），其正殿有石柱100根，叫百柱殿，中有五尊佛像，号曰五方佛，和一般寺庙中仅一尊或三尊佛像者不同。相传建此庙的地方原是一片桑园，园主人梦有一僧向其募化此地，兴建庙宇，他心中难舍，因说，若桑树开白莲乃舍。明日起床，出园一看，果树树开白莲。于是就园地建此寺，命名曰桑莲寺，后到唐明皇时才改称开元寺（因唐明皇年号开元）。庙中至今还有一棵老桑树，虽已经被雷劈为三半，但每部分仍从地表挺起，枝叶葱茏，唯不结桑椹矣。

11月7日下午离泉州去厦门。次日至鼓浪屿公园与厦门大学参观，在鼓浪屿摄得一影（与同事合影）今已寄来，随此信附上一帧留念，此影摄于鼓浪屿的制高点日光岩，相传是郑成功练兵准备收复台湾的地方，门内大石即日光岩，上刻有“鼓浪洞天”，“鹭江第一”等字。

厦门原为海边一岛，与大陆上集美村隔海相望，今已有海堤将厦门与大陆连接，使厦门成了半岛。集美村是爱国华侨陈嘉庚的故乡，有陈的墓地在。他一生在南洋经商所得，多用来支援孙中山先生革命和兴办教育事业，厦门大学即其捐款兴建。集美村有集美学校也是他出资办的，至今集美和厦门的人民还多怀念他。

11月9日复乘火车，经鹰潭，去浙江衢州参加另一会议，途经上饶，我因想回河口、杨村一带旧地重游，因此于10日在上饶下火车，转搭汽车去河口（现为铅山县政府所在地，因此地名上标称铅山，而原铅山县所在地现在叫做永平镇）。在铅山县立中学访得我在九中读书时的老同学李荣祥君，承其热情接待，当天即陪我重访了旧河口的街道，并至三角地故居参观。恰好我们当年住过的房子现在由另一九中老同学郑君居住，所以我能仔细参观，到我当年住过的后房观看，还能依稀想出当年在此房中黎明即起研读书籍的往事。房屋稍经改建（据说曾经做过纸坊），前屋与里面一房（原您住的房）的门已封闭，无法进去看，房前天井亦已改观，花坛，腊梅均已不复得见矣。旧河口街道，现改动还不大，依稀可辨。旧街道之南有新街，则为宽阔马路，新建筑均在此马路两旁，而县中校址据说是原来的荒山。

11月11日，承李、郑二君陪同乘汽车同至杨村。李君之子、媳均在杨村工作，有孙二人。杨村的九中旧校址，高、初中部教室均在，高中部教室今为杨村大队食堂，初中部教室则仅存有杂物。但原图书馆，高中部宿舍及操场所在地则均建有民房，一改旧观矣。

11月11日是九中校庆，而我于是日重游九中旧地，堪称巧合。次日，与李、郑二君同去永平（即旧铅山县城），看望另二老同学程琦及林柏茂。他们均任教于永平中学，相见均惊喜，娓娓道当年同学事，甚乐也。晚返河口，11月13日晨复乘汽车至上饶，改乘火车于上午十时许抵衢州，参加会议。会后，于11月18日晨乘火车离衢州，19日晨安返北京，回家后始知蕴珍又已出差桂林。

此次借开会之便，得重游河口、杨村一带，重见四十年前的旧地故人，深感为平生一大快事。

回家后，因忙于工作，未及时写信给您，到今天才抽出时间来拉杂以告，姑供您茶余消遣时阅看也。

专此敬祝

康健

祖治

81.11.28

母亲：您好！

我于本月7日乘飞机来西安出差。西安古称长安，为唐时都城。附近的咸阳更为秦时都城，故名胜古迹极多。其最著名者为秦始皇陵墓部分出土的秦俑（士兵及兵车、马、兵器等物），兵士俑高一米八，为陶土烧制而成，按队列排于坑道中，极为壮观。始皇陵墓本身则尚未开发，将来如果开掘，必有更多极为宝贵之文物出土。唐太宗昭陵与武则天乾陵也都在西安附近之礼泉县与乾县，观其陵墓气势之宏伟，可以缅怀当年唐代国势之强盛。出土之壁画与三彩瓷器（即有三种颜色釉的瓷器，如人、马和骆驼等）均为艺术之珍品，洵国宝也。

西安附近尚有一发掘出来的史前（约6000年前）文物点，叫半坡村。考古学家把当时由半坡村代表的文化叫做半坡文化。半坡文化属于母系氏族公社文化，以妇女为氏族公社的首领。观其出土的村落遗迹与工具、器皿等，可知当时已知兴建房屋，进行种植和狩猎并制造陶器、石器和骨针等物，亦知聚族而居，御防外敌，可见我中华民族文化发源之早也。

不日即将回京，专此敬祝

康乐

祖洽

82.4.9

母亲：您好！

久未写信问安，实因工作家务均忙之故。幸大哥不时来京，回湘时想已向您告知一切。

我五月间曾到武汉开会，顺便游了苏东坡写前后赤壁赋之地（今称“东坡赤壁”或“文赤壁”，以与赤壁大战的“武赤壁”相区别）。远望长江浊流滚滚东去，深感水土流失之严重，诚如某生态学家所云：“长江中流失的不是泥沙，而是中华民族的血”，当时吟得七绝一首：

东坡二赋传千古，赤壁如今文胜武。

大江东去似黄龙，中华血流何时止?!

不过是抒发当时感想而已，录出供您一阅。

黄硕可能于八月下旬去美国纽约哥伦比亚大学学习，但还未最后确定，护照签证都未办理。黄萌、黄葵现均忙于准备期末考试。蕴珍新从上海出差回来，工作亦忙。家中各人身体均好，希释念。

前两星期左右，九江中学老同学张家驹（现在济南地震预报中心工作）出差来京，到我家聚首了一个星期天，畅谈别后经历，尽欢而别。他现在也是两女一子，年龄和萌、硕、葵差不多。

拉杂以告，专此敬祝

康健

又信封上所贴邮票望剪下寄回，因黄葵想要。

祖洽

82.6.27

母亲：您好！

前几天小训由天津过北京回湘潭，曾托其口报平安，想小训早已安抵湘潭下摄司家中矣。现将近月来情况报告如下：

1.8月6日，我和蕴珍同乘火车去济南，目的有三：一是去看望过去曾为黄葵治过眼的中医大夫衣元良先生，顺便也请他替我看看眼睛，开一点保护视力的药吃吃；二是去看望九中老同学张家驹，他今年六月来北京开会时曾到我们家看望过，当时一再邀请我们去玩，顺便游览泰山；三就是在张家驹的陪同下去泰山游览，泰山是五岳之首，心欲往游者久矣，惜未得合适机会。这个暑假（我现在大学工作，每年有寒、暑假）正好趁去济南之便，一偿宿愿。我们6日晚离京，7日晨即抵济南，当天下午在张家驹陪同下乘火车去泰安，抵达时天已傍晚。通过张君关系，夜宿泰山脚下地震台的招待所。8日上午先游览了泰山东路的一些风景和名胜，其中最值得称道的是“经石峪”的石刻。古代（据郭沫若考证是北齐，是隋朝以前的朝代）书法家在流水淙淙、广逾一亩的石坪上，刻下了隶书《金刚经》，字大一尺半，笔锋遒劲有力，被誉为“大字鼻祖，榜书之宗”。郭老1961年游览泰山时，写下了《访经石峪》五言诗一首云：“经字大于斗，北齐人所书。千年风韵在，一亩石坪铺。阅历久益久，摧残无代无。祇今逢解放，庶不再模糊。”算起来，已经一千四百余年，虽经水流冲刷，风雨侵蚀，尚存一千余字，仍历历在目。

8日下午午睡后，乘汽车经泰山西路黑龙潭瀑布和冯玉祥墓与六朝古刹普照寺等风景，至中天门，即改步行，奋勇攀登泰山的著名险阻十八盘，到底在晚上八时许登临泰山绝顶，几乎已是筋疲力尽。尤其是蕴珍，可以说是出娘肚子第一遭爬这样的高山，也真是难为她。当晚睡山顶招待所。9日晨不到4时即起，准备观日出胜景。开始时天空无云，星月朗朗，以为日出定可看到了。我们在山顶挑了一个合适的地方坐下，面向东方天空等着，可惜等到快日出时，东方远处天边竟起了一抹黑云，等到五时许，天已很亮，山间到处升起云雾，日出竟未看成，不胜遗憾。当日赶下山，乘火车回济南。蕴珍当晚就赶回北京，我则又在济南住了两天，11日晚离济南，12日晨回北京。离济南前，承张家驹（号孟昂）君邀至其家吃饭，并与其子女谈话，戏作五言诗一首：

半生离乱后，老大始相逢。
望汛临河上[1)]，察波顾岱宗[2)]。
雄哉张孟昂[3)]，勉兮黄季绳[4)]。
日暮济京道，相思又几重。

**注：** 1）在济南时恰值黄河洪峰过济南，我与蕴珍在张君孟昂（即家驹）带领下乘汽车至黄河新桥上，尽望黄汛壮观。

2）此处“波”指地震波，我们在泰山地震台参观，仔细看了他们记录的各种地震波。按泰山地震台是全国地震测试的基准台之一。

3）张君虽年长于我，而身体健壮，精力充沛，走路登山，不失当年雄赳赳的气概。

4）以张君自勉之意。

衣大夫给我开了药方如下：（嘱秋凉后服）

熟地15克，当归12克，赤勺15克，川芎9克，红花9克，菊花12克，制桃仁12克，吉力12克，杞子12克，夏枯草15克，云苓15克，枳壳9克，女贞子9克，谷精草12克。回京后去药铺买了几剂，但缺“枳壳”一味，请您让小训到中药铺问问有没有“枳壳”，如有，请他代购一些寄来。

我因忙，好久没给京舅处写信了，请您去信时转达我的近况和问候之心！最好就请您把这信转寄给京舅一阅，一来可请他老替我改改上面作的这首诗，二来也烦他老在贵阳设法代购一些“枳壳”寄给我。

2. 黄硕已于8月25日乘飞机去美，入哥伦比亚大学学习，今天接了他的到岸信，已经安抵纽约，暂住中国领事馆，尚未办理入学手续。

3. 蕴珍将于明日乘飞机去南京，筹备中国化学会50周年大会，预计要到月底才可返京。

4. 其他人均好，勿念。

专此敬祝

康健

祖洽

1982.9.5

母亲：您好！

久未写信问候，现将近况报告如下：

蕴珍和我近两月来轮流出差。上月初她去青岛开会约十来天，她回京后没几天，我就去旅顺开会，接着又去长春开会，昨日回家，才知她已去西安了。

旅顺是渤海边的港口，城市清洁，气候宜人，空气清新，又能吃到许多海味，所以回来后，我的体重增加了一些。长春气候也比北京凉快，城市绿化很好（故名长春），开会地方的环境很是不错，会后还到松花江上游的丰满水库（又名松花湖）游览了一天，水光山色，碧波涟漪，颇足消暑清心。今夏北京异常炎热，我们接连到外地出差，也等于是避暑，所以身体都好，可以告慰。

在长春买了点吉林人参，等大哥出差来京，再请他带回给您。

前接京舅信，说大嫂回云南探亲，现在不知回湘潭没有？湘潭今夏热得厉害吗？

您行动不便，渡夏可能更不方便，思之深为悬念。

本月下旬我可能去意大利开会，会后去西德访问，估计下月中可回京。

萌、硕如故，葵暑假在校实习。

敬祝

康乐

祖洽

83.8.5

母亲：您好！

听说您伤势好转，甚慰！

8 月 24 日我离开北京去意大利开国际核物理会议，8 月 25 日在南斯拉夫的首都贝尔格莱德住了一夜，8 月 26 日就换乘南斯拉夫的民航机飞到了意大利的首都罗马。罗马是世界著名的历史名城，可以参观的古迹名胜不少。但因为时间的限制，只到凡蒂冈（由基督教教皇统治的，罗马城中的一部分）去参观了一下博物馆，看到了极其丰富的西洋油画名作。8 月 28 日由罗马坐火车到达开会的城市——意大利的佛罗伦萨。佛城是欧洲文艺复兴时的名城之一。城市中高大雄伟的教堂很多，教堂中和城内各广场都有许多历史留下来的艺术珍品——名家的雕塑和油画，真可说是美不胜收。开会过程中还到著名的比萨斜塔去参观了一次。9 月 3 日会议闭幕，9 月 4 日离佛罗伦萨乘火车到罗马，下午由罗马乘德国民航机飞抵西德名城慕尼黑。在慕尼黑访问了四天后，于 9 月 8 日乘火车至西德北部城市比勒菲尔德访问了三天。9 月 11 日晨乘火车由比勒菲尔德至西德中部城市福兰克福，下午就从该地乘中国民航机，经过十几个小时的飞行（中间仅在沙特阿拉伯的一个城市停了一小时），于 9 月 12 日安返北京。回京后休息了几天，又参加国务院学位委员会召开的学科评议组的会议一个星期，就到了国庆节了。

我的生日按阳历算是 10 月 2 日，今年生日，适逢九中老同学丁思渭（现名丁仿渔）来京看望，又承另一九中老同学（比我高一班的，原名程珊，现名华夏）夫妇（均在京工作）前来祝贺。蕴珍做了几个菜，大家欢聚了一下，比往年热闹一些，丁写了一首贺诗，由华夏抄在一张大红纸上，贴在墙壁上，更增加了几分热闹，其诗如下：

“季绳五旬晋九华诞贺诗”

春晖遐映岳衡巅，眉寿堂高累叶贤。
海外几经凌剑气，国中到处负薪传。
沧波皓月襟期朗，见性明心道义先。
此日登堂欣祝嘏，卌年风谊薄云天。

家中诸人身体都好，可以告慰。

专此敬祝

康乐

祖洽

83.10.3

又：

此信阅后，请转寄京舅！他老前寄我一信，我回国后已看到。最近情况已详此信，我就不另给他老写了。隔些时候有新情况再写。

母亲，京舅，舅妈及诸弟妹：您们好！

因工作忙，好久没给您们写信了，但心里是经常想念您们的。现将近况报告如下，先寄母亲，再请母亲转寄贵阳京舅，以免重复叙述。这信写罗嗦些，以便母亲慢慢看来消遣。

1）本月 1 日至 10 日我因开会（审查一些学术名词）去烟台，住烟台市芝罘（音福）宾馆。该馆建在海边山脚下，空气清新，视野辽阔，令人有心旷神怡之感。伙食每餐有鱼，间有大虾。所以工作一周余，等于在那里休养。回来后，人家都说我长胖了些。但我要注意不让发胖的趋势继续下去，以免有损健康。

2）在烟台时，曾趁会议休会一天之时前往蓬莱一游。所谓蓬莱阁，就建筑在海边高地上。相传秦始皇派遣方士入海寻求蓬莱、方丈、瀛（音营）州三仙岛，即从此处出发。后来仙岛没有找着，而此处却被称为蓬莱了。蓬莱阁有许多名胜古迹，其最著名的有明代名将戚继光为训练水军而傍海建筑的水城，有宋代文学家苏东坡在此居官五日所写的诗。据说在春夏之交的季节，有时可在蓬莱阁上看到海市蜃楼。苏东坡在这里为官五日就接到朝廷的命令，要调他去京城做官。他以看不到海市蜃楼为憾，就祷告海神，并为此赋诗一首，至今他亲笔书写的诗还在。据董老（董必武）先前来游时对苏诗碑的考察，认为确系苏的真迹云。

3）我在九中的老同学丁思渭（现名丁仿渔）于 9 月 12 日来北京，正好值我由欧洲回来。我留他多住一些时候，但他因还要到南方一游，故已于 10 月 6 日离京南下。

4）大哥昨晚来我家，他准备于 11 月 23 日离京赴美，考察美国和加拿大的煤矿。

5）六叔夫妇已自美回国，今晚晚饭后来看我们。正好碰巧大哥也在这里。大家谈了一些美国的情况。据他们说，黄硕在美学习情况很好。

6）梁英生最近又来北京开会，前些天来我处，谈到其女小青已考上西安一高等学校（我现忘其校名），想麟妹早有信向京舅报告了。据英生说，他们拟利用探亲假全家回广东探亲，并将到贵阳探视。这也是一大壮举。

7）蕴珍，黄萌夫妇，黄葵等身体均好，勿念！

8）附上我在蓬莱所摄小影二张，一留给母亲，一请转赠京舅。影中我所坐的地方就是濒临水城的一角，所摄风景为蓬莱阁的全景。旁边是照相师附加的蓬莱仙阁剪影。

9）此地可以买到轮椅（即坐在上面可在地面推动的椅子）我想给母亲买一把，和大哥商量，他让我征求一下母亲的意见。望来信告知（如母亲写信不方便，可请四妹代笔）。

敬祝

康乐

祖洽

83.11.20

## 复老同学仿渔（丁思渭）的一封信

仿渔兄：您好！

奉读9月19日手示，感愧无已。感者，以老友病中犹不忘贱辰，并赠以七律华章；愧者，则以对区区之期望过高，评价过当，使弟为之汗颜也。然吾兄所述家庭与学校之影响，父母之教导，师友之扶植奖掖，更加以社会之需要，时势之际会，实皆弟一生所不敢或忘者。孟昂致华夏之信以“神童”、“天资”归之于弟，则不能不名之为谬奖，天下岂有不刻苦努力、生而知之者乎？弟以为治学之道以勤为本，而师友挟持、讨论之功亦不可废。当然学习的方法也至关重要，但只要在勤的基础上，锲而不舍，对如何学习更为有效，日久自然会有所悟。荀子所谓“集善成德，而神明自得”者也。“天道酬勤”，实为至理。

另一方面，“学而优则仕”也是常理。如果当官的人都是“学而劣”的人，老百姓岂不更要倒大霉。然而。正如孔子所说：“富贵如可求也，虽执鞭之士，吾亦为之。如不可求，从吾所好。”人和人是不一样的，有的人学而优则仕，如鱼得水，游刃有余；有的人如弟者则力所未逮，一日居官则如坐针毡，寝食不安，如此富贵，实不可求。至如隐逸山林，在古代固为高人闲士之所向往，而今日则实无可能，盖经济基础已不具备之故。陶渊明能赋归去来，固有高洁之志，亦需有可归之田园。使靖节在今日为官而不愿为五斗米折腰，岂有田园可归乎。弟之勉力从教，亦不过为稻粱谋而已，岂敢自命高洁。

谚云：“有求全之毁，有不虞之誉。”数十年来，弟目睹而身受此等毁誉者亦多矣，然鲜有能如庄子所说“定乎内外之分，辨乎荣辱之境”，“举世而誉之而不加劝，举世而非之而不加沮”者，盖好名之孽根难断，而浮躁之积习难除也。谊在老友，敢不实告。

闻贵恙病情尚称稳定，可喜可贺。秋风多厉，务希珍重！流感与肺炎疫苗，不知吾兄能接种否？如医生认可，仍以接种为宜。

专此敬颂

秋祺

弟：祖洽

2001 年 9 月 30 日

## 附：仿渔来信（按：黄祖洽号季绳）

季绳：

去年，您的华诞，我因在医院治疗白血病，中断了多年来以诗祝寿之常规，引以为憾。今年是您七七喜龄，将与米寿、白寿、茶寿并重。我写好了诗，大抵概括了您学养、报国诸方面，原拟请书法家书写并裱制一寿屏寄上，但时间来不及，儿女亦代劳不了，而贱体亦难能躬亲其事，只好打印先行寄上（本想请华夏兄代办此事，但嫂夫人常年抱病，不敢叨扰他）。如您代劳而挂在您家客厅上，则是我的企求，然此亦不情之请，且与您情操不相吻合，不作此强求。

您学而优却回避了钟鼎凌烟，亦不作山林引啸，而是以“天将以夫子为木铎”，以继绝世。此等光风霁月“亘古难求第二人”。曩数接挚友华夏复印您的嘉言懿行、丰功伟绩，以及程琦兄寄的有关您少年叙述，我则探本寻源：令祖父对您童年教导，如所示《记事珠》“不看小说看大说”，兼受兑泽学校之熏陶，到河口九中母校后，令尊以通儒对您言传身教，令慈对您钟爱备至，犹把您所有作业珍藏，视为传家拱壁；近数十年来，蕴珍嫂夫人以学人身份相夫教子，直可铭诸家庭史乘。凡此种种，足见一个特立独行之伟人不是凭空而降。

值您七七喜龄华诞，致诗以贺：

老同学黄祖洽（科学院院士）

七七喜龄颂诗

中秋国庆共华轮，亘古难逢此日新。

五十年间深窃火，三千界里广传薪。

行藏直比光辉月，阅历都存核力津。

七七喜龄遥祝嘏，燕山渝水一相亲。

顺祝

国庆、中秋令节，蕴珍嫂暨全家万福！

弟：思渭

2001年9月

## (四) 散文十三篇

### 实验工作中的理性思维

#### 引言

实验是物理科学的基础。实验工作对于物理学的发展是至关重要的。但从实验课题的提出，方案的制订，到具体实验的设计，以及对实验结果的分析，都离不开理性思维，也就是离不开从理论角度进行思考。正如爱因斯坦所强调："是理论决定着观察什么"。因此，一个好的实验工作者固然应当熟练掌握有关的实验技术，但尤其要具有清晰的物理概念并能够进行透彻的理性思维。

随着现代实验设备的大型化和自动化，计算机的应用和计算技术的发展在实验工作中也起着越来越重要的作用。实验条件的精确规定，实验数据的快速获取和自动处理，都依赖于计算机和相应计算程序的帮助。许多情况下，计算机上的模拟计算可以部分代替昂贵的真实实验，或在实际不可能进行实验时给出可能的结果。

实际上，实验、理论、计算这三者已成为物理学的三大支柱，他们彼此间存在着相互依存和相互促进的关系，如图1所示意：

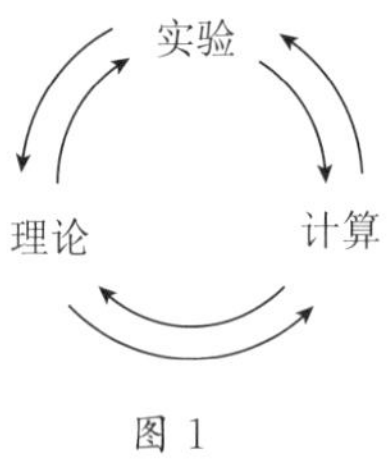


图 1

由于实验的目的在于发现新的自然现象和揭示现象发生的规律性，所以下面我们将讨论自然现象间的因果关系、等价关系和对称性等基本问题。

#### 因果关系

日常生活中有许多因果关系，如：音乐会后听众鼓掌，发出一片掌声。可以把鼓掌看成原因，掌声看成结果。迷信的因果关系宣称今生遭遇的“果”都来自前世的“因”。还有一种普遍化的因果关系把所有的事件都看成可能与所考虑的事件相关。例如，认为遥远银河系的织女星或更远的超新星大爆炸对我们实验室中所进行的离子注入实验也有影响。

在科学的因果关系中，首先要明确规定可以单独加以考虑的系统 S，设 A 及 B 为其中的二子系：

$$[S] = \{A, B, \cdots\} .$$

整个系统 S 的任意一状态均确定子系 A 及 B 的相应状态，如表 1：

**表 1**

| 整个系统状态 S | 决定子系状态 | |
|---|---|---|
| S | A | B |
| a | h | p |
| b | i | p |
| c | h | q |
| d | j | r |
| e | j | s |
| ⋮ | ⋮ | ⋮ |

A、B 间的因果关系建立在它们状态（由 S 的状态所决定）空间之间的相关上。

如果 A 的同样状态总伴着 B 的同样状态（但 A 的不同状态也可能伴有 B 的同样状态），如表 2：

**表 2**

| S | A | B |
|---|---|---|
| a | h | p |
| b | i | q |
| c | j | r |
| d | i | q |
| e | l | r |
| f | m | q |
| ⋮ | ⋮ | ⋮ |

那么，我们就说 A 为因，B 为果。而如果 B 的同样状态也总伴有 A 的同样状态，如表 3：

表 3

| S | A | B |
| --- | --- | --- |
| a | h | p |
| b | i | q |
| c | j | r |
| d | k | s |
| e | h | p |
| f | l | t |
| ⋮ | ⋮ | ⋮ |

则 A、B 互为因果。

如果了解此相关所隐含的机理则可用“导致”“产生”来描述这一关系，但即使不明机理，A、B 状态间的相关经验事实仍说明因果关系的存在。

当发现具有因果关系的二系统时，为了了解这一关系，就要找一个以这二系统为子系统的系统 S，它可以看成是孤立的，也就是说，我们可以把 S 从整个世界中抽出来加以研究。例如，研究物体运动时，我们的系统 S 包含该物体及其所受到的各种作用力和它的运动。以一杯水为例，它的加速度是 0，作用在它上面可能有各种力，如：重力、桌子反作用力、外加力、磨擦力等。只要这些力的总和是 0，加速度就为 0。在力的子系和加速度子系之间有一个因果关系。由于相同的加速度不能说是一定由同样一些力作用所引起（不同的一些力可以产生同样的加速度），所以这例子中，力的子系为因，加速度的子系为果。在上面音乐厅的例子中系统 S 包括有音乐厅、听众、演员、听众的行为（鼓掌或否）、厅内的声音（有掌声或否）等，听众的行为与厅内的声音这二子系之间可认为有互为因果的关系。

又例如，在离子注入实验中，“因”和“果”子系可分别如下规定：

因：离子注入系统、靶室、样品、将射入靶的特定离子束（种类、能量、剂量、剂量率）

果：靶中的杂质及缺陷分布

实验发现了因果关系后必须经过下图 2 所示的“加工”，才能了解有关的机制：

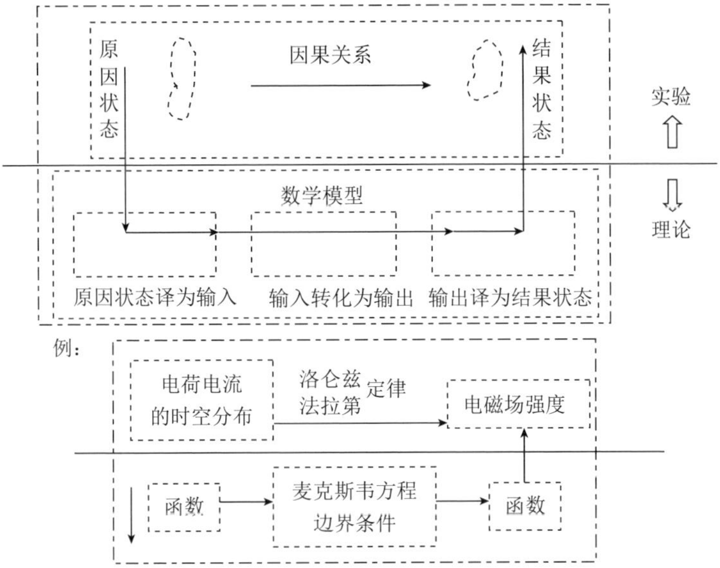


图 2

## 等价关系和等价原理

在一个物理系统的理论描述中，在对由原因状态到输入和由输出到结果状态的翻译中，一定有状态的某些方面被忽略掉。因此译成同样输入的不只一个状态，而输出的信息也不足以唯一确定结果状态。这就在原因和结果子系的状态空间中引进了一种等价关系：当二状态译成同样输入（或由同样输出译成）时，它们被称为等价因（果）态。

例如：在特殊相对论中，所有只差一空间或时间位移或只差一 Lorentz 变换的状态都是等价的。

从图 3 中看到原因有三个等价子空间而结果有两个等价子空间。

如果因果状态中没有等价性就谈不上科学的客观性。等价原理（科学存在的必要条件）：等价“因”态一定导致等价“果”态。这个原理很重要。在实验中只得到偶然的结果不够，要把等价的原因和等价的结果都找出来，才能作出科学的结论。

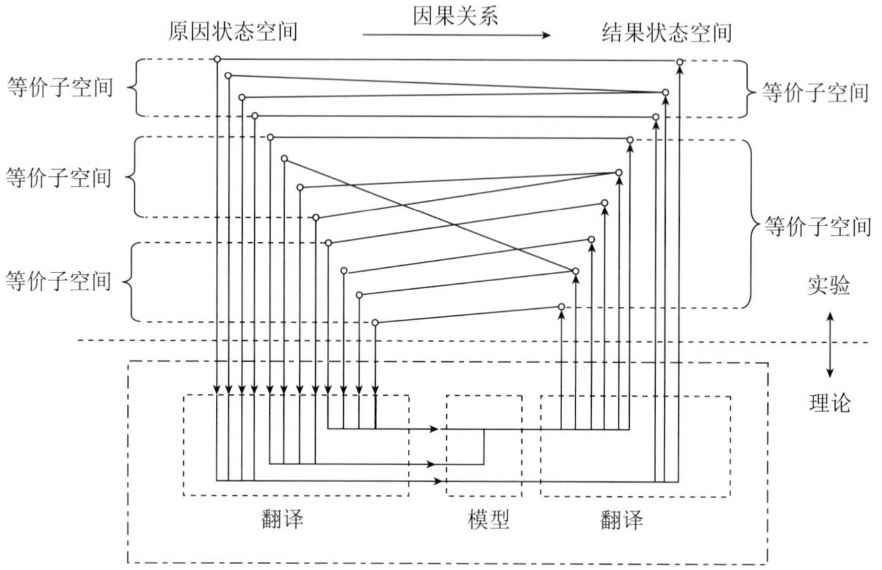


图 3

等价原理带来两个可以称为科学基石的特性：可重复性和可预见性。

1）可重复性：在同样（等价）条件下（但人、地、时不同）重复同一实验并得出同样（等价）结果的可能性→客观性。（使科学成为人类共同的不朽的事业）

2）可预见性：这是科学的另一基石，可以预见尚未进行的实验会给出什么结果。（理论的作用）

人类的智力足以了解自然和认识自然规律（理论），使预见未观察到的现象成为可能。光有可重复性没有可预见性不成其为科学。它只使实验观测结果的记录、编目、分类成为共有的资料，而没有超过资料积累的好处。只有在所收集的事实中发现规律，并据此预见新实验的结果，科学才开始成为可能。

可重复性和可预见性来源于我们对自然界存在因果关系的认识，某一科学理论则为因果关系的表达：

实验→理论→新实验→验证或改进理论→……

**对称性和对称原理**

由等价关系定义的对称群包含所有维持等价关系不变的对称变换。由于“因”等价必然导致“果”等价，所以“因”对称群的元素必然也是“果”对称群的元素，即："因"对称群包含于"果"对称群。这就是对称原理：结果至少和原因同样对称。当然可能有结果的对称变换不是原因的对称变换。

对称原理的应用可以给定结果对称性的下界。如果已知原因，就可求出其对称性，于是结果至少具有此对称性。例如，给出：球对称的电荷分布＋试验电荷（因），求：试验电荷的加速度方向（果）。原因对称群包含所有绕通过球心及试验电荷的轴线的转动。结果（加速度）至少也具有这个对称性→加速度必沿轴线方向。

对称原理往往能帮助我们通过简单的对称性考虑作出合理的实验安排和判断实验结果中是否包含了意外的因素或实验过程中是否出现了某种错误。

（原载于《现代物理知识》1990 年第 6 期）

## 自述

在日本帝国主义对中国的侵略步步深入的时代，我度过了青少年时期。国家的患难和家境的清贫，使我从小受到颠沛流离和生活艰苦的磨炼，养成了在困难面前不服输、不信邪、自立奋斗的倔强性格。

中华人民共和国成立为我们那一代青年带来了新的希望。那时我正在清华大学做研究生，师从由英国回来的彭桓武先生做"氟化氢分子的一个量子力学计算"的工作。1950 年研究生毕业后，我被分配到中国科学院近代物理研究所，从此开始了我在核物理、反应堆和核武器等有关原子能学科方面先后 30 年的理论研究工作。

50 年代后期，我在原子能研究所理论室带领一人组年轻人从理论方面研究各种类型的反应堆。60 年代初，为了加速核武器的研制，在核武器研究所集中力量研制原子弹的同时，按照有关领导的指示，在原子能所成立了一个由我带领着十来个年轻人所组成的"轻核理论小组"，来承担氢弹的预研工作。不久，原先做 β 衰变理论研究的何祚庥从苏联杜布纳研究所回来，参加了这个小组；后来，本来带领另一大组年轻人做核理论研究工作的于敏也转过来和我们一起工作。于是，我们便有了在当时来说力量相当强的一组人，齐心合力地进行着氢弹原理的探索。当时正值三年困难时期，但是我们都风华正茂，意气风发，为了祖国的尊严，为了尽快打破霸权主义的核讹诈，大家日以继夜地从各个角度分别探索着、思考着，又不时在一起讨论着突破氢弹的途径。我们从基本原理出发，研究在有核反应的条件下，计及中子和热辐射的输运时，由轻核材料组成的高温高密度等离子体的流体力学运动，以及系统中产生热核聚变反应的条件，分析可能会出现的各种物理过程和它们对热核反应可能会产生的影响，并在数学组的配合下进行数值计算。1961 年底，为了加强原子弹和氢弹预研工作的联系，我被要求用一半时间到核武器研究所兼职工作。一方面参加研究原子弹研制中所需的“状态方程”，探索中子源部件结构的设计；另一方面仍继续参加氢弹的预研。这样的安排虽然加重了我在体、脑力两方面的负担，但的确有利于核武器研制工作的加速进展，所以我精神上很愉快，总想多做一些工作。实际上，那时我还负责指导四名中国科技大学学生毕业论文，由于平时找不到时间，只好在星期天请他们到我家里来讨论。当时我家和两工作地点分三地，要花很多时间乘公共汽车来回奔跑。有时在公共汽车上脑子里也在想着某个疑难问题，而有些问题也确实是在这种场合下，突然得到触发而想出来的。其实，在那些年，许多参加这工作的同志都是这样一心一意，废寝忘食，扑在工作上的。正因为有了他们的努力奉献，我国终于在 1964 年成功地试验了第一颗原子弹。不过，过度的疲劳终于影响到他们中有些人的健康。我也在过累和过度紧张的情况下，得了腰痛、胃溃疡和高血压等毛病。

1965 年 5 月，原子能所的“轻核理论小组”被合并到核武器研究所，我也和小组中大部分人一样，被正式调到这个所。合并后，大家协作，发挥各自的长处，在原有对原子弹研制和氢弹预研认识的基础上，共同探索实现氢弹的途径。果然只经过一次含有热核材料的加强型弹核爆的试验，便在 1967 年，即原子弹爆炸后仅仅两年零七个月，便成功地爆炸了我国第一颗氢弹，创造了世界上从原子弹试验成功到氢弹试验成功最快的记录。值得提出的是，这一成就是在史无前例的“文化大革命”中取得的。也就是说，我们这些人必须在遭受大字报围攻和群众组织批判的同时去做自己的研究。虽然大多数群众还是通情达理，没有过分为难我们这些“业务干部”，但总要费去不少时间，分散不少注意力。我在这一期间，参加了加强型弹的设计和将设计方案提交生产部门的工作，以及进一步突破氢弹的理论研究工作。

1969 年“文化大革命”造成的混乱越来越严重，核武器研究所中也进驻了工、军宣队，知识分子的日子越来越不好过，而我也在刚刚领导完成了一种型号氢弹的设计后，就被送到河南上蔡县的一个“五七干校”去“学习”，实际上是去劳动改造。在那里，我从事过播种和收割高粱、收割麦子、种菜、养猪及当建筑小工等工作，样样活都干。好在我年轻时也在农村劳动过，并不以劳动为苦。相反，我感到体力劳动对健康很有益处。每天在田野中劳动，出几身透汗，到了晚上洗个澡，然后上床睡觉。虽然身体上有些累，但精神上却得到了难得的放松。到 1972 年年初离开干校的时候，我的血压已经恢复正常。这也许是那些想以劳动来“惩罚”知识分子的人始料不及的吧。

在干校劳动之余，我常对过去的工作进行反思，觉得虽然尽力去完成了应当完成的任务，但对培养年轻人却做得不够。回研究所后，更感觉到“文化大革命”造成“人才断层”问题的严重。1980 年，我被调到北京师范大学工作。从此我便致力于硕士和博士研究生的培养，希望能培养出超过我们这一代的接班人，为中华民族的腾飞效力。

（《中国科学院院士自述》1996 年）

## 时间是最不讲情面的

向朋友祝愿的时候，常常说“一帆风顺”的话。其实，人生的旅程远不是始终顺利的，逆风的时候一般要比顺风的时候多，所以有一句成语说“不如意事常八九。”这是我们在面临生活时不能不做的思想准备。在顺利的时候，固然最好认识到机会难得，抓紧时机，快速前进；在困难的时候，也应当不惊不慌，不失信心，利用面临的困难来磨炼自己，增长自己的才干，以便克服困难，继续前进，直到最后取得胜利。

增长才干的途径离不开学习：向书本学习，向伟人学习，向周围的人学习，向实践学习。善于学习的人总是把学习和思考结合起来，使前人或旁人的知识和经验通过质问、论证和在头脑中思辨的分析加工，变成自己能够掌握运用的智慧和本领，用来解决自己遇到的实际问题。

时间是最不讲情面的，不因为任何人的主观愿望而稍稍停留。所以必须抓紧时间，否则便会虚度年华，如果不能实实在在地利用时间来取得效益，充实自己，那便小心：当您在自认潇洒，悠然自得，或愤世嫉俗，自生闷气的时候，时间就会悄悄地溜走，生命也就白白地浪费。您在不知不觉中老了，要和这个世界告别了，也来不及后悔了！

（原载于《大学生》1999 年第 1 期）

## 谈谈学习和思考

学习是一个人生活的重要组成部分。有道是："活到老，学到老。"其实，小儿从呱呱坠地就开始了学习的过程。他先是在尝试中不自觉的学习。尝试成功了，高兴的感觉使他重复同样的动作，并且得到同样的结果。重复的次数多了，便知道这样做总能得到所希望的结果。这个规律性的认识就慢慢变成了他的初步知识。通过模仿，他也学习：模仿别人说话（牙牙学语），模仿别人动作（举手动脚）。这样，到一两岁、两三岁，可以学会说话、走路和做一些小游戏。更大一些，生活圈子大了，接触到更多的人和事，这种初步知识积累得更多了，他便开始懂得注意周围的事物，觉得有趣。这些有趣的事物，会反映到他的小脑袋里，给他留下好玩的印象，有时会引起他的好奇心，使他开始慢慢的想一些问题：为什么会这样？为什么会那样？这就是他思考活动的萌芽。等到上了学，识了字，学会了看书，有了和同学们交流、向老师们学习的机会，他学习的范围和思考的问题便有可能大大扩展和加深。不过，一般说，总要到参加工作，更多地接触了外部世界以后，学习和思考的能力才会得到更大发展，对个人和工作的重要性也才会更充分地表现出来。

大自然赋予人高度发达的头脑，本来就是为了让人能够更好地学习和思考，以便让没有具备锐利爪牙的人类能够维持生存，并且成为"万物之灵"的。不过，人的头脑也遵从生物界"用进废退"的普遍发展规律。如果因为主观或者客观的原因，不去或没有机会学习，或是儿童时期学习的兴趣和好奇心得不到培养和满足，甚至反而受到不正当的引导或压制，那么即使本来天赋不错，却因为得不到锻炼，学习和思考的本领非但不能发展，反而会越来越退化，以至灵性逐渐失去。现实生活中，这样令人惋惜的例子并不少见。

宋朝有个文学家王安石，他青年时曾在家乡看到过一个特别聪明的孩子，叫做仲永，很小就会作诗。可是仲永的家长并不注意对他的培养，只是把他当做一个可以为他们谋利的玩物，带着他去一些"贵人"家里去"表演"，以便获得贵人的夸奖和财物的赏赐。等到王安石出外工作了一些年以后再回到家乡时，竟发现仲永已经退化成了一个毫无灵气，浑浑噩噩的普通人。他有感于此，写下了一篇《伤仲永》的文章，记载着这个发人深思的故事。

懂得了"用进废退"的道理，就要勤于学习、勤于思考，而且要善于学习、善于思考。勇于创新，充分发挥大脑的作用，才能增长才干，提高我们认识世界、改造世界和改善生活的能力。

学习有各种途径：向周围的人学习、向古今的伟人学习，向书本学习，向实践学习……不过，不管通过什么途径，都要注意学习的方法。初看起来，学习只是接收和记忆已有的知识，而思考却偏重于理解、想像和创新。但是，所有认真学习过的人都知道，只有理解了的东西才能记得牢，也只有牢牢掌握基本的东西，才能得心应手地去学习和理解更广泛、更深刻的知识，并且进一步去创新。所以善于学习的人总是把学习和思考有意识地结合起来。以我国杰出的数学家华罗庚先生为例，他是从刻苦自学开始，又在国内外著名大学中进修和工作多年后，才在数学领域中做出了不少创造性成果，成为世界知名学者的。他自己介绍早年自学中的经验有四条：一是要踏实，从自己的水平出发，不好高骛远；二是要有周密的计划，经常检查；三是要多想多练；四是要以长期性和艰苦性克服所遇到的困难。在谈到读书方法的时候，他首先强调要用慢功夫打好基础，把基本的知识弄懂弄通。他形象地用“由薄到厚”和“由厚到薄”的譬喻，说明读书时学习和思考相结合的两个阶段：在读一本书的过程中，如果对各章各节都做深入的探讨，在每页上加添注解，补充参考材料，便会把它由薄读厚；等到对书的内容有了透彻的了解，抓住了全书的要点和精神实质后，就会感到书本变薄了。越是懂得透彻，就越有薄的感觉。这并不是学的知识变少了，而是通过学习和思考的过程，把知识消化吸收了，变成了自己头脑中知识结构的一部分，书上原本看来很繁难的东西变得很简单了，华先生还介绍了一种更高级的、把学习和思考结合起来的读书法：一本书拿到手，他不是迫不及待地把书打开去读，而是对着书名思考片刻，就开始闭目“想书”；首先回顾过去所读的同类书籍的一般写法和观点，然后设想，要是自己遇到这个题目，应该怎样去写，等这一切全部想好之后，再把书翻开来扫阅。这样，凡是其他书上已有的或者自己已经知道的内容，就不必再看，只有那些独到的新见解，才值得去读，也很容易把它们存储在自己头脑里原有知识结构中的适当位置。华罗庚的这些经验和体会，虽然是从自学和读书中得到的，但是它们包含的道理却具有普遍意义。

可以说，不管通过什么途径去学习，总要在充分占有实际材料的基础上，经过质问、讨论、实验等工夫，去想，去试，看看前人或旁人的说法是否真的符合自己当前所遇到的实际情况。只有把学的东西先在头脑中加工，用去粗取精、去伪存真、由此及彼、由表及里的方法分析，再经过综合、提高的创造性思考过程，才能针对当前的实际问题形成自己的看法，得到自己完全能够运用的、可以在实践中解决问题的真知。实际上，学习和思考本来就是互相依存、互相促进的。光学习不用心思考的人，只是对他人经验生搬硬套、对书本死记硬背，必然会迷失在浩瀚无边的知识海洋中，不辨方向，不得要领，不能理解，不会正确地加以运用，自然更谈不上什么创新。这样的人只是一个毫无用处，有时甚至还会误事的书呆子。战国时代，就有个这样让人引以为戒的呆子，他就是自以为熟读兵书，夸夸其谈，结果打起仗来却大败于秦将白起，导致 40 万赵兵被活埋的赵将赵括。

反过来，一个光思考不学习的人，缺乏基本知识，没有正确的出发点，成天只会埋头去考虑一些不切实际、没有根据的想法，便必然会受到个人思维的局限，偏离实际，掉到空想或错误的陷坑里不能自拔。他没有办法利用前人或旁人的经验和意见，不可能站在他们的肩膀上，扩大眼界，得到启发，有所发现，有所发明，形成更好的意见，达到新的、更高的认识，而只能成为一个劳而无功，可笑的狂人。这样的狂人在生活中也是不难遇到的。例如直到今天仍然会偶尔出现的，某些自己宣布发明了这种或那种“永动机”的人物。

学习和思考能不能结合，不单是个方法问题，首先还是一个态度问题，也就是说，要看为什么学习的问题明不明确。例如：有的孩子把学习当成家长强加的负担，不认识这是自己健康成长的需要，因而不感兴趣，不愿用心多想一想学习的内容；有的成人学习只是为了取得一个文凭，作为求职、升官或向亲友夸耀之用，觉得马马虎虎混张文凭就行了，用不着费心去思考；还有的人学点东西只是为了打发日子，当然更不会自找麻烦去伤脑筋，苦苦思考。只有那些树立了正确的学习目的，为了解决生活中和工作中所面临的问题，为了干一番事业，为了更好地为人民服务的人，像自学成才的许多有志青年，像在革命战争中学会了战争的开国元勋们，像为经济建设和国防事业做出了创造性贡献的科学家们和工程师们，他们有着明确的学习目的，自然会感到对真知的需要，自觉地认真开动脑筋，殚精竭虑地把学习和思考结合起来，为达到所追求的目的，面对各种层出不穷的新情况、新困难和新问题而不懈努力，不断去研究、克服和解决他们。希望我国青少年，都能成长为这样的、有益于国家和人民的人！

（《新世纪的嘱托——院士寄语青年》，1999 年）

## 说莲实

——仿古长廊楹联引[注]

北宋学者周敦颐作《爱莲说》，盛赞莲“出污泥而不染，濯清涟而不妖，……”的高洁风格，许之为“花之君子”。千年之后，读者仍心向往之。我以为，莲花的高洁，得莲实淡泊、宁静、不忘济世的品质而益彰。不然，即使有濂溪先生的名篇加以颂扬，莲这种植物恐怕也不会如此受人钟爱，广为栽种，以至于今日呢！

对于有花植物，花和实本来代表着生长的两个自然阶段，有着创因和成果的关系。“华（花）而不实”，被借用来讽刺那些披着光彩照人的外表、却没有实际内涵的无用之徒和害人骗子。可是，由花到实，着实要费一番生长发育和积累的工夫：花中雌蕊受粉成孕之后，植株必须得到阳光照耀、雨露滋润，通过自己的根系从土壤、水分中充分吸收养料，借助于绿叶的光合作用，将营养要素变成自己雏果的组成部分；这过程中还要经受种种磨练：战胜狂风暴雨的摧残，克服病虫害的侵蚀，不断顽强地成长；经过日积月累的工夫，最后才能结出美味可口的果实。“朝花夕实”，不过代表有些人美好的愿望，不符合一般的自然节律。

不同植物结出不同的果实。它们都能给人带来必要的维生素和其他营养，发挥健身、美容的作用，充实和美化人民的生活。然而，和各种果实比较起来，我觉得莲实独有许多优点，不仅使它显得特别可敬可爱，而且似乎能给我们求学的人许多启发。首先，别的果实多半挂在枝头，用它们美丽的颜色吸引着人们的注意，显得有几分张扬。而莲实从它初成实的时候开始，就默默地隐在花芯，藏身在由花托膨大而形成的浅黄色小莲蓬中；就是等到莲蓬长大变绿后，莲实（莲子）们也依然让莲蓬的粗糙组织包裹着，不急于向人们表露，更谈不上夸耀自己。其次，别的果实没成熟时，味道酸涩，难以食用；而莲实在它尚未完全成熟时，已能贡献出自己的嫩稚身躯，作为人们解暑消夏的佳品。当您顶着炎热的骄阳赶路，感到心烦口燥的时候，如果能在路旁的凉亭中或树荫下，暂时歇息，享用一个绿色莲蓬中那初熟尚嫩的莲实，您不禁会感到香生齿颊，暑意顿消，增添了继续前进的勇气。至于成熟的莲子，更是著名的健身食物。难得的是：莲实既可煮作点心充饥，又能用作药膳疗疾，有补脾、养心、固精的功效。当您出行到小城，寄宿在小店，晚上对着昏暗的灯光筹划着明日的行程时，随着街上小贩传来的一声“冰糖莲子”，您跑去买上一碗，捧在手中缓缓啜食，会给您带来多少温馨和力量！莲实之心虽苦，却苦得让人恬静药物学家认为，它富含多种生物碱，是清热、泻火的优良中药。莲实的生命力特强，藏地下多年而不失萌发的机能，有古莲子萌芽实验的成功为证。

问莲实为什么有这些可敬、可爱的优点？我想，除了来自遗传的秉赋，它在成长过程中，通过植株发达的根系（包括藕和藕节）深深植根于大地，借助宽大的荷叶充分接受阳光雨露的抚育，以及它自己淳朴、务实、广吸营养、善于消化、长期潜心积累的功夫，实在是很值得我们借鉴的。

**注：**九江一中为再现“濂溪书院”的景色，重修莲池，并在池旁建仿古长廊。主持这事的老师向校友们广征楹联。我虽不擅文学，仍据上面的意思拟一联，由华夏学长书就，合作应征，也不管它是否工整了。这联就是：

**“做人当如花之君子；求学要下实的工夫。”**

（为九江第一中学作，2000 年 12 月）。

## 北京师范大学《教授文库》总序

为迎接北京师范大学百年校庆，展示著名专家教授的学术成就，校出版社拟出版一套《教授文库》，这是一件很有意义的事。它对继承学校的优良传统，纪念艰难创业的先辈，记录教授教学、科研的成果，给学生提供治学、做人的启示，以及推进社会的文化教育事业，都有相当的益处。

北京师范大学已经历了百年沧桑。从它的前身京师大学堂师范馆开始，直到经过了风风雨雨、面临着 21 世纪的新北京师范大学，若干代的北师大人，包括教师和学生，纷纷走在时代浪潮的前列。他们或直接投身革命，为民族解放事业而牺牲奋斗；或献身教育和科学，为提高人民文化素质和国家总体实力而努力拼搏，对国家、对人民，都作出了不可磨灭的贡献。

百年来，曾经或正在从教于北师大的教授中，有不少知名的革命家、教育家、科学家和作家。他们鞭挞黑暗，呼唤光明，潜心治学，淡泊名利，教书育人。他们的精神风貌、节操志向、道德文章、学术思想、研究成果以及优良的治学方法、高尚的处世原则，都无愧于北师大校训中“学为人师，行为世范”这八个字，的确令人钦佩。他们的诗文著作和讲学文稿，真实地记录了所取得的卓越成就和可贵的人文品质，理所当然应为《教授文库》收编的首选。鉴于文库卷帙有限，不足以收揽全部，主要收入未经公开发表过的作品。有的著作因发行年代久远，现已绝版，而内容仍历久弥新，有学习参考的价值；有的著作出版多年后，作者又有新意，需补充新的材料，也应重新付梓，以满足读者的需要。此二类作品同属入库之佳选。

近年来，学校领导锐意改革，大力延揽人才。教授中的中青年才俊已渐增多。他们学有专攻，才擅独创，呼应当前时代的脉搏，同领科教学术的风骚。其杰出著作亦应逐年收入《教授文库》，以飨同好。行见本文库随着北师大教学、科研水平的提高，编帙日益丰富、内容日见精彩，将能推陈出新，跟上时代的步伐，迈入优秀学术著作的丛林。这正是我们对文库出版所寄予的厚望！

（为《教授文库》编辑委员会写，2000 年）

## 九江一中《校友录》小序

念中学的六年是一生中十分关键的时期，也是最值得回忆的时期。在这几年中，我们学习了必要的基础知识，认识了不少可敬的老师，结交了许多知心的同学，有机会初步接触了社会，也逐步形成了对自己、对朋友、对人生和对世界的一些看法。经过六年的中学生活，当初还带着几分稚气的一个少年，已经成长为体魄健壮、懂得思考、有自己的见解、意气风发、敢于面对人生的一个有志青年。

中学时代的生活是你一辈子都忘不了的，就好像第一次在白纸上写下的字迹最不容易磨灭一样。不管你在人生的道路上走了多远，经历了多少艰难困苦、悲欢离合，成就了大大小小的事业，到头来最令你魂牵梦绕的，往往还是中学生活留下来的印象：校园中的漫步、和老师、同学的谈心以及当时发生过的许许多多其他的事。中学时代的知心同学可能就是你终生最真挚的朋友，因为那时涉世未深，没有心机，大家都以真诚相待。那时，只有彼此投缘、互相知心的同伴，才会成为好朋友。也只有和这样的朋友，才有可能维持长久的友谊。可惜，有时由于种种原因，在校时的好友以后却失去了联系，也无从打听，使人像失去了生活中难舍难分的一部分，感到有无可奈何的遗憾。抗日战争时期中的1939～1943年，我曾就读于迁至铅山县的九江中学（九江一中的前身）。在当时困苦的条件下，得到老师们的亲切关怀和教诲，更和许多同学结下了真挚的友谊。我特别珍惜这些教诲和友谊。不过，毕竟“人事有代谢，往来成古今”，经过了半个多世纪，绝大多数老师和不少同学都已故去，健在的同学，除了少数以外，也都失去了联系，使我深切感受到这份遗憾。

现在九江一中准备借“百年校庆”的机会，收集、编纂并出版一本《校友录》，以供校友之间互通信息、沟通友谊之用，恰好弥补了这个令人无奈的遗憾，确是一件好事。因此我乐于为它写这篇小序。

（2001年7月于北京）

## 对中小学科学教育的一些看法

——在国际中小学科学与技术教育课程的改革与发展讨论会上的讲话（2000年）

女士们、先生们：

上午好！我很高兴看到这样一个具有重要意义的国际研讨会在这里召开，也非常荣幸受邀出席会议。我对系统的教育理论谈不了什么，对课程的改革也没什么专门研究。但是作为一个从事了50年科学研究和20年教育工作的科学和教育工作者来说，我有责任对孩子们的科学教育奉献自己的一点力量，发表自己的一点看法。现在就谈谈我对中小学科学教育的一些感受和认识。

我认为，中小学科学教育要使孩子们在知识方面、学习习惯和学习方法方面以及对科学精神的理解方面都打好一个坚实的基础。为要做到这一点，启发和培养学生的学习兴趣是教育者首先要注意的事情，科学教育更是这样。学生对科学有兴趣，能真正钻研进去，是从小培养出来的，是从培养孩子对自然的爱好中一点一滴积累起来的。如果一个小孩热爱自然，想去了解一些自然中很美妙的事情，想去解答一些问题，这对现在的学习和将来的研究都会是很好的事情。老师、家长主要是给他创造条件，解答问题，用不着把孩子的学习和成长规定得太死。孩子的学习必须靠他自己，要引导而不是强迫。如果他没有愿望，没有兴趣，没有需求，就无法使他成才。这好比是给孩子吃饭，如果他根本不想吃东西，不管你给他吃什么，也不管你用什么办法给他吃，他都觉得吃不下去。所以说怎样启发培养学生的学习兴趣，培养他们的自学习惯和能力，是教育者首先要注意的事情。教育就是要启发学生的学习要求。

从事科学研究是一项很艰苦的事情，需要一个人付出很多的艰辛和努力。如果一个人对科学感兴趣，认为科学研究能带来精神上的愉快，是人生的一种需求，能弥补其他许多方面的不足，他就愿意献身科学。相反，如果一个人没有这种强烈的愿望和需求，他根本不可能将毕生的精力献给科学。

基础教育的一个基本目的就是培养孩子如何面对人生，面对自然，怎样解决人生困惑和科学问题。如果在这方面取得成功，就是基础教育的成功。在这一点上，在座的各位专家会有更多、更好的见解。我这里只谈谈老师和家长在启发和培养孩子的学习兴趣和自学能力方面需要注意的几个问题。

一是家长和老师要充分认识和培养小孩的兴趣和爱好，最好通过游戏让孩子在玩的同时主动求知，对有兴趣的未知的事物都去寻根问底，问一问为什么。譬如说如果布置一些观察某种自然现象、制作某种玩具的活动，或者让孩子自己去选看一本有趣的书，然后讲述自己的收获和感受，就可能达到提高兴趣和培养能力的目的。说到这里，我想起童年的一件事情，那就是我曾从柳树上折下一根枝条，插在土里，隔了一些日子后，发现它居然成活了。当时我的欣喜，直到现在还记得。这件事也使我对生物以致对自然科学始终有着极大的兴趣。

二是要用自己关心孩子的行动和感情去启发和培养孩子的爱心，通过讲故事、组织活动等方式在生活中培养他们对父母、对同伴、对自然、对生活、对科学和对祖国的热爱。

三是在孩子的成长中一定要注意正面鼓励的作用。只有这样才能进一步激发孩子的学习兴趣和创造能力。有时候，一句恰当的、及时的夸奖可能会影响一个孩子的整个人生道路。我记得，在上中学的时候，正是抗日战争的艰苦年代。那时，老师和同学之间的相互勉励以及他们对我克服困难所表现出来的意志的夸奖，竟成为我一生遇到种种挫折时能够勇敢面对的一种动力。

四是要用自己勤于学习、勇于追求真理、认真做好自己工作的模范行为去影响和带动孩子们从小培养良好的习惯和负责任的人生态度。

这些虽然都是非常简单的道理，却是我们在实际工作中往往做得不够好的方面。我们的教育教学改革应该在这些方面做得更好。

我衷心地祝愿我们的中小学科学与技术教育课程的改革和发展工作取得进

一步成果。

谢谢各位！

## 寄情科教，甘当人梯

值此建党 80 周年之际，我作为一名老党员，能够得到组织和大家的信任，心中感到无比的光荣与自豪，同时也深深地感到了自己所应肩负的重任。

今年，我们伟大的党已经建立 80 年了。80 年来，我们党领导全国人民同帝国主义和国民党反动势力进行了前仆后继、坚苦卓绝的斗争，最终取得了中国革命的胜利，建立了新中国。新中国成立后，我们的党又带领全国人民投入到探索和建设有中国特色的社会主义的伟大斗争中。在党的英明领导下，我们的祖国已经逐步富强起来，昂首屹立于世界民族之林，在工业、农业、国防以及科学技术等领域都取得了令人瞩目的成就。

2000 年江总书记提出的“三个代表”的思想，对在新的历史时期加强党的建设和开展各个领域、各条战线的工作，都具有至关重要的指导意义。

回顾自己入党以来的历程，对比“三个代表”的要求，我觉得自己做得还不够，离一个优秀党员的水平还很远。1950 年从学校毕业以后，前 30 年我主要在中国原子能所和核工业部九院作了一些反应堆和核武器方面的理论研究工作。1980 年，我来到北京师范大学工作，主要是想多与年轻人接触，为党做一些培养年轻人的事情。

我到北师大后，开始是在低能核物理研究所任所长，现在任名誉所长。当时这个所刚刚创立，各方面工作的规章制度还不够完善，我就在建立比较正规的科研制度上多做了一些工作，把过去在原子能所和九院九所工作时对科研管理的一些成功经验介绍过来。另一方面我还通过组织学术讨论会，对所里教师们的研究工作方向提出一些建议，帮助他们迅速成长为有关学科的学术带头人。

后来国家恢复了学位制度，我就着重培养研究生了。到目前为止，毕业的硕士有六名，博士有十三名。他们中的大多数已成为各自单位的科研、教学骨干，不少毕业生已成为教授、博士生导师，他们自己也开始培养研究生了。我所指导的年轻博士杨洪流的论文被评为“1999 年全国百篇优秀博士论文”之一。

我培养研究生的主要特点是根据各个研究生的具体情况和潜力，发挥他们的主动性，使他们能成长为不同方面的学术骨干。我把导师的作用归结为六个字：鼓励、引导、帮助。

学习有没有成就，主要取决于学生自己。有些学生认识不到自己的潜在能力，我就经常鼓励他们，使他们看到自己的长处，建立起对科研工作的信心。

根据年轻人思想活跃、容易接受新事物的特点，我注意引导学生去接触前沿课题，让他们去熟悉最新的理论和方法，使他们在学习阶段就能进入前沿领域，从一开始就站在一个比较高的起点上。

我认为，要为国家培养高质量的科研人才，必须重视研究生独立工作能力和创造思维的培养，因此我总是因人而异地提出研究方向和要求，然后大胆地放手让学生自己主动提出问题，独立思考并解决问题。对他们的帮助是和他们经常讨论，在讨论中提出问题，适当地给予一些启发式的指导。一旦学生提出了新的想法，我总是给予鼓励，并帮助使之不断完善。

我还主张学术民主，老师应以平等的态度和学生们一起讨论，互相启发，互相促进。我也经常鼓励学生向别的老师学习请教。在论文题目的选择上，我也给予学生相当的自由，使学生能在自己感兴趣的领域内发展。我的一个学生冯世平在做博士论文期间，本来题目是有关金属氢方面的课题，可他自己对超导更感兴趣，并已有了一些基础，我就支持他改变了论文题目，鼓励并指导他深入研究下去。冯世平毕业后正赶上“高温超导”的发现，他在美国做博士后期间发表了 4 篇论文，其中有一篇还受到了著名超导专家 T. M. Rice 的好评。冯世平现已晋升为教授，在我校物理系任系主任，1994 年入选教育部“跨世纪人才”，1997 年获香港求是科技基金会“杰出青年学者奖”，1998 年被评为“国家有突出贡献的中青年专家”，也已培养出了一大批硕士生和博士生。

我认为，只有教师具有开阔的学术视野和前沿的学术思想，才能使研究生得到高起点、有价值的研究题目。因此，我提倡“教学相长”，把研究生的培养和教师本人的学术研究相结合。在从事输运理论和玻尔兹曼方程方面研究工作的同时，我和我的学生丁鄂江合写了《输运理论》一书，1987 年由科学出版社出版。1986 年以后，我开始从事浸润相变的研究。浸润相变是 70 年代发现的一种相变现象，在理论和实践上都有重要的意义。总结这方面的研究成果，我又和丁鄂江合作写了一本《表面浸润和浸润相变》，在 1994 年出版。我在金属晶格中的反常扩散、金属氢合成的新途径、相变动力学、强场物理、分形物理、血液流变学和自组织临界性等领域也进行过一些探索，取得了一些成果。

我认为，教书必须育人。教师除了教给学生专业知识和研究方法外，还必须注重学生人格和科研道德的培养。“身教重于言教”，老师要求学生做到的事，自己应该先做到，做得更好，才能起到示范作用，对学生产生良好的影响。例如，为了培养大胆怀疑和实事求是的精神，在学术讨论会上，教师要带头提出问题，启发学生就不同观点进行讨论和争辩。在讨论中如果发现自己的论点有问题或有错误，更要主动承认和改正，提倡服从真理、纠正错误的作风。要引导和培养学生对科研的兴趣，树立为科学和教育献身的精神。当他们在探索的过程中遇到困难时，应当鼓励和要求他们不畏艰险、克服困难，把研究进行到底。经过这样一次次克服困难的经验，学生就能大大增强从事科学研究的信心，感受克服困难的喜悦和自豪。另外教师要注重从平常小事做起，培养学生严格要求自己、一丝不苟、认真治学的科学态度。无论是在学生从事研究的过程中，还是在论文完成之后，我都对每个步骤仔细检验，认真审查，逐个推导公式，验算数据，就连文字语法上的错误也不放过。希望通过这些“小事”，说明什么是认真的态度。我们还开设了有关教师和研究生都参加的“专题讨论”、“理论物理前沿选讲”等学术讨论课，提高大家对科学前沿情况的了解，建立自由讨论的风气。我觉得这也是对科学精神和集体主义的一种培养。

近两年，我不仅培养研究生，也给本科生开一些基础性的课程。我认为，要为国家培养更多的人才，必须从基础抓起，教授、院士不为本科生上课的现象是不正常的。从1999年起，我承担了学校为全校一年级新生开设的公共课“人类生存与核科学”的教学，并为选修物理专业的本科新生开设一门“现代物理前沿选讲”的课程，给他们介绍一些物理学前沿方面的知识，培养学生们对物理学的兴趣，受到同学们的热烈欢迎。

另外，作为自然科学工作者，我对伪科学的东西如特异功能和法轮功等从一开始就坚决反对，外出讲学以及和学生们交谈时经常揭露伪科学的骗局。我的一个老同学的女儿到师大来看我，告诉我路上有人向她推销法轮功的录音带和书籍等。我就告诉她我所知道的受法轮功危害的实例，劝阻她千万别相信，不要上了它的圈套，做出一些失去理智、害己害人的事情。

最后我要说的是，我一定不辜负党和人民的期望，争取在自己的工作岗位上，在自己的有生之年，为祖国的教育事业贡献自己的微薄之力。我用一首诗来表达这个意思：

科教兴国世纪新，
“三个代表”意义深。
个人力量虽微薄，
化入集体为人民。

（2001年在北京市“庆祝建党80周年，授予优秀党员称号”大会上的发言）

## 师缘不浅，福乐自造

1980年，我正在核工业部九院工作，因参与氢弹的理论研究与设计，我刚刚被选为中国科学院院士，工作和生活条件都很好。就在这时，一纸调令将我带进了北京师范大学的校门，任低能核物理研究所教授兼所长。就这样，我当起了教授，踏上了一条崭新的路。

北师大是百年名校，我到这里虽已20多年，但与百年沧桑比起来，也还只是短短的一段时间。但一些人和事，给我留下了深刻的印象。那是刚到北师大的时候，由于同志们的信任，让我主持低能所的工作。可是由于以前从来没有在学校工作过，我只能抓学风，制订一些规章制度，许多具体事情却不知道如何下手。幸好学校为我配了几个能干的助手，尤其是当时的副所长周瑞英老师，所里许多日常事务，都由她亲自去做，给我减轻了很多负担。有时候我实在过意不去，觉得耽误了她的研究时间，可她总谦虚地说：“黄先生，您的时间比我的宝贵。”对于研究人员来说，光阴真的可以用金子来衡量，她甘愿牺牲个人宝贵时间的精神实在让我感动。虽然现在她已不在人世，但每次回想起来，都仿佛能看到周老师美好的个人魅力。像这样的老师还很多，他们是北师大知识分子的代表。四年后，我改任低能所名誉所长，同时带一些硕士生、博士生，更可以潜心搞研究了。我作为《原子弹氢弹设计原理中的物理力学数学理论问题》的主要作者之一获“1982年国家自然科学”一等奖；后来作为《中子和稀薄气体的非平衡输运和弛豫过程》的第一作者获“1991年国家教委科学技术进步”一等奖；作为《浸润相变的研究》的第二作者获“1995年国家教委科学技术进步”二等奖；1996年获“何梁何利基金科学技术”进步奖。

这些成果，许多都和师大及师大人分不开。

北师大号称教师的摇篮，而教师又对学生的一生起着至关重要的作用。我所走的道路就和教师有着紧密的联系。尤其是中学时教过我的汪际虞、周毅、蔡希欧等几位老师。他们是我求学路上的第一批领路人。印象最深的是教语文的汪际虞老师和教数学、化学的蔡希欧老师。汪老师给我们上课，总是全身心地投入，他那物我两忘的样子，令我至今难以忘怀。蔡老师上化学实验课的时候，在当时抗日战争的困难条件下，也尽量想办法，用医务室用过的药水瓶作代用品，安排一些基本实验。也正是在那时，我对教师这一职业有了深深的敬意和企慕，也深深受到他们敬业精神的感染。汪老师对我作文的批改，对我性格的形成有着很大影响。后来我的一位朋友看到了我母亲为我保留的那时的作文的原稿，特地把其中的一些复印下来，并编印成册送给我。页眉页脚处，老师或删、或添、或钩、或划的笔迹，仍然清晰可见。有一篇的批语是“清澈如水，有识有笔，斯为佳构”，还有一篇的批语是“结尾处稍显嫩弱。活生生地站立起来，好孩子，你有用。”就是这些话语给了我很大的信心。以后每当在生活和工作中遇到困难时，都感到身后有一双充满鼓励的眼睛注视着我。教师这个职业对人的一生有着多么重大的意义啊。

转眼间到师大列入教籍已经 20 多年。在这里，我的工作是教学加科研。辛苦归辛苦，劳累归劳累，可是每当上完一节课，看到我的学生紧皱的眉头解开了，眼睛里的疑惑不见了，听到他们激烈的讨论，嗅到空气中浓厚的学术气息，我都会感到莫大的快乐。我愿意做一个铺路者、架桥人，永远和年轻人在一起，我从心底里热爱他们。我的工作也得到了北师大人的承认。近几年来，我两次被学生选为“十佳教师”，也曾被评为“北京市师德标兵和优秀共产党员”。

师缘不浅，福乐自造。北师大带给我的，就是这份师缘。

（原发表于《光明日报》2002 年 10 月 27 日）

## 谈读书

读书是求知、探索、明理、解惑的重要手段。书籍是精神的伴侣、永恒的朋友、无声的老师、常备的顾问。通过读书，人们可以突破时间和空间的限制，了解到自然界或社会上许多值得注意的现象及其内在的规律，满足与生俱来的好奇心和探索性，获得心理上的享受，并利用这些规律来提高生活质量。通过读书，我们可以研究历史上发生的重要事件和它们留给后人的教训。通过读书，读者更可以与古今中外的作者们进行心灵的交流、思想的碰撞，从中得到有益的启发，“站在前人的肩膀上”进行创新。

读书是一种精神劳动，它的直接回报也是精神上的。当然，精神也会转化成物质，前人早已认识到“知识就是力量”和“学以致用”。进入知识经济的今天，这一点更加明显。不过，读书的乐趣首先是精神上的：从无知到通达（知识长进、情操洁化），疑难问题的解决，理性的随机顿悟，认识的豁然开朗，感情的今昔共鸣，见识的异域默契，读幽默隽语而窃喜，吟诗词佳句以抒怀；凡此种种，莫不是从读书得到的良性精神回报。“读书之乐乐无穷”，正是爱读书也会读书的人感觉到的一种无比享受。

会读书的人很注意读书的方法，用不同的方法去读不同的书。有的书只要翻翻目录、看看前言，就可以知道它的大致内容，不必细看。有的书篇幅浩繁，但有用的部分不多，只要用笔记本简略择录就可备用。有的书情节引人入胜，像《天方夜谈》《西游记》和武侠小说一类读物，可以当作“成年人的童话”，闲时看来消遣；阅读时可以“一目十行”，很快翻过去，只要了解大致情节，不必也不宜过于认真。基础性的书则必须精读，不能贪快，而要细细品尝、反覆思考；必要时可以多读几遍，务求逐步领悟书中内容的精神实质，掌握和牢记其基本要领；对一时不能完全理解的地方，也要先作为疑问存放在脑海里，不时加以思索；经验证明，遇到适当的机会，在考虑别的问题时，往往能联想到原来存放在脑海里的疑问，突然得到启发、触类旁通，进入疑云尽释、豁然开朗的境界。宋代学者张载治学“贵疑”，我想也是因为脑子里有了“疑问”，可以促使人们多多思考，形成比较正确的观点，更能“悟”出事物内含真理的缘故。只有下这样细嚼慢咽的工夫，才能好好消化基础性的书，真正收到“运用自如”和“举一反三”的效果。

和作者进行思想、感情的沟通，是深刻理解作品的前提。读经典的文学作品，只有认真领会作者的心意、了解写作的背景、投入自己的感情，反复吟诵，才能欣赏到它的叙事之妙、言情之挚、行义之美、立意之深。不管是读司马迁所写《史记》中的一些名篇，还是读朱自清写的《背影》一文，读者都会有这样的感觉。读理论性的书籍，应当注意书中有哪些新鲜的内容和观点，和自己原来知道的比较有什么不同，是否可靠？经过一番思考和分辨的工夫，才能加深理解，融会贯通，使新的、正确的理论知识形成自己脑海中知识结构的一部分，可以随时加以运用。

为了研究特定问题而读书，不妨根据所研究问题的性质，查一查有关工具书或请教专家，先拟定一个“调研提纲”，根据它来收集资料。对资料初步翻阅后，确定重点要读的部分。读的时候更要注意分析，勤于思考，敢于怀疑，勇于创新，“去粗取精，去伪存真，由此及彼，由表及里”，得出自己对所研究问题的见解。有了自己的见解，还要到实践中去检验，看它是否符合实际，是否真能解决问题。不然就要再分析原因、找出症结，重新加以研究。在实践中检验和修正自己的认识，实际上是在读自然或社会这本“大书”，而调研资料，只不过是在读写成文字的“小书”，为读“大书”做准备。读“小书”必须和读“大书”相结合，才能得到真知。这一点是我离开学校后从事多年科研和教学工作的切身感受。我想，这也是所有认真读书的人千万不可忽略的。

（摘要发表于《科学时报》2003 年 1 月 24 日《学人深浅谈》专栏）

## 谈人才培养

为社会培养健全的、适合需要的人才是教育的目的。随着社会的发展，科学技术日益进步，生产力不断提高，社会劳动的分工越来越细，对人才也提出了越来越高的要求。政府和有志于办学的社会力量为了培养合格的人才，开办了不同层次和各种类型的学校，设立了许多科、系和不同专业。分专业学习本来是为了适应社会的分工，无可非议。但学生参加工作后，有的仍然感觉用非所学；用人单位往往还感到有工作找不到合适的人来做。这是为什么？

重要原因之一在于：学校把专业和教学内容的区分绝对化，分得过早、过死、过细。例如：从高中或更早开始就规定学生按文、理科分班教学；到了大学又不合理地限制学生对文、理、工科课程的适当互选。这种教学方式有点像把学生当成工具来锻造，而不是当作人才来培养。本来，各专业间虽有具体学习对象和着重点的差别，却都有赖于广泛的共同基础：文科基础教会学生语文、史地和社会知识，让他们懂得如何表达自己、与人交流、认识自己在时空中的位置和在社会中的责任，总之是教会他们如何做人和待人，提高人文修养；理科基础则有利于培养学生求真务实、实事求是的科学精神、使他们具有理性思维，掌握研究事物的科学方法。不管什么专业，没有这个共同基础，都会妨碍学生对本专业的深入研究和与不同专业的交流，降低他们文化修养的品位和适应新鲜事物的能力，使他们难以开创大局面和解决新问题。多年的实践表明，把专业区分绝对化，违背了人类认识客观世界的规律，对于培养高素质的人才是十分不利的。

人类对客观世界的认识来自对客观事物的观察和研究。用科学方法研究人文社会现象或自然现象、寻求它们的规律，这两大门学问分别叫做人文社会科学和自然科学（简称文科和理科）。应用并发展文、理科知识来研究和解决工程技术问题的学问则属于工科。培养人才中专业区分的绝对化，在相当程度上来源于对文、理科关系认识的片面和绝对化。事实上，人类本来就是自然界的一部分。人和自然实在是一个不可分离的统一体。这正是唯物论中物质统一性的重要表现之一。我国古代学者已经从哲学意义上认识到“天人合一”的道理。时至今日，随着人文科学和自然科学的进步，人类与自然环境互相影响、息息相关的规律，已经越来越明显地被人们所认识。有识之士纷纷大声疾呼，人类必须和自然和谐相处，才能保证人类社会的可持续发展。近年来，学术界就文、理科的关系进行了不少讨论。例如，《科学时报》2003 年 4 月 2 日第 4 版就报道了有关学者对这问题的见解，说明“伴随着人类认识世界改造世界的过程，一个共识日渐清晰：丧失了人文精神，科技的发展并不能带来人类的福祉；但一个科学精神尚不能深入人心的民族，也不可能有发达的人文精神。”

可见，为了培养社会所需要的、健全的、高素质的人才，按照认识的客观规律，在九年义务教育阶段就应当注意对学生们进行兼顾文、理科的全面基础教育；即使他们从此以后就从事专业劳动，也会具有比较开阔的眼界和兼容的素质。在高等教育阶段，容许甚至提倡文、理、工科课程的适当互选，也是有益无害的。事实证明，全面基础的奠定不但有利于本专业的深入，而且可以提供必要的共同语言和共识，便于不同专业间的相互了解、相互交流、相互启发和相互合作，促进新概念的产生和交叉学科的出现，培养出更高层次的人才。例如，诺贝尔物理奖获得者杨振宁曾说，他年轻时对《孟子》的学习使他一生受益匪浅。我自己也感到，小时候阅读的文史类书籍和就读于西南联大时选修的文科课程，深刻地影响了我以后的做人和治学。另一方面，有个哲学家朋友曾告诉我，他大学时听过的数学和物理课程对他深入研究某些近代哲学思潮很有帮助。不少学物理出身的人转到金融领域工作后，做出了出色的成绩，像2000年诺贝尔经济学奖获得者之一麦克法登就是物理学学士出身。

也许有人会用一些反例来说明，偏科、专攻也能造就某些杰出“天才”。我不反对有这样的例证：确有少数人，由于先天的独特禀赋或后天家庭环境的熏陶和难得的机遇，从小就对某些方面有特殊的爱好，表现出优异的才能。对于他们的兴趣和选择，教育者当然应该爱护和尊重，为他们提供必要的发展条件和宽松环境。不过，这样的人毕竟只是少数。即使对于这少数，善意引导（而不是强迫）他们关心更广大的世界和知识领域，帮助他们开阔眼界，也是有益的。对大多数人来说，打好全面基础，在全面基础上进行专业深造，是十分有利于提高人才培养素质的。

（主要部分发表于《光明日报》2003年6月19日《名家特递》专栏）

## 科学人文本同根

什么是科学？什么是人文？查一下辞海：科学是关于自然、社会和思维的知识体系；人文却关系到人性和人的教养。科学这个知识体系的范围很广，包括有关自然规律的物理、化学、天文、地理和生物，有关社会现象的政治、经济、历史、教育和法律以及有关思维和认识规律的数学和哲学。按唯物论的基本观点看来，物质具有统一性，客观世界各个领域的基本规律应当相通。人类本身也是物质发展过程中出现的一种特殊形态。因此，自然科学和人文社会科学的区分只不过是研究对象的不同，从根本上说都是应用科学方法去追求客观真理的。就这个意义来说，人文科学是科学的一部分。另一方面，不管哪门科学，都需要人去研究，也只有人能加以应用。人之所以能去研究、应用，正是因为人有灵性、有自觉，能够积累经验、掌握方法、传递知识、形成文化。小孩子生来都有很强的好奇心，只要家庭、学校和社会能加以引导和培育，不忽视、淡化甚至扼杀他的灵性，每个人本来都有可能成为科学家。人的灵性，不单表现在寻求“真”的理性上，也表现在对亲人、朋友、同胞、同类乃至周围环境和自然界的浓厚感情（好、恶、爱、恨和喜、怒、哀、乐）上；表现为人文关怀。从这个观点看来，科学又是人文内涵的一部分。人文关怀使人能在分清真伪、追求真理的同时，追求“善”和“美”，摒弃“恶”和“丑”。人类的长期实践经验证明，“真”的（真实、真诚、真挚）往往也就是“善”的和

“美”的。科学也好，人文也好，都植根于对真、善、美的追求。

科学、人文虽然同根，但是性质还是有区别。它们有互相补充、互相促进的作用。科学家研究客观事物时（即使研究对象是人的生理或心理状态），总是把自己放在旁观者的地位，寻求对象的客观规律。人文却不然，强调以人为本，把人自己作为关怀对象，研究和表现人在自然界的地位和社会中人与人的关系以及人类的可持续发展等问题。从某种意义上说，科学是在研究对象之外研究，人文则是把自己放在研究对象之中研究和表现。同一事物，从科学或人文的不同角度，会有不同看法。妙的是，它们并不矛盾，而是互相补充，都符合真、善、美的标准。举个例子，牛顿发现了万有引力和力学规律，很好地解释了许多自然现象，如地球绕太阳的公转决定了四季的气候，地面的风雨形成了江河湖海，月亮的盈亏引起了潮涨潮落等；使人体会到科学的真实和美妙。文学家却从同样一些现象看出了另外一种真切、另外一种美。如张若虚的《春江花月夜》：“春江潮水连海平，海上明月共潮生，滟滟随波千万里，何处春江无月明……”，不也是从春水、江流、海潮和明月引发出来的吗？给予我们的是另外一种境界的美感和实在。又如柳宗元写的《江雪》，“千山鸟飞绝，万径人踪灭，孤舟蓑笠翁，独钓寒江雪。”前两句是对雪景的描写，后两句却使人进入另外一层意境，产生额外一番感触。经过诗人的渲染，大自然的真更加浮现了，美更加深化了。

科学是不断进步的，而科学进步是一把双刃剑。它提高了人类的生活质量，也可能带来危害。如随着抗生素的应用，许多疾病得到了有效控制；但滥用抗生素，却又促使病菌和病毒变异，耐药性增加，疗效降低。又如科学进步减轻了人类的劳动，但加大了能源的需求，导致了越来越重的环境污染。预期到 2020 年时，我国将需要 30 亿到 40 亿吨标准煤的能源。煤燃烧所产生二氧化碳等温室气体和酸雨的环境污染是可怕的。人文关怀使我们不得不提出可持续发展的问题。其实，人文关怀不仅涉及人与自然和人与人之间的关系，更涉及到人的素质。就拿进行科学研究来说，要提高研究工作的水平，不仅要求工作者具备科学知识，掌握科学方法；还要求他们弘扬科学精神、传播科学思想，提倡科学道德，坚定探索意志，进行团队合作。这些都是优良的人文素质，它们对于促进整个科学事业的发展是至关重要的。如果没有人文关怀，缺乏良好的人文素质，科学不一定能沿着正确的道路发展，更谈不上为人类、为社会造福。另一方面，缺乏科学精神，不尊重科学规律，人文关怀也很难到位，无法顺利实现。所以，我们要的是：人文化的科学和科学化的人文。

（发表于《光明日报》2004 年 3 月 16 日《学者论坛》栏）

# （五）有关核能和物理学的综述及所撰《中国大百科全书》条目

## 核能和物理学

### 1. 前言

核能和物理学有很深的关系。19 世纪末和 20 世纪初，Becquerel、老 Curie 夫妇和 Rutherford 等关于天然放射性的发现及其规律的研究，揭示了潜藏在原子核中的巨大能量，开辟了核能研究的先河。1905 年 9 月，Einstein 在他关于特殊相对论的第二篇论文中提出了著名的质能等价关系：$E = mc^2$，从理论上阐明了巨大核能存在的可能性。1911 年 Rutrerford 提出了原子的核模型，并于 1919 年实现了第一个人工核反应：$^{14}N(\alpha, p)^{17}O$。Rutherford 和他指导过的许多青年物理学家形成了一个大的学派，开创了几十年核物理和核技术研究和应用的兴旺发达局面。可惜，由于历史的局限性，发现了原子核并看到了核中蕴藏着巨大能量的 Rutherford，始终感到要把这能量释放出来，先得花费更多的能量去得到用来轰击原子核的高速粒子，结果会得不偿失。因此他一直到死都坚持认为，永远不可能发掘出核能来供人类利用。他万万也没有料到，就在他去世两年后，人们就发现了铀在中子照射下产生的裂变现象。1942 年，也就是他去世后的 5 年，在杰出的物理学家 Fermi 的主持下，科学家们就通过建成世界上第一个核裂变链式反应堆而实现了可控制的核能的人工释放，从此开辟了核裂变能在军事上和工业上利用的途径。

另一方面，早在 1938 年，理论核物理学家 Bethe 就曾提出一个假说，认为 4 个氢核分步聚变成 1 个氦核的反应所放出的能量是太阳和恒星内部的能源。事实上，氢 H、氘 D（$^2H$）、氚 T（$^3H$）和氦—3（$^3He$）等轻核间聚变反应的截面随相撞核能量的变化，以及每个反应中放出的能量大小，都可以在核物理实验室中利用由加速器加速到所需能量的轻核打到有关的靶核上来精确测定。结果物理学家们发现，对于同样质量的反应物质来说，轻核聚变反应中放出的能量竟是重核裂变反应中放出能量的 3～5 倍左右。当然，正如 Rutherford 所担心的那样，如果要花费更多的能量用加速器去得到用来产生聚变反应的高速轻核，结果会得不偿失。但是，人们从 Bethe 对太阳和恒星内部能源的解释得到启发：可以利用高温下轻核热运动的能量，来克服阻止二相撞轻核接近的库仑位垒，从而实现聚变反应（热核聚变反应或简称热核反应）。根据实验室中测定的截面随相撞核能量变化的数据和理论上预期的轻核在某一温度下能量的 Maxwell 分布，可以算出有关轻核在该温度下的热核反应概率。这类实验和理论研究的结果显示：为达到同样的热核反应概率，氘和氚反应所需的温度最低（但也在 1 亿度以上），其次是氘和氘（或氦—3）反应（所需温度在 10 亿度以上）。在太阳和恒星内部的温度下，氢和氢的热核反应概率非常非常小，反应进行得非常非常慢。也正因为这一原因，太阳和恒星才能维持那么长的寿命。在地球上的条件下，只有在人类成功地试验了原子弹（核裂变弹）之后，才出现了利用它爆炸时所产生的高温来进行氘、氚或氘、氘热核反应的可能。这正是热核武器（氢弹）作用的原理。然而，要和平利用聚变能，还必须创造条件，使热核反应的进行可以控制。为此，人类已经花费了半个世纪的时间，才看到了成功的曙光。而为了建成经济上可以接受的民用热核反应装置，也许还需要同样多的时间。

裂变和聚变这两种核能的发现是物理学，特别是核物理学研究的结果。当然，真正要对核能加以利用，还必须依靠其他学科，例如采矿、同位素分离、化工、冶金、机械、发电、建筑和信息工程等科技部门的通力合作。实际上，核能工业的兴起有赖于几乎所有科学和其他工业部门的支援；反过来，也推动了各项高科技研究的进一步发展。限于本文作者的知识范围，下面我们只涉及核能和物理学关系的若干问题。由于实现裂变和聚变放能机制的不同，我们将分别加以讨论。

**2. 裂变核能**

1942 年 12 月 2 日，Fermi 领导在美国建成了世界上第一座核裂变反应堆以后，半个多世纪以来，通过世界各国科学家和工程师们的努力，已经发展出了利用不同类型反应堆的核电站。时至今日，世界电力能源的 20%左右已经为核电站所提供。

为确保核电站运行的经济、高效和安全，有许多中子物理、材料物理、热物理、剂量防护及屏蔽物理和堆物理的问题需要解决。

**中子物理** 由于反应堆依靠中子和核燃料的自持链式裂变反应来释放能量，所以对于中子在堆中的行为和所遇到的种种物理过程，必须在实验和理论方面进行深入细致的研究。例如：必须研究中子在堆中的运动（输运）情况；必须预先测量不同能量的中子同各种原子核产生各种相互作用（裂变、辐射俘获、共振吸收、弹性和非弹性散射等）的截面以及中子散射后的角分布和能量损失，并根据这些实验数据和反应堆中各种材料的性质、用量和配置方式，计算出由于中子运动和运动中所遇到的各种相互作用而形成的，中子通量的空间分布和能量分布，再通过实测加以验证，如此等等。鉴于堆中使用了中子性能十分不同的各种材料，其中有不少是中子的强吸收体，而且它们在堆中的配置十分不均匀，要精确计算堆中中子的输运情况和它们的空间、能量分布是十分困难的。早期的中子计算几乎都建立在介质均匀化和中子扩散近似的基础上。随着精确截面数据的获得、大型高速电子计算机的发展和中子输运问题研究的深入以及三维程序算法的进步，今天中子计算的精度已经大大提高。不过，对要求更高的反应堆类型，例如快中子堆和下面将要提到的由加速器驱动的反应堆或聚变—裂变混合型反应堆，中子物理还有许多问题需要研究。

**材料物理** 反应堆中的各种材料在强大中子通量的轰击下会产生不同变化。核燃料的原子核会产生裂变并放出裂变碎片、中子和能量；其他材料的原子核可能因为吸收中子而引起蜕变或者由于被中子散射而移位，从而产生材料晶格中的空位和间隙原子（统称为点缺陷）。新产生的、带有高电荷并快速运动的裂变碎片在材料中有很强的电离作用，也能在燃料块和包壳中产生点缺陷。放射性裂变碎片所放出的射线，特别是高能 $\gamma$ 射线，同样能产生类似的点缺陷。所有这些缺陷随着反应堆运行寿命和中子照射剂量的增加而积累起来，使蒙受照射的材料质量逐渐恶化。大部分空位与间隙原子相互复合，不会留下永久性损坏。然而，一小部分会积聚成团。间隙原子凝聚成片晶（位错环），空位聚集成空洞，是材料晶体内部真空的一种新状态。点缺陷也可以在材料中扩散到先已存在的吸收点（如位错和晶粒间界）。点缺陷的这种扩散，导致合金中的元素流失，使合金逐渐消除混合，形成纳米尺度的高度分凝（富集或贫化）的区域，从而破坏合金材料的原有性能。中子引起的蜕变产物和裂变碎片中，有的是气体（氢、氦或其他惰性气体），它们会使材料中产生有害的气泡或使有关材料脆化、丧失延展性并导致破裂。高剂量中子辐照使裂变反应堆结构材料的拉伸延展性（不导致破坏的拉长率）从百分之几十降到千分之几。辐照蠕变（在外加应力方向上保持原体积的永久性形变）可比高温下观察到的正常热蠕变大几个数量级。它是应力引起的空位和间隙原子向位错点不对称流动的结果。对有关金属和合金中辐射效应进行研究，可以了解和应用这些效应的规律，从而通过控制特定材料的微观结构和成分，研制更好的合金。例如，改进后的不锈钢合金，其膨胀率降到 1%，而在同样条件下，没有改进过的合金可能膨胀百分之几十。

**热物理** 裂变反应堆中释放的核能绝大部分很快转变为热能。如何有效地输出和利用这些热能是设计一座核电站时必须研究解决的问题。对于特定堆型，选择什么样的载热剂，如何确定载热剂的工况，才能保障运行的安全、不泄漏放射性、同时达到核电站的最高效率？这些至关重要的问题，都需要反应堆热物理学家来仔细研究加以解决。

**辐射屏蔽和剂量防护** 由于中子辐射和裂变碎片的放射性，裂变反应堆是十分强大的辐射源，构成对人和环境的潜在威胁。因此，在设计堆的时候，就要十分注意辐射的屏蔽和放射性物质的密封，在空间容许和经济许可的条件下配备足够的屏蔽层和可靠的密封壳。这一点对于一般核电站反应堆的设计并不困难，但在特定的、空间受到严格限制的情况下（例如对于核潜艇反应堆），设计紧凑而有效的屏蔽层却要求十分周密的物理考虑和仔细的实验验证。当然，即使有了屏蔽层和密封壳，也要设计和配备剂量的自动监测和防护系统，使其能在正常和事故条件下监测反应堆中各系统及其附近的剂量分布，并能在必要时采取相应的防护措施。

**堆物理** 除了上面讨论过的种种问题外，如何提高核燃料的利用率以及如何妥善处理乏燃料中所含长寿命的放射性裂变碎片和铀-238 吸收中子所产生的长寿命放射性锕系元素，也许是目前核能研究中最关心的两个物理问题。我们知道，现在绝大多数核电站中使用的热中子反应堆主要都以含铀-235 约 3%的低浓缩铀为核燃料，当加浓度降到含铀-235 约 0.9%时，核燃料即需置换。这样，计算下来，即使加上少量的、由堆中铀-238 吸收中子转化而成的钚-239，天然铀的利用率还不到 0.5%。据估计，全球可开发的裂变燃料（包括铀和钍，其中热中子堆中可用的铀远不到一半）所蕴涵的热值仅约为可利用的化石燃料（煤、石油、天然气等）热值的两倍。如果天然铀的利用率还不到0.5%，那么可以利用的核能也太有限了。对于中国，情况更加严峻：我国现已查明的铀-235资源只够1500万千瓦的核电站用30年，折算成煤当量也就是5亿吨左右，还抵不上我国现今一年的煤耗量。可见，核燃料利用率的提高对于核能的发展有多么重要。从乏燃料的后处理中回收剩下的铀-235和钚-239，并循环使用，大约只能将利用率提高到1%。核燃料利用率的实质性提高有赖于新型反应堆的设计和开发。其中以快中子增殖反应堆（简称快堆）的前景较为明显，开发较为成熟。快堆中用钚-239作裂变燃料，用铀-238作增殖原料。每个钚-239核裂变时放出的中子，除维持裂变链式反应外，平均还有1.4个左右可以用来使铀-238转变为钚-239。这意味着，快堆在消耗裂变燃料产生核能的同时，还能生产出相当于消耗量1.4倍左右的裂变燃料。考虑到乏燃料后处理循环中的损耗，总的来说，应用快堆可以使天然铀中的铀-238得到约60%的利用。快堆另外的优点是：固有安全性较好；其乏燃料中所含的长寿命放射性同位素也有相当部分被快中子引起的蜕变或裂变而转化为短寿命的核素，这时还可以释放出一定的额外能量。不过，由于中子能谱较硬，平均裂变截面较热中子的小得多，快堆所需一次投入的裂变燃料更多，其中牵涉到的物理过程也较为复杂，对自动控制系统的设计和结构材料的选择要求更高，而且由于应用液态钠作冷却剂而带来了复杂的钠工艺，因此所需投资很大。如何使快堆技术成熟、工艺简化、成本降低，还有许多物理和工程问题需要研究解决。另外，快堆增殖裂变燃料所需的周期太长。这也使得它不能很快发展。近些年来，有的科学家提出：用高能加速器驱动次临界裂变反应堆的方法，可以提高核燃料的利用率，同时还可以比快堆更有效地消除乏燃料中的长寿命放射性核素，从而实现高效而清洁的核裂变能源。这种想法的物理基础是：1个高能质子打到1个重原子核上，可以使它碎裂，同时放出3～4个或更多高能中子，而这些高能中子在次临界裂变反应堆中又能进行增殖，或使有害的长寿命放射性核碎裂或蜕变。据估计，利用一定功率的高能加速器所产生的高能质子束，去驱动1个次临界度适当的、具有相当规模的裂变反应堆，有可能获得成本可与常规反应堆竞争的核能。当然，要实现这种想法还需要进行许多理论和实验方面的研究工作，更要解决许多工程技术方面的问题。

### 3. 聚变核能

人类对聚变核能的首次应用出于军事目的：1952 年 11 月 1 日，美国进行了世界上首次氢弹试验。这个氢弹以液态氘（$^2H$ 或记作 D）作为热核燃料，重 65 吨，只能放在地面爆炸，爆炸的威力为 1000 万吨 TNT 当量，爆炸中（大致以同样概率）进行的两个热核聚变反应为：

$$^2H + ^2H = ^3H + ^1H + 4.04\ MeV,$$

$$^2H + ^2H = ^3He + ^1n + 3.27\ MeV.$$

苏联于 1953 年 8 月 12 日进行了氢弹试验，它首次用氘化锂-6（$^6Li^2H$）作热核装料。爆炸中利用了中子和锂-6 反应造氚（$^3H$ 或记作 T）及氚和氘的热核聚变反应：

$$^1n + ^6Li - ^3H + ^4He + 2.5\ MeV,$$

$$^3H + ^2H = ^4He + ^1n + 17.58\ MeV.$$

当然同时也有上述的两个氘一氘热核聚变反应产生。

氢弹中自持热核聚变反应的实现有赖于原子弹爆炸所造成的、热核装料的高温和高密度状态。但这样剧烈的反应中释放的聚变能量无法加以控制。由于聚变反应原料——氘在海洋中有极为丰富的蕴藏，如果能解决热核聚变的控制问题，人类可以利用的核能实际上将是取之不尽的。为此，近 50 年来人们探索了种种途径，进行了深入的理论和实验研究。记得在 1955 年日内瓦第一次和平利用原子能国际会议上，曾经有科学家乐观地预言：可控热核反应也许在 20 年内就能实现。但直到目前为止，近 50 年过去了，这个预言还没有变成现实，人们还没有获得可供商用的热核聚变能。问题在于还不能在足够高的温度下，将氘、氚或氦（$^3He$）等热核反应物（这时它们已处于等离子体状态）约束在一个小的范围，并维持足够长的时间来充分进行聚变反应。事实上，没有任何试图用来约束反应物的容器可以在这样长的时间内经受得住这样的高温而不因气化而被破坏。让我们用 $T$，$n$ 和 $\tau$ 分别表示轻核等离子体所处的温度、等离子体的浓度（即每单位体积中的有关轻核数）和高温等离子体维持在这浓度而不散开的时间。根据英国物理学家劳逊（J. D. Lawson）1957 年导出的判据（通称劳逊判据），如果要求反应系统输出的能量等于加热等离子体并维持其在高温所需的能量（所谓得失相当），那么 $T$ 和 $n\tau$ 的数值就必须达到一定大小。例如，对于氘氚反应，要求：$T$ 达到 $10^8$K，而 $n\tau$ 达到 $10^{20}$ s/m$^3$；对于氘氘反应，要求：$T$ 达到 $10^9$ K，而 $n\tau$ 达到 $10^{22}$ s/m$^3$。最终可能采用哪个聚变反应取决于实际考虑：由于氘氚反应中，氚的再生是用氘氚聚变产生的中子照射包层中的锂-6 核获得的，这使装置包层的设计复杂化。用氘氘反应即可避免这一点。另一种原则上（如果不考虑氦—3 的来源问题）可采用的反应是氘和氦—3 的反应：

$$^2H + ^3He = ^4He + ^1H + 18.34\ \text{MeV}.$$

这反应不产生中子，所释放的能量全部由带电粒子携带。这简化了中子屏蔽问题，而且原则上提供了将聚变能直接转化为电能的可能性。不过，氘氘反应及氘和氦—3 反应的截面都比氘氚反应约小 10 倍，因此劳逊判据所要求的指标也更高，如上所述。经过近半个世纪的研究，人们终于通过两种有希望的约束方法，接近劳逊判据所要求的指标。这两种约束方法就是利用磁力线来约束带电离子的磁约束法和利用物质惯性来延缓高温等离子体飞散的惯性约束法。不论哪种约束法中都有很深刻的等离子体物理问题有待确认、研究和解决。没有深入正确的理论和实验物理的基础研究，装置的技术参数和指标很难提高。下面我们将分别讨论实现这两种约束法所面临的主要物理问题。

**磁约束法**　迄今为止，在聚变温度下约束等离子体最成功的方法是磁约束，就是利用磁场来约束等离子体中带电的离子和电子。因为带电粒子在磁场中受到 Lorentz 力的作用，会绕着磁力线作回旋运动，在 20 kG 的磁场中能量为 10 keV 的氘离子的回旋半径只有 1 cm。这意味着，聚变等离子体的粒子可以被约束在一个大小适度、磁场位形合适的“磁瓶”中。在一定密度的高温等离子体中存在相当大的动理学压强，它与约束磁场的磁压强的比值用 $\beta$ 表示。等离子体可能达到的 $\beta$ 值主要取决于“磁瓶”的形状。在大多数磁约束聚变反应装置中，磁场强度设计的典型值约为 50 kG，如果 $\beta$ 能达到 0.06，就意味着等离子体的压强为 6 个大气压，相应的等离子体密度为 $2\times10^{14}$ cm$^{-3}$，等离子体的平均温度为 10 keV，此时点火所需的约束时间约为 1.5s。在此条件下，氘氚等离子体中的聚变功率密度可达到 5 MW/m$^3$，从工程观点看较为合适。提高装置的 $\beta$ 值能更好地利用磁能，因而可大大降低装置的建造费用。$\beta$ 值的提高，可以通过降低磁场强度或者用更加紧凑的装置结构来实现。由于必须保证有足够大的聚变反应功率密度，采用后一方法来提高 $\beta$ 值将会提出工程上的极限问题。

可以用来约束等离子体的“磁瓶”可以分成两大类：环状结构（面包圈形）和镜形结构（直线，窄端头）；属于前者的有环流器（托卡马克，Tokamak）、仿星器、反场箍缩及紧凑环等装置，后者有磁镜及串级镜等装置，两者结合的则有皱褶环装置。环形装置的优点是带电粒子沿封闭磁力线运动时不会逃逸，当粒子间有碰撞时，它们位置的改变只有回旋半径的量级。由于多次碰撞的发生，粒子的能量将会缓慢地向管壁扩散，这对实现聚变反应不利，应当设法避免。办法之一是把装置做得很大。像欧洲联合环 JET 的真空室内，人可以直立行走，环的直径超过 5 米。镜形结构的优点是磁场的位形能形成磁阱，大部分粒子会被端部较强的磁场反射，从而使它们处于受俘获状态而被约束在容器中，而且由于约束场是外部形成的，稳定性较好。在所有磁约束的装置中，具有闭合磁力线的环形系统一直占有优势。特别是托卡马克，在当前世界范围的聚变研究中已经发展到接近实用的水平，距满足实现最低能量得失相当的条件只差 3～4 倍。例如，1993 年 12 月 9 日，美国普林斯顿大学等离子体实验室的托卡马克聚变试验反应堆 TFTR 进行了 4 次氘氚反应实验；最后一次的最高输出功率为 6.4 MW。实验中使用了 50%氘和 50%氚的混合物，温度达到 3～4 亿度，消耗功率为 20 MW，得失比为 6.4/20＝0.32；1994 年 5 月的实验中，消耗同样功率得到的最高输出功率为 9 MW，得失比为 9/20＝0.45。下面我们将以托卡马克为例来讨论磁约束聚变装置中牵涉到的主要物理问题。

托卡马克概念是 20 世纪 60 年代在苏联发展起来的。60 年代后期，托卡马克已在美国等发达国家的聚变研究中占据了重要地位。托卡马克中，具有环形磁力线的主磁场由绕在环形管上的外线圈产生。带电粒子绕磁力线作螺旋形旋转运动，形成对称的环形等离子体，环向的等离子体电流产生角向磁场，使整个磁场扭曲。尽管环形主磁场不能完全约束住等离子体，但扭曲的环形场却可以起到约束作用。托卡马克中的等离子体电流不仅提供了约束的可能，同时也通过电阻耗散效应使等离子体得到最初的加热。托卡马克和其他磁约束等离子体中有 4 种能量损耗途径须加以控制：

1）粒子碰撞。它改变了被约束粒子的轨道运动，产生扩散型能量损失。

2）等离子体的辐射冷却。它主要由高电荷杂质离子产生。

3）小尺度的等离子体不稳定性。这使得离子在小步的输运过程中引起等离子体能量横越磁力线向器壁慢慢扩散。

4）大尺度的等离子体不稳定性。它在瞬间使磁力线变形，从而引起等离子体直接漏失。

托卡马克中等离子体参量的重大改进一方面是由于增加了等离子体的尺寸，另一方面是成功地运用了优化等离子体性能的辅助技术。这些建立在等离子体物理和磁流体力学研究工作（例如：对装置中粒子反常输运、理想磁流体不稳定性、电阻性磁流体不稳定性、微观不稳定性及其所引起的微观湍动现象等的研究）成果基础上的技术包括：

1）改变磁场位形，以控制等离子体横截面和反馈控制。

2）通过可控的喷气或注入固态氢微粒，人为地控制密度。

3）用强高能中性原子束注入、射频电磁波和绝热压缩等辅助加热手段加热等离子体。

4）通过特殊设计的“限制器”、器壁材料的选择和磁偏滤器，控制等离子体边界状态，将等离子体和器壁隔离，从而有效地减少由器壁蒸发的杂质离子。

三十多年来托卡马克装置的不断成功发展说明：等离子体物理研究的深入和托卡马克装置的改进过程是不断相互促进的。另外，为降低托卡马克装置中主磁场的线圈中的巨大欧姆能耗，人们希望采用超导体线圈来降低能耗，然而这又要求解决超导体在中子辐照下变性的问题

**惯性约束法**　惯性约束完全不同于磁约束。在这种约束法中，人们将强激光束或高速粒子束聚焦照射到含有氘氚燃料的微丸表面。由于束能量淀积在微丸表面，使表面瞬间气化向外喷射，同时产生向心激波，引起微丸的向心聚爆，使得燃料密度被压缩得非常高（可达 $10^{25}\ cm^{-3}$，比固体的密度高 1000 倍），在压缩过程中和激波作用下，燃料被加热，微丸的中心可达聚变温度并产生热核反应。事实上，一粒微丸就好象是一个微型氢弹，不过它所释放的能量比起一个真正的氢弹来当然小很多量级。因此不存在失控的问题。如果这种微型热核爆炸足够多，所产生的聚变能量就能实用。惯性约束法中对高密度、高温等离子体的约束由爆炸微丸的惯性提供。惯性约束中，关键参数是被压缩微丸的半径和密度的乘积。它必须足够大，使得在必要的时间（小于 $10^{-9}$s）内，惯性能将微丸物质约束在一起而不飞散，从而增加聚变反应进行的深度。

为了用合适的束驱动微丸，得到超高密度的压缩和进行热核聚变的温度，必须满足一些物理上的要求：

1）入射束的能量能在微丸表面十分有效地被吸收。

2）为获得燃料体积的高压缩，内爆应当具有极好的球对称性，并且被压缩燃料的温度在点燃前要尽量低。

3）能在合适的时刻有把握地点燃聚爆的微丸，这要求有准确的微丸设计，同时必须控制激光脉冲的波形。

惯性约束聚变研究中最突出的问题是弄清驱动束（激光束）和微丸间相互作用的物理规律，特别是驱动束能量与微丸耦合过程的物理机制，因为束能在微丸中的分配决定了实现聚变的物理条件能否满足。这些问题都牵涉到**激光或高能离子束与等离子体的相互作用**。直到目前为止，几乎所有的惯性约束的实验研究都用激光束驱动，因为高功率的激光束可以聚焦达到能产生聚变所要求的功率密度。现在的钕玻璃激光器（波长 1 $\mu$m）和 $CO_2$ 激光器（波长 10 $\mu$m）的输出能量已经达到 100 kJ 以上。近几年来，对（轻或重）离子束用作驱动束的可能性也进行了研究。轻离子束可用强电流脉冲功率加速器来产生，可提供几个 MeV 能量的 MA 级束流。这种加速器效率高，成本也较低，缺点是束的功率密度迄今还不能达到产生聚变所需的高度。重离子（如铀离子）束通常要在加速器中被加速到 GeV（=1000 MeV）级的能量才能满足聚变要求，这种加速器的费用很高，但重离子束驱动也具有很吸引人的优点，例如可提供高效率、具有重复脉冲和可聚焦的束，也许将来有一天会成为惯性约束聚变更好的驱动器，但目前它的技术还不成熟，有待进一步的研究改进。

为降低对可控聚变装置指标的要求，人们也考虑将可控聚变装置与次临界裂变装置相结合，建造聚变—裂变反应堆。这样，由于次临界裂变装置的增殖作用和额外的放能，可以帮助降低对可控聚变装置指标的要求；另一方面，高能的聚变中子又能消除裂变装置中产生的长寿命同位素。这种混合式的反应堆的研究也会涉及两种类型堆中的所有物理问题。

（原载于《物理与工程》2002 年第 2 期）

## 为第一版“大百科”所写两个条目

### 核三体问题（three body problem in nuclear physics）

研究由三个核子组成的微观核物理系统的问题。这系统可以是由三个核子组成的束缚态——核$^3H$及$^3He$，也可以是牵涉到三个核子的核反应系统——$^2H(n, n)^2H$、$^2H(p, p)^2H$、$^2H(n, 2n)^1H$及$^2H(p, 2p)n$。另外，一些更复杂的原子核系统，当它们可以看成由三个内部自由度不易被激发的集团组成时，也可以近似地作为核三体系统来研究（见核集团模型）。例如，原子核$^{12}C$可以看成由三个$\alpha$集团组成，而反应$^6Li(p, pd)^4He$可以看成p、d及$\alpha$等三集团间的一种反应。

核三体问题要比经典力学的三体问题困难得多。研究核三体问题时，一般采用从分析二体核系统的性质得出的唯象势。人们试图用特定核三体系统的理论计算同实验结果的比较来进一步肯定或修正这些势以及探讨三体力作用的大小。但是这样做时，计算方法上的误差常常同作用势的误差搅在一起。不易作出确切的定量结论。因此，核三体问题的严格数学描述和精确数值求解，对于研究和阐明核子间的相互作用具有重要的意义。早在20世纪30年代中期，许多人就从研究核力的角度，对$^3H$及$^3He$核基态的能量用变分法进行了计算和研究，得出了关于核力力程和强度的定性结论。以后，随着核子—核子散射实验研究的进展，提出了越来越精确的二体唯象势。人们曾希望用三体核束缚态进行详细变分计算来捡验这些二体势。50年代以后，特别是60年代以来，利用新实验技术对n—d和p—d的散射（弹性及非弹性）进行了仔细测量。在三体散射的理论研究方面，60年代以前大都采用波恩近似、变分法以及高能动量近似等方法。60年代以后，法捷耶夫方程为三体散射问题提供了严格的数学表述。利用现代电子计算机，可以对带着相当复杂的二体作用势的许多核三体问题作比较仔细的计算。在许多情形下，计算结果和实验的符合程度是比较令人满意的。对于$^3H$及$^3He$核基态性质的计算表明，用符合两体问题的核力计算的结合能总是比实验值要小1MeV左右，两核的结合能差也不能完全由库仑能差来解释，表明核力不完全是电荷对称的，两核的磁矩计算结果也不完全与实验相符。至于散射或三体反应，计算的困难更大，只能用简化了的核力来计算。总的来说，在非相对论近似下，已经基本掌握了处理三体问题的方法。下面简单介绍这个理论方法。

设三体系统的哈密顿量 $H=H_0+V$，式中 $H_0$ 和 $V$ 分别是系统的动能和势能算符。在二体作用力基础上，势能算符可以写成：

$$V=V_1+V_2+V_3$$

这里 $V_\alpha$ 是二体子系（$\beta$，$\gamma$）间的作用势，只作用在 $\beta$ 相对于 $\gamma$ 的坐标上，并随（$\beta$，$\gamma$）间距离的增大而趋于零。$\alpha$、$\beta$、$\gamma$ 分别等于 1、2、3 或者它们的轮回排列。

描写核三体系统的定态波函数 $\psi$ 服从薛定谔方程

$$H\psi=E\psi$$

及合适的边界条件。对于三体束缚态，波函数渐近为零，能量 $E$ 为负，这个方程可以用一般方法（如变分法）近似求解。对于散射态，波函数可以有四种不同的渐近行为，分别同渐近哈密顿量 $H_\alpha=H_0+H_\alpha$（$\alpha=0$，1，2，3；$V_0=0$）的本征态相对应。这样，在三体反应中，就存在四个不同的反应道：同三粒子的自由运动相对应的道 0 和同粒子 $\alpha$ 的自由运动及子系（$\beta$，$\gamma$）的束缚态相对应的道 $\alpha$（$\alpha\neq0$）。四种不同反应道的存在使三体散射问题与二体散射问题不同，不能用把上述薛定谔方程和渐近边界条件写成一个积分方程的方法来处理（像二体散射情形下的李普曼-施温格方程那样），因为这样得出的积分方程具有非二次方可积的积分核，无法用通常的数值方法求解。

为避免这个困难，L. D. 法捷耶夫建立了一组同时考虑到所有各道的耦合积分方程——法捷耶夫方程，它可以写成下列形式：

$$\Omega_\alpha(z)=1+\sum_{\beta\neq\alpha}\Omega_\beta(z)G_0(z)T_\beta(z)\ ,$$

式中 $G_0(z)=(z-H_0)^{-1}$ 是同 $H_0$ 相应的格林函数，$T_\beta(z)$ 是二体子系（$\gamma$，$\alpha$）的跃迁算符，由方程：

$$T_\beta(z)=V_\beta+V_\beta G_0(z)T_\beta(z)$$

决定，$\Omega_\alpha(z)$ 是 $\alpha$ 道的散射算符，当它作用在 $\alpha$ 道的本征态上时，就得到三体哈密顿量 $H$ 的本征态。可以看出，法捷耶夫方程的积分核需由所有二体子系的解 [ $T_\beta(z)$ ] 决定，它是平方可积的。这样，对核三体的散射问题，可以在求得二体问题之解的基础上从法捷耶夫方程出发，用标准的数值方法求出惟一解。

**核少体问题（few body problems in nuclear physics）**

原子核物理中的重要问题之一。它研究由少数核子组成的体系的结构特性和反应规律。涉及到的核子数少，研究便比较深入，可以期望以此揭示核子间的相互作用的基本规律，并为探讨更复杂的核结构和反应问题提供必要的基础；研究中发展起来并经过检验的实验和理论方法，有可能推广到核多体问题中去。此外，在天体物理和核能应用中，核少体问题也是很重要的，因为释放大量核能的热核聚变反应正是少体核之间的反应。例如提供太阳能源的由 4 个氢核逐步合成氦核的 p-p 链反应。又如作为核聚变反应堆的工作基础的反应：

$$^{2}H+^{2}H\rightarrow^{3}H+^{1}H+4.033MeV$$

$$^{2}H+^{2}H\rightarrow^{3}He+n+3.268MeV$$

$$^{2}H+^{3}H\rightarrow^{4}He+n+17.588MeV$$

及

$$^{6}Li+n\rightarrow^{4}He+^{3}H+4.786MeV$$

实验上，人们利用高能光子，电子，中子，及质子或用高能核$^{2}H$、$^{3}H$、$^{3}He$及$^{4}He$轰击各种少体核（轻核），测量反应产物的产额、角分布和极化度，用以确定轻核基态和激发态的能级结构和各能级的自旋、宇称等量子数。这方面所积累的大量数据是形成和检验各种核结构和原子核反应的理论模型的依据。

核少体问题中，最早被人们注意而且讨论得最多的，是关于氘核束缚态和二核子间散射的二体问题。通过对这些现象的研究，现在已经相当详细地推知了二核子间相互作用的唯象势。

20 世纪 60 年代以来，核三体问题的实验和理论研究已有了长足的进步，目前它还是引起许多工作者注意的课题。L. D. 法捷耶夫为三体问题建立了严格的积分方程——法捷耶夫方程。这个方程可以推广到核子数 A≥4 的系统中去：研究 A 个核子体系时，广义法捷耶夫方程的积分核和非奇次部分可以用二体、……、（A-1）体问题的解表示出来，所以原则上可以用法捷耶夫形式逐步严格求解核少体问题。不过，随着 A 的增大，公式很快复杂化，计算繁复到无法进行，所以还很少有人尝试用广义的法捷耶夫方程求解四体以上的问题。

近年来实际处理核少体问题时应用较多的是在变分原理基础上发展起来的核集团模型方法——共振群方法。下面简单介绍这个方法的大意。

描写 A 个核子系统稳态的波函数 满足薛定谔方程：

$$H\Psi = E\Psi \tag{1}$$

式中哈密顿算符：

$$H = -\frac{\hbar^2}{2}\sum_{k=1}^{A}\frac{\nabla_k^2}{m_k} + V(r_1, r_2, \cdots, r_A) \tag{2}$$

而 $\hbar$ 是普朗克常数 h 除以 $2\pi$，$m_k$ 是第 $k$ 个核子的质量，$\nabla_h^2$ 是对应于第 $k$ 个核子坐标的拉普拉斯算符，$r_k$ 表示第 $k$ 个核子空间、自旋及同位旋坐标，$V(r_1, r_2, \cdots, r_A)$ 表示核子间的相互作用势。按照量子力学的变分原理，薛定谔方程（1）和下列变分问题等价：

$$\int \delta\Psi^* (H - E)\Psi d\tau = 0 \tag{3}$$

式（1）中的能量本征值 E 在这里作为考虑归一化条件的拉格朗日乘数出现，函数 $\Psi^*$ 是函数 $\psi$ 的复共轭，$\delta\Psi^*$ 表示它的变分，$\int\cdots d\tau$ 表示对所有连续变量的积分和所有离散变量的求和。尝试函数 $\psi$ 可以选取为某一完全函数系 $\{\varphi_i\}$ 的叠加

$$\Psi = \sum_i C_i \varphi_i \tag{4}$$

其中展开系数 $C_i$ 可以看成变分参数，除非函数系 $\{\varphi_i\}$ 中有一个相当接近于所求解，一般需在展开式（4）中取很多项，才能用变分法得出好的结果。因此，针对所考虑的核和能级选取合适的函数系很有必要。原子核集团模型方法主要目的在于为每一核态提供最合适的函数系，使展开式（4）中只取少数几项就能给出满意结果。得到一个合适的函数系后，还可以通过在函数本身中引入内在变分参量来改进计算：

$$\varphi_i(r_1, r_2, \cdots, r_A) \to \varphi_i(\alpha_1, \alpha_2, \cdots, \alpha_n; r_1, r_2, \cdots, r_A)$$

在集团模型计算中，通常假设 A 个核子在一振子势中运动，并略去质子与中子质量间的差别，把 $m_k$ 都写作 $m$，这时哈密顿量 $H$ 可以写成：

$$H = \frac{1}{2m}\sum_{k=1}^{A} p_k^2 + a^2\hbar^2\sum_{k=1}^{A} r_k^2 \tag{5}$$

式中 $p_k = \frac{\hbar}{i}\Delta_k$ 是第 $k$ 个核子的动量算符，$a = \frac{m\omega}{\hbar}$ 是圆频率为 $\omega$ 的振子势的宽度参量。将 $A$ 个核子分成 $l$ 个集团，其中第 $k$ 个集团包含 $n_k$ 个核子，

$\sum_{k=1}^{l} n_k = A$ 。$\{n_1, n_2, \cdots, n_l\}$ 称为核的集团表示。引进这些集团的质心坐标 $R_k = \frac{1}{n_k}\sum_{s=1}^{n_k} r_s$ 和质心动量 $P_k = \sum_{s=1}^{n_k} p_s$ ，式（5）中 H 量可改写为：

$$H = \sum_{k=1}^{l}\left(H_k + \frac{1}{2n_k m}P_k^2 + \frac{n_k \alpha^2 \hbar^2}{2m}R_k^2\right)$$

式中哈密顿量 $H_k$ 只同第 $k$ 个集团中核子的相对坐标 $r_s - R_k$ 和对它们的导数有关。同这些集团表示相应，尝试函数 $\psi$ 可取成一些函数的乘积，其中每个函数或者只同一集团中的相对坐标有关，或者只同一个质心坐标有关。在这基础上引进自旋和同位旋函数，并加以反对称化，使满足泡利不相容原理，就可以得出合适的展开函数系。

## 为第二版“大百科”所写 7 个条目

### 核聚变

两个质量数很小的轻原子核（简称轻核）聚合成一个较重核的反应叫做聚变反应。如氢（$^1H$）、氢的同位素氘（$^2H$）、氚（$^3H$）或氦（$^4He$）的轻同位素 $^3He$ 等，可通过聚变反应变成 $^4He$ 核。这时，由于“比结合能”（即折合到每个核子的平均结合能）的增大，可以释放出大量能量。但是，由于需要克服带正电轻核间的库仑势垒，聚变反应只有当反应核彼此以高速相撞时才能产生。实验室中用被加速的有关核轰击相应的靶核可以产生这类反应。1934 年，卢瑟福与合作者用被加速的 $^2H$ 轰击氘靶，产生了下列放能反应：

$$^2H + ^2H \rightarrow ^3H + ^1H + 4.04\text{MeV}$$

$$^2H + ^2H \rightarrow ^3He + ^1n + 3.27\text{MeV}$$

式中 $^1n$ 表示中子，MeV 表示兆电子伏。两个反应几乎以同样的概率产生。如果用被加速的 $^3H$ 或 $^3He$ 轰击氘核，则可产生放能更多的反应：

$$^3H + ^2H \rightarrow ^4He + ^1n + 17.58\text{MeV}$$

$$^3He + ^2H \rightarrow ^4He + ^1H + 18.34\text{MeV}$$

这些核反应中确实都放出了比化学反应高百万甚至千万倍的能量，但是要加速很多入射粒子才能引起一次反应，因此用来加速入射粒子所耗费的能量远远超过从核反应中获得的能量。这一不利的情况正是当年使卢瑟福对核能的实际利用作出了悲观论断的原因。然而物理学家却从氢的聚变反应找到了维持太阳和其他恒星辐射的能源（见下）。事实上，这些星体主要是由氢构成的。由于引力自压缩的作用，太阳和恒星内部处于高温高密度状态，这给聚变反应的进行造成了条件。因为在高温下，氢核的速度 $v$ 具有麦克斯韦分布：

$$f(v)=Cv^2\exp[-mv^2/(2T)]$$

式中 $C$ 是一个归一化常数，$m$ 是氢核质量，$T$ 是温度（取能量单位）。太阳中心温度高达千电子伏（keV）量级（$1\text{keV}=1.16\times10^7$ K)，在麦克斯韦速度分布的高能端，氢核的能量可以达到几十到几百 keV，聚变反应不难进行。这种由于热运动而产生的聚变反应叫做热核聚变或热核反应。进行着的热核反应可以看作是核的燃烧。在太阳内部的条件下，氘的燃烧太快，与太阳辐射已长期维持在变化缓慢的水平上这一观测事实不符。1938 年，贝特提出，供给太阳能的热核反应是氢一氢链：

$$^1H+{}^1H\rightarrow{}^2H+\beta^++\nu$$

$$^2H+{}^1H\rightarrow{}^3He+\gamma g$$

$$^3He+{}^3He\rightarrow{}^4He+2{}^1H$$

$\beta^+$ 表示正电子，$\nu$ 表示中微子，$\gamma$ 表示 $\gamma$ 光子。前两个反应必须发生两次，才能产生第三个反应所需的两个$^3He$。总的结果是 4 个氢核聚合成 1 个氦核，同时放出 26.7 MeV 的能量：

$$4{}^1H={}^4He+2\beta^++2\gamma+2\nu+26.7\ \text{MeV}$$

在太阳内部的典型条件下，氢-氢反应进行得远比接下去的两个反应为慢，因此它决定了氢的消耗率。虽然这反应的截面太小，不容易在实验室加以测量，但在一定可靠程度内可由理论估算。这样算出氢-氢反应的寿命约为 $10^9$ 年，和根据天体物理的测量推算得到的结果有同一数量级。稍后一些（1938—1939)，贝特和魏扎克又彼此独立地提出了太阳中通过“碳-氮-氧循环”燃烧氢的可能性：

$$^{12}C+{}^1H\rightarrow{}^{13}N+\gamma$$

$$^{13}N\rightarrow{}^{13}C+\beta^++\nu$$

$$^{13}C+{}^1H\rightarrow{}^{14}N+\gamma$$

$$^{14}N+{}^1H\rightarrow{}^{15}O+\gamma$$

$$^{15}O\rightarrow{}^{13}N+\beta^++\nu$$

$$^{15}N+{}^{1}H \rightarrow {}^{12}C+{}^{4}He$$

总的结果仍然是 4 个氢核聚合成 1 个氦核。

碳-氮-氧循环中，碳、氮和氧并不消耗，它们只是起某种“接触剂”的作用；决定循环中氢的消耗率的是进行得最慢的第一个反应。一般认为，太阳内部能源的大约 98%产生于氢一氢链，而 2%来自碳-氮-氧循环。

太阳和其他保持正常辐射水平的恒星上之所以能够稳定地进行热核反应，全靠他们那巨大质量所产生的强大引力场：既能把中心部分压缩到极高的密度和温度，从而“点燃”聚变反应，又能克服热核聚变反应产物飞散的倾向。

利用裂变原子弹产生的高温高压条件，引起氘-氚或氘-氚聚变反应的快速进行，是氢弹作用的基础。

核聚变能和平利用的困难在于不容易可控地维持热核反应进行所需的高温高压条件，而不被反应物（处在高温等离子体状态）的高速飞散、巨大能量的很快扩散和温度的急剧下降所破坏。一般材料做成的容器都会在高温下气化和飞散，不能用来约束反应物。已知的约束方法有两种：利用合适的磁场去改变带电粒子的轨道使其不飞散的磁约束法和利用反应物及其外壳本身的惯性来延缓飞散，使反应在飞散以前基本完成的惯性约束法。经过几十年的努力，这两方面的研究都已经取得了很大的进步，不过离能实际应用都还相当远。

**核能**

核（原子核）能是核中隐藏的能量。它可以在一定条件下释放出来，被人类利用。结合成核的核子（质子或中子）之间有很强的相互吸引的核力。当核的结合状态在某种反应中变得更紧时，就会因为核力的做功而把多余的“结合能”以核能的形式释放出来；同时反应后核的总质量也会有一定的减少。19 世纪末和 20 世纪初，贝克勒尔、居里和卢瑟福等关于天然放射性和核反应的发现和实验，揭示了潜藏在核中的巨大能量。1905 年，爱因斯坦根据相对论提出的质能等价关系：$E = mc^2$，从理论上阐明了反应中核能释放量和核质量变化的关系。现在知道，释放核能最重要的两类反应是重核（核中总核子数 A >200，如铀、钚）吸收中子所引起的“裂变反应”和轻核（A<15，如氢、氘、氚）在高温下产生的“聚变反应”。利用以中子做媒介的链式裂变反应开发核能的装置叫核裂变反应堆；它最早于 1942 年底由物理学家费米领导建成。军用的裂变原子弹则于 1945 年在美国首次试制成功并用来轰炸了日本。另一

方面，早在1938年，贝特曾指出，维持太阳和恒星发热、发光的能量来自4个氢核逐步融合成1个氦核的几个聚变反应。利用聚变反应的核武器——氢弹已在1952年和1953年由美国和苏联分别试验成功。和平利用聚变反应来开发核能的装置则迄今还在研究中。

**结合能**

当一物是由两个或多个部份组成时，各组成部分之间一定存在相互吸引力，使它们结合在一起。如果要把各组成部份分开，当然需要一定的能量，来提供克服有关吸引力所须做的功。这能量说明各组成部份结合的紧密程度，叫作该物的**结合能**。

不同物具有不同的结合能。因此，当数物发生反应时，总的结合能可能变化。利用适当的反应可以把改变了的总结合能释放出来。例如，二氧化碳分子是由两个氧原子和一个碳原子组成的，而氧分子是由两个氧原子组成的，前者的结合能较后者更大。这说明碳原子和氧分子反应时，各原子间的作用力在反应中做了净值为正的功。当碳在空气中燃烧，生成二氧化碳时，这功就以热能的形式释放出来。这就是碳燃烧发热的基本原理。又如，核（原子核）是由核子（中子或质子）们借助于彼此间很强的相互吸引力（核力）结合成的，具有很大的结合能。核内每个核子的平均结合能，叫比结合能，等于该核的结合能除以其核子数。

当核的结合状态在某种核反应中变得更紧时，就会因为核力的做功而使总结合能变大，所做的功以核能的形式放出。由于核力比分子内原子间的作用力强度大得多，所以同样质量的物质，在核反应中产生的核能比化学反应中产生的化学能，要大百万倍以上。

**质量亏损**

现代质谱仪可以精确地测定原子的质量。用原子质量单位u（碳-12原子质量的1/12）表示，各原子质量可以精确到百万甚至千万分之一以上。核（原子核）的质量 $M'(Z, A)$，等于中性原子的质量 $M(Z, A)$ 减去所含电子的质量，再加上这些电子在原子中具有的结合能 $B_e(Z)$：

$$M'(Z, A) = M(Z, A) - Zm_e + B_e(Z)$$

这里 $m_e$ 是电子的静止质量。事实上，和 $M'(Z, A)$ 相比，$B_e(Z)$ 可以略去，于是：

$$M'(Z,A)=M(Z,A)-Zm_e$$

原子质量（以及相应的核质量）之所以要测准到6、7位有效数字以上，是因为，根据质量和能量相互联系的关系，相对来说很小的质量变化，可以伴随着核内能量状态相当大的变化，从而给出关于核力和核结构的重要信息。

由于核子间有强烈相互吸引的核力作用，当若干原来彼此相距很远的核子聚合成一核时，核力做功会释放出巨大的能量，这就是该核的结合能。按照质能相互联系的原理，放出的结合能使核的质量比组成它的Z个质子和A－Z个中子的质量总和小。它们之间的差额叫做质量亏损 $\Delta M$ ：

$$\begin{aligned}\Delta M &= ZM_p+(A-Z)M_n-M'(Z,A)\\ &= ZM_H+(A-Z)M_n-M(Z,A)\end{aligned}$$

式中 $M_p$ 和 $M_n$ 分别是质子和中子的质量，$M_H=M_p+m_e=1.007\ 8252\text{u}$ 是氢原子的质量。

设 $B=B(Z,A)$ 是核的结合能，用兆电子伏（MeV）表出，同时用原子质量单位u表出有关质量，便可得到下列核（$Z$，$A$）的结合能与质量亏损间的关系：

$$B=B(Z,A)=931.49\Delta \text{M}$$

**中子**

中子（n）是一种中性粒子。它和质子（p）质量相差很少。用原子质量单位（u）表示，它们的质量分别是：

$$Mn=1.008\ 665\text{u},$$

$$Mp=1.007\ 276\text{u}。$$

中子和质子一样，也具有自旋1/2。它虽然不带电，但却具有磁矩，其值可以用核磁共振的方法，通过与质子磁矩值进行比较测量出来。这样定出的值为：

$$\mu_n=-1.910\mu_N$$

式中 $\mu_N=e\hbar/(2M_pc)$ 叫“核磁子”，是核磁矩的单位；其中 $e$ 是电子电荷的绝对值，$\hbar$ 是约化普朗克常数，$M_p$ 是质子质量，$c$ 是光速。质子磁矩已知为：

$$\mu_p=2.793\mu_N$$

可见，中子磁矩相对于其自旋的方向与具有同样自旋的质子（可比拟成一旋转着的正电荷）磁矩相反。

中子是英国实验物理学家查德威克于1932年在用$\alpha$粒子轰击铍时发现的。为此，他获得了1935年的诺贝尔物理学奖。

中子的发现对于认识核（原子核）结构是一个关键，具有重大的理论意义。在发现中子之前，人们认为一个质量数为A、原子序数为Z的核应当由A个质子和A－Z个电子组成。这一假说可以保证核的质量和净正电荷具有应有的值。此外，核内存在带负电的电子似乎还可以起一种抗衡质子间库仑斥力的粘合剂作用。但是，物理学家越来越认识到这个假说是站不住脚的，因为它遇到了理论上的两大困难。首先，假设核是由质子和电子组成，便无法解释许多核的自旋值。例如，如果质量数为14，原子序数为7的氮核是由14个质子和7个电子组成，由于质子和电子都是自旋为1/2的粒子，总共21个粒子合成的自旋就只可能是1/2的奇数倍，可是氮核自旋的实验值1却是1/2的偶数倍。其次，根据海森伯的不确定关系，当被局限到原子核大小（～10fm）的范围时，一个电子的动量会达到100 MeV/$c$的量级，相应的能量量级为100 MeV。可是实验上从来也没有迹象表明核内部存在这么高能量的电子：由β放射性核放出的电子，能量最大也只不过是1 MeV的量级。

查德威克发现中子后，理论物理学家伊凡年科和海森伯相继提出了原子核是由质子和中子组成的假说。这样，当然用不着再假设核中有电子存在。此外，只要中子也和质子一样，具有自旋1/2，便可以圆满解释由它们组成的核的自旋。所有以后的实验也都确证：一个原子序数为Z，质量数为A的原子的核是由Z个质子和$N=A-Z$个中子组成的。作为组成核的成分，中子和质子可通称为核子。

中子在与各种核发生碰撞时，可以产生两类过程：被散射或被吸收；散射可以是弹性或非弹性的；而吸收中子后的核，可以只把多余的能量以辐射的形式放出（叫辐射俘获），也可以引发同时放出某种粒子的核反应；重核吸收中子后更有可能产生分裂成两半的裂变，同时放出两个以上的中子，从而引发中子裂变链式反应。1942年费米在美国领导建成了世界上第一个利用这种反应释放核能的反应堆。除了提供核能外，反应堆也是强大的中子源。

应当指出，反应堆和低能核物理中所牵涉到的中子，动能总是比其静止质量（～940 Mev）小得多，因此都是非相对论性的。动能的表达式：

$$E = (1/2)M_n v^2$$

可改写为：

$$v = 1.383 \times 10^4 \sqrt{E(eV)}\, m/s$$

相应的德布罗意波长 $\lambda = h/m_n$v 为：

$$\lambda = 2.860 \times 10^{-11} / \sqrt{E(eV)}\, m$$

利用中子波在物质中的衍射，可以探测许多重要物质的结构。

中子在介质中运动时，被核多次散射后，其能量会逐步和介质达到热平衡，成为热中子。从中子质量，可以算出热中子的最可几速度与介质绝对温度 $T$ 的关系：

$$v = 1\ 284 \times 10^2 \sqrt{T(K)}\, m/s$$

室温（293K）时，这速度约为 2.2 km/s，相应的能量约为 1/40 ev。一般将能量在 meV 级以下的中子叫冷中子，在 eV 级左右的叫慢中子，在 keV 级左右的叫中能中子，在 MeV 级和以上的叫快中子。

由于中子的质量比质子大，它可以通过 β 衰变变成质子，同时放出电子和反中微子。自由中子 β 衰变的半衰期约为 10 分钟。这个时间比起中子在通常物质中被吸收的平均时间长得多，测定起来很难，因为没有等中子衰变，它已经被核吸收了。这半衰期必须通过在真空中测量速度极小的冷中子衰变时生成的质子和电子的符合记数随时间的变化来推算。

在高能核子物理的实验和理论研究中，中子可以看成是由一个上夸克和两个下夸克组成的一种强子。

## 中子俘获

由于中子为电中性，不管是原子外围的电子还是中心的核，都不会通过库仑力去影响它的运动。因此，当中子射入物质时，如果刚好对准了一个靶核，就能打中它。而由于中子与核内核子之间存在强相互作用，打中靶核后，便有可能被俘获，形成新的、原靶核的同位素核。这种核反应过程叫做中子俘获。中子被俘获带来的结合能表现为激发能。如果这激发能接着以 $\gamma$ 辐射的形式放出，就产生辐射俘获。中子被氢核俘获生成氘，同时放出能量约为 2.2MeV 的 $\gamma$ 射线，就是辐射俘获的一个典型。

对于质量更大的原子核，中子俘获所带来的激发能，也可能引起新核结构的变化，产生放射性或别的核反应。1934 年，费米用中子轰击各种元素，寻找由中子俘获产生的人工放射性，并通过反应：

$$^{19}F + n \to ^{20}F \to ^{20}Ne + \beta^-$$

得到了第一次成功。俘获中子后，核拥有过多中子，不难理解它可能具有 $\beta$ 放射性。后来费米和合作者用中子系统地轰击所有能够得到的元素，并用化学分析查明所产生人工放射性的载运者是什么元素。1935 年 10 月发现，当中子经过含氢物质时，会增加产生人工放射性的效率。费米解释：这是由于中子与氢核弹性碰撞会使中子变慢，增加了中子经过靶核附近可能被俘获的时间。由于这些贡献，费米被授予 1938 年的诺贝尔物理学奖。

**中子核反应**

中子一经发现，物理学家就看到了它作为“核探针”的优越性。由于中子为电中性，不管是原子外围的电子还是中心的核，都不会通过库仑力去影响它的运动。因此，当中子射入物质时，如果它刚好对准了一个原子核，不管这个核的电荷有多大，中子都能打中它。而由于中子与核内核子之间存在强相互作用，一旦中子打中了一个原子核，便可能引起核的变化，产生核反应，从而显示出被轰击核的特性。1934 年约里奥一居里夫妇用 $\alpha$ 粒子轰击 $^{27}Al$ 核，发现人工放射性后，费米认识到中子在产生人工放射性元素方面应当比 $\alpha$ 粒子更有效，于是便用中子轰击各种元素，以寻找由中子核反应产生的人工放射性，并通过在元素氟（$^{19}F$）上引起的反应：

$$^{19}F + n \to ^{20}F \to ^{20}Ne + \beta^-$$

得到了第一次成功的实验。后来费米和他的合作者用中子系统地轰击所有能够得到的元素，并用化学分析查明中子核反应所产生人工放射性的载运者是什么元素，在第一批研究的 63 种元素中，有 37 种被轰击后的放射性很容易被观测到。1935 年 10 月，他们发现，当中子经过含氢物质时，会增加产生人工放射性的效率。费米认为，这是由于中子与氢的弹性碰撞使中子速率慢下来的结果，并给出了慢中子作用加大的理论解释。由于他的这些贡献，费米被授予 1938 年的诺贝尔物理学奖。在费米 1934 年所做的用中子轰击各种元素的实验中，有一项是将中子射进铀原子核中去。当时他的目的是想人工制造超铀元素，因为他已经发现，像上面所说的 $^{19}F$ 那样，许多原子核吸收中子后形成较重的同位素，由于中子太多而不稳定，并且通过 $\beta^-$ 衰变使核中一个中子转变成质子，从而使原子序数增加 1。铀是当时知道的原子序数最高（Z=92）的元素，它吸收一个中子后如果也产生类似的变化，就会得出超铀元素。实验的结果测到了 $\beta^-$ 粒子，所以 Z=93 的元素应当是产生了，可是放出的 $\beta^-$ 粒子却有能量各不相同的 4 种，费米当时无法解释这是为什么。直到 1939 年美国物理学家麦克米伦和艾贝尔森才在用慢中子轰击铀原子核之后，鉴别出了 93 号元素。由于铀（Uranium）原先是以天王星（Uranus）来命名的，就用天王星以外的行星——海王星（Neptune）来给铀后面的这种新元素命名为镎（Neptunium，符号为 Np）。产生镎的反应是：

$$^{238}\mathrm{U} + n \rightarrow {}^{239}\mathrm{U} \rightarrow {}^{239}\mathrm{Np} + \beta^-$$

事实上 $^{239}\mathrm{Np}$ 也具有 $\beta^-$ 放射性（半衰期 2.36 天），它发射一个 $\beta^-$ 粒子后变成第 94 号元素钚（Pu，plutonium），它是用海王星以外的冥王星（Pluto）来命名的。不过 $^{239}\mathrm{Pu}$ 只有微弱的放射性（半衰期 $2.41\times10^4$ 年），所以这种超铀元素直到 1941 年才被清楚地认证出来。在这一年，当发现 $^{239}\mathrm{Np}$ 的时候，同时发现了它的 $\beta^-$ 衰变产物 $^{238}\mathrm{Pu}$。钚的这种同位素的放射性相当强，很容易探测到，所以就被接替麦克米伦工作的美国物理学家西博格和他的合作者认证出来了。

1983 年 8 月在意大利佛罗伦萨开国际核物理会议期间，
去比萨斜塔上与胡济民（左）、丁大钊（右）合影

1985 年 7 月黄祖洽（右）与周培源（中）摄于中国驻巴西大使馆

左起：周航麟、黄祖洽、于敏，摄于钓鱼台国宾馆

# 三、杂诗、词、联

## 《庆祝“七·一”50周年》

（减字木兰花，1971年6月27日，时在河南干校）

征途曲折，
烈士鲜血染中国。
二十八年，
民主革命夺政权。

社会主义，
筚路蓝缕创新绩。
又廿二年，
克服困难永向前。

## 《春》，三首。

（十六字令，1976年1月25日，时在北京九所）

### （一）

春，
鲲鹏直上九霄云。
红雷震[1]，
蓬间雀儿惊。

---

① 指我国第18次核试验。

（二）

春，
形势大好更逼人。
齐奋起，
高峰待攀登。

（三）

春，
学习总理为人民。
学到老，
革命永不停。

## 《游东坡赤壁[①]，见江水浑浊有感》

（七古，1982年5月）

东坡二赋传千古，赤壁而今文胜武。
上溯周曹鏖战时，烟消火熄空余土。
遥想苏子岁再游，山川风月两悠悠。
壁同赤兮地则异，地以人传良有自。
今新古迹待游人，讲武修文今古事。
我登览兮思无穷，大江东去似黄龙。
水土失调胡至此，中华血流何时止。
但期绿化涵水源，万里长江景色鲜。

## 《过荆江有感》

（七律，1982年10月27日于江轮上）

荆江浩淼少葱茏，北望长堤出树丛。
恶浪扑噬如白虎，江流翻滚赛黄龙。
失流水土伤田界，沉没沙石益滩峰。
舟中叹息遥相指，膏腴尽付大江东。

---

① 又名“文赤壁”，以别于周郎赤壁（武赤壁）。

## 《峡江上行》

（五律，1982年10月29日于江轮上）

峡江天下险，若自彩云垂。
水逆迟船速，滩多误客期。
上溯当有的，前行贵不息。
莫道航程远，峰多景亦奇。

## 《北戴河休养纪事》

（七律，1990年7月）

仲夏燕都热浪催，小居北戴亦悠哉。
窗前竹翠临花径，室外松青荫日辉。
硕果枝头沉欲坠，清风林下自徐来。
风凉海浴非吾适，且伴幽篁审奥微①。

## 《重访国际理论物理中心》

（1991年8月）

### （一、五律）

三度临沧海②，重访理论城③。
风云多变幻④，学术亦更新。
黾勉从师友，偷闲作学生⑤。
紫薇如旧雨⑥，相对许知心。

---

① 指评阅高能所一博士生论文。
② 指亚德里亚海。
③ 国际理论物理中心。
④ 指苏、南政局。
⑤ 去机房学用计算机。
⑥ 在京散步时常见，今亦遇之。

（二、七律）

朝乘巴士去中心，始发陵园止海滨。
墓地阴阴桐木古①，海风阵阵浪潮新。
高明学者来殊域，优秀书刊获我心。
更喜电脑传电信②，天涯相叙若相邻。

## 《游紫竹院，过试验田》

（五绝，1991 年 10 月 6 日）

竹本南方产，试移来北京。
殷勤加养护，绿化为人民。

## 《戏赠老友仿渔③》

（五绝，1993 年 7 月 28 日）

七三犹康健，八四未必老。
寿夭岂有定，何须自烦恼。

## 《吉林松花湖游轮上》

（七绝，1994 年 7 月 22 日）

丰满高坝拦江起，松花湖水远连天。
好水一潭宜珍惜，长留清白在人间。

## 《参观吉林市陨石博物馆》

（七绝，1994 年 7 月 25 日）

鸿蒙霹雳演沧桑④，天外奇客馆中藏⑤。
上下求索宇宙奥，陨石微粒皆可参⑥。

---

① 寄居处近墓地公园，中多梧桐古树。

② 指 e-mail。

③ 仿渔年届 73，自川寄自寿联一副，并引谚“七十三、八十四，阎王不请自己去”。

④ 宇宙源于大爆炸。

⑤ 所藏特大陨石。

⑥ 陨石喻天体，微粒喻基本粒子。

## 《吉林休假临别赠言》

（七绝，1994 年 7 月 29 日）

山水青葱人意好，休假适遇酷暑年。
忧患意识宜常有①，深化改革须向前。

## 《记彭泽汪秉笔（号痴叟）所作〈晚晴诗草〉》

（五绝。1995 年 12 月 12 日）

江山钟灵气，陶令有遗风。
秉笔书青史②，痴叟唱晚晴。

## 《复和音③》

（1995 年 12 月 20 日）

（和音岁末来贺卡，附言以信天主、得复活为劝，因以四言及五言韵语答之。）

久未通讯，时在念中。
家中备课，忽得佳音。
宣讲天主，志在救人。
谆谆寄语，足见爱心。
爱心本非假，复活何必真。
天地间万物，同源亦同根。
形态虽各异，本原实相同。
原子与量子，或聚或离分。
本来无常住，终究归大统。

---

① “一汽”规模待扩大，长春市树需更新。

② 汪君曾参与编写彭泽县史。

③ 和音（女），20 世纪 60 年代初中国科学技术大学毕业。余曾指导其毕业论文，并曾在中国原子能研究院及北京师范大学低能核物理研究所共同工作过。和音后去美国，先与人合作从事核结构理论研究工作，后成为虔诚的基督教徒，现主要从事传教工作。

## 《赠老友华夏（程珊）》

（七绝，1996 年 1 月 8 日）

三年共饮杨村水①，万里偕行赣贵程②。
殊域③耕耘数十载，方知二卉本同根。

## 《记绍禹自台中来电话④》

（七律，1996 年 1 月 28 日）

海外忽传绍禹声，初闻未敢信为真。
千言岛上频说旧："三省园"中早务农⑤；
小语惜时曾砥砺⑥，长途跋涉共行程⑦。
光阴半世一弹指，世事苍黄友谊存。

## 《为田小军大夫题词》

（1996 年 7 月 23 日，由长岛返京车上。）

救人济世，胸怀比海天辽阔。
敬业乐群，水平随时代上升。

## 《参观沙湾郭沫若故居题词》

（1996 年 8 月 19 日）

吟诗、著文、治金石，学人通今古；
从戎、参政、评李杜，贤者对春秋。

---

① 高中同学在杨村。
② 1943 年由赣州长途跋涉，偕赴贵阳。
③ 程从事美术，我作物理。
④ 元月十三日晚，忽接老同学张绍禹自台中市来长途电话，说同窗旧事及别后情况，几达半小时。
⑤ 忆高中时曾在杨村河边开荒种菜，改善生活。参加者有绍禹（赣籍）、傅重炳（皖籍）及我（湘籍）等三省人，因取名"三省园"，亦寓"吾日三省吾身"之意。
⑥ 绍禹电话中犹忆当年我曾劝其惜时向学。
⑦ 毕业后由铅山至赣县参加夏令营，长途跋涉，赖绍禹相助。

## 《游峨眉山金顶，见佛光，迷信者众，作一联解之》

（1996年8月19日下午）

佛法无我相、无人相、无众生相、无寿者相，如何佛光中有相？
物理有日光、有晕光、有折射光、有反映光，方显我相处无光。

## 《参观眉山三苏祠题》

（1996年8月21日）

东坡二赋传千古；
西蜀三苏化四方。

## 《咏王淦昌老师》

（七绝，1996年9月1日）

早岁“中微”初议探[①]，中年得觅“细格么”[②]；
白头更事核工业，一代宗师信可夸。

## 《为九江一中95周年校庆题》

（七绝，1997年11月11日于九江）

严实诚勇是良基[③]，律己治学勿自欺。
勤奋深思集众智，活泼创新必可期。

## 为《程镜寰[④]诗文遗稿》题词

（1997年冬）

诗纪心声；
行垂师范。

---

① “中微”指中微子。
② “细格么”指反$\Sigma$负超子。
③ 严实诚勇为九中校训。
④ 故九中语文老师。

## 《参加20周年所[1]庆，即兴感赋》

（七绝，1999年1月15日）

廿年改革换新天，百人协力产学研。
今日面临下世纪，喜看奇卉香满园。

## 《三藩市探亲纪事》

（七律，1999年8与21日）

六载睽违思绪长，飞涛万里太平洋。
五周相聚亲情暖，三藩湾[2]畔海风凉。
一木[3]学琴显灵慧，百卉[4]漫舞露娇憨。
含饴更喜佳儿妇，鸿案相庆健且强。

## 《贺老友仿渔八旬大寿》

（四言韵语，1999年9月4日）

耄寿八旬，寄情诗文。
刻苦自励，学有所成。
老而弥笃，仿渔堪钦。
二书相赠，意重礼轻。

## 《为“北京科技周”题词》

（2000年春）

面临科技新时代，及时努力莫稍停。
学习学习再学习，日新日新又日新。

---

① 北师大低能核物理研究所。
② 硕儿居近三藩海湾。
③ 孙儿名。
④ 孙女名。

## 《抒怀》

（五古，2000年八月）

人生诚苦短，沟坎复何多。八九不如意，困厄逐逝波。
忧患与生俱，璞玉赖琢磨。浪涛何惊骇，矢志苦航过。
殚思求火种，深情寄木铎。山花今烂漫，何须绘麟阁。
杏坛二三子，起舞亦婆娑。雏燕离巢去，良材异国挪。
相依惟老伴，同唱白头歌。桑榆虽云晚，心旷不蹉跎。

## 《恭贺九江一中百年华诞》

（七律，2001年7月30日）

世纪华年庆九中，前贤几代历艰辛。
中华奋起须多士，科教兴隆重育人。
校舍年年谋扩建，师资处处觅知名。
实严教导培优质，勇创新猷赖至诚。

## 《恭贺伍法岳教授七十寿辰[①]》

（五绝，2001年10月19日）

七旬犹未老，获解尽精奇。
异域成才俊，回乡奠厚基。

## 《海南岛三亚海滨，赠一同登“涛声依旧”巨石的小朋友》

（2001年2月5日）

蓝天下，碧海边，巨浪滚滚；
海涛声里想：人生最需要自强，自信，勇敢攀登！

---

① 伍法岳为美国东北大学名教授，屡次回国为培养祖国人才尽力。其生辰为10月9日。

## 《贺周毓麟八十初度[①]》

（四言，2002 年 1 月 15 日）

老友毓麟，初度八旬。
峥嵘岁月，多立功勋。
传道解惑，培育精英。
淡泊名利，敬业乐群。
馨香祷祝，米茶康宁。

## 《贺李毅九十初度[②]》

（七绝，2002 年 6 月 15 日）

当年建所立奇功，岁月催成白发翁。
耄寿高龄耕不辍，无声奉献党人风。

## 《胶东海滨公路上[③]》

（七绝，2002 年 8 月 25 日）

千里风光绿映红[④]，渔村茅舍竞翻新。
改革开放兴科技，胶东百姓唱脱贫。

## 《镜泊湖[⑤]畔望“伟人山[⑥]”，即兴感赋》

（五绝，2003 年 8 月 25 日）

泊坠仙姬镜，山横伟人形。
如何腋肘畔，二鳄夺关津

---

① 周毓麟生于 1923 年 2 月 12 日，与余在九所共事 15 年，谊兼师友。

② 李毅曾任原子能研究所行政副所长多年，其生辰为 1913 年 11 月 6 日。

③ 中国科协组织部分院士去胶东休假、考察。

④ 绿树从中露红屋顶。

⑤ 中国科协组织部分院士去北满休假、考察。镜泊湖为旅游点之一，相传为仙女遗落之明镜所化。

⑥ 山形酷似当代一伟人朝天仰卧，群众称之为“伟人山”。旁有二小山脊，引向一小河上之桥，似二鳄正争夺此要津。

## 贺《物理学报》创刊七十周年（1933—2003）题词

（2003年）

交流学术，展出新秀。
活跃思想，推动创新。

黄祖洽的父亲黄迪庆（摄于1952年9月）

黄祖洽的母亲张孝恂（摄于1976年10月）

全家福（摄于1969年）
前排左起：张蕴珍、小女黄葵、黄祖洽，
后排左起：长女黄萌、长子黄硕

1988年11月在湖南下摄司，
左起妹（黄祖安）、黄祖洽、
二哥（黄祖晟）、大哥（黄祖幹）

1995 年黄祖洽和小外孙下棋

2001 年在北师大教师表彰会上，

左起：陈文博、张镜如、启功、黄祖洽、钟秉林

黄祖洽夫妇金婚纪念照（摄于 2003 年 12 月 26 日）

# 附录

## 一、家庭概况

1924 年 10 月 2 日（旧历九月初四）我出生于湖南长沙市稻谷仓 11 号——一个小四合院。它是清末翰林院编修王先谦家产的一小部分，由祖父黄声璜（字黄山，号麓森，以字行，1860—1932）租用，并按他一首诗中两句："不求知己曲辕木，借写黄花晚节香"的意思命名为"黄曲寿庐"。祖父自幼清贫读书，曾考中秀才和举人，是一位"优贡"，但"殿试"未被录取。曾在武昌短时间做过知事，主管司法，后离职还乡，以教书、文墨为生。他在长沙小有名气。曾被王先谦聘请代其主持编修《后汉书集解》，以王的名义出版。因此也得以租用上述王家房产。父亲黄迪庆（字同李，1897—1976），有一妹（黄仲谋）及二异母弟（黄豫庆、黄季灵）。父亲在旧制中学毕业后，从祖父命，入法政专科学校学习并在司法界谋生。但他性喜数学，购有不少中、英文数学及科普书籍，在业余自学。生我时任长沙地方检察厅书记官，晚上还为来我家的亲友子弟补习英语、数学等课程，增加一些收入。1926 年北伐军到长沙，成立县法院（后改组为长沙地方法院），父仍任书记官并在晚上做家教。以后曾先后在长沙、衡阳、湘潭、邵阳及江西河口等处的地方法院任"书记官长""学习推事"及"推事"等职，其间 1937 年 2 月至 8 月曾在南京司法行政部任科员。一贯兼在业余做家教或在当地中学兼课。母亲张孝恂（1898—1984），有一妹（我叫隽姨）二弟（我叫厚舅、京舅），母亲先后从外祖父及祖父识字、读旧书，爱看报、读诗，偶尔也将感怀写成小诗，随儿女出游时特别留意看前人在景点留下的对联、诗词等文字。曾入职业学校学织袜和会计，但因操劳家务，未能就业。大哥黄祖干（1918—1993），湘潭电机厂总工程师，曾被评为全国劳模。二哥黄祖晟（1922—2001），机械工程师。四妹黄祖安（1931—），中学教师。五妹黄祖琼、六妹黄祖汉均因病青年早逝。妻张蕴珍

(1925—)，河北东光县人，1950年北京辅仁大学化学系毕业，中国科学院化学所副研究员，后调院本部任编审，曾任中国化学会副秘书长（1976—1986），1988年后退休在家。长女黄萌（1955—），毕业于邮电学院，在中国民航工作。儿黄硕（1956—），毕业于北京师范大学，美国哥伦比亚大学博士，现在美国工作。小女黄葵（1962—），毕业于中国农业大学，澳大利亚昆士兰大学博士，现在加拿大做博士后。

## 二、学习和工作简历

1.1930年暑假后入长沙市立十三小学。

2.1936年寒假去湘潭，插入湘潭第一高小，暑假毕业，读旧书半年。

3.1937年寒假中去长沙，入平大中学。暑假中去南京，考中央大学附属五年制中学被录取。后因“七·七”事变，9月回长沙，考入兑泽中学，住校。

4.1938年随兑泽中学迁澧县新洲，下半年学校提前疏散后，回长沙住河西乡间表舅家。

5.1939年2月随京舅去江西上饶转河口，插入当时迁至该地的九江中学初中二年级下学期班。

6.1940年随九中迁杨村。1942年日寇侵入浙赣线，更随学校一度暂迁涂家。后又重回杨村。

7.1943年暑假高中毕业，随部分同班同学去赣县参加夏令营；结业后，与程珊相约去内地求学，二人分别经韶关、衡阳、桂林去贵阳。至贵阳后我在京舅与厚舅家先后住约三月。值豫庆叔经贵阳转重庆去西昌，即随之至西昌。当时该地有豫庆叔工作所在的“川滇西路”公路局。我即被推荐至该局员工子弟小学任教。

8.1944年暑假，搭公路局便车至昆明。当时大哥（祖干）在昆明市郊马街子的“中央电工器材厂”工作，其中学同学李敦蔚（时就读于西南联大先修班）帮忙为我在宿舍中找到一空床位住下，投考西南联大物理系被录取后，搬入联大新校舍居住。开始了久已向往的在西南联大物理系的学习生活。

9.1946年暑假，组成联大的三校（北大、清华、南开）分别迁回原址。

随校北上，选入清华物理系。1948 年毕业后，考入清华研究院，先从钱三强教授研制核乳胶；后改从彭桓武教授研习理论物理。

10. 1950 年暑假研究生毕业，被分配至中国科学院近代物理所理论室任助理员。同年 8 月罹车祸，因脑震荡昏迷，被送入白塔寺中央人民医院脑系科，经二周余始醒。

11. 1951 年 8 月由中国科学院派遣去苏联科学院学习，13～23 日乘火车由北京至莫斯科，住高尔基大街 49 号招待所。短期补习俄语后，被分配到苏联科学院列别捷夫物理研究所从费因贝格研习宇宙线物理。因脑震荡后遗症，屡犯癫痫，于 1952 年 8 月提前回国。仍在近代物理所工作。

12. 1953 年 2～6 月，为中国科学院访苏代表团做专业翻译，回国后在物理研究所工作，开始调研反应堆理论。

13. 1955 年 11 月至 1956 年 6 月，去苏联热工物理研究所实习。回国后任原子能物理研究所副研究员。做反应堆理论工作。

14. 1958 年 10～12 月参加刘杰率领的代表团访苏。

15. 1960 年 6 月参加我国原子能所代表团去民主德国德累斯顿，在国际反应堆会议上作有关我国第一个重水反应堆理论工作的报告。

16. 1960 年底开始，在原子能所理论室组织“轻核理论组”并任组长，从事氢弹理论预研工作。1961 年中期开始，半时去核武器研究所理论部工作，兼任副部主任。

17. 1962 年任原子能所研究员。

18. 1965 年 5 月被调至核武器研究所理论部工作，任研究员兼副部主任。

19. 1969 年底至 1972 年初，去河南上蔡“五七”干校劳动。后仍回核武器研究所任研究员兼副所长。

20. 1980 年 5 月从核武器研究所调至北京师范大学低能核物理研究所任教授兼所长（1984 年后改任名誉所长），同年被选为中国科学院院士（数理学部）。

21. 曾兼任国家学位委员会第一、二届学科评议组成员，《物理快报》（第一届）主编，《物理学报》《物理学报海外版》《中国物理》（1983～1999 年）主编（2000 年后改任顾问），《理论物理通讯》副主编。

## 三、获得奖励

作为《原子弹氢弹设计原理中的物理力学数学理论问题》的主要作者之一，获“1982年国家自然科学一等奖”。

作为《中子和稀薄气体的非平衡输运和弛豫过程》的第一作者，获“1991年国家教委科技进步一等奖”。

作为《浸润相变的研究》的第二作者，获“1995年国家教委科技进步二等奖”。1996年获何“梁何利科学技术进步奖”。

被评为2000年、2002年“北京师范大学最受本科生欢迎的十佳优秀教师”。

2000年获得北京师范大学教育教学成果一等奖。

2001年被评为“北京市优秀党员”“北京市师德先进个人”“北京师范大学师德标兵”。

由于为高等教育事业做出突出贡献，从1990年开始享受政府特殊津贴。

# 第二部分

## 1950年至1980年间的科研经历

# 黄祖洽工作前三十年（1950—1980）的科研经历

（黄萌 2024年8月）

我是黄祖洽的长女，黄萌，1955年3月出生，1971年2月在101厂[①]参加工作，从事飞机维修。1978年参加高考，考入北京邮电大学分院无线电系，毕业后返回北京首都机场飞机维修基地，历任工程师、高级工程师，从1990年开始，经过2年的英语、教学法培训，以及在德国汉莎航空公司的双轨制职业技术培训，后在北京飞机维修工程有限公司的培训中心从事技工培训，2010年退休。

2011年年底，中国科学院学部办公室计划出版一系列科学家传记，并将《黄祖洽传》列入组稿，当父母得知这一消息时，开始父亲是不主张写的。我倒是对这件事有些兴趣，心想：一方面可以借此机会更多地了解自己的父亲；另一方面由于文革的原因，自己所学的语文太少，也想挑战一下自己，从而提高自己的语文水平。我把打算写传记的意见跟父母说了，没想到他们不但没有小瞧我，反而支持我去做这件事。

从那以后，父亲给我讲过两次"扫盲"课，一次是介绍原子核及其应用，内容是：1. 原子与原子结构；2. 原子核与原子核的基本性质；3. 核反应堆和核电站；4. 核武器；5. 受控热核反应；6. 核科学技术继续造福人类。还有一次是讲如何写作，内容是：1. 收集素材；2. 熟悉素材；3. 思考全书的结构、内容、安排和写法；4. 经过反复思考后拟定一个比较详细的提纲；5. 分段写；6. 统稿分写的各段；7. 自己反复阅读统稿后的文章或请别人再阅读提意见，然后再修改；8. 定稿。父亲说："其中思考这一步很重要，不一定全书都是同样的笔调，也可以根据事情采取不同形式的写法。要经过多次的修改，也许过一段时间后回头再看，就觉得要换一种方式写，或重写更好。总之，要在详细

① 101厂：位于北京首都机场，飞机维修和大修厂。

占有资料的基础上，灵活地安排、生动地描述。主要是要靠自己，如果依靠别人就有可能把你的意思给扭曲了。”

除了这两次知识性的课程以外，父亲还用了一天的时间给刘寄星先生①和我讲述了他工作前30年的经历，并用另外半天时间进行答疑，回答我们听完之后的提问。后来我把父亲的口述记录整理成文字，并请刘寄星先生检查和反复修改，然后保存下来。

2012年，我把要访问的人列了一个表，并逐一进行访问，有郑绍唐、张肇西、赵理曾、周毓麟、刘恭梁、姚增华、李德齐、杨民华、李德平、吴翔、蔡少辉、李寿枬、阮可强、陈春树、陈辅芝、曾先才、薛蟠高等人。还在原子能研究院的退休活动中心开过一次座谈会，参会的人有陈叔平、萨本豪、郁金南、杨桢、胡华琛、苏宗涤、何汉新、张锡珍和陈永寿。我把这些谈话内容都进行了文字整理，期间也抓住每次与父亲见面的机会，请他帮我看看整理的这些文字中的人名是否准确，并询问一些问题。通过收集这些素材，使我越来越走近父亲，越来越钦佩他、爱戴他、尊敬他。他不但是一位慈祥也严厉的父亲，更是我终身的导师。

2013年10月，父亲在体检中发现患有胰腺癌。从那时起，我不得不放下准备传记的工作，全身心投入去照顾父亲。2014年9月7日父亲病逝后，我又忙于处理家里的事情和安排母亲的生活。2012年国家科教中心启动“老科学家学术成长资料采集工程”，项目组的陈雁老师曾经采集了许多父亲的口述，完成了采集工程中“黄祖洽”的内容，并准备写一部“黄祖洽传记”。因此科学院学部原来给我的任务就转移到陈雁老师项目组上，我将部分访谈内容和我的回忆资料也给了她，而有些素材始终存在我的硬盘之中。

2024年10月2日，是父亲诞辰100周年的日子，北京师范大学、中国工程物理研究院（原核工业部九院）、原子能科学研究院和清华大学准备联合举办纪念活动，借此机会我也把封存10年的素材重新整理、修改，想放在父亲写的《三杂集》书后，作为一种补充。这里要特别感谢刘寄星先生，他花了很多时间和精力帮我修改和挑选这些文稿，也感谢冯世平、应阳君和朱慧珑（他们都是父亲的博士生）给予的帮助。也感谢桑海波（父亲生前的助理）的热情

① 刘寄星：1964年考取黄祖洽的研究生，理论物理学家。

支持。

因我的撰写水平有限，而且学的不是原子能专业，所访问的人也有限，肯定有很多不全面之处。本应该多仔细检查、修改，做得更深入些。但由于时间的限制，选用了部分有代表性的访谈记录刊登在本文之后，以便从不同的角度描述父亲的人格、品德和奉献精神。同时也希望这些文章对后人有一定的参考价值。

# 一、近代物理研究所（1950年—1965年）

## （一）参加工作

1950年7月下旬，父亲黄祖洽在清华研究院通过硕士论文答辩后，研究生毕业。离开学习、生活了四年的清华园，被分配到中国科学院近代物理研究所理论室工作。近代物理研究所是由原来南京中央研究院物理研究所原子核物理部分，与北平研究院原子学研究所合并而成。最初所址在东黄城根甲42号，位于原来北平研究院所在地。有一幢包括实验室、图书室和办公室的三层高的老办公楼，这栋楼在院子的前面，是近代物理研究所；院子里还有个老四合院，四合院的北面是机修组，东面屋里有几个机床，专门打磨玻璃的，王大珩为组长（成为后来科学院所有光学方面研究所的发源地）。西面的西厢房给理论室作办公用，还有几间作工场、仓库、厨房和食堂用的小平房。院子后面较新一点的楼，是应用物理研究所。

近代物理研究所刚成立时，吴有训为所长，钱三强为副所长。父亲来到近代物理研究所的时候，正值建所初期，科研队伍逐步形成，科研工作逐步开展。所里聚集了一批从海外归来的精英，如王淦昌于1950年2月从浙江大学来到近代物理所，带来他在浙大的宇宙线研究小组的两名助手——忻贤杰和胡文琦，还带来他从美国带回来的30cm直径的圆云室。王淦昌到所后马上成立宇宙线小组，开始云室的安装调试；1950年7月，在美国从事宇宙线研究的肖健回国后加入到宇宙线小组。再如金星南回国后，于1950年2月到正在筹备的近代物理所，见到了理论物理学家彭桓武，彭桓武当即宣布成立理论组，组长彭桓武，组员金星南，当场安排指导金星南开始对轻核结合能进行研究。以后，凡是搞理论物理研究的人来所，都参加理论组。如从英国回来的朱洪元，从美国回来的郭挺章、邓稼先等人，也有来自国内名牌大学的优秀毕业生，彭桓武的研究生黄祖洽和 1951 年从北大调来的、张宗燧和胡宁的研究生于敏，都是出类拔萃的人才，深受领导和大家的喜爱。何泽慧则领导一个小组开始研究核乳胶制备。那时所里的人不多，彭桓武的理论组设在西厢房，理论组已有彭桓武（兼室主任）、金星南、邓稼先、叶龙飞等人在工作。黄祖洽来的时候，理论组在彭桓武的指导下，正在通过计算轻核的结合能来探讨低能区域核子间的作用力（假设有两个力程）的可能形式①。

1951 年 4、5 月间在北京东黄城根中科院近代物理研究所前的合影②

① 参考书和文献：1-p34；

② 前排左起：胡文琦（宇宙射线）、肖振熹、邓稼先（理论物理）、彭桓武（理论物理）、赵忠尧（实验物理）、钱三强、何泽慧（实验物理）、肖健（宇宙射线）、王素明（顾太太）；
中排左起：金建中（曾经是清华助教）、彭潜、毕会文、**黄祖洽**（理论物理）、蒋铮（实验物理）、李德平（曾经是清华助教，实验物理）、陆祖荫（后来去国防科委的基地）、赵佩瑄、叶铭汉（实验物理）、殷鹏程（后来调到复旦）、许槑（管器材）、忻贤杰（宇宙射线）；
后排左起：叶恭先、（中间两位不详）、周中治、白国良、李寿枬、卢竹轩、容霖汉、（不详）、高义、王平、于敏（理论物理）、陈耕燕；
金星南、王树芬（金建中之妻）未入照，王淦昌、杨桢可能还未来所。

从昆明回到北京后的四年中，由于一直埋头学习，父亲还没有机会回家看看。报到后，所里领导批了他几天休假。但那时祖父黄迪庆在湖南郴州工作，祖母带着六姑在湘潭与大伯黄祖干一家住在一起。回湘潭要在路上花去很多时间，何况又见不到祖父；而在北方，还有很想念的亲戚朋友，儿时一起玩耍的小叔黄季灵和大学时期的好友何泽庆，他们都在东北，来去也比较节省时间。所以父亲决定利用这几天假，到东北去一趟，先去沈阳探望多年不见的黄季灵夫妇，然后再去大连看望在大连大学（后来改成了大连工学院）工作的何泽庆。在大连大学，正巧遇到何泽庆的二哥何泽涌，他也利用假期来到大连看望他弟弟。而何泽涌和何泽庆恰恰是何泽慧先生的二弟和五弟。何泽慧先生也是父亲的恩师，曾经指导父亲做核乳胶的实验，于是，当时还是三个“光棍汉”的“高知”，就带着钱三强送给父亲的那部相机①，一起去鲁迅公园和老虎滩游山玩水，并留下了数张合影。

黄祖洽（左）与何泽庆摄于圆明园

黄祖洽（右）与何泽涌在大连

8 月上旬结束休假回到北京后，父亲开始了在理论组的工作，在彭桓武先生指导下，又一头扎进了书本之中，考虑如何用忽鲁登变分法计算低能区质子-质子散射的相移②。

① 1948—1949 学年的下半学期，钱三强先生在清华讲《原子核物理》这门课，1949 年 4 月 20 日—25 日期间，他参加中国保卫世界和平代表团，在布拉格会场出席第一次保卫世界和平大会，5 月回国途中得知被选为全国民主青年联合总会副主席。在他出国开会期间，让他原来的研究生黄祖洽为他代了一个月的课。他回来后，送给黄祖洽一个苏联“共青团员”牌照相机，是一个装 135 胶卷的小相机，后来黄祖洽用这个相机拍了不少照片，有在清华与同学的合影，有与家人的合影，后来一直用到 80 年代。

② 参考书和文献：1-p34

## （二）车祸

1950年8月27日，一个星期天的早上，几个从清华毕业分到所里工作的校友约父亲一起回清华看看。当时交通工具主要是自行车，而父亲没有车，就向所里的同事叶龙飞借了一辆，和同学们一起从东黄城根骑车回西郊的清华。下午回城时，出了清华西门，过了一个桥，经过北大（原来的燕大）的西门，向南拐，经过海淀西街——那是一条不太宽的路，路旁边就是菜地——这时从后面驶来一辆汽车。由于道路比较窄，父亲听到后面有车来，就往右边躲，但右边就是田地；发现自己要掉下去，就又向左拐，这时汽车开过来，刚好就撞到了父亲。他当即就晕了过去，不省人事。原来这辆汽车是清华大学的校车，车上的教师和同学有认识父亲的，就赶紧把他送到当时位于白塔寺附近的中央人民医院脑系科，经过抢救和开颅手术，父亲还是处于昏迷状态，一连两个多星期都没有睁开眼睛，昏迷不醒。父亲曾是钱三强的研究生，也是彭桓武的研究生，他们非常器重他，说他是特殊的人才，非常爱护他，花了很大的力量安排在医院里动手术，让医院尽一切努力来挽救父亲的生命。父亲的朋友、老同学们也都焦急万分，他们为父亲这样一位刚刚从学校出来、一位出类拔萃的人才，还没有开始施展他的才华就遇到这样的灾难而惋惜、痛心，不知他能否再睁开双眼；就是活过来，是不是还能像从前那样具有超强的智力水平，是否还能再继续从事他所热爱的科学研究工作……这一切的一切都揪动着他的导师、同事和朋友们的心。

然而天堂似乎并不收留父亲，两个多星期后的一天，在朦胧中，父亲似乎听到天在打雷，咚咚地响，就醒了过来，发现自己躺在病床上，原来门外在凿石头，可能雷声就是凿石头的声音。护士王雅清看到他醒来了，就让人去把医生叫来。医生看到他苏醒了，很高兴，告诉他被汽车撞了之后发生的事，他才知道自己已经不省人事有半个多月了。在恢复知觉后，医生仍叫他卧床休息，在休息中，护士王雅清告诉父亲在他昏迷期间的一些可怕的情况，父亲听了也感到后怕。① 在医院里的那些天，他的老师、同事、同学和朋友都来看过他，

---

① 参考书和文献：1-p35

联大同宿舍的同学李德齐回忆[①]：

“我记得的一件比较大的事是他的车祸。在清华，黄祖洽是我一个很难得的值得联系的人，听说他遇到了车祸，昏迷了十多天，记得当时我去看他，他昏迷得不能说话了。他醒过来以后，我又去看他，他就跟我谈他车祸的经历，他只记得他骑车到了北大西门，过了北大西门后就什么也不记得了。那是一次很严重的车祸。”

父亲在医院又躺了一些天后，可以起来慢慢行走了，父亲就要求出院，研究所里的领导和老师们看到父亲清醒过来都非常高兴，想尽办法多照顾他。当时钱三强既是近代物理研究所的副所长，又是中国科学院计划局的副局长。科学院院部设在文津街3号大院，院儿里有一个倒凹字形的三层楼房，前面有一个圆形的花坛，刚刚组建的中国科学院的各个局就在这栋楼里办公。钱三强先生请科学院计划局为父亲安排了一处养病的地方，是在这栋楼一层用作招待室的一个房间。

物理系的同学李德平回忆[②]当时的师生关系时说：“老一代在建立学科的过程中，同时也树立了一种很好的作风，这个作风在文革时期受到了很大的冲击，有很多传统保留不下来，这是我们所面临的情况。从前的师生关系与现在不同，后来黄祖洽与何泽慧先生一直关系很密切。黄祖洽的一大不幸就是他出了车祸，当时这些老师也是无权无势的，但在一起安排了他如何治病，如何养病，怎么恢复工作。过去的老师在他们力所能及的范围内都是做得很好的，比如黄祖洽工作在东黄城根，把他安排在科学院院部（文津街3号）去养病，安排文津街工作的人去照顾他，从而使他的头脑一点没有受到损失，反倒更好了。”

黄祖洽摄于1950年车祸后

其实说没有一点影响是不可能的。试想，一个昏迷十多天的人，醒来又失忆了一段时间，头脑怎么能像以前一样思维和运转呢？除了得到很好的治疗和

① 访谈记录：6
② 访谈记录：7

1950年冬黄祖洽在北京图书馆

护理之外，父亲自己克服困难的坚强意志和主动锻炼思维也是很有助于康复的，这在一般人的身上是做不到的。记得父亲75岁时到天坛医院检查身体，做了核磁共振，医生看过片子后，就让父亲马上住院，检查时，问了他一些问题，并问他100减7是多少，父亲立即回答93；然后医生又问，那再减去7呢？……直到最后剩了多少？他都对答如流，说最后剩下2。医生感到很惊奇，问，是这个病人吗？从片子上看，这个人应该是个痴呆病人，可眼前的这个人头脑思维清晰，回答问题迅速准确。当父亲告诉医生他的车祸经历后，医生才明白，原来片子上的那些阴影就是撞伤造成的永久痕迹。连医生都佩服眼前的这位老科学家。

## （三）因祸得福

当时在计划局工作的关谷兰是父亲在清华的学长郭敦仁的夫人，他们知道父亲在那儿休养，曾一同来看望。他们两口子都极其热情、开朗，关谷兰的办公室在二楼，利用工作之便，常来照顾他。她怕父亲一个人躺在那儿难受，就建议父亲练习织毛线，还教他一种织围脖的针法，织出来自然就成了双层的。父亲也觉得挺有兴趣，便动手织起来。有时躺在床上织，有时也坐起来织。用心专一，双手也得到活动，对休养大有好处。随着围脖一点点加长，日子也一天天过去，撞伤也逐渐康复，可以起来在楼上楼下到处走走。后来关谷兰便邀请父亲周末去家里做客。她家离文津街不远，郭先生周末也从清华大学回来。父亲和他们一家人说说笑笑，愉快地度过周末一天。然后他们再把父亲送回文津街①。

与关谷兰一起工作的还有几个新分配来的大学毕业的女生，计划局的领导也安排她们经常去照顾父亲，一来二往，也都认识了。她们都很关心父亲，希望看到他快些好起来，其中有一名叫张蕴珍的女生（我的母亲），家住在北京

① 参考书和文献：1-p35

1950年张蕴珍大学毕业照

东城，离文津街不太远，文静端庄，心地善良，办事认真，乐于助人。她以前从没有见过父亲，只是听有人在议论说：“近代物理所分来一个才子，叫黄祖洽，学习特别优秀，在清华考物理，连高班的人都考不过他，他老是考得最好，二十多年才出来这么一个优秀的才子，结果被车撞了，两个星期都醒不过来，这个人也不知道能不能活，太可惜了。”她一直抱着好奇和敬重之心，猜想着这位才子是个什么样子的人呢？直到有一天步履蹒跚的父亲住进了文津街3号，她又被安排轮流去照顾他，才认识了这位高材生。她很同情父亲的遭遇，希望他能快些恢复健康，就常常从家里做些酱牛肉之类的食品带给父亲，以便增加营养，快些恢复脑力。他们经常谈心，父亲也帮助她学习俄语①。

李寿枬从浙大毕业后在南京研究院的物理所工作，1950年调到近代物理所，他在回忆②中说：“我到近代物理所时，所内已有一名共产党员黄祖洽，他是彭桓武在清华大学的研究生。1950年夏，黄祖洽研究生毕业后，一次在回所报到的路上，被汽车撞破了脑袋，受了重伤。我到所后去看望他，他刚过危险期，住在科学院院部在文津街3号的办公楼里，当时就看见张蕴珍在看护他。张蕴珍在帮助黄祖洽康复的工作中，做了很大的努力，要不是她，黄祖洽的身体也不会恢复得那么好。”

过了一段时间，在领导和同事们的关怀下，父亲的身体慢慢好了起来，记忆力也在慢慢的恢复。这时大家又担心，怕这个才子从此就不会再有作为，或留下什么后遗症。见到他们两人走得近乎，就提醒母亲，让她躲着点儿。而母亲当时也没有想谈恋爱的事，觉得自己刚刚大学毕业，还要专心做好工作；但她是个心地善良的女孩，通过和父亲的接触，她认为父亲是一个不可多得的才子，很佩服父亲的人品和顽强克服困难的精神，再加之领导的鼓励，就想只要她能够帮助这位高材生恢复健康，就要尽心尽力，从精神上多关心他。这不仅

---

① 参考书和文献：1-p35、访谈记录：15

② 访谈记录：11

仅是为了他个人，更是为国家做了贡献。所以不管怎样，她还是和父亲继续交往，彼此鼓励，逐渐产生了感情。一次，父亲、母亲和一位女同事三人一起去照相馆照相，在三人照完相后，父亲在征得母亲的同意之后又与她合了张影。后来这张照片被父亲交到领导那里，说他与张蕴珍订婚了。母亲问父亲为何不告诉她就这样做，他笑笑，然后幽默地说："如果不这样做，就怕今后你去做修女了。"还有件有趣的事，父亲的好友何泽庆在大连也很担心父亲，曾经给湖南父亲的老家去过信，从秀丽的字体看，他们认为这一定是个姑娘，是父亲的未婚妻。1950 年底，大伯黄祖干来北京看父亲，见到母亲还以为是何泽庆呢①。

文津街 3 号（上世纪 50 年代）

## （四）恢复

经过半年多的休养和顽强主动的锻炼，父亲的身体基本康复，就要求回所工作。1951 年初，他终于回到日夜想念的近代物理所，回到他的恩师彭桓武身边。在养伤期间，所里发展得很快，也有些变化。1950 年年底，吴有训调任科学院副院长，钱三强接任近代物理所的所长，王淦昌和彭桓武任副所长，同时又新调来一些专家和人才：著名的核物理学家赵忠尧教授从美国带回来大

① 访谈记录：15

量核物理器材，成立了静电加速器小组。与此同时张宗燧和胡宁的研究生于敏也从北大调来，加入到理论组中[①]。在休养期间，父亲的脑子也没有闲着，除了学习俄语之外，也复习了数学、物理，脑子里还是不忘彭先生交给的任务，用忽鲁登变分法计算低能区质子-质子散射的相移，常常想着如何计算。回所恢复工作后，与彭桓武先生一起做了一篇文章，就是关于质子和质子碰撞的问题，那篇文章的题目是彭先生出的，计算是父亲做的，彭桓武先生原来想让父亲用 Wittaker（威特艾克）和 Watson（沃森）书上的特殊函数来做，但父亲经过思考后觉得那样不太容易走通，所以改变了办法，用级数展开的办法来做。后来彭先生对做出的结果还是很欣赏的，因为那篇文章低能域的散射长度式子与实验比较符合。文章的署名是彭桓武和黄祖洽两人，5 月间便完成了这项工作，后来彭桓武先生把这篇文章收在他的文集里了，因此父亲后来就没有把它放到《黄祖洽文集》里[②]。

父亲在完成了这项工作后，接着又和理论组的同事们一起调研核理论，据父亲的回忆[③]："在理论组，除了组长彭桓武先生外，还有郭廷章，他本专业是化学，但对理论物理也有兴趣，是兼职在那里工作。朱公（朱洪元）、金公（金星南）、邓稼先、殷鹏程、于敏，还有一个姓张的女同志。做理论物理研究需要很好的数理功底，也要有钻研精神，后来没有多长时间，不太适合做这项研究工作的殷鹏程和那位姓张的女同志就都调走了。彭桓武先生习惯把邓稼先称作：这个美国博士！但邓稼先人很随和，容易接近，人缘好，当时大家都称他'小邓'。一直到 60 年代，父亲调到九院之后，还没有改口，还常常亲热地叫'小邓'。由于他是留美回来的，工资高一些，所里的年轻人常常让他请客，他也愿意和所里的年轻人一起到外面吃饭。彭桓武先生也常常请客。北大理学院（那时在沙滩红楼）前面有一条小街，从东黄城根 42 号穿过一条干枯的河沟，抄近路很快就到了北大理学院的那条小街，那条小街是东西向，有两个小馆，其中一个是四川馆，另一个叫菜根香。彭先生很喜欢那个四川馆，在那里每月包伙吃饭。"

① 参考书和文献：2、3、4

② 《物理》第 53 卷，第 9 期，2024；访谈记录：2

③ 《物理》第 53 卷，第 9 期，2024；访谈记录：2

父亲做完那篇论文之后，就被选作北京市社会主义建设青年积极分子代表，在辅仁大学（神府花园）听大课。有一次在露天听课，很晒，父亲觉得晒得头晕，中午休息时，就来到月牙胡同当时钱三强先生的家里休息。何泽慧先生在家，她曾在父亲作研究生初期带过他做核乳胶实验。父亲很敬重何泽慧先生，和她也很熟，就在他家里的沙发上午睡了一会儿。等到醒来的时候，何泽慧先生问："黄祖洽，你刚才怎么回事呀？"父亲也不知道自己怎么了，于是何先生也就没有再说别的，父亲也未在意。后来好几年以后他才知道，是因为被撞伤的后遗症——癫痫发作，何先生怕父亲咬坏了舌头，赶紧用一把勺子放在父亲的口中，直到父亲恢复了知觉。何泽慧先生没有告诉父亲，是怕父亲回忆起可怕的经历，怕父亲伤心，怕他因此而有思想负担，才没有告诉他的。从这件事可以看出，那时的老师对学生的爱护，就像长辈对待自己的孩子那样，也看出何泽慧先生是多么的善良①。

回所工作期间，因为父亲在西南联大时的同宿舍的同学李德齐的工作单位在中南海，离黄城根很近，他又对物理和数学感兴趣，所以有空时就来找父亲聊天，父亲也像在大学宿舍时那样，很喜欢听李德齐侃大山，和他谈话。李德齐回忆②说：

"1950 年，当时我在中共中央统战部工作，因为我上学时参加了地下党，后来国民党要抓我，我就跑到解放区去了，因此就进入了城工部，城工部后来就改成了统战部，统战部进城后就由不得我了。革命胜利了，我想回到书斋去，想念书，不愿意搞政治，但都由不得自己，只好搞政治。那时黄祖洽出院了，在科学院近代物理研究所工作，我也去看过他，他很爱和我聊天，也很聊得来，一是因为他爱和我聊思想改造。1950 年后，共产党发起了一个知识分子思想改造的运动，认为这些知识分子都是资产阶级的知识分子，需要思想改造，黄祖洽又是一个很求进步，很热心的人，他认为我在中央统战部，是中央直属机关，又是地下党，把我看成是一个思想进步的人，对他有帮助。其实我也并不如此，我也谈不出什么来，反正我知道他爱跟我谈这个题目。另一个谈话题目就是数学，我对学习数学很感兴趣。我对他说：现在我也不学数学了，

① 《物理》第 53 卷，第 9 期，2024；访谈记录：2
② 访谈记录：6

但我对数学的兴趣还是蛮浓的。我讲了一个类似笑话的事，说：别人都觉得学数学很累，但我觉得学数学是一种休息，现在我在统战部工作，工作累了的时候，就去看数学书。别人可能认为这很特别，但我就是这样。因为祖浛对数学也很有兴趣，所以我们两人有共同语言。他说：我给你推荐一本书，书名叫《解析几何与代数》，译者是樊畿，他是一个很有名的人，学习数学的人都知道他，祖浛说这个人写的这本书很好，建议我去读。我虽然没有读樊畿的书，但后来我却读了苏联人写的类似的书，读这类书的动机是祖浛给我的。”

## （五）留学苏联

由于不懈的努力，1951年8月，父亲由中国科学院作为研究生派遣去苏联科学院留学，开往莫斯科的火车于8月13日离开北京。李德齐回忆他去火车站送行时提到：

“他去留学时，我到车站去送行，人相当多，数以百计。车站在前门那个地方，两个站台对着，一个是去汉口的，另一个是去南京和上海的，去苏联要向北去了，但就是那么一个车站，那个火车要向北到满洲里，经过西伯利亚，才到苏联。因为我知道他要走的时间，是8月13日的晚上，为了送黄祖浛，我从位于中南海的机关跑到前门火车站去送行，但车站送行的人太多了，一片人海，他是第一批去苏联留学的。我在车站找他，但总也找不到，很失望，人太多了，到哪儿找呀？正巧碰到王宗周，王宗周现在叫郑直，他是学地质的，也是西南联大的，也去苏联留学。我问他看见黄祖浛没有，他说也没看见，所以我本来是送黄祖浛的，后来变成了送王宗周。但最后还是很失望，因为没有送成黄祖浛①。”

从这段回忆中可以看出，当时那趟开往莫斯科的火车坐了不少的留学生，送行的人也是人山人海。

留学研究生在物理方面有黄祖浛、徐叙瑢，数学方面有冯康，生物学有梅镇彤，化学是陶宏（后来也因病调回），还有两位搞水利的（张有实和张蔚榛），共有7个人，从北京坐火车过满洲里后，还要坐十天的火车才到莫斯科。在火车上，父亲顾不上欣赏窗外的景色，心里总是想着到达莫斯科后要开口和

---

① 访谈记录：6

苏联人交流，上课要用到俄语，一种紧迫感使他想着要抓紧一切时间学习俄语。他随身带了一本 Potapova 等人用英文写的俄文教科书，正好可以自学用。在这以前，父亲并没有正规学过俄语，在清华读研究生时，曾经旁听过一个学期的俄语课，学会了字母、拼音和语法初步的基础知识，知道如何发音，在火车上读些俄文，也可以临阵磨枪，后来到了莫斯科以后，居然也可以应付，能用俄语交流了。1951 年 8 月 23 日，火车到达了莫斯科，中国驻苏联大使馆派人前来接站，安排留学人员的食宿，并分别通知每个留学生的去处和学习单位①。

经过几天的参观、游览，父亲也消除了长途旅行带来的疲惫，充满了活力，恨不得马上开始投入到新的学习生活中。为了帮助留学生补习俄语，苏联科学院派了两位老师每天给学生们辅导。一个老师叫波达波娃，是位有名的语言学家，就是父亲在火车上阅读的那本俄文教科书的作者之一。另一个叫巴茜，是位中年妇女，也是个很有经验的老师。

学习俄文两、三个月之后，就可以应付口语了，老师们觉得这些留学生可以开始学习专业了，除了把陶宏分到莫斯科大学去，其它人全分到苏联科学院。父亲则在苏联科学院列别捷夫物理研究所学习。起初负责指导父亲的苏联学者是著名的理论物理学家福克（B. Фок）院士。每个星期师生见面一次，他让父亲作“多时”场论，先调研有关的论文。不过那时他已经五十多岁，平常在列宁格勒（圣彼得堡）工作，距离莫斯科有 600 多公里远，每个星期往返坐火车到莫斯科来一趟不太方便。后来研究所里就改派范因伯格（E. Л. Фейнберг）教授指导父亲研习宇宙线物理（1997 年范因博格被选为俄罗斯科学院院士，2005 年去世，去世前出了一本书，后来被翻成英文，书中记述了许多科学家的故事），当时范因伯格正值中年，39 岁，人也很不错，他与父亲交流使用的是英文，让父亲研究宇宙线起源的问题。原来福克（B. Фок）希望父亲做和时间有关的场论，但父亲没有在上面花多少功夫。后来跟范因伯格改做宇宙线，在这方面花了不少时间，看了不少书，每周与范因伯格见一次面，讨论一次②。父亲在莫斯科学习期间，曾经写信给李德齐，李

---

① 《物理》第 53 卷，第 9 期，2024；访谈记录：2；参考书和文献：1-p36

② 《物理》第 53 卷，第 9 期，2024；访谈记录：2；参考书和文献：1-p37

德齐回忆[①]：

“黄祖洽到了莫斯科后，给我来过信，信很简单，但附有照片一张。信里面说，他到了莫斯科以后想学习核物理，但没有被批准，因为对方要同意才行，苏联当局不同意，说是保密的，尽管当初中苏关系如此的亲密，外国人还是不能上这个课，所以他读的是理论物理。”

1952年黄祖洽摄于莫斯科

实际上，父亲仅仅跟福克学了几周的量子场论，然后就转去跟范因伯格学宇宙线理论了。对他来说，本想学习核物理，结果没有批准，虽然后来批准的研究方向并不是他理想的方向，但他不论做什么题目的研究，都是努力的，这样研习宇宙线理论不到一年。在留学初期，父亲脑震荡后遗症又复发了两次，一次是在留学生学习和住宿的大房间里，当时两个俄文教师正在教俄文，父亲突然晕倒，醒来发现自己躺在床上，有人正用阿摩尼亚给他闻，才得知自己突然晕倒了，就是犯了癫痫。还有一次是俄文学习结束之后，为了让中国留学生更快的适应语言环境，对宿舍进行了一些调整。让几个中国留学生分开，每人与一名苏联学生同住一个房间。由于白天紧张的学习，晚上因俄国人睡得晚而使父亲睡不好觉，导致又犯了癫痫，这次是在厕所里突然晕倒的，被送到苏联科学院的医院里，做了一些检查。后来又犯过几次，中国大使馆怕出安全事故，就建议他回国休养，于是安排父亲于1952年秋天提前回国。这对父亲来说无疑是一大损失，本来一个很好的深造机会，学成后可以取得副博士学位[②]，就这样结束了[③]。

回国后，父亲仍回到近代物理研究所，领导安排他半日上班，半日休养。在半年多的半时休养中，父亲并没有浪费时间，利用自己掌握俄文的优势，翻

---

① 访谈记录：6

② 作者咨询刘寄星先生有关副博士的问题，他回答：“按苏联人的制度，研究生毕业只授予副博士学位（他们称之为candidate），苏联的博士（Doctor）需要当教授之后有了更多的著作才能授予。因此副博士是学位，不是职称。苏联的副博士相当于欧美的PhD（哲学博士）。”

③ 《物理》第53卷，第9期，2024；访谈记录：2；参考书和文献：1-p37

译了伊凡年科和索科洛夫撰写的俄文专著《经典场论》一书，此书曾获斯大林奖，中译本1958年由科学出版社出版。父亲认为，对于从事数学、物理学习和研究的人，《经典场论》是本很好的参考书，后来他也经常把这本书推荐给他的学生读。读过此书的人都称赞父亲翻译得好，很专业且易读，对研究工作帮助很大，有一位他的研究生何汉新①说："为了报考黄祖洽先生的研究生，我专门去找了一本《经典场论》看了一遍，发现这本书写得真好，读了对我帮助很大。"父亲说，他真正钻研俄文就是靠翻译《经典场论》这本书。

## （六）结婚

张蕴珍出生在一个旧式军人家庭，她父亲张家诒（号一清）年少时离家到天津做学徒，后因不满老板对待而跑掉。恰逢马场军校招生，就考入河北马场军校，学习成绩较好，后来被送入保定陆军军官学校，毕业后曾在天津司令部做袁庆曾的秘书，后任天津宪兵司令，其间曾巧妙搭救重要进步人士。之后又调到绥远任晋绥宪兵副司令。因同情共产党，厌恶中国人自相残杀，于1936年提前退职，携一家老小从内蒙来到北平，在北平寓居于钱粮胡同一所四合院，那时张蕴珍上小学。其母为家庭妇女，一生操劳家务并跟随丈夫的部队四处奔波。张蕴珍有三个姐姐，一个哥哥，一个妹妹，她从小喜好读书，聪明伶俐，在日本人侵占北平时，她也与父母姐妹住在北平，目睹和经历了做亡国奴的耻辱，因此在大学期间就积极抵制日货，积极参加学生的抗日爱国运动。1950年大学毕业后分配到刚刚成立的科学院工作，在黄祖洽撞车之后，对他的康复起到了至关重要的作用，同时也很钦佩黄祖洽的人品和学识。1952年底，黄祖洽与张蕴珍喜结良缘。后来父亲说，"她出生河北，我来自湖南；她在辅仁大学学化学，我入西南联大学物理；可以说是相距很远。由于时代的变化，由于我车祸的偶然事故，竟走到了一起，共同生活了50多年，不能不说是一种缘分。对我来说，在遭遇车祸之后的休养过程中，能遇到这样好的另一半，真可说是因祸得福。"②

---

① 访谈记录：10

② 访谈记录：15；参考书和文献：1-p35

1952年12月黄祖洽与张蕴珍的结婚照

1952年12月黄祖洽、张蕴珍结婚来宾签字

## (七) 第二次去苏联

机会总是留给那些勤奋努力的人。由于翻译《经典场论》，父亲不仅在专业上有了提升，在专业俄文翻译方面也大有长进，父亲的勤奋也得到应有的回报。1953年2月到6月，黄祖洽作为中国科学院访苏代表团的俄文专业翻译，第二次去了苏联。此次代表团有三项任务：1、了解和学习苏联如何组织和领导科学研究工作，特别是在十月革命后，苏联科学院如何从旧有基础上发展和壮大的经验；2、了解苏联科学的现状及其发展方向；3、就中苏两国科技合作交换意见①。

钱三强作为代表团团长，张稼夫作为代表团党支部书记，一起率团乘火车于1953年2月24日启程赴莫斯科。代表团由理、工、农、医和哲学社会科学各学科专家共26人组成，其中有：华罗庚（数学）、张钰哲（天文学）、赵九章（地球物理学）、宋应、张文佑（地质学）、马溶之（土壤学）、刘咸一、彭少逸（化学）、吴征镒（植物学）、朱洗（动物学）、贝时璋（生物物理学）、冯德培（生理学）、梁思成（建筑学）、曹言行（土木工程学）、干道文（机械工程学）、陈荫壳（电机工程学）、刘大年（历史学）、吕叔湘（语言学）等②，还有专职俄文翻译，黄祖洽是专业方面的补充翻译。

火车软卧有四个床位，黄祖洽与华罗庚、赵九章和张钰哲同在一个包厢

---

① 参考书和文献：2-p32

② 参考书和文献：4-p101，11-p201

里，路程要花一周的时间。这次和第一次出国不同，与这些“大腕”科学家们一起旅行，仅从聊天中就能学到不少知识，何况同行的又都是各行各业中的人杰，与他们相比，父亲还是个小字辈专家，有时那些大科学家们还跟父亲开个玩笑、讲个故事什么的。一次闲聊中，华罗庚与父亲聊家常，问起他少年时的事情，父亲就说：“我小时候喜欢看小说，家里有个书柜，那里面都是小说，而且有些是文言文的，我都拿出来看，起初看不大明白，但看多了也就看懂了，如《聊斋》，还有就是《子不语》。《论语》里有句话说‘子不语怪力乱神’，那本书里讲的都是鬼怪的故事”。华罗庚听父亲说过之后就调侃他说：“你那时那么小，才小学三年级就看《聊斋》，说明你是‘情窦早开’呀！”张钰哲是天文学家，赵九章是地球物理学家，也是气象学家，是我国第一个把数理带入气象学中的人，因此他们也聊有关天气预报的故事。一次赵九章在火车上给父亲讲了一个小故事：“德国有一个著名的气象学家。柏林有两家报纸，一家是大报，一家是小报，大报就聘请这个著名的气象学家，可是这个大报预报出来的准确率低，而小报准确的时候多。记者去小报问：你们聘请什么人当你们的顾问？这个小报说：柏林有一个疯子——就是指那个气象学家，大报就请他做顾问。我们的预报就是和他相反，他们预报晴，我们就预报阴，所以我们准确的时候就多。”

有时几个科学家还猜谜语玩来打发漫长的旅途时间。一次，赵九章聊起他夫人考清华时的考题是“孙行者”，结果他夫人答的是“猪八戒”，最合适的答案应该是“胡适之”，结果他夫人就没有考上清华大学，当了家庭妇女。接着赵九章又出了一个对子，上联是“五月黄梅天”，下联是“三星白兰地”。

华罗庚也出了一个对子让大家猜。上联是：三强韩赵魏。可大家想了半天没有人能对出来，最后直到火车快开到莫斯科了，华罗庚才把下联告诉大家，下联是：九章勾股弦。

“三强”是代表团团长，“九章”是代表团成员之一，大家惊叹其对联构思巧妙有趣。说说笑笑，时间过得很快，父亲感到和这些科学家们在一起聊天，也不觉得旅途乏味，和上次的旅行相比要过得快一些①。

这次代表团在苏联访问持续了三个月，在全苏各地进行了广泛的考察。父

① 访谈记录：1；参考书和文献：11-p201

亲去了莫斯科、列宁格勒、基辅、新西伯利亚和塔什干等城市和有关物理的研究机构，莫斯科大学，还有工矿、集体农庄、博物馆等。另外，苏联科学院主席团还派人给代表团作了7次介绍有关科学组织和管理经验的报告；同时，还了解了苏联培养科学干部的状况和方法，科学研究计划制定的程序及效果，苏联科学院各研究机构的分工与配合，研究所和大学及产业部门的关系等。

## 二、在中关村的物理研究所

### （一）研究反应堆理论

访苏代表团回国后，在长春进行了各学科分科和集中、系统总结后，于1953年6月17日回到北京。父亲回到所里，那时近代物理研究所已经改名为物理所，搬到了中关村。当时彭桓武正领导理论组对原子核物理文献进行系统的调查研究，朱洪元和邓稼先负责做β衰变部分，彭先生、金星南、黄祖洽和于敏做原子核理论部分。调研了一段时间后，钱先生找到父亲黄祖洽说，“你是不是也对反应堆理论调研调研”，于是父亲就着手调研反应堆理论。当时反应堆理论还带着相当的保密性，公开的资料很少，加上美国对中国封锁、禁运，国外的资料很难得到。能找到的只有Fermi（费米）写的*Neutron Physics*（《中子物理》），是龙门书局影印的英文书，前面大部分讲中子物理，仅最后一章讲到反应堆及堆中的物理过程，对反应堆的工作原理有些简单介绍，如增值系数等等。后来又有美国人Glastone（格拉斯通）写的*The Elements of Nuclear Reactor Theory*（《反应堆理论》）出版，彭先生订了一本英文原版书，父亲读的是在北京买的俄文译本，因此他就以这本书做基础，也看了一些文献，自学并调研反应堆理论。这部书虽然略而不详，但仔细读后仍能从中看出一些有用的东西。父亲结合对扩散方程和中子输运理论的研究和理解，试着做过一个均匀反应堆的模型计算，比如在实际考虑反应堆时，不论是铀棒也好、控制棒也好，都是一个吸收中子性能很强的，叫做黑圆柱，这个在一个中子场里，它附近的中子怎么分布，遇到这样一个问题，就考虑如何解决。他自己也试做了一个均匀堆，均匀堆的临界计算，都是练手用的，自己给自己出练习题做。这些预备性的调研工作，为1955年参加“热工实习团”去苏联从事实验型重水反应堆的设计审查工作，打了些基础。[①]

后来父亲的研究生刘寄星说[②]："从黄祖洽先生学习的方法上可以看出，黄先生在学一个东西的时候总是要亲手做一下，不是学习把别人的东西复制，而是要想办法做一个别人没有解决过的东西。1954 年、1955 年初黄祖洽先生就找这样一个问题来算，利用球谐函数展开的方法做，结果算出来的就比其他人算的更精确。在 1955 年日内瓦和平利用原子能会议上，那个捷克斯洛伐克的物理学家就这一个题目做了一个报告，但他只做到球谐函数展开的 3 阶，而黄先生做到了 5 阶。"

父亲说[③]，"后来北大技术物理系的胡济民发展了一种球谐函数算子的算法，我对那个算法很感兴趣，想用来验证一下自己的计算是否正确，结果把系数都算出来了，用这种方法很容易就可以检查出这些系数都是对的。后来我建议胡先生把他的算法写成论文，结果可能也没有写。"

## （二）第三次去苏联

1955 年 10 月 19 日，钱三强作为团长，率领成员近 40 人的"热工实习团"去苏联的"热工研究所"。当时苏联答应帮助中国建"一堆一器"，"堆"就是重水反应堆，"器"就是回旋加速器。实习团主要就反应堆物理和技术、加速器实验技术等进行学习和考察，并参加实验型重水反应堆和回旋加速器的设计审查。"热工实习团"的副团长为冯麟（负责反应堆和党政方面）、力一（负责加速器）、彭桓武（负责理论物理）、何泽慧（负责实验物理），其中学习反应堆的人员有：连培生、籍孝宏、黄祖洽、屈智潜、左湖、符德璠、刘允斌、沈俊雄、胡华旦、李乐福、范迪之[④]。"热工研究所"在莫斯科郊外，实习团住在普希金街的"十月"旅馆，每天坐汽车来回上下班。父亲与彭桓武先生同住一室，负责实习反应堆理论设计部分，平时很便于讨论。在听了该所主管工程师关于将要提供给我国的重水反应堆工程结构的报告后，先阅读该所反应堆理论主管加拉宁博士写的资料，有不清楚的地方便找他请教；然后根据反

---

① 《物理》第 53 卷，第 9 期，2024；访谈记录：2；参考书和文献：1-p40

② 《物理》第 53 卷，第 9 期，2024；访谈记录：2

③ 《物理》第 53 卷，第 9 期，2024；访谈记录：2

④ 《物理》第 53 卷，第 9 期，2024；访谈记录：2

应堆元件和活性区中各种材料的结构和中子截面数据，计算出活性区元件栅格的增殖特性；在此基础上，再考虑控制吸收棒的效应、反射层的作用和几何配置的影响，算出活性区的临界尺寸；也就是说，在重水水平面的一定高度下，活性区中要插多少根元件，反应堆才能到达临界状态。父亲回忆①：

“当时苏联援助中国的反应堆有个保密的设计文件，放在苏联热工研究所的保密室里，彭桓武、范迪之和我三人上午去借，吃饭和下班的时候还回去。苏联方面派专家加拉宁博士负责理论辅导，讲解重水反应堆设计所涉及的问题，加拉宁所写的资料当时还是保密的，他的讲稿也是从保密室借出来，下班前再还回去。不过，不到一年，它就印成书在苏联公开发行了。书出版时，我已经回国，加拉宁博士寄了一本送给我。后来我就把它从俄文译成了中文，就是 1958 年由原子能出版社出版的《热中子核反应堆理论》，用笔名“示水”出版。《经典场论》的翻译是我养伤时翻译的，用的真名。在做这件事时，彭先生建议我们不要光学习，也要自己进行计算，于是我一面学习，一面坚持计算。彭先生先回国，我直到 56 年 6 月，把计算做完了才回国。我计算出来的临界工艺管道（燃料棒）数和苏联的设计书上的结果不一样，它上面要 63 根工艺管道才到达临界，我算出来的结果是，在同样条件下，56 根就可达到临界，这个差别还是很大的。”

关于所使用的计算方法，父亲回忆②中说：

“我是用两种方法，对临界尺寸进行了计算：一种是用中子通量加权平均的方法把不均匀的活性区化为均匀的增殖介质，当作均匀堆来算；另一种是把具有复杂结构的元件抽象成用一定参量描写的线源，再用非均匀方法计算重水介质中线源栅格的临界尺寸。它们是两个极端的近似方法：一个把活性物质跟中子的作用分散，另一个把这些作用集中。实际的情况应当在二者之中。经过仔细计算，两种方法得出了临界尺寸的同样结果。虽然这结果比苏联原设计书上给出的数据小了百分之十以上，但我还是相信自己的结果。我把这个结果跟卡拉宁讲了，我们进行了讨论，他也认为设计书上给出的数据可能有误。他说可能我是对的，后来又在他们的计算组帮助下，用不均匀网格的方法重算了一

① 《物理》第 53 卷，第 9 期，2024；访谈记录：2

② 《物理》第 53 卷，第 9 期，2024；访谈记录：2

遍，结果还是56根。后来1958年，在我国实际建堆的临界启动过程中，果然56根燃料棒就使反应堆达到了临界状态，证明我的结论是正确的。”

通过对反应堆理论专家加拉宁博士所提供资料的学习和父亲对实验型重水反应堆的系统计算，使他对反应堆理论有了更深入的理解。

## （三）反应堆理论组的学习

1955年在日内瓦召开了和平利用原子能会议。会议文集提供了有关反应堆理论的不少资料。参考这些资料，结合国家的需要，1956年6月，父亲从苏联回国以后转而从事核反应堆的理论研究。

当时分到物理研究所的大学毕业生没有系统地学过核反应堆理论，因此在所里由彭桓武和黄祖洽、金星南一起，在物理研究所东北方向的北大技术物理系那栋楼的六层东侧的一个大房间里，给他们系统地讲授反应堆理论，采用在苏联时卡拉宁教授为父亲他们所讲的反应堆理论内容。学习班开办了一年时间，学员近20人，他们是来自北大、清华、复旦等大学的优秀毕业生，物理方面有13人：蔡少辉，荣茉英，王贻仁，郑绍唐，胡华琛，李清润，方励之，张连贵，陈芸，俞沛增，王惠民，高文俊，张声溪；数学方面有6人：孙绍麟，陶大堃，陈克娜，陈叔平，孟希哲，刘世耀。因为这个学习班是有保密性的，所以被安排在最高一层，楼下几层是北大的胡济民等一些教授在上课①。彭桓武先生主讲，父亲有时也讲课，但大部分时间是给学员们做反应堆物理计算辅导。因为有在苏联热工研究院里对反应堆的计算实践经验，所以他就利用重水堆的计算帮助学员们做练习。当年的学员，后来的理论物理学家郑绍唐在《殚思求火种——恭贺黄祖洽院士80寿辰》② 一文中回忆：

“我与黄祖洽院士相识是在1956年。那时黄祖洽与彭桓武先生等一起刚从苏联学习反应堆理论归来。当时国内还没有人搞反应堆理论，苏联援建的重水反应堆正在加紧建设，计划在1958年建成，接着就要做零功率物理实验。为了培养一批反应堆理论工作者，从北京大学物理研究室（即今技术物理系）挑选了十来个应届毕业生，又从其它院校挑选了数学、工程方面的十来个人，组

---

① 访谈记录：3

② 参考书和文献：8-p668

建了一支从事反应堆理论和设计工作的队伍，我就是这样被分配到原子能所并在彭桓武和黄祖洽先生领导下工作的。头一年主要由彭桓武先生讲反应堆理论课，黄先生间或讲上一二堂。接着就由黄先生带着我们做反应堆的物理计算，为重水反应堆开堆做准备。黄先生不但手把手教我们具体的计算方法。还结合工作教我们做科研工作的方法，譬如，他告诉我们：工作没有做完，不要把草稿纸扔掉。这句话听起来很平常，但在我们以后的实际工作中却获益匪浅，并且受用终生。”

当年的学员，后来成为核物理学家的蔡少辉在《我的领路人》① 一文中，回忆学习班时说：

“我们1955年毕业的大学生有四位（云南大学的王贻仁、复旦大学的荣茉英、东北人民大学的刘创基和我）被分到反应堆理论小组。那时候，彭、黄二先生还在苏联，我们暂由场论组的朱洪元教授代培。朱先生安排我们读 Bohr 和 Wheeler 1939 年发表的重核裂变文章并自学俄文版《核反应堆理论基础》一书的前四章。这些都是我们当年大学期间没有学过的内容，余下的章节朱先生要我们用轮流报告和集体讨论的方式认真读完，并风趣地对我们说，“我只能送你们到这一程，下一程你们就得等彭公和黄先生回来再说啦!”我们就是在这种调研和读书的气氛中度过了头一年。第二年，反应堆理论组又有北京大学技术物理系首届毕业生和其他单位的代培生加入，成员一下子增加到近二十人。不久，盼望已久的彭、黄两位先生先后回国，先后给我们开反应堆理论课，指导我们对重水反应堆进行理论计算。他们向我们展示了理论工作者如何用自己的知识去回答生产实践中遇到的问题，又如何把生产实践中遇到的问题提升为理论研究课题。在此期间，根据彭、黄两位先生的倡议，我们全组齐心合力，对1955年首届和平利用原子能国际会议上发表的有关反应堆的论文进行了全面的调研和学习。”

一直在原子能研究院工作，曾参加过反应堆学习班的陈叔平回忆②：“在这个反应堆大组里，我和孟希哲、刘世耀3人是1955年的工科毕业生。这个组的20来个人后来一部分去了九院从事两弹理论设计计算，留在原子能研究

① 参考书和文献：8-p669

② 访谈记录：10

院的人后来成了反应堆理论设计和计算的骨干，成为相应专业室、组的专业带头人。黄先生不仅业务能力强，聪明非凡，对我们年轻人要求也非常严格。我毕业后能得到这样的前辈指导，使我终生受益，永生难忘。”

学习班里的一名女生胡华琛回忆①：“当时我们在六层上课，彭先生很认真，每人发那么大的一个笔记本，一章一章的往下仔细讲，我们写下来，每次听完课，笔记本就锁到保密柜里。彭先生认真地讲课，学了一阵下来，分了两个部分，一部分人是搞石墨堆，一部分人搞重水堆，我参加了重水堆。重水堆又分成3个小组，我跟郑绍唐在一起，两个人同时算，然后核对，怕错，——都是这样的。荣茉英又和王贻仁一起算，李清润与方励之他们搞石墨堆，我们算的东西每周要向黄先生汇报一次。黄先生要我们做一些很复杂的计算，而且要求很严，这对我后来遇到的计算上的麻烦和困难时如何克服就是一个锻炼，对这一点，我要感谢黄先生对我们的严格教导。”

父亲回忆当时学习班的时候说：“在我们物理所东北方向紧挨着的北京大学的一个小楼里，从各个方面抽调人来组成一个学习班，楼上有一个大房间，把这一批人集中到一起。我也坐到里面，彭先生就给他们讲课，课后，我就利用重水堆的计算帮助他们做练习。那时候最出色的是方励之，他数学功底好，有些事情用不着细讲，他就能自己做出来。他们也提些问题，比如，边界条件呀等等。还有郑绍唐、蔡少辉和一个女生叫荣茉英。黄锦华后来留苏回来后到了原子能所470组，黄锦华也很优秀，后来去了西南物理所，与同组的一个女同志董因明结婚了。方励之因右派言论没有留在物理所，更没有去九院，后来到中国科技大学搞了天体物理，他自己说是因祸得福，搞天体物理也用到一些在学习班所学的输运理论。”

刘寄星后来对我说：“那种习题还不是普通的习题，是在苏联做重水反应堆时计算过，后来回来又计算的那些问题。黄先生就

北京大学技术物理系旧楼

① 访谈记录：10

利用这些实际的问题让学员去做，这是一个很好的教育方法，就是除了理论课，你还要接触实际，所以郑绍唐和蔡少辉就是那样培养出来的。郑绍唐后来还当了九所的学术委员会主任，而且他们一室做中子输运一直是做得很好，这两个人都是黄先生的主要帮手。”①

李寿枬先生作为原子能研究院的元老之一，回忆这段历史时写道：“1955年，彭桓武、黄祖洽到苏联考察实习了反应堆理论工作。回国后，于1956年在中关村一部举办了反应堆物理理论学习班，培训了20多名反应堆理论工作者，为我国反应堆理论研究工作打下了基础。”②

1957年3月，由钱三强主持物理研究所论文答辩委员会会议，通过了对黄祖洽、丁敏、陆祖荫、肖振熹4人的副博士论文答辩——在这之前，1956年他们已经通过了副博士基础考试。黄祖洽的博士论文就是他在苏联做的关于重水反应堆的计算，所用方法一个是均匀化，另一个是网格法，其结果都是56根燃料棒。答辩委员会有周培源、朱洪元、钱三强、彭桓武、胡济民、赵忠尧等中国物理学界最著名的学者，答辩在物理所的小楼进行。③

可见，第三次去苏联，在热工研究所那里所做的工作为父亲后来的一系列发展打下了很好的基础。

### (四) 位于坨里的中国科学院物理研究所二部

1956年9月，在中关村的物理所与在房山坨里新建的核科学基地合并为原子能物理研究中心，名称仍为“中国科学院物理研究所”，中关村部分为一部，坨里部分为二部。钱三强仍任合并后的物理研究所所长，副所长有：李毅、赵忠尧、郑林、王淦昌、彭桓武、罗启霖、力一、梁超。

1957年6月，父亲在与彭桓武合作讲完反应堆理论课程后，就搬到位于坨里的物理研究所二部。这时所里对合并后的研究组织和研究力量进行了必要的调整，以便适应工作任务的需要。决定设八个研究室，两个工程技术单位。原来由彭桓武负责的理论物理大组改为第四研究室（四室），四室下面又增设

① 《物理》第53卷，第9期，2024；访谈记录：2

② 访谈记录：11

③ 参考书和文献：2-p365；4-p132；访谈记录：2

4个组：四-五组（核理论）由于敏负责、四-七组（反应堆理论）由黄祖洽负责、四-六组（计算数学）由金星南负责，还有一个基本粒子理论组由朱洪元负责——只有这个组留在了中关村一部，其它几个组都搬到了坨里。

在父亲黄祖洽负责的四-七组（反应堆理论）中，由于人员数量越来越多，特别是当时提出“原子能大家办”的口号后，各地派来的实习人员增加，四-七组就被分成四-七一、四-七二、四-七三等组，分别研究不同类型的反应堆（铀水堆，石墨堆，元件堆等）及其理论设计，这些工作一直持续到六十年代初。对于这一时期的工作，蔡少辉在《我的领路人》一文中回忆[①]说：

“在大跃进‘全民办原子能’的年代里，黄先生（那时彭先生的主要精力已放到主持全所工作上）在不打击群众热情的前提下，组织年青人学习Davison（戴维森）写的《中子迁移理论》一书，他的这种做法受到大家的欢迎。到1958年，我们除了回答我国第一座实验用重水反应堆运行中的一些理论问题外，还为发展我国反应堆事业进行了一些理论设计和计算，参与核潜艇动力堆堆芯的物理设计和有关实验装置的物理计算……所有这些工作都是在黄先生的具体指导下进行的。这一时期，黄先生通过亲自讲课、让年青人在工作中接受锻炼、举办组内各种学术活动等方法，培养和指导了一大批核反应堆的科技工作者。这些人后来都在我国自行设计建造的各种反应堆装置、可控热核研究装置……以及核武器的理论探索和设计研究工作中发挥着骨干作用。”

1958年6月13日18时40分，我国第一座、当时亚洲最大的重水反应堆达到临界开始运转。黄祖洽作为理论物理设计师和彭桓武一起参加了开堆值班[②]。

1958年7月1日，经二机部、科学院决定，中国科学院物理研究所更名为中国科学院原子能研究所[③]。

原子能反应堆工程给原子能研究所带来了第一次辉煌。国家领导人周恩来、朱德、董必武、贺龙、陈毅等中央和各民主党派的负责人及人民解放军的高级将领相继前往视察参观，表现出极大的关怀和殷切的希望。

---

① 参考书和文献：8，p670

② 参考书和文献：4-p139；3-p15；5-p137

③ 参考书和文献：4-p139；5-p137

父亲在许多方面像他的导师彭桓武一样，不喜欢参加社交活动，有时间就钻到书本里去，生怕把时间浪费在客套上，课题任务来了，就全身心地投入研究。不太在乎别人对他有什么看法，尽量远离人事纠纷。

1958年8月，二机部刘杰部长向原子能研究所下达研制核潜艇动力堆的任务。

核潜艇动力堆的设计和制造，是一项综合性很强的工程技术。由于战舰作战需要，对潜艇堆就提出一系列特殊的要求，如体积小，重量轻，有高度的灵活性，能随时起动或停止，耐冲击，耐摇摆，尤其要具有高度的安全可靠性。所有这些，都大大增加了潜艇核动力装置研制的难度①。

父亲在彭桓武副所长的组织领导下，带领四-七组的科研人员开始调研和初步进行核潜艇反应堆的理论设计和计算。

当时，只有美国和苏联拥有核潜艇，他们对研究技术严格保密，有关信息只能从一些杂志上偶然找到。而原子能研究所的科研队伍则是一支年轻、经验不足的队伍，面临的困难重重，任务具有很大的挑战性。

父亲是一个喜欢解决难题的人，问题越复杂，他就越有兴趣。他亲自讲课，举办各种学术活动，让年青人通过解决问题得到锻炼，逐渐成长、成熟，从而共同攻克难题，最终做出了有关核潜艇用压水型反应堆的初步理论设计的计算结果。

## (五) 第四次去苏联

1958年10月24日—12月20日，父亲参加了海军政委苏振华为团长、二机部部长刘杰为三名副团长之一的“国防科技代表团”访苏。作为专业工作人员（对外称顾问），他协助提供我们自己有关核潜艇用压水型反应堆的初步理论设计的计算结果，供刘杰部长在和苏方谈判时参考。同去的还有连培生、赵仁恺、韩铎和董茵等人。代表团原定乘1958年10月17日的苏联航班飞莫斯科，因苏政委有要事退了机票，改为下周的航班，结果苏政委救了全团的命

那架10月17日飞的苏航图-104航班在莫斯科远郊坠毁爆炸，中国文化部

① 参考书和文献：5-p137

副部长郑振铎等 80 余名中外旅客全部遇难[①]。

一周后，即 10 月 24 日，中国代表团飞抵莫斯科，代表团原来对“苏联老大哥”抱有很大希望，但在与苏方的接触中，感到对方闪烁其词，缺乏诚意。一般性的工业项目达成了一些协议，但关键性的东西苏方则尽量推托或拒绝。本来在 1957 年 10 月 15 日的双方协议《关于生产新式武器和军事技术装备以及在中国建立综合性原子能工业的协定》中，原定 1958 年给中国一套原子弹教学模型和一颗原子弹样品，这次则诡称“中方仓库未建好”，继而又说“中方的保密条件不理想，因此不能按期交货”。但等到苏联保密专家亲自到中国看过并认为“合乎保密条件”以后，苏方又借口他们自己的工作出了“岔子”，因而仍不按期交货（原子弹样品）等等。

11 月 7 日，苏联的十月革命节到了，他们仍把中国代表团当成“尊贵的客人”，请上了红场的列宁墓观礼台。代表团成员感到，苏联感兴趣的是我们的铀矿资源和核燃料生产。从谈判中得知，苏联的铀矿资源是贫乏的，他们对社会主义大家庭的铀矿资源，早就有了打算，派专家、给设备，的确“很热心”；但对原子能的尖端技术，不是守口如瓶，就是拖延时间，或者是说话不兑现。对于代表团提出的核潜艇援助问题，对方波哥丹诺夫的回答是“对不起！关于核潜艇问题我无可奉告。因为它不在谈判的范围内”。由于苏方缺乏在核潜艇方面对中国提供帮助的诚意，虽经刘杰部长几次出面谈判，仍然没能得到所希望得到的结果，但通过参观“原子破冰船”，在船用动力堆方面，获得了很多知识。[②]

当时作为代表团海军组成员的舰船修造部轮机工程师、核潜艇总体设计组成员陈春树[③]，五十五年后在北京与父亲重逢时回忆说：

“那次去苏联就是准备向苏联要核潜艇的。结果人家没给，说没有准备。后来跟他们说我们团里有许多技术专家，跟你们座谈座谈总该可以吧，结果一直到我们回来也没有搞成。实际上那时中苏关系已经有了裂痕，我们不知道，所以他们不会给。我们的专家什么资料都没有，水平也有限，不过还是提出了

① 参考书和文献：7-p23

② 参考书和文献：7-p26

③ 参考书和文献：7-p23

一些问题。后来我们回来后收到了对我们提的一些问题的回答，事后看，他们回答的都是很好的，简单明了。

后来我们参观了一个破冰船，在五十年代，除了核潜艇外有核动力船的国家，一个是德国的核动力商船，另一个就是苏联的那艘破冰船。当时我们也提出来能不能看看你们的破冰船，这个他们不好反对。但他们对中国还是不放心，当时代表团的人都去了，苏振华团长做的很好，他也去破冰船那里了，当然他不会下去看，他在上面跟苏方的人聊天，尽量把时间拖得很长，好让下面船里的人多看看，这个破冰船对我们还是有启发的。”①

回国后，父亲还回到原子能研究所四室（理论室）做反应堆理论研究工作。后来“核潜艇动力堆”工程由于国家计划的调整，被迫放缓，原来在他手下研究核潜艇反应堆的人员也分离出去。至此，这一工作告一段落。

## （六）二机部九局、北京第九研究所

第九研究所旧址

1958年1月，三机部成立了九局（同年2月改称二机部九局），负责组织核武器的研制工作，原西藏军区参谋长李觉少将任局长，吴际霖和郭英会任副局长。吴际霖原是一位老兵工，革命战争年代在山东根据地领导过手榴弹和炮弹的制造工作；郭英会原是中国人民解放军第二野战军的一位团政委，建国初期调至周恩来总理办公室担任军事秘书。

1958年7月，在北京成立了北京第九研究所，10月基本建成，这是一个过渡性的研究机构。当时它的主要任务是接受和消化苏联提供的原子弹教学模型和图纸，以及调集、培训人员。九所的所址选在海淀区花园路元大都旧址的

① 访谈记录：13

北土城脚下，因为那里离西直门火车站较近，便于在苏联的原子弹教学模型运到时，可以不经过北京城区直接运到九所的原子弹仓库。

同时在青海省海北自治州海晏县的金银滩建设核武器研制基地，于1963年春基本建成，为了保密的需要，用“221厂”作代号。

那时，二机部九局、青海221厂（九局的实验部）和北京第九研究所（九局的理论部）是三位一体的组织形式，都由李觉、吴际霖和郭英会三人统一领导。九局和九所是一个单位的两块牌子。局长和所长是李觉，吴际霖和郭英会是副局长。

1958年秋，邓稼先从科学院原子能所调入二机部九局北京第九研究所，担任理论部主任。1961年4月，王淦昌刚刚从苏联杜布纳联合原子核研究所回到原子能所，就被调到二机部九局、九所；同时调到九所的还有原子能所理论室主任彭桓武和科学院力学研究所的副所长郭永怀，他们三人都被任命为九所的副所长。①

## （七）“半导体”的角色

根据《钱三强年谱》中的历史记述：“1959年下半年，钱三强所长指示黄祖洽组织几个人开展原子弹研究，称为四七零组，参加的人有：郑绍唐、孙绍麟、吴翔、陈乐山等。根据钱三强的要求，黄祖洽等从研究快中子堆入手开展这一工作。首先调研了各国——重点是美国快中子堆的发展情况和实验数据。通过调研，大致对快中子堆达到临界所需的铀-235和钚-239量，心里有了数。为了便于自己进行计算，同时还研制了快中子堆的单群参数，并分头调研了快中子反应堆临界度的计算方法；接着，着手研究枪法原子弹的理论问题。在此期间，该研究小组还到核武器研究所同邓稼先、胡仁宇、胡思得、王贻仁、徐迺新、陈小达等，进行不定期研讨和交流，钱三强、彭桓武、何泽慧、朱光亚等经常参加研讨会并发表一些指导性意见。”

父亲回忆：“那时邓稼先已经被调到位于花园路的二机部九局北京第九研究所（简称九所），开展原子弹的研究，有些中子方面的问题也到我们（中关村一部）那里去讨论，后来就把我手下的这几个人都调走了，郑绍唐、孙绍

① 参考书和文献：10-p35《我国核武器早期的研究与发展》

麟、吴翔、陈乐山等人就是那时候调出去的。不久又要求我也到那里兼差。从那时起我就两边跑。我在那里主要搞裂变材料的状态方程，因为压紧型原子弹中裂变材料的状态方程很重要，实验数据达不到武器所需的那么高的压力，主要要用理论来算，我用Thomas-Fermi（托马斯-费米）的理论方法来做，和我一起做这项工作的有张信威、陈辅之等人。①

这个状态方程的工作完成之后，九所（原理论部）也分成了几个研究室，理论部主任是邓稼先，我从兼差时起就做副部主任，另外几个副部主任：秦元勋、周光召、周毓麟、江泽培等人。以后人多了又分研究室，几位副部主任就分别管研究室，开始我就领导一室，主要搞中子的计算，反应效应的计算”。②

在这一时期，父亲在两个单位工作，即位于房山坨里的科学院原子能研究所和位于北土城花园路的二机部第九研究所，而家住在中关村科学院宿舍，这三处形成了一个大锐角三角形。根据钱三强先生的指示，父亲要充当“半导体”的角色，只能把科学院原子能所这边的工作带到九所去，而在九所那边做的是什么，却不能在原子能所讲，单向导通。所以父亲往返于这两个单位，在原子能所这边就有一些神秘感。由于在九所的工作是绝对保密的，就连对妻子都不能透露，后来母亲回忆说：“那时黄祖洽工作很忙，很累，在坨里工作时，有一段时间没有班车，他就骑车回来，50多公里的路程，骑好几个小时，回到家就累得动不了了，躺在床上休息。”③那时，父亲有一半时间在坨里上班，一半时间在花园路上班。最初在坨里工作时还没有宿舍楼，就住在苏联专家招待所，后来宿舍楼盖好了，他就住在老3号楼，是一套一室的单元房，与金星南住在同一栋。苏联专家还没有撤走前，他们都住在苏联专家招待所，招待所是一座三层的小楼，中间有一个很大的舞

黄祖洽在坨里住过的宿舍（老3号楼）

① 《物理》第53卷，第9期，2024；访谈记录：2

② 《物理》第53卷，第9期，2024；访谈记录：2

③ 访谈记录：15

厅，一到周末，就在那里举行舞会，可父亲从没有参加过舞会，他还要赶回中关村去看妻子、儿女呢。

## (八) 出席“社会主义大家庭”的核反应堆报告会

20 世纪 50 年代，苏联曾经帮助“社会主义大家庭”成员国搞反应堆，为了促进各个成员国之间的交流，1960 年，在当时东德的德累斯顿举行了一次核反应堆报告会，中国也应邀出席了此次会议。

父亲是中国重水反应堆领域里最早的开拓者之一，在苏联热工研究所、在中国科学院原子能研究所对重水反应堆都做过深入的研究。当时原子能所所长钱三强举荐由黄祖洽出席在德累斯顿举行的“国际反应堆”会议上做报告，报告中国重水反应堆的理论工作，这个报告要用英文讲，当时下面就有人表示质疑，这个没有留过英美的年轻科学家是否能做好这个演讲？但作为中国代表团的团长，曾经指导他一起做核乳胶的何泽慧先生连声说“行，行”，因为她知道这个年轻人的科学水平和语言能力。在出席会议的中国代表团中，何泽慧作为团长也做了精彩的报告①。

出席会议的还有一位叫福克斯的德国人，他是一名德国共产党员，他直接参加了曼哈顿计划，不但把图纸提供给苏联人，连尺寸、材料等等都是他提供的，从而使苏联的原子弹很快就做了出来。另外他也参加了早期的美国氢弹的研究，他把情报也给了苏联人，结果美国人后来又改了，福克斯却不知道，使苏联人花了很长时间才做出氢弹来。当时英国把福克斯抓了起来，他的供词很明确，他说：我是共产党员，我就是反对搞核垄断，我是自愿把情报提供给苏联人的。英国人判了他 14 年，美国人要引渡，但英国人不干，如果真要到美国，大概就要判死刑，上电椅了。结果他坐了 9 年牢，出来后就直接飞到东德，以后就一直在东德住，80 年代才去世。当年彭桓武在英国跟着玻恩读博士时，福克斯已经取得了博士学位，玻恩就委托他协助彭桓武做第一个博士论文。彭桓武的那篇博士论文就是和福克斯联名发表的②。

会议期间，黄祖洽也与福克斯谈了话，当福克斯得知彭桓武是黄祖洽的导

---

① 《物理》第 53 卷，第 9 期，2024；访谈记录：2

② 有关福克斯的这段故事是刘寄星先生在访谈记录 2 中讲述的

师时，就回忆起往事，谈起与彭桓武一起做论文时的情形，同时也称赞黄祖洽在会议上的报告。①

德累斯顿位于德国的东部，易北河两岸的河谷盆地中，有许多巴洛克式的建筑，被称之为“易北河畔的佛罗伦萨”，在历史上曾经是仅次于柏林、汉堡和科隆的德国第四大都市区。在德累斯顿，中国代表团参观了市容，二战前这个城市有许多博物馆和建筑，二战期间遭到地毯式轰炸而被夷为平地，二战后属于社会主义东德，仍是一个重要的工业中心，拥有大量的科研设施，一些重要的历史建筑得到了重建。中国代表团受到热情接待，德国人对中国人很友好。父亲对德国人的印象也很好。在《黄祖洽文集》中，有一篇文章《我国重水反应堆的物理计算》和那次那个报告比较接近，其中还加上了反应堆运行以后中的一些问题。

## （九）他像是一座看不见的桥梁

为了加速原子弹研制的进程，充分利用科学院原子能所的人才资源，又要对所做工作保密，父亲在科学院原子能所和九所之间的工作是一致的，也起到了一种沟通的作用。曾经在原子能所工作，后来调到九所工作的理论物理研究员刘恭梁回忆那一段时说：

“我是清华大学工程物理系62年毕业的大学生，念了六年书，也是学核物理的，毕业后一下子就分到原子能所（简称401）去了。那时在401所，称彭桓武、金星南、朱洪元这一辈人为“公”，称黄祖洽、于敏这一辈人为“先生”。我分到了四室，当时办公室很少，黄祖洽、于敏等三四个人坐在一个办公室，我和其他三四个人坐在另一个办公室。当时说让于敏带我，但他那时没在，就叫我看那本《基本原子核物理》。等他回来以后，黄先生对我说他要带我——因为那一年分到室里就两个大学生，还有一个是四川大学的——说让我们报告毕业论文，看看都做些什么。当时我的毕业论文是做核聚变的，其中要用到流体力学，其实我不是学流体力学的，但论文中牵扯到流体力学，就要解方程，所以在我的论文里都有。那时候黄先生对这个很感兴趣，后来我才知道，那时候他在九所和原子能所之间两边跑，那时九所已经从原子能所调了几

① 《物理》第53卷，第9期，2024；访谈记录：2

个人过去，是郑绍唐他们几个人，黄先生自己两边跑。当初九所是全力以赴在突破原子弹，可是我们刚工作的时候隐隐约约的听说九所在干什么，问到黄先生，他总是说：你就跟我做题目吧，别多问，所以我就跟他做题目。那个时候在原子能所做题目，因为保密，并不告诉你整个计划，黄先生给我一个题目去做，然后过一周又给我一个题目。

“黄先生一开始就叫我调研一个问题，这个问题实际上就是有关原子弹的问题，我在清华时学的是俄文，也能看懂英文，在图书馆看了有关资料后，就去找黄先生问：黄先生，您让我做的问题不是原子弹的问题吗？他说：你怎么知道，你不要管是什么。我说：你叫我做这个问题，我调查来调查去，这个文献里说的都是原子弹里头要碰到的一个问题。他说：你别管，给我做。他叫我连做了几个问题，我越做越清楚，当时他让我算，我就向他提出个问题，说这个方程里还缺一个参数，他说：你别管，到时我会给你参数，然后你就可以计算下去了。后来我才知道这些参数是黄先生从九所那边带过来的。他像是一座看不见的桥梁，把两边的工作内容和进度联系在一起。所以后来我调到九所后，看到他们算的和我在401里算的是一样的，方程式也是对得上的，因此我调到九所后一点也没有感觉到是换了新单位，是有连续性的。”①

实际上，父亲在搞反应堆理论时，就已经深入研究了有关铀的状态方程，在原子弹研究过程中，有关的状态方程，是关于中子在裂变材料中怎样运动，怎样和铀作用，都是计算出来的，可以借鉴快中子反应堆的状态方程。

1960年7月16日，苏联照会中国，突然宣布：从7月28日到9月1日，撤走在中国工作的全部专家。此时正在北戴河开中央工作会议的毛泽东说：“要下决心搞尖端技术，赫鲁晓夫不给我们尖端技术，极好！如果给了，这个帐是很难还的。”对于苏联的背信弃义，周恩来说：“我们不理睬它，自己动手，从头摸起，准备用八年时间搞出自己的原子弹。”至8月23日，支援中国核工业建设的233名苏联专家悉数回国，还带走了许多重要的图纸资料。与此同时，一切设备、材料的供应也随之完全停止。在自力更生研制原子弹的过程中，九所除了原有的邓稼先等人外，又从全国调集了最好的物理学家，有著名的王淦昌（实验物理）、彭桓武（理论物理）、郭永怀（力学），黄祖洽则是从

① 访谈记录：5

1959年下半年开始就一直在九所和科学院原子能所两个单位来回跑，而工作内容都是和研制原子弹有关的。

在九所这边，邓稼先做全面组织管理，九院的几个副院长郭永怀、彭桓武、程开甲也参加指导。当时苏联提供了一个教学模型，实际上是苏联专家给几个领导（宋任穷、刘杰、钱三强等）讲课时所做的记录。据说讲课时是不许记录的，但当时有人做记录被苏联专家看到要没收，宋任穷反应很快，一把抢过来说，我会处理、销毁的，后来把它锁在保险柜里，才留下一些纸面的记录，但大部分内容都是靠参加会议的科学家用脑子记下来，回来讲给九所其他的科学家们，然后进行讨论。邓稼先带着几个年轻人使用简陋的电动计算机，用特征线的方法做出的结果总和苏联专家给出的对不上，当时一位资源专家坚持说苏联那个教学模型的数据是对的，这引起了很长一段时间的争论。1960年底，钱三强推荐了在苏联杜布纳联合核子研究所工作的周光召，后者于1961年2月正式调入九所。周光召协助邓稼先做理论部第一副主任，主要是力学方面的工作。他用能量守恒的方法（最大功原理）证明压强根本达不到苏联人提供的数值那么大，所以后来这个争论就结束了。[①]

那时，九院理论部的学术民主作风很好，每周都有一次副部主任会议，由彭桓武主持，在会上，经常讨论的就是苏联专家讲课后一些难以解决的问题。大家畅所欲言，有什么好设想、好主意、新思路都拿到会议上讨论，而经过讨论，就会形成比较好的方案。

父亲在这样一种工作氛围下，也是一门心思在琢磨原子弹攻关的问题，其中有这样一个问题当时是难以求解的，也是彭桓武在讨论会上经常提起的问题：就是引爆原子弹的内源中子源中盛氘化铀的球形金属壳的材料究竟是什么？

当初考虑中子源有两个方案，一个是外中子-外源方案：在外面用一个中子管提供中子；另一个是内源方案：在金属球中心放另一个小球，小球中放的是氘化铀，由金属壳包着。这个金属是什么，苏联专家没有讲，也就是彭桓武在讨论会上常常提到的问题。对这个问题，父亲总是在思考。一次在坐公共汽车时，在脑海里突然想到：这个金属应该是有利于冲击波的能量传进去，正好又想起胡思得曾经介绍给他的一个计算冲击波能量的简单方法，利用这个方

① 《物理》第53卷，第9期，2024；访谈记录：2

法，父亲回去就计算，并得出了一个判据，这种材料可以使冲击波能量传进去的最大，想出这种材料后，父亲马上就在彭桓武召开的讨论会上提了出来，并讲解自己得出此种材料的分析过程和计算方法，经过讨论得到了在场其他科学家的赞同，后来就被采用了①。在《黄祖洽文集》中有一篇文章《多层介质中激波穿透的最佳条件》讲的就是有关这个问题的原理。

那时候，所有人考虑的都是如何解决问题，并没有人考虑个人的利益和功名。

在 1960—1965 年期间，父亲黄祖洽一直是在坨里的原子能所和花园路的九所两边跑，两头的工作时间维持一半对一半。在原子能所四七零组的时候，主要从快中子堆方面入手开展原子弹理论研究，中子输运的理论用的比较多。后来郑绍唐、孙绍麟、吴翔、陈乐山等人调到九所之后，在那里运用这个理论也比较多，以他们几个人作为基础，又加上一些人成立了一室，父亲作为理论部副主任分管一室，负责热测试等工作，一室的室主任为郑绍唐。

郑绍唐回忆说：

“1957 年 10 月，中苏签订国防新技术协定。协定规定，为援助中国研制原子弹，苏联将向中国提供原子弹的教学模型和图纸资料。1958 年建立核武器研究所，等待接受苏联的援助。但当苏联向我国提出旨在控制我国、侵犯我国主权的关于建立联合舰队和长波电台的建议遭到我党中央严正拒绝后，1959 年 6 月，苏联背信弃义，撕毁协议，停止了对我国核武器研制的援助，并在 1960 年 8 月撤走援助核工业的 233 名苏联专家，带走了重要的图纸资料。我国从此走上了完全依靠自己的力量发展核武器的道路。1959 年下半年，在钱三强所长直接领导下，原子能研究所在理论研究室（四室）成立了一个四人小组，由黄祖洽先生领导，探索原子弹的设计原理。这个组与核武

2004 年 10 月摄于原子能所。

前排左起：黄祖洽、彭桓武；

后排左起：吕广义、郑绍唐、蔡少辉

① 《物理》第 53 卷，第 9 期，2024；访谈记录：2

器研究所理论研究室邓稼先等研究人员，平行开展工作，并不定期地进行成果交流。但按照当时的保密规定，原子能所的人不能到核武器所去，所以常常是在中关村找一个地方来交流工作。这样过了一段时间，大家感到工作的不方便，领导上也为了集中力量加快掌握原子弹技术，就在1960年7月将这四个人调到了核武器研究所。”①

当时九所为每个理论部副主任配一个助手，父亲的第一个助手就是贺贤土，后来当选为科学院院士，第二个助手是个女同志，叫陈辅之②。从1960年以后，黄祖洽在原子能所和在九所理论部的工作是一致的。

直到1965年5月，黄祖洽结束了两边跑的工作，正式调入九所。

## （十）三人签字

1964年10月15日，在第一颗原子弹爆炸的前一天，发生了这样一个小插曲。

邓稼先他们在试验现场，担心会不会有过早点火现象（即：临界程度还不高的情况下就点火，威力就会大大减小，放一个“臭弹”），有些拿不准。于是，张爱萍将军在试验基地给北京的急电里说：发现原子弹所用的一种材料中的杂质，超过了当初的设计要求。周恩来电话询问刘杰，在试验时可能发生什么结果？

刘杰说有三种可能：一是干净利索，二是拖泥带水，三是完全失败。但第一种可能性最大。周总理听完后说：“要做好以防万一的准备。”

刘杰乘车连夜赶到位于花园路的九院理论部大楼，找到在北京的副部主任周光召，请他在八小时之内，重新测算一下这次核爆炸的成功概率。

周光召作为第一副部主任也帮助朱光亚和邓稼先统管全局，周光召当即找来黄祖洽与秦元勋。黄祖洽是搞中子输运理论的，因为只要找出中子过早发出来的概率是多少就可以。关键的数据：一个是中子早发概率，一个是压缩到超临界以后的时间有多少。而计算这个中心中子源超临界时间的正是他带着储连元等人一起做的，所以他心里对此很清楚。过早点火的发生是因为铀的有些同位素会自发裂变，有自发裂变的概率，把这个自发裂变的概率找出来（在文献上可以找到），知道了概率，又知道超临界的时间有多长，就可算出这个过早

① 参考书和文献：8-p668，《弹思求火种》郑绍唐

② 《物理》第53卷，第9期，2024；访谈记录：2

点火的概率。

秦元勋是管数学和计算机的，本来周光召想让秦元勋再去算一算，但时间太紧，根据黄祖洽的考虑，即查到自发裂变的概率，再和那个时间一乘就可得出这个概率。他凭借自己坚实的物理数学基础，和对中子输运理论的精通，对数据进行了测算，很快就把答案给做出来了。黄祖洽与周光召和秦元勋三人经过研究，决定就是这个概率，并一起在送往中央的计算报告上签了名。当晚这份三人签署的报告被送到总理办公室，周恩来总理看到了这个计算报告，报告中说第一颗原子弹爆炸试验成功的可能性超过 99%。①

1965 年 10 月 16 日 15 时整，我国第一颗原子弹在核爆令中起爆，成功地实行了第一次核试验。这一喜讯电话传到中央周恩来的办公室，周恩来立即报告给毛泽东，随即又报告给当时正在排练大型史诗《东方红》的演职员们，然后才在人民日报上刊登。这一喜讯很快家喻户晓，黄祖洽像一个普通市民一样也从报纸和新闻广播中分享到这一成功的喜悦，但这是他有所预料的，对他来说，只是验证了他的理论设计数据的正确。他和其他科学家一起攻克了一道大难题，还有新的难题在等着解决呢。

## 三、二机部九院、第九研究所（1965 年—1980 年）

### （一）研究氢弹

氢弹比原子弹更复杂的地方是，它牵扯到聚变反应，同时也牵扯到裂变反应。氘和氚产生聚变反应，每次聚变反应放出的能量不过是十几个兆电子伏(Mev)，而裂变每次放出上百兆电子伏。氢弹能量中，包含有聚变能，也包含了铀-238 或天然铀的裂变能。原子弹也是裂变能，那为什么原子弹做不大呢？就是有个临界质量的限制，原来装的核燃料不可能太多，因为装太多的核燃料还没等爆炸就会发生链式反应，就会出事故。而氢弹也要用铀-235，但是它的能量放出来主要是通过高能中子与铀-238 起反应。低能中子不能使铀-238 裂变，但高能中子可以使铀-238 裂变，所以高能中子出来打到铀-238 上就产生裂变反应，

① 参考书和文献：《物理》第 53 卷，第 9 期，2024；访谈记录：2

铀-238没有临界质量的限制，就可以多装。氘和氚也没有临界质量的问题，只要温度足够高，它就可以产生热核反应。氘和氚的热核反应除了聚变产物核，最主要还放出一些高能中子，有14兆电子伏的高能中子，这个14兆电子伏的高能中子就足以引起铀-238的裂变，所以氢弹的威力可以做得更大[①]。

黄祖洽开始研究氢弹的理论是在1960年年底，当时九所正集中力量突破原子弹。二机部部长刘杰和钱三强副部长商量后认为，氢弹预研必须提早开始，于是钱三强在征得彭桓武的支持后，先亲自找来黄祖洽，告知领导决定：为了早日掌握氢弹理论和技术，在原子能研究所要成立一个研究组，先行一步，对氢弹的作用原理、可行的结构等进行预研究，让你负责。你原来带的那个开展原子弹研究的小组代号470[②]，现在这个轻核理论组也叫（470）组吧（又称“乙项任务”）。还嘱咐黄祖洽，工作要特别注意保密。稍后，刚从杜布纳联合所回到原子能所的何祚庥，也被钱三强调到这个组。1961年1月，钱三强又找于敏，请他参加轻核理论组的工作，并担任副组长。后来轻核理论组逐渐加人。多时全组达到40余人，学术气氛好，工作有成效。[③]

父亲在《自述》中说：50年代后期，我在原子能研究所理论室带领一大组年轻人从理论方面研究各种类型的反应堆。60年代初，为了加速核武器的研制，在核武器研究所集中力量研制原子弹的同时，按照有关领导的指示，在原子能所成立了一个由我带领着十来个年轻人所组成的“轻核理论小组”，来承担氢弹的预研工作。不久，原先做β衰变理论研究的何祚庥从苏联杜布纳研究所回来，参加了这个小组；后来，本来带领另一大组年轻人做核理论研究工作的于敏也转过来和我们一起工作。于是，我们便有了在当时来说力量相当强的一组人，齐心合力地进行着氢弹原理的探索。当时正值三年困难时期，但是我们都风华正茂，意气风发，为了祖国的尊严，为了尽快打破霸权主义的核讹诈，大家日以继夜地从各个角度分别探索着、思考着，又不时在一起讨论着突破氢弹的途径。我们从基本原理出发，研究在有核反应的条件下，计及中子和热辐射的输运时，由轻核材料组成的高温高密度等离子体的流体力学运动，以

---

① 《物理》第53卷，第9期，2024；访谈记录：2

② 因原470组的4名成员已经调到九所继续从事原子弹研究，于是470的代号就挪给了轻核理论组。

③ 参考书和文献：11-321

及系统中产生热核聚变反应的条件，分析可能会出现的各种物理过程和它们对热核反应可能会产生的影响，并在数学组的配合下进行数值计算。1961 年底，为了加强原子弹和氢弹预研工作的联系，我被要求用一半时间到核武器研究所兼职工作。一方面参加研究原子弹研制中所需的“状态方程”，探索中子源部件结构的设计；另一方面仍继续参加氢弹的预研。这样的安排虽然加重了我在体、脑力两方面的负担，但的确有利于核武器研制工作的加速进展，所以我精神上很愉快，总想多做一些工作。

在轻核理论组，黄祖洽担任组长，于敏担任副组长，组员有何祚庥、蔡少辉、萨本豪、王德焴、叶宣化、任庚未、刘宪辉、卓益忠、李泽清等。数学组相配合的人员有：陶大堃、龙世达、莫俊永、陈克娜、李树人等。朱洪元当时在中关村一部，也用部分时间参加了这项工作，每周到坨里一次，共同研究讨论，还有一部的汪容、韩文述也参加了部分工作。1961 年四季度起，何祚庥和蔡少辉调到二机部九所参加原子弹的研究工作，黄祖洽仍一半时间在九所工作，另一半时间在 401 所轻核理论组领导氢弹预研的工作。1963 年前后，又陆续有一些新人加入到轻核理论组，他们是：刘恭梁、沈天海、张国平等。

1965 年初，这个轻核理论组决定黄祖洽、于敏等绝大多数人并入九所，全部研究成果（其中包括已印成国家科委原子能科技文献）和其它大部分专业论文，以及各项计算结果的全部资料均转至九所。

上述内容包含在黄祖洽、于敏、何祚庥在《关于氢弹理论预研工作的回顾》一文中①。此文还总结了在这四年的研究过程中，轻核理论组主要开展了两方面的工作：

一、氢弹中各种物理过程的探讨和研究：

二、氢弹作用原理和可能结构方面的探索。

轻核理论组的这些探索和研究，后来证明的确是氢弹理论探索初期所必需的，因此，虽然当时所做的研究还不成熟，但毕竟起到了先走一步、探索研究氢弹的道路，提出种种方案、准备有关方程和数据的作用。

父亲在《自述》中说：1965 年 5 月，原子能所的“轻核理论小组”被合并到核武器研究所，我也和小组中大部分人一样，被正式调到这个所。合并

① 参考书和文献：11-363

后，大家协作，发挥各自的长处，在原有对原子弹研制和氢弹预研认识的基础上，共同探索实现氢弹的途径。果然只经过一次含有热核材料的加强型弹核爆的试验，便在1967年6月17日，即原子弹爆炸后仅仅二年零八个月，便成功地爆炸了我国第一颗氢弹。创造了世界上从原子弹试验成功到氢弹试验成功最快的纪录。

郑绍唐在《核弹功勋科学家——黄祖洽院士》[①] 一文中，从专业角度上回忆和概括如下：

在核武器研究所全力以赴研究设计我国第一颗原子弹的时候，二机部领导高瞻远瞩及时部署了突破氢弹的力量。1960年12月，二机部刘杰部长和钱三强副部长作出决定，原子能所先行一步探索氢弹原理。在原子能所成立"中子物理领导小组"，由钱三强所长负责。在"中子物理领导小组"的领导下，在原子能所第四研究室成立了一个"轻核反应装置理论探索组"（简称"轻核理论组"，代号"乙项任务"），由黄祖洽先生任组长。1961年1月于敏先生调入该组，任副组长。从1961年年底起，黄先生抽一半时间到核武器研究所兼职，任理论室副主任，1964年3月起随着核武器研究所建制的改变，任理论部副主任（后理论部改为研究所的建制，改称副所长）。那时黄先生两边来回跑。当时有个规定，原子能所这边的工作，他可以对核武器研究所讲，但核武器研究所的工作不能对原子能所讲，即所谓的"半导体"。所以当时黄先生既从事、指导原子弹的研究工作，同时又从事、指导氢弹的研究工作，两边跑来跑去，任务十分繁重，其劳累程度可想而知。后来1964年10月16日我国成功地爆炸了第一颗原子弹后，领导上为了集中力量尽快突破氢弹，1965年1月，将这个组的30多个人调到核武器研究所，两股力量拧成了一股绳。黄先生的组织关系也在这年5月转到了核武器研究院。在1960年底到1965年1月的4年多时间里，原子能所的"轻核理论组"，在黄先生和于先生的领导下，解决了一系列有关热核材料燃烧的应用基础问题，也对氢弹的设计原理作了一些初步探索，提出了几种设计思想。这些工作为我国氢弹的快速突破起了重要的作用。黄先生在这一时期完成的工作，一部分以"中华人民共和国科学技术委员会原子能科学技术文献"的形式内部出版。

① 参考书和文献：12

重要的有："ALU系统中中子的增殖、慢化、扩散和有关的问题"，"关于起反应的粒子混合系统的运动论"，"关于轻核反应装置中通过高能中子作媒介的链式反应机构"，"关于轻核反应装置中轻核的能谱和有关的问题"，"关于高温高压热核反应系统中的中子输运方程"等。氢弹的设计原理，各有核国家都把它列为最高机密，不可能在文献资料中找到。因此这些工作都是开拓性的，从无到有完全靠自己一点点摸索。黄先生的这些工作水平很高，如他推导的考虑原子核运动的中子输运方程，在核武器的设计工作中得到很多应用，他的许多工作为以后年轻同志的有关核武器理论研究工作打下了基础。

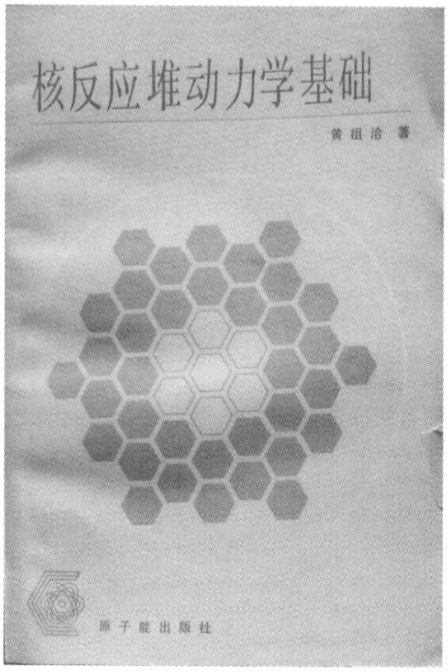

黄祖洽撰写的书

在他1980年5月离开核武器理论研究所后，他又将一部分基础性研究成果总结在《核反应堆动力学基础》（1983年出版，原子能出版社）一书中。1985年3月29日钱三强先生在光明日报上专门撰文推荐这本书。像钱先生那样工作繁重的领导同志，在报纸上写文章推介一本书，是很少有的。"

1985，3，29　光明日报

## 推荐《核反应堆动力学基础》一书

钱三强

在我国社会主义现代化建设中，能源资源占重要地位。李鹏副总理最近指出：在近期内，我国电力建设以火电为主，同时发展水电，适当发展核电。在我国一些经济发达而能源资源不足的地方，将计划建设一批核电站，到本世纪末核电功率将达一千万千瓦左右。现在，我国自行设计建造的第一座核电站——秦山核电站主厂房工程已全面展开；广东和香港合营的广东核电站，装机一百八十万千瓦，准备七年建成。

核电站多数是利用核反应堆释放的大量热能使水变成高温高压蒸汽，推动发电机组，使其产生电力。核反应堆用的低度浓缩铀燃料，一次装入后可运行数月。核电站的重要组成部分之一——大功率核反应堆，体现了现代科学技术的许多综合性成就。在发展核电工业的形势下，进一步了解反应堆和它的运行规律是非常需要的。最近我看了原子能出版社一九八三年出版、黄祖洽著的《核反应堆动力学基础》，觉得这是一本值得推荐的好书。它既阐明了反应堆工作状态随时间变化的特点，也阐明了影响这些变化的种种因素，目的是对反应堆运行中可能出现的现象（特别是事故）进行预测和分析，为进一步探讨反应堆的最佳利用和控制问题提供必要的基础。这类知识对反应堆的研究设计人员是必不可少的，对核电站的管理、运行和安全防护人员也是非常需要的。

作者黄祖洽教授是中国科学院学部委员。他是随着新中国科学事业的发展，特别是五十到六十年代我国原子能事业的迅速发展而成长起来的新一代理论联系实际的理论物理学家，他为我国的国防建设和科学技术进步作出了贡献。本书值得称道的地方有下列各点：

**一、取材新，内容具有特色**

本书既概括了国外直到七十年代末期的新成就，也反映了作者在若干问题上的独到见解和创造性工作。例如，第六章中结合时空动力学的阐述，介绍了作者在广义玻兹曼方程方面和考虑介质运动影响的中子输运方程方面的工作，使读者对核裂变反应堆动力学的物理基础认识更加深入，对于将来可能出现的裂变—聚变综合反应装置的动力学研究也不无裨益。

**二、理论体系严密，物理图像清晰**

本书涉及的专业范围广，收集的材料来自不同文献，但经过作者加工整理后，在理论体系上得到了统一，前后照应，层次分明，结构严谨，系统性强。在数学表达过程中，清楚地说明了物理图像，在讲述数学处理和计算方法时，仍是紧紧扣住了物理概念，避免了有些外国著作公式成堆，物理意义不明的毛病。

**三、注意方法，便于实际应用**

作者注意物理理论联系工程实际。在理论分析的同时，对数值计算方法也加以简明的阐述。书中的某些章节还附有手册性质的数据表和曲线图，便于参考使用。

过去我国出版的堆物理方面的书多为译著，本国著作很少。很多从事或从事过堆物理方面工作的专家学者看了本书后都认为，本书从理论水平和实用价值来看，可算是国内难得的一本好书。

科技新书

1985年3月29日，钱三强在《光明日报》上写文推荐《核反应堆动力学基础》一书蔡少辉在回忆这一段研究工作时说：

"黄先生的第二次改行大约是在1959年，由于国家需要，黄先生领导一部分人参加核武器研究所的原子弹理论研究工作。1960年底，遵照所长钱三强的指示，四室成立了"轻核理论探索组"，黄先生任组长（次年于敏先生也加入了这个小组，任副组长）。我们开始了探索热核材料性能和热核反应机理的基础研究工作。这些工作也是在钱三强所长直接关怀和领导下进行的。与反应堆理论研究不同，由于武器研究的高度机密性，几乎找不到现成的文献资料，一切都要从头做起。记得大约是第二年，黄先生向我们报告了他那篇著名的论文《关于起反应的粒子混合系统的运动论》，这是一套包括中子、光子、电子和各种原子核在内，并考虑到核反应和相对论修正的广义玻尔兹曼方程，论文涵盖的物理内容之广，是我毕业参加工作以来首次遇到的，足见他的物理功底是多么深厚。对他的工作，钱先生是很满意的。这一期间黄先生根据工作发展的需要，除了对高温高压系统的中子输运的特点做了不少带指导性的工作之外，还在物态方程、辐射流体力学等方面做了许多有意义的工作，如关于《高速运动介质中中子输运的新处理方法》和《中子输运对介质流体力学运动的影响》，这两篇文章后来发表在1981、1982年《北京师范大学学报》（自然科学版）中，其中头一篇文章在内部发表的时间比美国著名学者Wienke B. R. 等早三年，都是很有创意的文章。在这些带开拓性的理论工作和研究所理论部其他主任的工作基础上，在他的带领下，为突破氢弹提供中子分群参数和其他物理参数，并提供为两弹计算用的基本方程组。他经常和理论部的其他主任们在一起讨论、切磋，更多的时候和年轻人在一起阅读计算机纸带，分析数据，讨论结果，发现问题。正是这种上上下下的团结协作，官兵互学的精神，使我们能够在很短的时间内打破了超级大国的核讹诈和核垄断①。"

当时任二机部副部长，中国科学院副院长，原子能研究所所长钱三强说："我们为什么原子弹爆炸后仅仅两年零八个月时间就爆炸了氢弹，而法国却要经过六年多时间？法国的原子弹比我们先爆炸，但我们的氢弹却比他们先爆炸。在这个问题上，除了我们在原料问题及早做准备以外，就是因为在专业设计机构抓原子弹设计的同时，在二机部党组委托下，原子能研究所有一部分理

① 参考书和文献：8-p670《我的领路人》，蔡少辉

论骨干集中精力摸索氢弹原理，等到两支队伍一会师，就比法国快得多地把氢弹关突破了。”

## （二）集体的智慧

郑绍唐回忆说：“在黄祖洽先生到核武器理论研究所兼职后，他是核武器物理研究设计的主要负责人之一。他与邓稼先、周光召等领导人，以及后来的于敏先生一起，各自分管一个方面的研究工作。他开创性地完成了带中子的辐射流体力学方程组的推导和确立、研究了核武器数值模拟计算中必不可少的材料的状态方程及中子多群参数，研究了原子弹中点火中子源的设计和中子产额的问题，探索研究了加强型原子弹，分工领导了含热核材料的加强型核弹的理论设计工作，并亲自到核武器研制基地，向核武器的生产、试验部门交付理论方案。这一试验装置在1966年5月9日进行了核试验并获得成功。在探索氢弹原理过程中他负责一条技术途径的试算工作。

在氢弹原理突破后他参与领导了多种型号核试验装置（包括氢弹原理试验装置和第一颗空投氢弹核试验装置）和第一代核武器的理论研究设计工作，为加强我国的国防力量做出了贡献。”①

在突破氢弹以前，父亲还负责过加强型原子弹的设计，研究如何提高原子弹的威力，他们借助于氘化锂-6，锂-6吸收原子弹放出来的中子，就放出一个氚，这个氚再和氘在高温下产生热核反应，又可以放出高能中子。这个高能中子再引起铀-238裂变，放出中子，这样循环，就把威力加大。二机部也曾做过几次加强型原子弹的试验，假如说，原子弹的威力是2万吨TNT，加强型弹的威力可以达到10万吨TNT。

一次，当时负责核武器研制的二机部副部长刘西尧找九所的几个副部主任开会，谈复合型氢弹的问题，那时候做了一阵子没有大的突破，大家都很焦急。刘西尧在会上说，“干脆做个大个头，小个头的弹达不到那么大的威力，大个头的加强弹就应该可以”，他还举个例子说，“你看黄祖洽，你个子小就够不到这个门，我个子高，就可以够得到”。所以后来彭桓武就让黄祖洽设计一个大个头的加强型弹。

① 参考书和文献：10-p314，《我所熟悉的黄祖洽先生》，郑绍唐

但加强型弹也不能做的太大，这里面的一个关键点是：锂-6吸收中子可以产生一个氚，这个氚再和氘产生反应放出一个高能中子，这有一个循环过程。当时在原子能所轻核理论组内部有个争论，有的同志认为只要提高温度就可以使氘、氚反应率增高，而黄祖洽认为不光要提高温度，还要提高密度。其原因是：在产生氚的过程中，与中子和锂-6碰多少次有关，这样才能起反应。反应长度有一定的规律，反应长度和密度成反比，氘化锂-6被压紧后使得中子在里面只走一段很短的距离就会跟氘化锂-6反应，就能够产生出氚来，这个氚才能和氘去产生热核反应。而经过实验证明，提高温度，同时增加密度的情况才可以使氘、氚反应率增高。

早先在原子能所轻核研究组时做的模型都是假想的ALU模型（A：原子弹，L：氘化锂-6，U：铀-238或天然铀），正式爆炸飞片的程序是在九所，在原子能所那边研究的是反应后的程序，只是先看原子弹起爆以后的情况，然后建立了一个氢弹模型，中间一个A，外头一个L，再外头一个U——L-U模型，L-U可以有好几层。开始时，设计了这样一个模型，就是在最外头的某一个L层，人为给一个高温，由高温就可以产生压强，往里压，里面的L和A都可以被压缩，那样一试算，发现确实可以产生几百万吨TNT当量的威力。

那么怎样使外部的L层温度升高呢？据父亲后来告诉我们，由于当时大家在思想上还是有局限性，只想到当里面的A爆炸后，传到外面使L层温度升高，可是计算了多少次都没有成功，因为当能量传到外面时，已经是强弩之末了。因此，直到轻核组调到九所之前，这个问题也没有得到解决。后来原子能所的人员转到九所之后，大家都在为这一问题苦思冥想，有很多设想都被提到部主任讨论会上进行研究。原来轻核预研组里有一位负责保管保密材料的青年同志，他负责收集整理每次计算的结果、画图等任务，因此对于那次有关几百万吨威力的假想模型计算也是知道的。一天他来到办公室找黄祖洽，拿了一个图，说在外面放个原子弹，把原子弹爆炸辐射的高温引入到ALU模型外面的L-U层中，那样不就可以给那个理想模型加高温了吗。当时秦元勋也在那里，对于这一朴素的想法，黄祖洽和秦元勋觉得很感兴趣，也都赞成这个想法。但问题是，怎么让外面的原子弹爆炸后把高温传到外面的L-U，而又不使它产生的冲击波破坏L-U的结构呢？这是一个很复杂的问题，后来黄祖洽告诉秦元勋原来试算过的那个理想模型的结果，秦元勋当时还负责部分计算机使用的分配权利，他提了几个在外层 L 给 1 个 keV（1keV 相当于 1 千万度）的高温和 10 个 keV 的高温的算例做试算，算过之后，发现威力果然很容易超过百万吨 TNT 当量。当时部里提出氢弹的标准是 1100，1100 的意思是氢弹的总重量不超过 1 吨，而它的威力超过百万吨 TNT 当量。

这更加说明了这一想法的可行性。于是黄祖洽他们就将这件事情汇报给邓稼先和其他领导，他们听了之后也很兴奋。但如何解决后面的这两个问题：第一，怎么让外面的原子弹爆炸后既能把高温传到 L-U 层？第二，又如何抢在 L-U 层的结构被原子弹爆炸后产生的强大的冲击波破坏之前产生热核反应？当时谁也不知道。因此在彭先生主持的部主任讨论会上，大家进行了讨论，提出一种设想。但要做进一步的证实，需要做大量的计算，用大量的机时，在北京的机时就不够用了。上海华东计算机所有个 109 丙机，所以要派一些人去上海使用那里的计算机进行计算。于是当时任理论部副主任之一的于敏同志自告奋勇愿意带着一些人前去上海。确实于敏带着这些人去起到了很大的作用，在完成预定工作后，利用那里机时充裕的条件完成了怎样把物质的配置算出来的任务。但这样一个形状的计算比较困难，因为原来的结构都是球型的，在几何上可以用一维的方法计算，现在就要算一个非球形的问题，就变成了起码两维以上的计算。①

吴翔是“蒙特卡罗”组的组长，当时已经在上海出差，他正带着胡锦、张锁春等几位年轻人在嘉定利用华东计算所 J501 电子计算机（运算速度每秒 5 万次）研究蒙特卡罗方法的误差问题。一天于敏来到嘉定，找到吴翔说他想要算一个东西，于敏把想要计算的问题和设想仔细地对吴翔说了一遍，然后问道：“能不能用蒙特卡罗方法把它算出来?”吴翔立即回答说：“可以”。于是，吴翔他们放下了原来的工作，着手进行这一问题的计算机程序编制。吴翔他们提出来把二维问题转化为一维的计算方法，把原来的非球型结构像切西瓜那样，一片片切开算，于是就变成了一维的计算，每片进行修正，有的地方薄，有的地方厚，每片算完再凑起来，就变成整个结构的结果了。他们日夜奋战了一个多星期，完成了平时需要一个多月甚至两个多月时间的程序设计工作，然后马上上机进行计算，当时计算机远没有现在先进，不仅内存小、计算速度非常非常慢，而且输出的形

① 《物理》第 53 卷，第 9 期，2024

式单一，把输出的信息打印在长长的纸带上，看起来很不方便，而且机器还经常出现偶然性错误。为了避免浪费大量计算时间，搞数学计算的几个人排班轮流在机器上操作，搞物理分析的人在机房里进行在线分析，发现错误就立即调出原先保存的状态，退回去重算，为了充分利用计算机，搞物理的人就不能休息，一直在机房里连续工作了三天三夜，最后累得连站着都能睡着的地步。

后来怎么算都不对，于敏也和吴翔一起分析纸带，查错误。结果程序真的出错误了，马上纠正。在修正程序之后又投入了新的计算，而这一次非常的顺利，只用了几个小时，就得到了最后的结果，证明确实是可以把原子弹的能量送到氢弹里去。后来李德元在听吴翔介绍这个计算法时说，“这个方法好，就叫切片法好啦。”为了使结论万无一失，他们又设计了一个更加接近实际的模型，后来从北京调的杨明伦等人来参与编程和计算，结果证明原先的结论完全正确，也就是说氢弹的原理终于在中国突破了。①

随后，于敏等人马上返回北京，邓稼先立即在理论部图书馆大厅组织了全理论部的汇报会。在会上，于敏作了氢弹原理的总体报告，吴翔作了氢弹引爆方案的论证报告。这两个报告得到理论部领导们的完全肯定，并很快向上级领导部门作了汇报，院和部领导决定立即按照此方案进行原理试验。在周恩来总理的有力支持下，九院理论部排除了当时已经开始的文化大革命的严重干扰，很快完成了减当量的氢弹原理试验产品和第一颗氢弹的理论设计，并且在 1966 年年底成功进行了氢弹原理试验（塔爆）；接着又在此基础上于 1967 年 6 月成功爆炸了我国的第一颗氢弹（空爆）②。

氢弹原理突破后，试验弹为什么会在很短时间就做出来了？其中的原因之一，是因为按照刘西尧的说法，先要做个大个头的加强弹，模具都是现成的，所以试验弹很快就做出来了。

氢弹的成功汇聚了集体的智慧。从钱三强提出成立轻核预研组开始，彭桓武先生组织的研讨会，到加强型弹的研制，集思广益收集的想法，在研讨会上想出如何输送原子弹爆炸的能量，以及吴翔他们提出使用切片法的计算，和事先做好的加强型弹的模具，很多人都有贡献。胡思得任九院院长后曾经说过：

---

① 《物理》第 53 卷，第 9 期，2024

② 参考书和文献：10-P117

“正像彭先生所说的那样，氢弹是集体的贡献。”在这以前，对于原子弹加强型弹各方面的探索和对中子的计算都是很重要的，当然于敏带人到上海去完成计算的确是功不可没。①

## (三) 临界安全

核临界安全是原子能事业中至关重要的问题之一。只要牵涉到生产、处理、加工、装配或储存浓缩铀或钚之类的易裂变物质，就有在不经意间发生超临界安全事故的可能性。因此在有关工厂、车间、实验室、仓库或装置的设计、运行、操作和管理中都必须注意事先防范超临界安全事故的出现。

主管原子能工业的原二机部曾组织一些专家成立过一个临界安全小组，在部主管局的领导下，负责对部内各厂、研究所可能出现的具体临界安全问题提出咨询意见。这个小组由彭桓武先生任组长，黄祖洽任副组长。有一次，黄祖洽随彭桓武一起去一个核工厂，他们先在运行工程师的引导下参观、了解有关设备的布置和工作情况，注意可能出现超临界事故的环节和出现的条件，然后回到宿舍研究、计算可能出现事故的恶性程度，拟定防范的措施和应当执行的特种安全规程，供厂方参考。在这次工作中，与老师彭桓武朝夕相处，父亲黄祖洽从老师那里不仅学到了他的工作方法，更重要的是学习到他对临界安全工作的慎之又慎的负责精神②。

1958年时，中苏的关系还比较好，苏联派专家过来帮助建立核工厂、核反应堆、核处理厂等设施。1960年7月中苏关系破裂，到了1961年，所有的苏联专家都撤走了，核燃料工厂才建了一半，苏联专家走了，也带走了关键性的资料。有的苏联专家还有些老共产党员的味道，走的时候挺友好的交谈交流，有的悄悄给你点儿东西，有的则是趾高气扬地想看你的笑话，说用不了半年就要一塌糊涂，意思是说，要完全达到能够生产的程度，你们根本做不到。我们的核工业在这样一个局面下搞起来，确确实实很不容易。在毫无经验又缺少国际交流的情况下，把我国的核工业搞上去的艰巨任务，就落在了中国自己的科学家和工程技术人员身上。其中所面临的一个很重要的问题就是临界安

---

① 《物理》第53卷，第9期，2024；访谈记录：2

② 参考书和文献：1-p41

全，如果搞不好，发生事故就会有大麻烦。当时二机部刘杰部长非常关心这个问题，他找到钱三强说，“你要全力抓这件事”。当时钱三强作为二机部的副部长，同时兼任原子能研究所的所长，他找到彭桓武和黄祖洽，指定让他们负责抓临界安全，并让他们负责有关具体问题，说这是刘杰部长下的任务。那时在原子能所，他们俩人也是顶尖专家了，还有王淦昌，赵忠尧，但从专业的角度看，他们俩人的专业是最接近这个问题，一个组长，一个副组长；后来彭桓武成了顾问，黄祖洽成为正组长①。

接受任务之后，黄祖洽作为临界安全小组的组长组织了几个年轻人，其中有阮可强、施贵勤等人，后来在阮可强院士的回忆中说：

“刘杰部长说临界安全问题是政治问题，绝对不能出事故，当时他说了一句话到现在我印象都很深，他说‘我们绝对不能是跃进号’，什么意思呢？当时我们国家第一次建造的万吨轮叫跃进号，成功了，然后第一次启航，从青岛出发，到日本，结果第一次出航就触礁了，沉了，当时舆论很大，说可能是美帝国主义搞的破坏，结果美国也很紧张，发表声明说这个事与他们无关。后来周总理就叫海军去看，海军看过后，发现船上有一条很长的缝，说明是触礁，是航路没有弄好触了礁，所以刘杰强调说‘我们绝对不能是跃进号’，也就是说我们的核工厂搞好后，第一次启动绝对不能发生临界事故，所以这是个很重要的政治任务。彭先生、黄先生和小组的人都知道这个事情，所以当时做这件事时，脑子里其它事都没有，就是必须做好它。”②

1966年5月，黄祖洽带领临界安全小组的另外4人来到峨眉山脚下，住进了峨眉山报国寺，其任务是要审查一个原来由苏联援助的未完成的核燃料厂的临界安全问题。因为苏联撤回了有关的专家和关键资料，其中带走的特别重要的资料是为防止临界安全事故的操作规程。

这个厂离峨眉山不远，由于不便去该厂实地参观、学习，部里安排核燃料厂的工程师们住在峨眉山上面一些的伏虎寺——离山脚下的报国寺不远，这样方便他们每天在一起工作，讨论研究问题。

① 访谈记录：12

② 访谈记录：12

报国寺

报国寺内院

临界小组要解决的问题是很实际的，阮可强院士回忆当时的历史背景时说：

“要了解工厂里面设备设计的布置，投入量多少，确认以后黄祖洽先生就说我们首先要听工厂的，让他们把情况介绍清楚。我们在这个基础上就要判断，要做计算、通过分析来判断，到底是安全还是不安全。我们这次去的任务争论是很大的，我们到峨眉山就是审查设计图纸，每张主要设计图纸都要看，然后要分析比较，要给二机部领导写报告，说这个是可以的，临界安全是没问题的；或者说某个地方是有问题的，需要改进的，要拿出意见来。现在想想看，当时这个技术意见责任是很大的，领导就要看你的意见了，技术上要说话嘛，所以这个是不能弄错的。

那凭什么就认为自己的意见是正确的呢？当时可以看到一般性的资料，譬如基本的临界数据，基本的实验，简单的体系，临界数据还能找到一点。我们就根据这些基本的临界数据编制程序、进行分析，为了牢靠起见，当时只能把安全系数打大一点，当时我们自己的实验数据还没有，因为要做实验就一定要有核燃料，我们的第一个工厂还在建，什么燃料都没有，要靠第一个工厂生产出来以后才会有。当时苏联专家撤走时，工厂也是半死不活的，厂房有了，设备还没有装完，更没有运行，运行规章也没有拿到手，厂房的设计图留下了，要把这样一个半生不熟的工厂启动的话，要完全吃透才行，否则敢投料吗？投料里面的操作规程，安全规范都要自己制定，所以当时核工业部那几个主要工厂的建立，对原子弹和氢弹的贡献是很大的，对国家的贡献是很大的，当时我们要做的就是要保证它的临界安全，这是工厂里技术问题的头等问题。不能一投产就发生临界事故，因为刘杰部长说，不能是跃进号，所以一定不能发生临界事故。这是当时的历史背景。”

阮可强那时还很年轻，在临界安全小组做秘书工作，他回忆与黄祖洽一起工作时的情景时说：

“我们年轻人经过做这个工作对自己也是个很大的锻炼，学到不少东西，从无到有。特别是几位老专家的品质是非常好的。彭先生和黄先生都是搞理论物理的，要做具体到工厂、图纸、设备这样的事情，在当时重理论轻实践的环境下，他们两位专家，由于国家的需要，就投入进去。对于他们来说，也是要克服许多困难，要接触许多新的问题，要转行。但黄祖洽先生基础非常好，转的也很快，转过来又要钻进去。我们就在他们的指导下做些工作，慢慢成长，所以中国核工业的发展路子也是很艰苦的。这些老专家对国家的贡献是巨大的。

在山上没有计算机，只能拉计算尺。白天上班时黄祖洽先生带着小组去伏虎寺找厂里的人，听他们讲，晚上回来自己要动脑筋，想问题。因为整个工厂是分流程的，好多工业流程，比如投料溶解一个流程，化学反应一个流程，沉淀一个流程，一个一个流程来判断它的临界安全，包括投料量，设备的大小，设备的距离——设备太近了，可能危险，也不能间隔太远，否则工厂建的太大了也不行。还有个经济性的问题，所以要判断，一个一个流程过，对方的工程师的意见也是不一样的，所以就一个一个找过来讨论，差不多花了整整一个多月的时间。”①

伏虎寺入口

报国寺的二楼客房

厂里的工程师们住在伏虎寺里，临界小组住在山下的报国寺，办公和住宿在一个庙里，这个庙有两层楼，都是木制结构，木地板，木头硬板床，木制桌

① 访谈记录：12

椅，走起路来整个房间都动。在报国寺的住宿是两人一个房间，黄祖洽独自住一间。一天三顿饭由寺院的人负责做。回忆起来，阮可强说：

“当时报国寺的方丈老和尚已经90多岁了，有时我们起床后，他也过来说话，这个老和尚还和蒋介石下过棋。报国寺的附近就是红珠山，红珠山是个别墅，蒋介石到峨眉山去休息就住在那个红珠山别墅，听说蒋介石有时也到报国寺去，去了就与老和尚在一起下棋。我还记得吃饭的一个细节，当时我们已经好多年没有吃到花生米了，市面上是没有的，花生都是出口的，榨油用的。结果我们在报国寺吃早饭的时候，他们突然端出一碟花生米，那是和尚自己在院子里种的。大家一看，哎呦，好高兴，多少年没有吃到花生米了，没有想到在峨眉山吃到了，很是稀罕。我们几个人住在报国寺不久，郭兰英去了，她去三线慰问演出，也住在报国寺，由此看来，当时报国寺在那里算是住宿条件还不错的‘宾馆’。”

峨眉山的五月还是很凉的，黄祖洽和临界小组其他的成员在那里一待就是一个月，虽然白天晚上连轴转地工作，但大家工作配合很默契，彼此相处得也很高兴。阮可强回忆：

“到了礼拜天就去爬峨眉山。黄祖洽从小就擅长爬山，第一个星期天爬了一次，第二个星期天还要去。我本来不大想去，不过还是陪着他去了。我们一直爬到万年寺，万年寺是很高的，寺里有个大塑像，然后下山，感到了‘上山容易，下山难’。峨眉山大概有2000多米高，路修得还可以，是石板阶梯路。报国寺在平地上，往上爬到伏虎寺要半个小时，所以每天上去走半个小时，也锻炼了身体。那时年轻，体力也比较好，这些印象都很深，上班就爬山，下班就下山，也没有旅游的人，很清静，生活在自然当中，感觉很好，身心愉快。

峨眉山上每个庙都有些东西，我买了一块药，是红色的，到现在还有。黄先生也买了些东西，像魔芋豆腐，挺有意思的。我们有一次爬山，在山上的一个庙里还吃中饭呢，是纯素的，都是和尚的饭，在报国寺吃的是招待饭，是有肉的。

当时报国寺那里也没有什么人，也没有什么旅游业，报国寺招待所的后面，有个放档案的房子，存有很多书，有地方志，可以进去看。黄先生的兴趣爱好很广泛，一有空就进去翻书看，我们这些小年轻对那些都不感兴趣，可他的古文比较好，对这些很感兴趣，经常到库房里去看一些地方志，看到很多东西。那里还有一些诗集，看完后，回来告诉我们都有些什么，给我们讲。我记得当时他告诉我们一首诗，直到现在我还记得，印象很深：峨眉山西雪千里，北望成都如井底；春风日日吹不消，六月行人冻如蚁。”

由于临界安全小组在峨眉山期间正是五、六月份，这首诗恰好描写了这个季节峨眉山的景色，加之小组成员在一起工作很愉快，所以这首诗让阮可强记忆至今①。

黄祖洽从峨眉山回来之后，就回到九所接着搞氢弹的研究，但他一直是二机部临界安全组的组长，不光是出差，有时是咨询，厂里的生产或局里有些什么问题，都要找他在一起讨论。阮可强说：

“不是说光出差，算算什么的，有些什么临时的问题也要拿到临界小组来讨论解决，所以黄先生还有这方面的好多工作。原来彭先生是组长，黄先生是副组长，我是秘书；后来彭先生是顾问，黄先生是组长。再以后，我就是组长。一直到很晚，这个临界小组依然是存在的，生产里有问题，设计里有什么问题，以后事情就越来越多了。”

在谈到黄祖洽的工作作风时，阮可强说：

“在保密单位工作习惯了的同志，一般不太愿意多讲，工作谈论的少，长期受保密的教育，受这种环境的熏陶，无关的就不说，黄先生也是这样。

阮可强摄于 2013 年 1 月 16 日

黄先生对于工作是很认真的，一有错误，他一定要指正，告诉你那里不对。我们和他接触的过程中没有觉得他很厉害，因为我们从来不调皮捣蛋，该怎么做就怎么做，如果你碰到的合作伙伴乱来的话，谁都要发火，黄先生是这样。如果做事脑子不大清楚，不仔细用功，理解也不深，他的批评是直截了当的，比如说“这个你还不清楚！”像我们，工作做得比较规矩，如果不清楚，事前先问问，做出来的结果还是可以的。他对人

① 访谈记录：12

的评价还是直截了当，是容易得罪人，你水平高就是水平高，水平低就是水平低，不怎么样就是不怎么样；他不是说你为人怎么样，而是说业务上怎么样，不拐弯抹角。对于不清楚、不应该的事，他就直接指出来，我们和他一起工作，对他这一点还是比较了解的。自己做的东西，要好一点再拿出去，别马马虎虎的，叫人指出来多不好，但他对人很好。

黄先生对我的帮助很大，我对在峨眉山工作的那段时间的印象也很深。”①

黄祖洽在回忆这段往事时说：“1966 年，我作为组长，和副组长阮可强及施贵勤等一起，受原二机部主管局的委托，要审查四川一个原来由苏联援助的在建工厂的临界安全问题，因为苏联撤回了有关的专家和关键资料，特别是为防止临界安全事故的操作规程。由于不便去该厂实地参观、学习，部里安排我们住在四川峨眉山报国寺（那时还没有对游人开放），来自厂里的工程师们则住到上面一些的伏虎寺。我学习彭先生负责的精神，先组织两方面的人一起商讨工作如何进行。结果决定，先请厂里的工程师们分别给我们上课，介绍工程设计中涉及的各生产过程和有关车间、设备安排的详细情况，我们一面听课，一面记下可能出问题的地方。每天白天他们从伏虎寺下来到报国寺讲课，晚上他们回去后，我们进行讨论，交换意见，提出问题。用这种方式进行了一个月，厂里的工程师们才把情况介绍完毕。接下来，我们几个就把记下来的问题分头进行计算，再一起讨论。阮可强既学过化工机械，又学过反应堆理论，在我们的讨论、研究和计算中起了重要的作用。经过近一个月的工作，我们为该厂拟定出了一份确保临界安全的操作规程，并向该厂工程师们讲述，根据他们的意见作了补充修改后，才报到部里。后来经过部里批准，作为正式文件下发到有关工厂执行。”②

## （四）文革期间

1966 年 6 月，父亲从峨眉山回到北京后不久，一场轰轰烈烈的文化大革命运动如同暴风雨般席卷而来。在这场风暴中，中央和地方的许多党政领导干部受到批斗，党政机关陷于半瘫痪状态，各级领导抓工作越来越困难。由于运

---

① 访谈记录：12

② 参考书和文献：1-p41

动来得突然，与过去历次运动都不相同，大多数人都摸不清这场运动的目的是什么，在极左思潮的宣传鼓动下，红卫兵和造反派一时称霸，除了打倒“走资本主义道路的当权派”以外，还要横扫“一切牛鬼蛇神”。知识分子被认为是“牛鬼蛇神”之一，被称其为“臭老九”，于是“谁的知识越多，谁就越反动”。照这样的逻辑推断，就要打倒那些专家、学者、学术权威、祖师爷们。一向是埋头工作，一门心思搞科研的父亲，无疑也被划成“反动学术权威”一类，被卷入这一洪流之中。有许多不明真相的年轻人受到这种思潮的影响，把过去黄祖洽在工作中对下属的严格要求，说成是“学阀作风”，给他贴了不少大字报，有的大字报还贴在了他的办公室的门上。面对这种突然来的袭击，黄祖洽仍然保持他的不惊不慌的态度，他认为只要是自己做对了的事情，就经得住考验，他心里想着，他所做的工作是对得起国家，对得起人民的。因此他一边接受群众的批判，一边默默地继续带领探索有关氢弹的理论。

当时凭借着毛泽东说过的一句“原子弹要有，氢弹也要快”的话，凭着“文化大革命”前理论部工作的良好势头和工作积累，理论部的工作秩序虽然已经越来越不正常，但仍然靠着惯性在继续向前推进。部主任和室主任们，凭着他们的基本觉悟，对事业的责任心和深厚的感情，虽然已经感到要推动工作已经是越来越困难了，但仍在尽他们所能继续抓工作。

1967 年，氢弹原理突破之后，黄祖洽又参与领导了多种型号的核试验装置（包括氢弹原理试验装置和第一颗空投氢弹核试验装置）和第一代核武器的理论研究设计工作。正当他没日没夜地埋头研究几个新型的氢弹时，满脑子还沉醉在核武器理论设计的工作中，并希望能为国家做出更多、更新的贡献时，军管会进驻九院，接管了九院的行政领导大权。1969 年 10 月 17 日，林彪突然抛出了一个“关于加强战备，防止敌人突然袭击的紧急指示”，全军进入了紧急战备状态。没有多久，九院也开始紧张起来，也要立即转移到三线，其中大部分人要转移到四川曹家沟，另一批人要去河南的“五七干校”。后来才知道，挑选去五七干校的人有三类，一类是要被调出九院或自己准备调出九院的；第二类是家里有海外关系的，组织上不想留用的；第三类就是需要被劳动改造的。

## (五) 下放到五七干校

1969 年 10 月的一天，刚刚结束了对一种型号的氢弹进行理论设计的黄祖洽被军管会的领导叫到办公室，通知他去河南的五七干校劳动锻炼。当时所里和院里的情况都比较乱，在这种人心浮动的氛围下，父亲突然接到这样的通知，心想，去就去吧，去劳动锻炼倒也简单，反正从小到大也是吃苦长大的，对到农村去“接受贫下中农的再教育”，也并不觉得为难和惧怕，于是就爽快地答应了。谁知到五七干校的人员中像父亲这一级别的理论部副主任，只有他和秦元勋两人，而秦元勋是明确表示要调离九院的，可父亲是属于什么情况，连他自己也不清楚。后来父亲对我说：“如果当时我坚持说手上的工作离不开，还没有完成，也有可能不去”。当时国家对下放五七干校有一条明文规定，夫妻不在同一个单位，下放时可以随男方或女方去同一个干校。母亲张蕴珍在科学院化学所工作，她和父亲感到文化大革命还要搞下去，不知今后又会有什么变化，对知识分子的政策又会是怎样，于是他们商量，不管今后到哪里，干什么，全家都要在一起。就这样，母亲决定随父亲去河南，把孩子都带上。把家里的大件家具都随九院转移到四川曹家沟，挑了些主要生活用具随身带，把家里的书籍能卖的都卖掉。后来父亲还幽默地说，物价上涨，但有一种东西是降价的，就是旧书，论斤称还要撕掉书皮，当时父亲忍痛卖掉了许多心爱的书籍。那时我 14 岁，才上初三，弟弟黄硕上初二，妹妹黄葵刚刚上小学一年级。我和弟弟到学校请了长假，因为当时学校也很乱，同班同学从二年级开始就陆续走了，有的是当小兵，有的是随大学搬迁到外地，有的是提前招工到工厂做学徒工。因此老师听说我是随家去五七干校，也没有什么奇怪，很容易就得到批准，但还保留学籍。

没过几天就接到出发的通知，我们于 1969 年 12 月 26 日乘坐去干校的火车驶离北京。不到一百家的人全都乘坐运货的闷罐子铁皮火车，车厢里没有椅子，车厢的地上铺的是稻草，车厢中间安装了一个煤炉子，旁边放着一桶碎煤块，炉火生得不旺。因为车厢中的草多，怕起火，炉内的火焰一直用碎煤块压着，所以车厢内温度很低。我们把被褥铺在稻草上，一家 5 口人都躺在上面。火车走走停停，走了两天，12 月 28 日到达目的地——河南上蔡县百尺公社。

这里是黄泛区，是黄河泄洪的通道，地势低洼，土地肥沃，但农民生活贫苦。说是五七干校，但因为命令急，人到得快，实际上什么都没有，我们面对的就是一片农田和村庄。干校的先遣队把各家分散住在几个大队的村庄中，我们家被分到了上蔡县下地韩庄。然后领队分别把各家领到已分配可以入住的房子，这些房子是当地老乡腾出的堆放柴草的房屋或养牛的牛棚。我们住的房子是老乡家的柴草房，只有10多平方米左右。一扇破旧的木门，它由几块木板钉成，木板间有手指宽的大缝，冬天的风吹进来，寒冷刺骨。父亲让我用报纸糊上门缝，还是可以挡住一些寒风。屋里有一扇纸糊的窗子，窗下摆放一张很小的桌子，桌上放了一盏煤油灯。屋里放了一个双人床，两个单人床，其它东西只能放在床底下和屋外面。我们带了一个蜂窝煤炉子用于取暖和做饭。屋子虽然昏暗狭小，但一家五口人住在一起心里还是很温暖。

安顿好住所后不久，干校已宣布成立，队员及其家属先分别住在不同村子的老乡家。当时为了大家的取暖问题，选派了几位年轻力壮的同志到煤矿去，拉了几车煤粉，分给各家制作煤饼。当时我们还没有制作煤饼的工具，于是母亲张蕴珍和弟弟黄硕骑自行车到新庄去购买。回来时下起雨来，而且越下越大，除了新庄是大马路外，其它都是土路，下雨后就变成泥路，自行车轮上都塞满了黄泥，不能骑，只能推着走。但推不了多远，车轮上就塞满了泥，车轮就动不了了，只好用做蜂窝煤的模具短铁棍除掉黄泥，减轻重量后扛着车走——不是人骑车，而是车骑人。他们二人到家已是深夜，当时虽然数九寒天，但他们却满身是汗，浑身无力，父亲黄祖洽为他们煮了红糖水喝，然后让他们躺在床上休息。这是到干校后第一个考验。

大家把家都安顿好后，由连领导召开全体人员大会，大会公布干校同志分为三个连队，每个连选出正、副连长。当天，即开始安排了每个队员的工作，父亲黄祖洽分工养猪、母亲张蕴珍在厨房工作。一个食堂6个人工作，供全连约100多人（包括家属）的饭菜[①]。

我们三个孩子分别在当地农村的中学和小学插班学习。当地的农村中学的条件也比较差，土坯教室，在教室的一角有一个用黄泥砌成的土炉子。学生们轮流照看着这个炉子，在寒冷的冬天，有这样一个土炉也还顶些用。学生来自

---

① 访谈记录：15

附近几个村子，远处的同学要住校。而学生宿舍的条件则很差，没有床，地上只有稻草，学生把自己的被褥铺在稻草上睡觉。我们家住的地方离学校有五、六里路，每天上、下学都是步行，带饭上学。这样的学习条件要比北京差远了，可学生们的学习很认真，也很努力，似乎他们并没有受到读书无用论的影响，学生也很尊重老师，没有上课与老师作对、批判老师的现象。在那里，我插到高一班，所学的要比北京多一些，开始有些听不懂老师的口音，但习惯了之后也就能听懂了。从 1969 年 11 月到 1970 年 4 月底，我和弟弟认真地在那儿上了几个月的学。我记得班里的同学对我很热情，经常帮助我，老师也很喜欢我，常常在班上表扬我，说我的作业书写得工整，解题方法好。

母亲张蕴珍还被选为干校的妇女委员，为干校的女同志作些服务和思想工作。食堂的分工是：副食由范福如、张蕴珍主管；主食由关燕和孙绍麟二位包做，财务由耿沪男（女）承担。母亲与其他几个人合作得非常密切，大家想尽办法做一些花样，让全连人吃好，保证不出食物中毒事件。逢年过节还要增加有营养的食品。当时正好是新年刚过，再过一个月就是春节了，因此就要做好准备工作。首先由两位男同志去采购一头刚杀过的、而且处理好的全猪，另外还预订一个池塘的鱼。他们先把生猪拉回，然后分割成几个部位，分别加工成可以在常温下保存的半成品。当时已临近春节，校部已公布春节放几天假，可以回家。所以很多职工提出，请食堂的同志多辛苦一点，多做些好吃的，让大家带回去过年。于是包下的那池塘的鱼都给捕捞出来，经过清理，去鳞、切片、沾料、油炸，制备成香酥的熏鱼块；把新鲜的前臀猪肉制做成酱肉按成本价，分卖给大家。母亲他们虽然又睏又累，但是看到大家高兴的样子，也就高兴得又跳又唱，觉得很愉快，所有的苦和累都被忘到脑后①。

父亲黄祖洽的工作是养猪，除了喂养，打扫猪圈，还要照看那些淘气的猪——它们很不老实，一不注意就跑了出去，而且跑得很快。一次，它们从叶李庄跑到几里地以外的杨庄，父亲把猪追赶回到干校，已经累得混身大汗。除了养猪，父亲还做过各种农活：种地、种菜、收割庄稼和盖房子、打小工，他这位过去在九院被人尊重的科学家，文革中被批判成反动学术权威，在干校期间，完全把自己作为一名普通老百姓，虚心向其他队员学习，虚心向农民朋友

① 访谈记录：15

学习。尽管有时也遭到军管人员的训斥，心里有些不舒服，但通过这些劳动，不但没有累趴下，长期的高血压病也正常了，失眠症也好多了，而且身体反而强壮起来。母亲说在当时那种环境下，每天身体累得脑子里没有一点时间再想工作、想事业、想国家的前途，每天想到的只是全家还有吃有喝，身体健康，还能适应农村生活和各种劳动。

在下地韩住了几个月后，1970年4月中旬，干校校部又让我们家搬到叶李庄。这个村庄离下地韩大约相隔10多公里。我们全家五人，父亲黄祖洽（45岁）、弟弟黄硕（14岁）都算强劳力。他们俩合拉一辆木板车，第一趟车拉的是家具和日用品，最后拉的是一满车煤粉。拉起来很费劲，所以母亲和我各用一根粗绳，拴在车前一个边缘，帮助往前拉。这些劳动对老乡来说不算什么，但对城里来的知识分子，还是很不容易的。但父母亲还是认为这是锻炼他们的好机会，一定要好好向工农学习。在叶李庄分的房间比较宽敞一些，我家的房东姓李，兄弟二人，老大已结婚有两个孩子。他们都很朴实，我家住在他家腾出的一间空房，父母与这家房东互相往来，互相帮助，互相了解，不懂的事情和没见过的，就请教房东，与这一家相处得很好。

搬家之后，我和弟弟离上学的地方就更远了，眼看就要到北京的学校初中毕业的时候了，我和几个同龄的北京同学一商量，大家都想回北京参加学校的毕业分配。在得到父母亲的同意和干校领导的批准之后，我就和另外两个女生于1970年5月一起回到北京，我们三个女孩暂时住在别人家的一间屋子里，并分别返回到原来的学校。

我回北京之后不久，五七干校就通知要在新庄盖房，将人员集中到新庄，自己动手先盖简易房，同时还种地、喂猪种菜，连队集体办食堂。在炎热的夏天，温度有时达到40度以上，盖房子用线吊两块砖头，按着线砌墙，男队员负责挖地基，挑土、搬砖、和洋灰等强劳动，父亲年纪相对比较大，就做打下手的工作，搬砖运土，干得多了，慢慢也就锻炼出来了。当时干校大概有长期打算，要盖一片新房子，虽然请来当地的老农作技术指导，但军管人员不听老农的指导，只顾赶工期，抓进度，不管石灰浆干不干，限定所有的墙必须在一天内砌到顶。结果就出了事，有一次墙砌了半截，哗啦一声就倒了，把秦元勋的妻子冯敏的脊骨砸断，由于没有得到及时治疗而终生致残。

有一次我妹妹黄葵发烧38度多，请干校配备的医生来看，说这样高的体温需要注射青霉素，但附近没有医院，也没有药房，只能到设在萧庄的干校医务室去买，因此父亲马上骑着自行车去萧庄取药。一早出去，很晚才回来，回来就马上请医生给黄葵注射，使她转危为安，身体慢慢地好起来。这次妹妹生病不但让父亲母亲大为焦急，同时他们也体会到中国有十多亿人口，农民占全国人口的大多数，农民的生活条件、卫生条件，以及医疗条件都非常差，怎么能很好地发展农业呢？当时在五七干校，他们看不到报纸，也不知道国内、国际形势，每天从早干到晚，一年的时间很快就过去了。①

在我回北京后半年多，弟弟黄硕也回到北京。据母亲回忆，当时干校发了一个通知，让在干校劳动的家属和凡跟随父母到干校来的孩子都回北京，夫妻二人都是九所的，可委托他人把孩子带回。先是黄硕回到北京，然后 1971 年初，母亲带着妹妹也回到了北京。家属走后，父亲仍留在五七干校劳动，他和秦元勋等几个人住在五七干校新盖好的一间 12 平米左右的宿舍里，吃饭在食堂和大家一起吃，上班就是和大家一起劳动，晚上经常搞运动、学习，有时还有批斗会。虽然生活简单艰苦，但也有苦中作乐的趣事，父亲回忆说，有一次数学家秦元勋从集市买来一只鸡请客，宰了之后去了毛，没有掏内脏就煮了，结果一股鸡屎味，鸡没吃成，反倒成为了一个开心的笑话。

我记得在从河南回北京的时候，父亲母亲都要劳动，没有人送我们到火车站。从我们住的地方到火车站有几十里路，没有公共汽车，也没有公路，只能靠人拉的排子车把行李拉到火车站。那些农村的同学对我们很好，有两个男生，其中一个是班长，帮助我们三个女生拉排子车。在刚刚下过雨的土路上，积满了水，我们深一脚浅一脚地跟在车后面走，他们一直把我们送到火车上才离开。他们的善良和友谊给我留下了深刻的印象。

据母亲回忆，那时干校的家属和孩子们去火车站时，都不允许九院的职工去送站，都是房东和老乡们主动把这些家属送到火车站的。父亲和母亲心里都很不安，他们预感到又要搞什么政治运动，母亲走时带走了所有的笔记和资料。临别前父亲对母亲说："我很想到大学里去教书，尽自己的力量培养一批理论物理方面的人才，对国家建设和科学发展都有好处。"家属们离开不久，五七干校的军管就搞了一次保密大检查，到各家各户去翻，收走了很多笔记和

① 访谈记录：15

信件。更过分的是，这些军管人员还传看人家的恋爱私信，说是黄色信件，实在可恶。这次大检查搞得人心慌慌，父亲独自在五七干校又过了一年之后，才接到通知去四川曹家沟的三线待命。

1971 年初，回到北京的母亲张蕴珍、弟弟黄硕、妹妹黄葵和我，因为没有一个固定生活的住所，四人分住在四个不同的地方。我初中毕业后在民航一零一厂工作，该厂位于首都机场，离市区有 20 多公里，住在单位的集体宿舍。弟弟回京后没有地方住，就借住在东四的姨母家，每天骑车从东四到北航附中上学。母亲带着妹妹黄葵回京后也没有地方住，就两人挤住在我腾出来的那张床上。但母亲的工作单位在科学院化学所位于怀柔的二部，每两个星期方可回城一次，所以年幼的黄葵就只能独自与其他人合住在那里。平时我回来时就给妹妹蒸很多包子，留着她慢慢吃。每天早上，黄硕骑车从东四到塔院看妹妹，给她做早饭，梳小辫，然后再骑车到北航附中上学。为了得到一间房子，母亲曾经找到九院的领导，要求解决一间住房，但因种种原因没能解决。一次母亲从怀柔回到家里，看到黄葵正在床上躺着发高烧，再一看，那些包子已经长出了绿毛，发霉变质了，黄葵吃了这些包子食物中毒了。母亲赶紧抱着妹妹去医院看急诊，当医生看到妹妹的样子时就训斥母亲，说："你怎么这样做妈妈，孩子病成这样才送来，再晚一步就没命了。"母亲听到后心如刀绞，痛苦万分，但实在是无奈。后来九院管房子的许振海同志同情我们，做了一些调整，腾出一间屋子给我们一家住，因此黄硕也可以和黄葵住在一起，照顾她了①。

1971 年 1 月底，正好是春节之前，河南五七干校休假几天，父亲也请了几天假回北京探亲。他在北京的照相馆拍了一张标准像，不知不觉地来到新华书店，尽管一年多没有摸书了，但他还是很喜欢逛书店。一次，他到西单外文旧书店看书，旁边有一个年轻人在找量子力学的外文书，看到父亲也在看这方面的书，也许是看他谢了顶的头，估摸他是一个有学问的人，就和他攀谈起来，并且提出来要拜父亲为师，学习量子力学，父亲虽喜欢这位年轻人，但他自己仍

1971 年 1 月 30 日

黄祖洽在五・七干校期间

① 访谈记录：15

在河南五七干校劳动改造，只好幽默地回答这位年轻人说："我是养猪的。"

## (六) 恢复科研工作

1972年春节，离开北京两年多后，父亲从四川曹家沟回到北京，全家终于团聚。当时九院大部分人也都回到北京。九院分给父亲一个套间，是塔院六号楼2单元202号的一个与人合厨的单元房，与河南的土房相比，不知好了多少倍，有了这个套间，全家又能生活在一起了，我们都很高兴。对门201住的是数学家周毓麟，他与父亲两人在同一个办公室，也都是理论部副主任。

由于两年多没有做研究工作，无论对国家还是对科学家本人来说，损失都是很大的。科研工作需要坚实的数理基础做后盾，思维要清晰，反应要快，在去五七干校劳动之前，父亲从没有间断过理论研究，就是1950年被车撞伤那次，恢复期也就只用了两三个月的时间。而经过两年多的农村锻炼后，父亲说他四肢发达，身体健壮了，学到了许多种庄稼的知识，增长了养猪的经验，但脑子却有些生锈，要一下子拿起笔来做工作，可能不适应。

回到九所工作后，为了尽快使脑子运转起来，数理运算就是最基础的工具，幸亏父亲在高中和大学期间就打下了很牢固的数理基础，捡起来也快。他做了大量的数学习题，还经常找对门的周毓麟去讨论物理中的数学问题，他买了一本《为物理学家写的数学物理方程》，边看边做笔记，还做了书上所有的习题。

数学家周毓麟回忆："有一次黄祖洽下班回来敲我家的门，我开门后，他说他的学问丢了，我问，什么学问呀？他说是那个数学笔记本丢了，因为他下班回家，带着笔记本去买菜，结果把笔记本落在菜摊上了，一回到家发现没有了。我说，你还不快去问问菜店有没有人捡到。他就赶紧去菜站，还真有个人没有走，那人说，刚才还喊了半天，是谁的笔记本丢了，结果老黄还真找回来了。他就是有这股劲儿，不熟了，就从头学。倒不是真的忘了数学，而是想磨磨刀，尽快地投入研究工作。"①

文革期间的九所，科研人员思想涣散，许多骨干科学家（彭桓武、周光召等人）都相继调离九院，父亲从五七干校回来后，当时核武器研究也正处于低

① 访谈记录：16

潮，有些事情他也插不上手，但他是个闲不住的人，自己脑子里总是在给自己布置任务。一次，原子能出版社的人找到他，请他校对一本由几个人一起翻译的英文版《核反应堆理论》，这本书是美国人写的，是写给程度比较深的研究人员看的，不是给本科生看的。父亲早年从苏联回国后翻译的那本俄文书《热中子反应堆理论》是苏联科学家卡拉宁写的，所以对苏联人写的反应堆理论，他已经熟悉了，但对美国人写的核反应堆理论还没有看过，所以一听说校对这本书，他还是很感兴趣的，也想借此机会把美国的反应堆理论了解一下。但他一看译文是由十个人翻译的，而这十个人翻译的东西在文字方面是不同的。他把每个人翻译的章节都看了几页，最后认为其中姚增华翻译的比较好，就叫原子能出版社找姚增华先把把文字关，把所有十人翻译的文字统一化，然后由父亲校对书中的内容与原著上有没有问题。就这样，姚增华校对了六章，后来又找到阮可强等4位校对了四章，每校好一个章节的文字，就寄给原子能出版社，原子能出版社再送到父亲那里校对内容。父亲花了半年的时间到原子能出版社去上班，做校对工作，最后出版了这本书。通过做这件事，父亲知道了姚增华这个名字，但姚增华却感受到黄祖洽治学严谨的精神。后来他们第一次见面是在大亚湾核电站的一次会议上。

2000年11月3日在大亚湾召开全国反应堆物理会议。

左起：阮可强、黄祖洽、赵荣安、姚增华

姚增华回忆："在世纪之交2000年，在大亚湾召开全国反应堆物理会议，由我操办这个会。我想到要把这些老专家请过来开个会，所以第一个就想到黄先生，后来通过张本爱和黄先生取得上联系，黄先生欣然答应。对于这些请来的老专家，我们总经理批准给黄先生报销两张往返的飞机票，没想到黄先生就自己来了，不要陪同。另外还请了8个退休的，还有我们搞核潜艇的、搞核物理的韩博，还有陈克娜，她是中国第一个编核反应堆物理软件的人，还有杨先庶等在一起开会。那次是我第一次和黄先生见面。后来杜祥琬翻译了一本书，原子能出版社知道我翻译得还不错，就让我校对，通过校对那本书，我也认识了杜祥琬院士。”①

1965年父亲正式调到九院后，担任理论部副主任（即九所副所长），也主管一室，一室的室主任是郑绍唐。一室负责管参数，管方程，后来又加了个测试。因为不管别人怎么算，状态方程、参数、以及测试数据都是由一室提供的，当初父亲在这个室是发挥了杰出的作用的。1965年，彭桓武带着周光召、黄祖恰、于敏等几位大将全部到221（青海实验基地）去，他对221的人说，我们现在已经掌握了一个新的氢弹原理，但需要你们做冷试验来验证这个原理。后来又带了刘恭梁等4位年轻人留在那儿，直到第二年快到“五·一”了才回来。刘恭梁回忆：“那时候黄先生和于敏的思想都是一致的，在221的大会上，黄先生还从最基本的原理出发，什么是氢弹，什么是原子弹，我们要从哪里开始，必须要解决什么问题，我记得他讲得非常清楚。刘西尧也很支持，而221有的领导不太理解，提出另外一个方案，如果照他的方案做的话，就会走弯路。周光召也是忙着协调，整个都是很团结协作的。黄先生所抓的核武器的基础理论，在那里一步一步地推，也就是一室做的状态方程，系数等，都是起了重要作用的。”

刘恭梁还讲了这样一个小故事：“我在九所与黄先生接触中有这样一件事，有时候我去找他谈数据的事，问能不能把范围给得大一些。他说，对，你要给0到无穷大，你永远是正确的。他这是在说反话，意思就是说你的数据必须要给得具体些，后来我们就经常引用他的这句话。从另一个角度说就是：你不要把责任推给做实验的人，这不对，0到无穷大，你倒是永远不会犯错误。他说话挺有风趣，有时候也挺刺耳。但大家觉得他说得挺好的。”②

核数据是描述核反应和核结构的基本物理量，是核科学和核工程研究的基础数据。核数据的重要性在于它们对于理解原子核的结构、性质和相互作用具有关键作用。例如，在核反应中，核数据可以告诉我们反应截面、反应能级、反应产物等关键信息，这些信息对于预测和控制核反应至关重要。在核工程领域，核数据被用于涉及核反应堆、核武器和核医学应用等。

---

① 访谈记录：17

② 访谈记录：5

因此，核数据也是制定核安全措施和核安全规程的基础和必要条件。

对于核数据，父亲在文革前就意识到这是一项很重要的工作，并向上级提出成立核数据小组，每次去原子能研究所（401 所）谈核数据的事，主要都是他去。1973 年后，原子能研究所制定了一个八年规划，其中有一项是建立中国的核数据库。上世纪 70 年代，国际上已发展到有四个核数据中心，当时在原子能研究所有一个讨论，是否还要做核数据。因为原子能所的人都不愿意为九院做工作，就是因为“半导体”这个原因——有去无回，把核数据要走了，就没有回音了，用的好不好，下一步要做什么都没有反馈，所以大家对这个事情没有兴趣，认为没有科学意义。后来原子能所的李寿枬等人调查了国际情况，发现核数据问题工作量极大，而且我国与外国相差太远，我国还非常落后。李寿枬来到九院，找到王淦昌，报告调查国际国内核数据的情况，然后写了一份报告给核工业部。1973 年年底第一次在部里召开了核数据工作会议，九院由黄祖洽正式提出一个核数据清单，即他们需要什么样的数据这样一个清单，1975 年正式开始搞中国的核数据中心，1985 年正式建成我国第一个核数据中心库，也是唯一的一个。在此期间，父亲在支持建立核数据中心方面做了大量的工作。①

1986 年 12 月核数据委员会成立大会，一排左四为黄祖洽

① 访谈记录：5 和 11

## 参考书和文献：

1.《三杂集》作者：黄祖洽 北京师范大学出版社 2004 年 10 月

2.《当代中国丛书——中国科学院》（上）第六章 当代中国出版社 1994

3.《中国原子能科学研究院简史》1950—2010 原子能出版社 2010 年 8 月

4.《钱三强年谱》作者：葛能全 山东友谊出版社 2002 年 5 月

5.《彭桓武》作者：王霞 河北少年儿童出版社 2001 年 5 月

6.《金色年华》纪念中国原子能科学研究院建院六十周年征文集 原子能出版社 2010 年 8 月

7.《见证中国核潜艇》作者：杨连新 海洋出版社

8.《物理》第 33 卷，第 9 期，2004

9.《中华民族石破天惊的一天》中国核工业 2014 年 08 期 李鹰翔

10.《峥嵘岁月》主编：沈隆钧 北京应用物理与计算数学研究所

11.《钱三强年谱长篇》作者：葛能全 科学出版社 2013 年 10 月

12.《中国科学院院刊》2005 年第一期

13.《物理》第 53 卷，第 9 期，2024

## 访谈记录：

1.《2012 年 4 月 2 日赵理曾口述》 黄萌整理

2.《2012 年 4 月 19 日和 5 月 23 日黄祖洽口述》 黄萌记录、刘寄星整理

3.《2012 年 5 月 31 日和 6 月 20 日郑绍唐口述》 黄萌整理

4.《2012 年 6 月 2 日姚增华口述》 黄萌整理

5.《2012 年 6 月 8 日刘恭梁口述》 黄萌整理

6.《2012 年 6 月 10 日李德齐口述》 黄萌整理

7.《2012 年 6 月 25 日李德平回忆西南联大和清华的学习生活》 黄萌整理

8.《2012 年 9 月 9 日吴翔口述》 黄萌整理

9.《2012 年 11 月 21 日苏宗涤口述》 黄萌整理

10.《2012 年 12 月 20 日在原子能研究院活动室的座谈会》 黄萌整理

11.《2013 年 1 月 3 日在中关村访问李寿枏》 黄萌整理

12.《2013 年 1 月 16 日阮可强院士口述》 黄萌整理

13.《2013 年 9 月 14 日陈春树口述》　黄萌整理

14.《2004 年 10 月 9 日一个特殊的物理学家集会》　黄萌整理

15.《张蕴珍笔记》　黄萌整理

16.《2012 年 5 月 31 日周毓麟口述》　黄萌整理

17.《2012 年 6 月 2 日姚增华口述》　黄萌整理

# 第三部分

# 回忆黄祖洽

# 一个特殊的物理学家集会

黄萌　刘寄星

2014 年 10 月 16 日是我国原子弹成功爆炸 50 周年的日子，我们都希望父亲能过 10 月 2 日 90 岁的生日，参加庆祝原子弹爆炸 50 周年的纪念会，可父亲在 9 月 7 日却匆匆地驾鹤西去，留下这个遗憾。在这一个月的日子里，我常常怀念他，想起 10 年前学校为他举办的八十华诞生日会。

我以前整理过这个生日会的录音，写了一篇报道，并请父亲为我想个标题，父亲思索了一会儿说，题目可以是：《一个特殊的物理学家集会》，我觉得这个题目不错，反映出父亲做人的低调，就用了。

杨振宁、黄祖洽、朱光亚、李政道（从右至左）摄于 2004 年黄祖洽八十华诞生日会

2004 年 10 月 9 日，一个风和日丽的初秋早上。刚刚过完 45 周年的国庆节，在北京师范大学英东楼前，集聚了许多车辆和熙熙攘攘的人们。原来这天

上午要在英东学术会堂召开黄祖洽院士八十华诞庆祝会，正巧也临近我国第一颗原子弹成功爆炸 40 周年的日子。于是一场代替祝寿仪式的物理学前沿学术研讨会引来了几十年没有聚首的杨振宁、李政道同排就座，同时还有彭桓武、何泽慧、朱光亚、叶铭汉、于敏、周毓麟、陈能宽、何祚庥、胡思得、杜祥琬、贺贤土、彭先觉等 50 多位中国科学院和工程院的院士前来祝贺。

黄祖洽是我国核反应堆事业开拓者之一，是原子弹、氢弹理论设计的重要参与者和贡献者之一，两位诺贝尔奖获得者和这 50 多位院士，不论职位和名望的高低，都是黄祖洽的熟人：有的是他的导师，有的是他的同学，有的是他的校友，有的是他的同事，有的是他的学生，他们在满目鲜花和欢声笑语中欢聚一堂。

黄祖洽静静地聆听大家回顾 40 年前为原子弹、氢弹所付出的努力，回忆大家一起工作、学习和攻克科学难题的有关逸闻趣事。

从 1950 年研究生毕业算起，黄祖洽的科研教学生涯有 63 年，前 30 年，他从事核物理研究工作，与钱三强、彭桓武、何泽慧等科学家一起名列奠基者行列。其中前 15 年从事和平利用原子能的理论研究，后 15 年从事关于原子弹和氢弹的理论设计研究工作。由于工作的保密性，他默默无闻地工作在理论研究第一线，利用他从青少年时期以来在数理化方面打下的扎实基础，以及大学和研究生阶段养成的灵活开阔的思路，为后来的科研工作解决和攻克了不少难关。

其中被传为佳话的一件事就是：1955 年他随钱三强为团长的“热工实习团”去苏联的热工研究所工作期间，凭借他扎实的数学物理计算功底，用两种方法算出正确的临界尺寸，纠正了当时苏联专家给出资料中的临界尺寸数据，得到了苏联专家加拉宁博士的高度好评。

另外在研制核武器期间，由于中苏关系破裂，苏联专家撤走之后，黄祖洽不怕困难，苦心钻研，对有关原子弹中的若干难题，提出了关键性的意见。在最关键时刻，即第一颗原子弹爆炸前一天（1964 年 10 月 15 日），黄祖洽以他对有关物理机制的深刻理解和卓越的估算能力，在受命审“核爆炸不成功概率”任务时，快速、准确地估算出不成功概率，并在递交中央的计算报告书上与周光召和秦元勋一起三人签名。为第二天是否进行举世瞩目的原子弹爆炸实验的决定的定夺，投下了举足轻重的一票。

1960 年，钱三强未雨绸缪，指示黄祖洽在原子能所组织了一个“轻核反应理论小组”，并担任轻核反应理论组组长。同时，又在九院九所邓稼先担任主任的理论部兼任副主任，在研制原子弹的同时进行关于氢弹原理的预研。于是，黄祖洽穿插来往工作于二机部九院九所和科学院原子能所两地之间，因只能将原子能所的结果通报九所而不能将九所的结果告诉原子能所，被人们戏称为“半导体”。他发挥在反应堆理论和数学方面的优势，从无到有推导出适用于氢弹预研的广义动力学方程，包括考虑到介质运动的中子输运方程，为后来氢弹在很短时间内研制成功奠定了基础。

1980 年，在为我国两弹研制取得成功做出自己的贡献之后，黄祖洽主动转移战场，选择在北京师范大学培养后学，先后培养出近 20 名博士生、硕士生和数以千计的本科生，荣膺北京师范大学“最受学生欢迎的本科教学十佳教师”称号。

除此之外，在八十年代初，应当时原子能研究所所长王淦昌的邀请，黄祖洽在该所兼任了四年的副所长，主管理论研究方面的工作。1983 年，他接替了已故王竹溪教授《物理学报》主编的繁重工作，除使该刊质量不断提高之外，在他任主编期间，还开创了英文版的《物理学报（海外版）》和《中国物理快报》。

在多年的理论物理学研究和教学生涯中，黄祖洽硕果累累、桃李芬芳。他不畏艰险，永远保持主动学习、进取的创新精神。

在到会的有关领导讲话之后，特邀嘉宾开始踊跃发言。

**朱光亚**在西南联大时是黄祖洽的学长，在科学院原子能所及二机部九院曾与黄祖洽长期共事，在会上，他讲道：

“祖洽同志是我国核反应堆理论的奠基者和开拓者之一，是我国原子弹、氢弹理论研究与设计的重要领导者和参与者，他功底扎实、治学严谨、深入实际、善于创新，为我国国防科技和国家科学事业的发展做出了重大的贡献。祖洽同志不仅是一位杰出的理论物理学家，也是一位开拓进取的教育家。1980 年他离开核武器研究院以后，在物理学科的基础研究和人才培养方面取得了新的成就，我听说直到现在祖洽同志仍然坚持讲授大学本科的课程，风采不减当年，让我这一位老同志、老朋友感到无比地钦佩。上世纪五十年代开始我有幸与祖洽同志一起共事，得到了他的很多的帮助和启发，结下了深厚的友谊。他胸襟开阔，淡泊名利，非常值得我们学习。”

生日会合影。前排右起：于敏、何泽慧、黄祖洽、彭桓武

**彭桓武**是黄祖洽读研究生时的第二位导师，在清华师生共处 20 个月。黄祖洽大学毕业后，投考的研究生导师原来是钱三强，因钱当时正忙于筹建科学院近代物理研究所，事务繁多，不久彭桓武从英国回来，在云南大学任教一年后受聘于清华，彭专长于理论物理，又没有招到合适的研究生，钱三强为了让自己的学生发挥其所长，就把已随自己做了半年多实验研究的黄祖洽推荐给彭桓武作研究生。后来彭桓武和黄祖洽又在原子能所和二机部九院共事 20 多年，彭桓武不但是黄祖洽的导师，也是他的领导和战友，在会上已经 90 高龄的彭桓武走上讲坛，讲道：

“在新中国建立前后一段时间内，我国先后受外国的野蛮蹂躏和敌意封锁，为了在一穷二白的基础上建立起科学事业，新中国召唤并造就了大批优秀人才，而黄祖洽就是在这个时期成长和有建树的一位理论物理学家。经过高中的几年刻苦锻炼，具有很强自学能力的黄祖洽入大学后受到钱三强教授的亲自指导和赏识，所以研究生时就为钱三强教授所器重，1950 年硕士论文答辩后被吸收到中国科学院近代物理研究所，于 1954 年潜心钻研中子的输运理论，而后随着我国原子能事业的发展，他带领一批青年钻研核反应堆的理论和设计，其中一大部分人和黄祖洽本人后来都转到核武器的理论探索和设计研究。

“1980 年黄祖洽进入北京师范大学低能核物理研究所致力于培养研究生，从学术方面提出问题指导论文。黄祖洽为人正直、治学严谨，工作中虚心求实、主动认真、细致可靠、判断审慎、不盲从、有创见，并善于启迪后学发挥众人所长。

“他在各个时期的论文也反映出他开拓进取的风格，这些工作和所取得的优秀成绩对他以后在科研方面做出的重要贡献都不无影响。

“我和黄祖洽从 1949 年他在清华大学做研究生开始相识和共事二十余年，以后也经常沟通和相互切磋。衷心希望为祖国的繁荣昌盛，黄祖洽教授在教育和科学事业上有更大的成就。

“我和他的关系在下面这半阕词中说得很清楚：

廿月师徒，
多年战友，
逢时顺势同行走。
科研设计育人才，
尖端理论摇龙首。

“后面这句话搞核武器的都相当清楚，尖端理论摇龙首。”

著名的物理学诺贝尔获奖者**杨振宁**是黄祖洽在西南联大时期的学长，他发言说：“我非常荣幸参加了今天这个盛会。中华人民共和国物理学界几代的领袖人物今天很多都出席了，方才各位描述了一下子黄院士的许多贡献，我想我也许可以从另外一个角度讲几句话。我们都知道二十世纪是中华民族复兴、中华民族崛起的一个世纪，这是全世界的人们都承认的。而这个崛起的之间重要的一个环节，也许是最重要的环节，就是中华民族对于国防方面所做出来的重大成果。在这个重大成果之中，黄院士扮演了一个非常非常重要的角色。黄院士跟我们都八十岁了，我想一个人到了八十岁不免要回忆一下子我这一生到底做了些什么事情，我想黄院士会想到他对于中华民族子子孙孙的重要的贡献，对于今天中国在世界的地位的贡献，我相信他会感觉到骄傲与欣慰的。”

黄祖洽、杨振宁在会上翻阅《三杂集》

刚刚从美国赶回来的物理学诺贝尔奖获得者**李政道**曾经在西南联大与黄祖洽同班学习，他说："尊敬的祖洽同学，我非常高兴，我是昨天下午才从美国回来，恰好赶上了今天祖洽八十岁华诞的庆祝会。祖洽是我 1945 年—1946 年西南联大的同学，46 年我离开祖国到美国去以后，差不多有几十年没有见到祖洽。让我很高兴的是，几十年以后我回来见到祖洽，祖洽已经为祖国做出了这么重要的贡献，对核反应堆的理论、对原子弹、氢弹的研究都有极重要、极具历史性的贡献。这里面我也许可以讲个故事：1946 年在西南联大，我们的老师吴大猷教授受当时中国政府的委托，选了朱光亚和我去美国学习，准备在中国做原子弹。但在 1946 年光亚早已是大学毕业了，他比我们前几班，在西南联大已经是最出色的年轻物理学家之一，光亚在美国学成以后就回国了，为了祖国在原子弹、氢弹方面作出了历史性的极重要的贡献，这是大家都知道的。在 1946 年，我跟祖洽还是大学二年级的本科生，当时我就非常佩服祖洽对物理的了解和他的能力。当时吴大猷教授选了我，我就跟吴先生说：我在物理方面的见地很肤浅，吴先生应该选更优秀的学生，选黄祖洽同学那样的人去美国。现在回忆起来，当时我向吴大猷老师对祖洽的介绍是很对的。吴老师虽然是选了我去美国，而我在美国跟的是费米教授，在 1942 年费米教授的确是全世界核反应堆的创建人，而以后也是美国原子弹研制成功的主要的领导人之一，可是我呢？我对原子弹什么都没学，辜负了当初吴大猷教授带我去美国学原子弹的目的。可是祖洽呢？祖洽留在祖国，完全靠他自己的能力和他的努力，成为祖国的核反应堆理论奠基人、开拓者之一，对祖国的原子弹、氢弹的理论研究方面做出了历史性的重要贡献，这完全是靠他自己的才能和努力，以及祖国的环境。1945 年到现在快六十年了，回忆起当初，我和其他联大的同班同学对祖洽的物理能力十分钦佩，对祖洽的高度的期盼现在都实现了，所以我今天是非常高兴能够参加祖洽的八十华诞盛会。”

黄祖洽、李政道在生日会上合影

**何祚庥**院士早年在清华大学读书时，曾是黄祖洽的学弟，后来他和黄祖洽又在科学院原子能研究所共事，共同探讨过氢弹原理，他在会上讲道：

“我跟黄祖洽是老朋友啦，记得在清华的时候，我在物理系二年级，黄祖洽已经是四年级了。偶然的机会见了面、认识了，一次周培源老师在大礼堂做通俗报告，介绍狭义相对论，一听周老师讲狭义相对论，我就非要去听不可，但只听得周老师在讲，却一点也没有听懂。后来黄祖洽说：‘今天周老师讲得好极了’。他说好极了，可我一点也不懂。这件事情对我有很大的影响，因为觉得越是不懂的东西，就越要弄懂，同时还受到黄祖洽的刺激，所以就非要弄懂狭义相对论不可。

“当年我们在清华的时候，有很多同学都愿意学理论物理，但那个时候的清华跟现在不一样，没书。比如说电动力学，有一本德文的弗伦科尔（Frenkel）的电动力学，那时候大学二年级念了一下德文，但要达到能看懂书的话，水准差得还太多，所以找不到很合适的书看。后来学量子力学，也是没有书的，有人介绍说看狄拉克（Dirac）的量子力学，这本书当然很好，不过那个时候我们在什么都不懂的情况下看他的书实在是很困难，非常的苦恼。这个时候黄祖洽老同学就介绍我们一个重要的经验，说是历届学物理、学理论物理的学生有个重要的秘诀，就是找王竹溪先生借笔记。所以我就借王先生的统计物理、电动力学、量子力学等学科的笔记，并且非常仔细地读过一遍，就是靠这样的‘书’，我们才开始走进物理学的门。

“黄祖洽给我们低年级同学传授经验，介绍读索末菲（Sommerfeld）的书《原子结构与光谱线》（索末菲是一个很好的德国物理学教授，他带的学生中有许多人都成为著名的物理学家），黄祖洽精心钻研这本书，从这本书里学习到作者讲述的关于光谱学和量子力学方面的知识。他在学习上有很多专长的地方，我们这些后学的人从黄祖洽那儿学到不少东西。”

何祚庥院士还提起当年黄祖洽做毕业论文的故事：“彭桓武先生出了个题目，用哈特利-福克方法计算氟化氢分子的结构常数，采用这种方法需要做大量数字计算，当时的清华大学没有电子计算机，连现在的计算器也没有，有的只是两台手摇的机械计算器，好多人做论文都要用，在做数字计算的时候，要排队的话就不知道排到哪一年了。黄祖洽躲起来两个星期，经过学习、研究和思考，变换了一种思路，采用变分法计算。很快就做出计算结果，与实验数据很接近，拿给彭先生看，也得到他的认可，就写出那篇毕业论文-氟化氢分子的一个量子力学计算，于是黄祖洽就毕业了”。

接着何祚庥院士又讲了一段很少被人提及的有关黄祖洽的故事：

“黄祖洽跟彭先生做了一个非常重要的工作，就是到一个实际的核工厂去，帮助计算浓缩铀或钚之类的易裂变物质可能出现超临界事故的环节和出现的条件，以及可能出现事故的恶性程度，拟定防范的措施和应当执行的特种安全规程，供厂方参考，裁决各个设施距离要拉多远，装料搁多少，控制不能超过多少？超过多少就要搞不成？就要出事故，这样一件工作是没法精确计算的。由于当时没有那么快的计算机，都是现场解决，主要是数量级，对于数量级的估计，头脑要非常之清楚，很快黄祖洽在这个总体布局上就解决了问题，所以在做这类工作时，都是要有很过硬的功夫的。

“我写了一篇文章，这篇文章登在《物理》杂志上面，文章中非常重要的一点是：当时黄祖洽同志领导我们这个组做氢弹研究的时候，因为这个东西的确是没有可抄的，氢弹是怎么回事绝对是秘密，包括氢弹用什么材料，氢弹烧着的原理是什么，这个构型、形状是什么，都属于秘密，这全靠猜。所以这时候猜就要有点本事，不是拍脑袋去猜，是扎扎实实一步一步去做科学工作，也就是一步一步解剖来做数量级的估计以至于程序的估计。他的文集当中有的一些文章就是这方面的工作，黄祖洽同志就从统计物理的基本原理出发，从有辐射在内的、有中子在内的、整个热核反应要素都在里面的这样一个统计模型出发，建立氢弹爆炸热核反应物理过程的一个理论，然后再做近似找出辐射流体力学方程等等。所以从这些工作可以看出他的思想的线索。”

在清华上学期间，何祚庥院士曾经是黄祖洽的入党介绍人，他很了解青年黄祖洽的政治思想情况，在会上，他介绍说：“黄祖洽院士为科学工作做了很多的贡献，同时为核武器、反应堆做了开创性的工作。另外，黄祖洽同志还是一位优秀的共产党员，黄祖洽同志早年参加革命运动，是积极参加学生运动的一位，后来在年轻时加入了中国共产党，然后一直按照党的要求在做很多工作，比如说他在出国期间学的还是宇宙线，宇宙线就是基本粒子，因为那个时候大家最有兴趣的是粒子物理的问题，但是一旦国家有需要他做反应堆，他就去做反应堆，一旦有需要他去做核武器，他就去做核武器，等着核武器的理论完成以后，他又自己给自己提出新的任务转到教学工作培养后一代，而且不仅培养后一代，他在统计物理方面还做了很多新的工作，所以在这个意义上讲，可以说黄祖洽同志也是战斗的一生。

“前个时期我们提倡风能，风力发电，黄祖洽院士也是一位积极的支持者之一。也就是说在黄祖洽一生的工作中，除了做了很多科学工作之外，还是积极关注我们社会进步的一位学者，我在这里很愿意介绍我们这位老学长，介绍他做的很多的贡献，同时也表示我们应该向这位学长学习，并且祝黄祖洽同志健康长寿。”

**杜祥琬**院士曾经在九院与黄祖洽共事多年，回忆六十年代和七十年代的往事，他说：

“大家知道早在原子能研究所工作的时候，黄先生就为我国的氢弹原理的探索进行了非常重要的基础性研究。在核武器研究院工作期间，黄先生曾经亲自指导我们从事中子物理学和核试验尖端理论的研究和核武器的理论设计，他坚实的学术功底，严谨的学风，刻苦钻研的精神给我们留下深刻的印象，并成为大家的榜样。也为我国核武器的发展和核事业的成功做出了重要的贡献。

“他还是我国核数据研究工作的开创者之一，他倡导成立了中国核数据中心，团结国内各个有优势的单位进行大协作，取得了一系列的成果，成为进行核武器设计和实验分析和核工程设计、包括核反应堆设计的应用技术平台。

“他对培养青年科学工作者和研究生十分认真、诲人不倦，他撰写的《核反应堆动力学基础》、《输运理论》等专著和许多高水平的论文成为青年科学工作者常备的参考文献和教材，他对中子输运方程清晰而流畅的讲解至今被大家称道和赞扬，他在学术上对新事物十分敏感，不断研究和思考新问题，总走在学科发展的前沿。同时他作为一名中国著名的核物理和理论物理学家，作为一名知识渊博、德高望重的物理学工作者，他还为中国物理学会的建设，为物理学出版物水平的提高和我国物理学事业的发展做出了卓越的贡献。

“我还特别想补充的一点，是包括黄祖洽先生在内的我们新中国的一批老一辈的物理学家，在物理学界树立了非常好的学风，这是我们中国物理学界的一个宝贵的财富，比如在黄先生身上体现得非常清楚的，他一直是非常刻苦的学习，从他年轻的时候一直到他七八十岁的高龄还在刻苦地学习，他最近还说‘我还是一个学生’，还有一点就是他做事非常认真，非常地严谨和踏实。

“另外，他学术上非常讲究学术民主，我们在九所工作的时候大家都有这种感受，因为当时中国的核工业，就说核武器研究院是龙头，而核武器研究院里面呢九院理论部是龙头的龙头，也就是龙头的两次方啦，然后在这个龙头里头呢还有几个带头人，像我们大家都知道的邓稼先先生、周光召先生和黄祖洽先生，他们都是这样，我们在一块儿的时候，在九所的风气下都不称呼什么官衔，也不称呼什么先生，而是直呼老黄。我今天见到他还叫他老黄。大家都是非常的平等，非常的民主，感受到一种非常好的学术氛围。

“同时，在他的身上体现出一种非常好的协作精神，我还特别想强调的是无论黄先生是在做应用研究的期间，还是在做前沿基础研究当中，他都有一种非功利的追求，我想在科学史上，许多重大的优秀的成就都是来自于非功利的追求，来自于一种奉献的精神。这一点不仅在我们今天这个物理学前沿研讨会上，而且在我们中国物理学界乃至中国的科学界，都要力戒浮躁，扎扎实实地作出高水平的成果，这是非常重要的。而这一点，我们从黄先生的身上可以学到不少东西，最后我要送黄先生四句话：祖洽院士八十寿，智慧勤劳多成就。科学品德称楷模，愿君健康更长寿。”

**叶铭汉**院士是清华大学物理系创始人叶企孙的侄子，曾是黄祖洽在西南联大时的同班同学，后来在二年级时从军抗日一年，返回西南联大后就晚毕业一年。解放后，他们都是最早在近代物理研究所一起工作的同事，他擅长于实验物理，黄祖洽则研究理论物理。可以说叶铭汉是黄祖洽的老朋友了，就连黄祖洽小时候的事，他还记得清清楚楚的。在会上，他提到黄祖洽小时候曾经犯过的一个小小错误，引起在场的嘉宾和听众不断发出开心的笑声：

“祖洽的工作作风非常严谨，他的这个特点在学生时代就给我留下了深刻的印象，但是人总是要犯一些小小错误的。今天我就讲讲祖洽的一个小小错误，祖洽听后也会哈哈大笑。我听祖洽跟我讲过，他上初中的时候去考学校，考完学校之后，学校就发榜了，他就去看，一看他名字在榜的头上，当时就非常高兴，说录取啦，就回家了，一直到开学报到的时候才去学校，一看居然没有他的名字，他没有被录取，这是怎么回事啊？后来才知道这个榜上最后有几句话：这些被录取的人还要到学校进行复试。他 高兴就回家了，就没有看到后面的那几句话。他给我讲过这个故事，我印象非常深刻。我本来要讲他出车祸的事，但这件事在他写的书上讲的非常详细，我就不仔细讲了。当时他撞车后，我们都非常的担心，清华的老师们都非常的担心。觉得这么好的一个人遇到这个车祸，脑震荡有几个礼拜都昏迷不醒，所以大家都非常担心，那时候比我先到近代物理所的同志，有几个都轮流去看护他。但是后来我们感到非常高兴的是，祖洽醒过来了，就像发生奇迹一样，这使大家非常高兴。但同时我们又担心，这个人的头撞了一下，脑了可能要受影响，会不会不那么好使了。现在看来，受到这么大的脑震荡伤害，这么多年来，祖洽工作做得多么好呀，到现在身体还非常健康，这又是 个奇迹。我想也许再过十年我还能够再来庆祝祖洽的九十华诞。”

六十年代，当黄祖洽在九院担任理论部副主任时，当时还比较年轻的**贺贤土**在回忆与黄祖洽一起工作的那段时期说：

“黄先生是我们数理学部80年的院士，数理学部发展到现在健在的有126位院士，黄先生在数理学部的发展当中做出了重要的贡献，他对学部的工作和发展非常关心，下面我想借此机会谈一下对黄先生从事科学研究、教学的高尚品德的三点体会。

“第一点体会，在前面发言的人都讲了，黄先生是从事理论物理研究的，因为祖国事业的需要他就从事应用研究，最早就是从事反应堆的应用研究，实际上是跟彭先生一起，他们两位是非常仔细地经过研究之后才到苏联去学习的，他们的工作为我国反应堆的发展做出了很大贡献，而且培养了一批人，现在部里面很多人与原子能相关的，像我们这一代的年轻的都是他的徒子徒孙了，都是他们用心血培养出来的。

“我想第二点非常重要的是黄先生在科学研究当中的这种非常严谨的，非常踏实的作风，非常清楚研究工作的物理概念，这个方才提到了黄先生在九院的时候突破原子弹、氢弹，他的工作，当时他是我们九院理论部的副主任之一，主任是邓稼先院士，当然还有彭桓武先生是总的学术领导者。在突破氢弹的时候，黄先生是由彭桓武先生组织的三个研究方向其中之一的负责人，就是当时突破氢弹分三路进行，他在突破氢弹的工作当中领导的那个组做了重要的贡献。另外，我想我们大家都有个感觉，方才杜祥琬谈到，的确像我们这样年龄的人应该是他学生辈的人物，从他那里学了很多，不光是这个科研道德，而且很多科研的思维的方法，这个大家经常讲，我们同事当中，如果是黄先生做的工作，他的计算结果的可信度是非常高的，几乎找不出他的错误，这是大家都公认的一点。他对繁琐并且复杂的一个系统，可以非常仔细地把它推导出来，比如说非常复杂的通常的中子输运方程，因为中子能量很高，物质的运动是可以忽略不计的，所以在静态情况下，物质是静态的，但是对于在核武器爆炸里面的低能中子，静态的前提就不合适，所以黄先生特地推导了考虑流体运动的中子输运方程，这个方程很复杂，而且做了很多的简化，所以他做出的这个工作，特别是他走了以后，仍然是我们研究中子输运的基础。我只举这两个例子，黄先生对我们后期的贡献，而且在这当中，他严谨的思想、踏实的作风的确实使我们这一代人受到很大的启发。

“第三点我想要提到的就是改革开放以后，因为国家需要大量建设的人才，黄先生就转到教育岗位上，在北师大从事研究生培养，以及低能核物理所的科学研究工作，同时又兼教学工作。前几天我在做了一个报告之后，送黄先生到家，他说他马上要给大学生去讲课，所以就没休息，去准备讲课的工作，从这些当中可以看出黄先生对教育事业的热爱和培养人的热情。

“从这三点当中我个人的确感觉到，我们应该更好的学习黄先生，他是我们很好的榜样。

“另外，我想说一下，大家看看我们的黄先生，现在八十高寿，看上去大概也就跟我差不多年龄的样子，黄先生对自己的身体有严格的日常生活规律，他有套‘黄氏’太极拳，经常做这些锻炼，我在刚才提到了他的心境非常平静，这些东西都是他长寿的保证。所以我建议黄先生应该把它，在做这个八十华诞、我们的学术研讨会的时候，把长寿之道的秘诀贡献给大家。刚才杜祥琬院士说的我们在那个理论部工作的时候，对于敏先生，我们叫老于，周光召先生叫老周，邓稼先先生叫老邓，但对彭先生当然我们不敢这样叫，叫彭院长，所以祝贺老黄、老张幸福，老黄、老张健康长寿。”

曾经与黄祖洽院士一起在九院研制原子弹、氢弹的**胡思得**院士说：

“我想补充两点，第一点，我们国家氢弹为什么研究得那么快，有很多原因，但我想有个非常重要的原因：当时我们在搞原子弹突破的时候，部党组就委托钱三强同志在当时的原子能研究所组织起一支队伍，开始研究氢弹的基本理论，包括热核反应的基本理论，氢弹的作用机理，以及一些基本的参数，这件事情我觉得是非常之重要，我们这边的原子弹理论突破以后，当时在原子能研究所的这支队伍，有几十个人组成的（包括物理、数学方面的人），整个连人带资料都转移到核武器研究所（当时称九院九所），把两支队伍合在一起进行突破，所以大家知道，在第一颗原子弹爆炸成功之后的两年零两个月，我们的氢弹原理就成功地突破了，两年零八个月，第一颗氢弹就爆炸成功了。这与当时部党委有这么一个安排有很重要的关系。而在原子能研究所领导这支队伍的人就是黄祖洽和于敏两位同志，分别是组长和副组长，当时黄祖洽是两边跨的，一半时间在九所那里指导我们搞原子弹，另一半时间就在原子能研究所搞氢弹，所以当两边一合并，我们搞氢弹的速度就非常快。这是我想说的第一件事情。

“第二件事情我想说的是他对我个人的教育，我很荣幸，在研究所里，黄祖洽指导我做中子源的工作，昨天科学时报上有一篇文章讲到黄祖洽院士怎样教育学生，启发、引导，教做学问的道理，我对这点深有体会。在突破原子弹的时候，我们都是用手摇计算器来进行计算，当时在某些问题上我们遇到了很大的困难，算不下去了，觉得有问题，当时好多专家都在讨论，像彭公、郭永怀、程开甲等老专家都在讨论，到底是什么问题？争论得非常激烈，有的擅长于搞力学的，从力学的角度出发分析这个问题，有的从物理的角度讲，讲的头头是道，很快给大家一个清晰的概念。我们当时是刚刚毕业的大学生，具体算是我们算的，在会上我们讲讲是怎么算的，算的好像没有多大问题，可是算的结果不对，一共算了九次，我们虽然刚刚毕业，但很荣幸能有机会与老专家们一起讨论，在会上听了这些老专家们讲得很漂亮。有一天晚上，我们吃晚饭以后，我与黄祖洽同志一起散步，我就说：在会上，我真佩服这些老专家，水平都很高，讲的都很漂亮。黄祖洽就跟我说：小胡呀，你不能光看热闹，你得想想每个人讲的都有哪些优点，他就给我举个例子：譬如说，为了简化问题，就用微扰论，那么每个人讲的都不一样，如程开甲院士是搞固体物理的，什么都展开，把后面的小量都丢掉，给大家一个很清晰的概念，周光召同志就用微扰论，一阶小量，二阶小量……，把二阶小量后面就不要了，彭公就更厉害，“三”等于无穷大，把两个因素一比如果等于三，就视为无穷大，也就是说只考虑分子的因素，把分母的部分就不要，先暂时不要考虑，这样来讨论问题。当时也没有大型计算机，都是手摇的，再加以分析。所以他说，你应该学习每一个人发言的优点是什么。你把这些东西都学会了，将来你就是个了不起的科学家。但很遗憾，我没能把他们都学会，但是教给我一点，就是和大家共事的时候，要多想想别人有什么优点，我觉得这点非常重要。因此是黄祖洽同志领我进了这个科学的大门，使我在后来的工作中经常考虑考虑别人都有哪些优点，特别是在核武器研究这么一个集体性很强的工作过程中是非常重要的一件事，这点给我的印象特别深。最后祝老黄身体健康，开个玩笑，让时间坐标倒退 40 年，我刚刚见到黄先生时，就是他现在的这个样子，我祝愿他再过 40 年还是这个样子。”

曾经在九院工作，与黄祖洽有过专业学术交往的**彭先觉**院士讲：

“我作为一个晚辈，谈谈跟黄祖洽院士相识、相知的一点感受。我是1964年大学毕业后分配到九院理论部工作。当时我分在11室。黄祖洽院士在业务上主管一室。所以在早期，与他的交往比较少。但是他对我来讲大名如雷贯耳，鼎鼎有名。而且他的外表也给我有很深的印象，宽阔的脑门锃亮锃亮。说明代表了聪明、睿智、博学，有一种学者的风度。所以非常引起我的敬仰。给我印象深刻的是大约在1965年左右，我去听他的一个学术报告，关于考虑核运动情况下的中子输运方程。这个工作也没见前人很仔细的做过。问题非常复杂，数学推导啊，……当时黄先生用粉笔在黑板上写，做了好几大黑板，而且采取了很多的、很好的处理方法来简化这个问题。最后得到一个比较完整的结果。当时我大学毕业不久，听起来觉得对这么复杂的问题做起来这么熟练，条理清楚，结构明确。所以当时觉得他确实是一个很了不起的大科学家。

“我跟黄院士真正相识是在1967年，在那时候黄院士已经经过了文化大革命的洗礼冲击，当时大家都说他是反动学术权威，把他对问题的严格要求说成是学阀作风。但是后来，在1967年，当时有一项任务，他是这项任务的领导，在作这项任务过程当中，他当时已经是大科学家了，但是还是和我们一起讨论方案，一起算题，一起去上海出差，一切都和我们在一起。在讨论问题当中也是非常平易近人，给大家非常好的印象。后来这项任务大家做着做着就觉得，在这个方向上是不是还要坚持做下去，大家有不同的看法。最后多数人觉得这项任务是不是该停止了，因为在其他方向上已经有人在做，可能那个更好一些。我觉得黄院士非常认真听取大家的意见，在听取各个方面意见之后呢，他最后也还是同意大家的看法，欣然接受了这个任务暂时停止的意见。

“从我个人来讲，黄先生对我在学业上也有很大的帮助，有一次我在推导一个问题时，做的比较复杂，他发现以后就说这个有更简单的方法去做，然后他亲自领着我到另外一个室里，请他们帮我介绍方法。同时呢，他也指导我去看一些书，仔细阅读书。这对我后来的工作都非常有益，也可以说受益终身。黄先生除了在学术上学风严谨，实际上我觉得他也是一个学识渊博的人，同时也很有幽默感。我记得我们一次去青海出差，当时他是领队，我们当时都是小青年，和他在一起，他给我们讲了很多幽默的故事，他说他从小就在街头地摊去看武侠小说等等，他对这些东西就记得很多，所以我觉得这些对他各方面的修养也很有帮助，可以说博古通今。这些对我们来说也很受教育。总的来说，我个人谈起黄先生时有一种非常亲切的感觉，在他 80 华诞之际，我恭祝老先生及夫人事事顺心，事事开心，健康长寿，幸福美满！”

黄祖洽在八十诞辰生日会上

嘉宾们讲过话之后，大会又念了几封来自科学院等单位的祝词，最后终于轮到黄祖洽院士了，他站了起来，步履沉稳地登上讲台，做答谢致词，他说：

“各位贵宾，贵宾当中有我的老师，也有我的学长、还有我的老同学、老同事、老朋友，谢谢你们今天来参加这样一个会议，同时也谢谢刚才发言的一些先生们对我的夸奖。实际上我自己觉得也没有做什么事。回想起来虽然我今天已经 80 岁了，可是我觉得好像从开始念小学到现在也很快的样子。而且我始终在心态上还是一个学生的心态。因为实际上，比如我举个例子，刚才胡思得院士，他很客气，他说我对他有很多的帮助。实际上我想起来，我刚到核武器研究所的时候，向胡思德这些年轻同志学习了不少东西，比如冲击波和稀疏波怎么相互作用的问题。而且从他那儿学到这些东西以后我马上应用到了一个具体工作中，解决具体任务里的一个问题。所以在座的不管是年长的还是年轻的，我在和他们交往的过程中，总是感觉能够向他们学到不少东西，所以我作为一个学生在这里谢谢大家！

“刚才会议主持人让我讲讲锻炼身体的体会，其实这个问题倒是也可以说一下，因为我记得我在念中学的时候，初中毕业的时候身体很不好，经常流鼻血。所以面黄肌瘦，有时候在大热天还披着一个破棉袄。当时有一个教几何的老师和别的同学说：“你们不要看黄祖洽学得好，他活不到四十岁。”后来有同学告诉我这个事情。当时在那个情况下也是没有办法的，因为是抗日战争时期，又在农村，营养也不好。我是靠公费生活的，当时公费的伙食是比较差的，所以营养不好，面黄肌瘦也是自然的事情。

“不过我很小就开始注意把学习到的一些卫生知识应用到自己的生活里面。比如说我从来不抽烟、不喝酒，而且我记得在念中学的时候，我们中学在山村里面，附近有一条小河，我每天一大早起来就跑步到河边，然后河上有一条小船，用竹篙撑着，我就自己撑过河。撑过河以后，河对岸有个小山，我就爬到小山上，在山顶上大声唱歌、跳绳。然后再跑下山，再撑船过河，再跑回宿舍洗脸漱口以后，拿着一本英文书就到田野里头读起来了。所以我总是觉得虽然是在艰苦的环境之下，我没有失掉生活的信心，总是比较乐观向上的生活。比如说，在1950年刚刚研究生毕业参加工作以后，没有多久就不幸有一次在回清华以后在回城的过程中，在海淀那地方被汽车撞伤。当时我不知道，直到多少天以后，我醒来已经在医院里面了，别人告诉我说你已经晕过去好久好久了，现在到底晕过去多久，也不清楚，可能是两个多星期。然后呢幸亏当时已经解放了，要是没有解放的话，我在北京既没有家，父母家人也不在北京，也没有亲友，那就很难说会怎么样了。解放以后呢，当时我已经分配到科学院近代物理研究所了。科学院还是很关心的，从医院出来以后把我接到科学院院部，在院部里头一间小的房间里面休息。当时也有一些清华的老同学来看我，一方面表示向我慰问，另外一方面我听别人转告我说：糟了，黄祖洽以后不能干理论物理了。我听了这种传说后也没有很在意，不过后来我可能是1950年10月出院的，然后到1951年春上，我又回到近代物理研究所，跟彭先生合作写了一篇论文。所以我有一种不怕鬼不信邪的性格，有这样一点倔强的精神吧。

“当然脑震荡对我造成的影响还是比较大的。我举个例子，我在二年级暑假，那时候还在昆明。王竹溪先生就教我学法语，给我一本 *Complete French Grammar* 让我趁暑假的时候学习，后来我确实在那个暑假学了这本书，学习之后自己就可以看一些法文的数学书了，什么古匝德（Goursat）的《数学分析》、阿贝尔（Appell）的《有理力学》等等。1946 年到了北京以后，在清华图书馆里借到这些书是可以看的。但是我觉得自己自学的这些法语还不够，后来在读研究生的时候又选了外文系的法文课。可是车祸以后我在外文系选的法文课学的法语都忘记了。当时实际上在法文班上我的成绩还是不错的，不过一撞就都撞掉了。可是我自己自学 *Complete French Grammar* 那些知识还没有忘记，所以一般的法语数学书还可以看。我总是有意识注意自己这样一些缺点，总是不断的学习。比如说我在干校劳动那两年，回来以后有许多东西忘记了，那我要从头学习。就是始终要保持一个学习的心理，同时我性格也比较乐观，什么事情都看得开。所以不太为一些事情造成心理负担。如果这样一些经验，比如经常活动的习惯、保持心态的平衡，对大家有用处的话，我觉得大家也是不难做到的。谢谢大家!"

当黄祖洽讲完之后，接过了一大束鲜花走下台时，会场响起热烈的掌声，这掌声代表着对他的祝贺、对他的敬佩，更有对他默默无闻、无怨无悔地把一生奉献给物理学事业的赞美。

黄祖洽与家人摄于 2004 年八十华诞生日会

第二天各大报纸刊登了这一消息，网上和电视上也播出这一新闻，一时间，默默无闻的黄祖洽成为了新闻人物，有人问他：没有被评上两弹元勋，有什么想法？他回答说，我做了我应该做的事，很庆幸的是我所学的专业知识能为国家所用，就是做了元勋又怎么样呢？

他以一种平常心对待荣誉和潮涌般的赞美，继续做他的学问，继续踏踏实实地给学生讲课，这也就是他健康长寿的秘诀吧。

# 2012 年 5 月 31 日访郑绍唐

郑绍唐[①]：

参加反应堆学习班的名单上括号里的人不确切，我问了些人，有的说他们参加听课了，有的说没有参加。前面的人确切一些，而且有的人都走掉了。

蔡少辉、荣茉英、王贻仁是比我们早一年毕业的，他们是 1955 年毕业的，我们是 56 年毕业的。56 年毕业的有物理方面的：郑绍唐、胡华琛、李清润、方励之、张连贵、俞沛增、王惠民、陈芸、高文俊、张声溪；还有数学的和计算数学的：孙绍麟、陶大堃和陈克娜；还有搞反应堆工程的：陈叔平、孟希哲、刘世耀。

大概就是这么些人，其中出名的就是方励之，方励之的情况是这样，他原来是北京大学物理系的，念了三年就抽调到念核物理了（黄萌插问：这三年学的是什么专业？郑绍唐回答：物理系头三年不分专业，四年级才分专业）。56 年毕业之后分配到原子能所，彭桓武向物理系主任胡济民要人，他们两人很熟，就要了几个学生，其中就有我、胡华琛、李清润、方励之等，方励之是从北大调到北大物理研究室，我是从复旦调到北大，发展下去。如果中间不出事，我们可能就是走一条路。57 年反右，方励之爱人在北京大学，当时北大物理系的思想非常活跃，大家在那里议论非常多，方励之议论也都是在北京大学议论，没有在原子能所放什么右派言论，所以原子能所没有抓他右派。是他们北京大学反映过来说方励之有右倾言论，所以在原子能所给了他一些批评，是觉得他思想右倾。彭先生和黄先生他们领导的那个核事业还是很保密的，要做保密工作就不合适了，就把他调走，调到科学院的科技大学，教书去了，后来做了科技大学校长。89 年学运时政府把他赶出去了，直到今年 4 月 6 日去世，也不知什么毛病去世的。他人很聪明，4 岁就上小学了，因为他妈是小学

① 郑绍唐（1934—2021），男，研究员。1956 年北京大学物理研究室毕业，同年分配到中国科学院原子能所工作。1960 年 7 月调到九所，曾任九所副所长、科技委主任。

教员，比我小两岁，所以今年他去世时才 76 岁。

其他一些人后来也没有在原子能所待下去，教书去了，像王惠民、张声溪和高文俊都到大学里教书去了。陈芸在反右时被打成右派，调到山东教书去了。

我们这些人在一起，彭先生讲课，有时候黄先生也讲一点，金星南也讲一点计算数学。当时三拨子人，主要是学物理的，还有学数学的、反应堆工程的。当初就是想培养这么一批人，19 人。真正到九所的是王贻仁最早（1958 年），1958 年九所才筹建，当时援助我们的苏联专家说："你们用不着调太多人来，调些大学生来就行，由我们提供图纸资料，教他们怎么干就行了。"所以当时调了些大学生，从 401 所（原子能所）调的人不多，从我们 401 所理论室调了两个人：邓稼先和王贻仁调到九所去（后来叫九院），后来又调去陈小达、我、蔡少辉，孙绍麟后来也调到九所。（黄萌插问：哪一年？郑绍唐回答：我与孙绍麟，陈乐山，吴翔 4 人是 1960 年 7 月借调到九所，1963 年 3 月把组织关系调到九所。蔡少辉不知是 1961 年底还是 1965 年 1 月调到九所的）王贻仁比我毕业早一年，后来文革期间去河南上蔡五七干校，然后就没有回九所，调到应用数学所去了，荣茉英由于心脏病文革期间去世了。当时从各个大学调来的学生是到北京大学物理研究室，后来这个室演变成技术物理系。

在九所黄先生分管一室，我是一室的主任。

《文史参考》里的那篇文章中有一处错误，周总理不是在中南海接见，是在人民大会堂接见。

《物理学照亮世界》这本书里那篇我的文章，当时是科协开会，那时有个问题，就是物理在大学里不太被重视，物理的课时越来越少，所以科协开会让说说物理还是很有用的，找了几个人从各个方面讲了讲，我是从核武器发展方面讲了讲，就是核武器的发展离不开物理学家，靠许多物理学家的工作，从这个角度讲了讲，就形成了这篇文章。

《中国科学院院刊》里的这篇文章和《物理》里的那篇文章基本上是重复的。

关于黄先生对原子弹研制的贡献的介绍就是《中国科学院院刊》里的这篇文章。开始研究原子弹时我在原子能所，也就是 401 所，黄先生领着我们 4 个人：郑绍唐、吴翔、孙绍麟和陈乐山。郑绍唐、吴翔和陈乐山是搞物理的，孙绍麟是搞计算数学的，他是复旦大学调来的。陈乐山与吴翔没有听彭先生和黄先生讲的课，不在那 19 人里，听课的是 56 年毕业的。陈乐山与吴翔是 57 年毕业的，他们也是北大技术物理系毕业的，毕业后劳动一年，58 年才分配到 401 所去。

轻核预研组是在 401 所，那时我已调到了九所。（黄萌插问：预研组的人员？郑绍唐回答：当时我不在 401 所，据我所知，这个组开始时约十一二人，后来调来很多大学生，陆续发展到近 40 人。人员有何祚庥，蔡少辉，萨本豪，刘宪辉等，朱洪元每周抽一天时间参加部分工作。）

开始探索原子弹时九所和原子能所是平行进行的，59 年 6 月以后，苏联宣布不给援助了，钱三强找到黄先生，让我们也探索原子弹，当时黄先生领导我们 4 个人探索，定期直接向钱三强所长汇报。当时没有资料，而且中子的核截面数据都没有，钱三强给了很大的支持，他的秘书给我们复印，那时复印不像现在用复印机，要照相，再印出来，很贵，花老本了。那时这两个单位分头平行地研究，然后定期地交流，原子能所由黄先生带着我们 4 个人，九院这边由邓稼先带领王贻仁、胡思得（后来胡思得当过九院院长），徐迺新、陈小达（陈伯达之子，后来卧轨自杀了）。因为当时九所地点保密，不让我们去，到原子能所讨论原子弹的事情也不太方便，所以就在中关村找一个地方，一个房间讨论。两拨人讨论了几次，很不方便，后来九所提出来把我们借调过来，60 年 7 月，我们 4 个人就先过来了。原子能所有两部，一部在中关村，二部在坨里。

**关于吴翔他们提出的切片法：**

这要靠物理概念，结合数学工作。吴翔调出九院，因为他是独生子，那时九所老嚷嚷要搬三线，他要照顾他母亲，所以他就调出了，调到上海同济大学，做物理系主任。与德国合作建立了一个波耳固体物理研究所，他任所长。能力很强的一个人，其中创造切片法有很大贡献。搞氢弹探索的时候，考究氢弹成功不成功，有多少能量可以送过去给氢弹用，因为当时算二维以上的计算方法很难，计算机都不适应，就是吴翔和他们数学的人解决的。因为切片法是靠物理概念作的近似，靠这个概念，用数学方法解决的。

黄先生当时也说过，当时我领导一室探索加强型，黄先生提出在加强型原子弹周围给个温度算算看，后来他们上海先做出来的。把这个事情做出来，形成一个从原理、材料、构型这样一个基本完整的模型，这个是于敏带领 13 室的同志从 65 年的 9 月 27 日开始探索，头一个月是把程序弄弄好，计算方法有些问题，总之是在 10 月、11 月之间做出来的。当时是多路探索，彭先生说分了三路，黄先生一路，周光召一路，还有于敏一路，最早突破搞出来的是他们上海的那一路。在 401 所时，黄先生领导的那个氢弹预研组，60 年底成立的，那个氢弹预研组所做的工作后来都写成论文了，铅印出来，有二三十篇吧，开始以中华人民共和国科学技术委员会原子能科学技术文献这么一个形式铅印出来的，内部出版，原来只有彭先生保留了一套，黄先生都没有。后来彭先生离开九院后，这套文献就交给黄先生保管，黄先生离开九院后，这套文献就交给我保管，我退休后，这套文献就交到九院保密室，在这套文献里有很多篇黄先生的文章都是基础性的研究，很重要的（我这里写了些题目），都印成了小册子，这就是当时的成果，还有蔡少辉、萨本豪、何祚庥、于敏的。共二三十篇。我在九所，所以没有我的。当年我们研制核武器风气很好，把名利看得很淡，强调集体的力量，实际上核武器有今天的成就，也是集体努力的结果。

当时刘杰说九院忙于探索原子弹，氢弹是不是原子能所先行一步，看来这个做法是对的，先行一步为氢弹突破争取了时间，因为先行一步，所以 65 年氢弹原理就突破了。

**黄萌：**先行一步的想法是出自刘杰，还是钱三强？

**郑绍唐：**是刘杰想的，然后找钱三强商量的。那时部里已经知道中国与苏联的关系搞坏了，苏联专家要撤走，所以刘杰找苏联专家，想从他嘴巴里套出点东西来，但苏联专家守口如瓶，不说了，只说：“不知道”。那时刘杰就觉得氢弹里还是有些门道在里头，还是需要提前来探索，所以他就和钱三强商量，在原子能所进行探索，钱三强也同意，在原子能所成立了一个组，是钱三强领导的，里头有理论，也有实验，理论组就是黄先生领导，就叫轻核反应装置理论探索组，简称轻核理论组。代号是“乙项任务”，“甲项任务”可能是指原子弹。那时候于敏还没有参加进来，什么原因不知道，听何祚庥讲是他找钱三强让于敏来轻核理论组的，但据二机部宣传部的张纪夫同志讲，他问过 401 的党委书记李毅，李毅跟他说，“我们会不知道于敏聪明？还要何祚庥来推荐”，我在写于敏传记时，没有找李毅同志去了解，现在他已不在了。据我推测可能跟于敏那时不是党员有关系，因为那时参加原子弹氢弹这种任务，对政治上的考虑是放在第一位的，其它技术考虑是其次，所以开始的时候没有考虑他，只过了几个月，第二年一月份他就参加了，做副组长。还有个说法是，61 年底，黄先生到九所兼职，做理论部的副主任，有的文章上说，黄先生到九所兼职后，于敏就当组长了，这个说法也不确切，这个也是二机部张纪夫告诉我的，说他找到黄先生问，黄先生说没有听说谁撤掉他的组长，没有这个说法，所以我写的材料里都没有这个话。那时有个规定，就是只能把原子能所的事向九所说，不能把九所的事向原子能所说，所以叫做“半导体”。59 年开始黄先生就领导开始探索原子弹，然后 60 年 12 月，黄先生领导开始探索氢弹原理，九所是 63 年 9 月才开始探索氢弹，才开始探索加强型，比 401 要晚好几年，所以要讲到贡献时，这些关键点都是很重要的，原子弹原理早就探索了。我写的这里头强调了两点：一个就是黄先生 59 年开始就领导探索原子弹，另一个就是 60 年 12 月，黄先生领导开始探索氢弹原理。黄先生调到九所后在探索原子弹阶段所做的工作据我所知，主要有：

研制物质状态方程；

研究原子弹爆炸的关键部件—中子源的设计；

给出一套原子弹总体计算的数学方程和参数；

这是原子弹阶段的工作。

然后就是在 401 所搞氢弹探索的那一段，后来他就领导加强型核试验弹设计，尤其是他分管的。

1958 年郑绍唐、叶宣化、吴翔、张连贵（从左至右）在原子能所

位于中关村的老北大技术物理系楼

**黄萌**：您去过核试验现场吗？

**郑绍唐**：第一次原子弹试验去的人很少。一是为了保密，二是交通不便，物资供应困难。理论部只有邓稼先和朱建士去了，朱建士是从青海221去的，当时他负责计算原子弹试验爆室的保温问题。他是1958年分配来的大学生，后当选为工程院院士，不幸今年去世。我只参加过两次核试验，一次是氢弹原理试验，一次是中子弹试验。

郑绍唐摄于2012年5月31日

# 2012年6月8日访刘恭梁[①]

**刘恭梁:**

我是清华大学工程物理系62年毕业的大学生，念了六年书，也是学核物理的，毕业后就分到了原子能所（401所），分到了4室。当时办公室很紧张，黄先生、于敏等三、四个人坐在一个办公室，我和其他三、四个人也坐在一个办公室。当时说是于敏带我，但他那时不在所内，叫我看本书《基本原子核物理》。后来他回来以后，黄先生就说他要带我，因为那一年分到室里就两个大学生，还有一个是四川大学的，说让我们报告毕业论文，看你们都做些什么。当时我的毕业论文研究方向是核聚变。当初清华就是跟住了核聚变，核聚变里头有关于流体力学的内容。当时我做了一个这方面的问题，其实我并不念《流体力学》，但牵扯到流体力学，所以方程呀，什么的，就都有。那时候黄先生对这个感兴趣。后来我才知道，那时候他在九所和原子能所之间两边跑，那时九所已经从原子能所调了几个人过去，是郑绍唐他们几个人，黄先生就是两边跑。401所这边就是钱三强领导4室的一个小组在探索氢弹，当初九所是全力以赴在突破原子弹，可是我们刚工作的时候隐隐约约的听到说九所在干什么，问到黄先生，他就说：你就跟我做题目吧，所以我就跟着他做题目了。

那个时候在401所做题目，因为保密，并不告诉你整个计划，黄先生给我一个题目去做，然后下一周又给我一个题目。那时在401所，管彭桓武、金星南、朱洪元这一辈人叫“公”，管黄祖洽、于敏这一辈叫“先生”，后来到了九所这边就都叫老黄、老于了。当时401所的支部书记叫吕广义，他对我说：“刘恭梁同志，你真运气呀，由黄先生带你，他的水平很高，有的人想让他带，还带不到呢。但是你要小心，黄先生是非常严格的，你做的不好，他就要训。”当初我想，训就训吧，他说，我们都挨过他好几次训。后来回想起来，我对他

---

① 刘恭梁：理论物理学家，1962年毕业于清华大学，分配到原子能科学研究院，1965年调入当时二机部九院的九所。

们说，你们都说黄祖洽先生很厉害，爱训人，可我在那里待了三年，也没有感觉他怎么训我。偶然有那么一、两次。工作里头有的时候不那么好的时候，他就会说：你可不要掉以轻心呀。我说：哦，我知道。其实也没有那么狠训，其实黄先生的作风就是这样的，在科学上很严格，他觉得这个做得不行时，他就要批评你，批评的话是比较厉害的，如："你这个还不懂吗？都学过物理，你学过没有？"听到批评的人就会觉得他很厉害，我觉得事后的好处，就是给你留下比较深刻的印象，记得比较牢。不像后来的年轻人。后来我做部主任时，有时也批评年轻人，事后有的人就对我说："刘老师，你会上说得很重的，他回去……"，我说你们的承受能力很差，当初我像你们这样时，老师训我几句，我觉得我没做好，就该批评。

我觉得我在原子能所由黄先生带着我做的这三年的工作，对我的整个一生的科研道路都是有意义的。他一开始就叫我调研一个问题，这个问题实际上就是原子弹里头的问题，然后我就调研。那时候我从清华过来，学的俄文，也能看英文，我在图书馆看完了，就去找黄先生问："黄先生，您让我做的问题不是原子弹的问题吗？"他说："你怎么知道，你管是什么。"我说："哎，你叫我做这个问题，我调查来调查去，这个文献里都说的是原子弹里头要碰到的这么一个问题的。"他说："你不管，你给我做。"他叫我做，后来连做了几个问题，我越做越清楚，当时他就叫我算，我就给他提出个问题，我说这个方程里还缺一个参数，他说："你不管，到时我给你参数，然后你就可以计算下去。"我到时一看参数，噢，九所，是他从九所这边带过来的，他就是要了一套参数，然后对我说，你就算吧，所以后来我调到九所后，看到他们算的和我在 401 所里算的是一样的，方程式是对得上的，所以我调到九院一点也没有感觉到是个新单位，是有连续性的。

那时候我在 401 所主要做了 3 项工作，有个收获就是每一项工作做完了，黄先生就让我写报告。有的是以他的名义，有的是我们两人的，是内部报告。后来带到九所这边来了，我还来翻过，印得非常精致，那是在 401 所时印的，整个格式我写完了以后，黄先生都给我改，然后最后你要写感谢，这个工作是谁谁谁帮你做的，等于是教我怎么写科研报告。九院那时没有这个风气，所以我开始到九院来的时候，我吹牛，我说你看你们干了半年一年，也就组长写了一份总结报告，好多人不写报告，就是拼命算，我说我在 401 所待了 3 年都写了好几篇报告了，就是说我会写报告。可是到了九所后，看到有的人不会写报告，我就老说他们。其实也不是吹牛，当初是黄先生教我怎么样写报告、图、公式呀，尽管是不发表的，也是要按照发表的格式去写，所以从他那儿学到了科研工作的严谨性。

因为支部书记跟我打过招呼了，所以我也特别注意。黄先生不在的时候，我就准备一大堆问题，等他来了之后就赶紧问，这一个礼拜的进展如何，当时我们的室主任是彭桓武，主持日常工作的是金星南，还有朱洪元，据说当时朱先生来的时候仅仅是来听听，把把关。在一次开讨论会时，黄先生让我也参加，说："来来来，把这张图打开，汇报汇报。"当时我看在彭公面前，黄先生都是毕恭毕敬的回答问题，所以我想彭先生一定是个大科学家，有些害怕。在401所，由钱三强组织起一个队伍搞氢弹的预研，组长就是黄祖洽，于敏是副组长，我们都是组员，我在理论组，胡美云①在计算机组（我们都是清华毕业的，别人以为我们是在清华认识的，实际上，我们是在401所认识的）。还有一个计算数学组，搞数学计算的，起科研辅助作用。就是这样一个小型的构架，从那时开始就搞氢弹的研究，后来九院几次讲核武器氢弹的研制过程时，我建议把401所这段历史加进去，于敏也是赞成的。当时65年401所预研组的人全部到了九所，把方案带了过来，对氢弹的突破起到了很大的作用。所以在401所的那3年，我还是很怀念的，与黄先生的接触是很近的，我入门做科研工作，他是我的第一个导师，而第一个导师对你的影响会是很长远的。因为他的工作作风很严谨，他也并没有长篇大论地教我，他就是给你工作，然后问你问题，简短的谈话，因为他隔一个礼拜来一次，所以就这样点点滴滴的启发，到最后工作怎么列题目，怎么去做，直到最后说："你这个工作基本完成了，要写个报告。"怎么写法，在报告里写些什么东西，他都亲自改的，不能说废话，要求很严格，对我怎么进入科研工作都有影响。到了九所，工作成了会战形式的，工作到一个阶段，才由组长写个归档总结报告，就算完了，当时也不让发表，所以有好多人到最后可以发表的时候再写，都像是写总结报告。这和科研报告不一样，在这点上，还是黄先生当时教我写科研报告有用。

到了64年，钱三强觉得我们干的这些要向部分骨干公布，氢弹原理有几

① 胡美云：刘恭梁的妻子

种方案，黄先生起草了一个报告，那时他已经是一个人一个办公室了，他对我说："来来，刘恭梁，到我办公室来一下。"我进去一看，真够乱的，我就在他的办公室照着他写的报告抄写了一份，我抄完了，心里才明白，噢，原来我们这一段的工作是在探索氢弹的几种不同的方案。后来在钱三强他们都参加的那个骨干会上，黄先生做了一个报告，当时没有投影仪，黄先生就是在黑板上写，就像讲课似地。63 年所里来了 7、8 个人，成立个力学组，黄先生让我当组长，这件事在 401 所都轰动了，因为当组长好像应该是研究员才能做的，说你才来两年就当组长。实际上这个组还是黄先生指挥，他说：刘恭梁，你叫谁谁去做什么。我其实就是跟着黄先生一起干，当时算了一些东西，黄先生跟我说："你就一个点一个点算，用计算尺拉，把物理图像算出来。"算了几个月，这个图在我脑袋里很清楚。当然现在有计算机算了，谁还用计算尺，我问过他们，你们知道这个物理概念吗？那张图经过我的计算，我一辈子对他的印象都非常深刻。只要一说到那一点，我就想到它的物理图像。科研上这种扎实的基本功很重要。领导的风格不太一样，有的领导特别灵活，总在变化，但跟着黄先生就感觉特别踏实，一步一步的走。他总是说，这个方案能不能做出来，你先要做实了，否则，你怎么知道行还是不行。

有人觉得黄先生很严厉，有时候问问题，他说："这你还不懂，回去看书去。"其实他是觉得要问的问题应该是经过你自己思考后才提出来的，而不是不假思索地问一些基础的问题。那些基础的问题，他认为是应该你自己去看书，去掌握的。我和他一起工作了几年，我都不知道他对我有什么看法。那时候，清华对毕业两年后的学生有满意度调查，大学派一个小组到各个单位去调查，听说也到黄先生那里调查我，他说："刘恭梁挺能适应的，挺好的，挺轻松的。"后来我到清华，听说黄先生还这么评价我呀，我也挺高兴的。实际上如果在 401 所再多做几年会更好，更踏实。

后来我调到九院九所，黄先生也在那里做理论部副主任，主管一室，我在一室工作，刚开始我就在力学组，发现他们正在算的东西和我们在 401 所算的是一样的，所以没有感觉是换了个单位，工作是连续的。做原子弹塔爆时不需要派人去现场，而做氢弹实验时必须要有实验的反馈。怎么样判断你这个氢弹实验是成功的，如果是一次热核爆炸，会发出一个什么样的信息？就是辐射的信息，如中子、γ 射线、x 光等等，从这些信息里头来看，那时候都是理论上要测什么，他们就去测什么，这时候就变成了一门新的学科。开始的时候大家都研究氢弹原理是什么，就在开始设计了，那时候就意识到，必须和实验的人讲清楚，氢弹爆炸会得到一个什么样的信号？所以要成立一个组，这个组就是黄先生在九所创建和领导的102小组，专门研究实验数据的，102小组的组长叫陈乐山，现在也有80多岁了。黄先生选他，并指导他去做工作。副组长是彭惠民，共八九个人，都是调的业务能力比较强的，还有贺贤土，后来还有刘文成，再过了一段是杜祥琬，他也从苏联回来了，所以当初102组的力量很强，后来人们说你们一个组才9个人，就出了两个院士。

最值得同情的是陈乐山，他是个组长，非常不容易。怎么诊断氢弹是成功的，第一个测试项目是他提出来的，他一摊一摊地，一例一例地去观察。他年龄比我们大，非常有经验。但是这个人不善于表达，不像有些人在领导面前会说，让人感觉很好。他就是一直在做组长，到了他该提正研的时候，他已过了60。我们感到真可惜，因为当时从副研到正研，竞争的人比较多。我都是到90年代才提上的，因为有名额限制，都是一批一批的提，到了他的时候，他过了年纪，后来退休了，还中过一次风，现在还可以。他一直是单身，后来所里雇了一个人照顾他，给了他一套房子，一直就这样养着他。他领导着这个组直到67年氢弹突破，后来这个组解散了。到搞地下核试验时，周光召又叫我建起了这个组，黄先生那时不太管这方面的事。那时他从五七干校回来，可能是插不上手，感觉到没有发挥他的作用。基本上是周光召在那里当所长，因为抵制九所的搬迁，说话都不算数。那时候核武器正处于低潮，没有很好地用人，所以黄先生感到了这一点，就决定离开九院。

文革前在理论部那时人才集聚，十大部主任，谁说话都起作用。文革后，黄先生72年从五七干校回来后，心情也不是很舒畅，在所有副部主任当中，只有黄先生是没有犯什么错误就去了五七干校，黄先生自己不愿意说。另一个副部主任秦元勋是他自己老要外调，所以去了五七干校，当时彭桓武有一次在塔院大会上说：不管是周光召也好、黄祖洽也好、于敏也好，都是集体的贡献，当时搞氢弹就好像我们开抽屉，不知道在哪一个抽屉里，有的人抽屉里有，有的人抽屉里就没有，我就分配给每一个人开一个抽屉，他说，有的人抽屉里就是没有，他再有能力，他抽屉里也没有，有的人抽屉里就有，所以这是集体的力量，我们必须那么开抽屉，不能让大家都开一个抽屉，如果抽屉没有的话，就缩小了范围，就在其它的抽屉里，所以他说：集体，集体，集集体；日新，日新，日日新。他讲的非常正确。后来的宣传也有些过头，黄先生离开九所后，不在一个系统，九所在写历史的时候就没有怎么提他，我觉得对他有些不公。我不了解全局，但我知道这个热测试组是他开创的，他领导了我们一段工作。后来我从五七干校回来后，我在上海工作了一段时间，回来后又组建了这个组。那时黄先生也不太过问这个情况了。黄先生从五七干校回来后，领导上没有交给他一个明确的任务，组织比较混乱，各干各的，周光召也自顾不暇，因为顶撞上级，抵制搬迁，他说，如果搬到三线，我们这个队伍就会流失，而这个事业就是靠这帮人撑起来的，他因此还被批评了。黄先生对这种混乱的局势有些失望，就想离开了。

当时黄先生管我们一室，一室是管参数，管方程，后来又加了个测试。因为别人怎么算，参数都是由这个室提供的，当初他在这个室是发挥了杰出的作用的。我记得65年后不久，彭桓武带着周光召、黄祖恰、于敏等几位大将全部到221去，对221说，我们现在已经有了一个新的氢弹原理，但需要221做冷实验来验证这个原理。然后又带了4个年轻人，我是其中之一，我一直留在那儿，到了第二年“五·一”前才回来。我感觉，那时候黄先生和于敏的思想都是统一的，在221的大会上，黄先生还从最基本的原理出发，讲了什么是氢弹，什么是原子弹，我们要从哪里开始，必须要解决什么问题。我记得他讲的非常清楚，刘西尧也很支持，而221有的领导不太理解，提出另外一个方案，如果照他的方案做的话，就会走弯路。周光召也是忙着协调，整个都是很团结协作的，黄先生所抓的核武器的基础理论，在那里一步一步的推，也就是一室做的状态方程，系数等都是起了重要作用的。朱光亚都是从上面组织，第一颗原子弹爆炸的最后决定都是他定的，在开会的时候，他不说话，就是听各位的发言，但最后确定方案是由他来决定的。黄先生强调扎实的基础，看起来好像比别人慢一步，但他的基础特别踏实，他要说出个什么结论，你挑不出什么毛病，所以后来他到北师大，我认为他肯定能带好一批学生出来。

我在九所与黄先生接触中有这样一件事，有时候我去找他谈数据的事，问能不能把范围给得大一些，他说：“对，你要给0到无穷大，你永远是正确的”。他这是在讲反话，意思就是说你的数据必须要给的具体些。后来我们老引用他的话。你老要把责任推给做实验的人，这不对。0到无穷大，你永远不犯错误。他说话挺风趣，有时候也挺刺耳。但大家觉得他说得挺好的。

后来到了干校，全部实行军管，但军管相对比北京还算好，是 54 军派来的，以前也没有介入 221 的事，在与我们的接触中，觉得我们都是搞科学的，就没有怎么为难我们。黄先生与大家接触得更是亲密，我觉得他没有任何架子，那时他也快 50 了，干校的劳动强度也很大。

我们一开始住在老乡家里，后来就自己盖房子。用线吊两块砖头，按着线砌墙。有一次盖了半截，哗，就倒了。当时有九所的、有 221 的、有 903 的人在五七干校。后来在干校呆了两年，71 年底就去了曹家沟，曹家沟在四川，在沟里有为九所盖的一些房子。我们当时也不了解九院的情况，我们还对邓稼先发牢骚，说，你们不要我们啦？把我们扔到这里不管。邓稼先说，要，但北京的房子都被占了，回来没有地方住。实际上当时北京这里也不稳定，也老要往曹家沟搬呢。当时北京塔院的房子都被科工委后勤①住上了，后来因为九所要回来了，就把他们撵走了。72 年春节后，九所让我们回到北京，那时住房很紧张。我记得当时也跟老邓他们说，你们把老黄和我们放在一起，从五七干校到曹家沟，我们不出来，他也不出来。他应该是你们这一级的人，叫他和我们在一起，虽然他不说，但他心里肯定有看法。我有些为他打抱不平。我说，你们应该把他先调出来。当时九所军管，那些所长都被军管了，连人事也军管了。九所的状况很乱，连房子也被 02 占上了。九所和 02 分成两个所，他们叫 02 九所，九所的科研人员回来，什么都没有，食堂、车队、房子都是 02 管，谁还顾得上老黄呢。老黄并没有说什么，但我们看出他是有些看法。

**黄萌：** 我爸曾对我们说过，要做那些自己能操控的事，对于自己不能操控的事，像大环境，他管不了，他也不去操那份心。他的学术作风和处事哲学有些像他的老师，一个是王竹溪，一个是彭桓武，他们也都是非常严谨，与世无争，远离人事纠纷的人。

**刘恭梁：** 我觉得他有点儿超自然，那时他从 401 所过来，他是我国搞反应堆的权威，也就那么一两个人，我和他呆的时间比较长，所以我比较了解他。

**黄萌：** 五七干校这一段，我们家属离开后，不知他的情况怎么样？

**刘恭梁：** 后来他还是住在那间房子里，12 平米左右，可以放一张大床，

---

① 代号为 02 的单位

一个桌子，后面还可放个箱子。吃饭有食堂，和大家一起吃饭，一起劳动，有时晚上搞运动、学习、个别情况下有批斗会。

**黄萌**：我父亲被批斗过吗？

**刘恭梁**：没有，你父亲在五七干校还是平安无事的。我当指导员，把军管说了一通，后来把我的指导员撤了，下到炊事班去当采购，每天买肉和菜。

**黄萌**：当初我父亲去五七干校，也是军管找他的。

**刘恭梁**：对。

**胡美云**：当初就三部分人，一部分是做为骨干锻炼，一部分是要外调的，还有一部分是有问题的。

**黄萌**：我父亲属于哪一类呢？

**胡美云**：你父亲应该是骨干锻炼去了。

**黄萌**：听说我父亲在工作中很严厉，得罪了一部分人，是因为这个原因吗？

**胡美云**：也可能有人缘的事，那些被批评的人后来都是造反派的大、小头目，不喜欢你父亲，所以就给搞到五七干校去了。那时候是没有是非说法的。你父亲也是老党员，工作默默无闻，不去争个人的名利，所以现在还能讲课，要不精神状态早就不灵了。而那些成了专家再入党的人，对这些名利就看得很重。

**刘恭梁**：我讲一个故事。你父亲到北师大后，我们九所有个人，他学习也不错，是个军级干部子弟，他想考你父亲的研究生，其实好好考，还是可以考上的，后来他托人去找黄先生打招呼，去说了一些那人的好话，请黄先生照顾一下，给录取了。黄先生对这种事非常反感，觉得这个人不好，在面试的时候，黄先生出了几个非常难答的问题，这个人回来后说他根本就没法答出来，就没有考上黄先生的研究生。后来他考上了别人的研究生。再后来九所的应阳君也去考黄先生的研究生，有人托我把应阳君介绍给黄先生，我一听就很为难，说别的人都可以去说，但黄先生是最讨厌这类事的。应阳君原来在我的组里，我也带过他，他是个老实和本分的孩子。我写了一个书面的东西给黄先生，在我的信里，我具体介绍了应阳君的情况，我想说不好就会起反作用，为此还想了半天的用词。后来他考上了，他是黄先生1998年的研究生。当然九所也事先和黄先生打过招呼，请他为九所培养一些人才。

中華人民共和国科学技术委員会
原子能科学技術文献
原 10007
100106

关于輕核反应裝置中通过高能中子作媒介的鏈式反应机构

作 者：黄祖洽
单 位：中国科学院原子能研究
收到日期：1961.6.15.

中華人民共和国科学技術委員会
1961

中华人民共和国科学技术委員会
原子能科学技术文献
原 20010
物理 014

关于輕核反应裝置中通过高能中子作媒介的鏈式反应机构 (Ⅱ)

作 者：黄祖洽
单 位：中国科学院原子能研究所
收到日期：1962.5.5.

中华人民共和国科学技术委員会
1962

中华人民共和国科学技术委員会
原子能科学技术文献
原 20019
物理 017

关于輕核反应裝置中輕核的能譜和有关的問題

作 者：黄祖洽
单 位：中国科学院原子能研究所
收到日期：1962.7.2.

中华人民共和国科学技术委員会
1962

黄祖洽在轻核预研组时所写的科研报告

黄祖洽（右）、刘恭梁（左）摄于2009年

# 2012年6月25日访李德平[①]

## （谈大学时期的学习和生活）

**黄萌**：您能回忆在大学时期，有关我父亲黄祖洽的一些事情吗？

**李德平**：应该这么说，当时那班同学都比较强，除了学习学校的课程外，还能多干一些，多学一些，自己又能学会的，有他一个，还有就是李政道。李政道是拿着书去找叶企孙，叶企孙说，如果你要看这本书，你就别上课了。意思就是你都学会了，你还上什么课？后来还有一个陈篪，都是特别强的。

**黄萌**：除了学习之外，您还记得有关他的什么事？

**李德平**：他当时是属于那种是非鲜明的那种人。何泽庆和我的关系不错，和黄祖洽的关系相当好，何泽庆在班上是比较年轻的，他们两人都是属于比较率直的。该怎么样就怎么样。

西南联大1946年结束，清华大学回到北京后，王竹溪很看重陈篪，他从没有留过助教，但陈篪毕业后，王留了他，让他去和金建中（当时最能做实验的教师）筹建实验室。陈篪本来在理论方面相当好，系里就安排他去搞新实验室，加强他的实验能力，而陈篪更有意思，他干了一年多就不干了，那时新中国已经成立，他到东北去参观了一下，回来后他说："我们这儿那么多大学生，鞍钢那么缺大学生，我应该到鞍钢去"。他就到鞍钢去了，在那里搞耐火材料的实验室，说那里只有一个老工人，他就去了。以后就不大清楚了，之后，他又到了钢铁研究院，据说他的组，理论好，实验也好，而且他在实验上非常严格。他的严格，我也领教过，他说："我又在电子学实验室，又在普通物理实验室，你得借给我一块好的电表"。我说，这是我们这里最好的一块电表，最高档的，他说："不行，你得刻度好了给我"。我就刻度，结果发现这个表是坏的，做实验的时候发现记数都不对，原来挺好的，怎么都不对了，结果发现5

---

① 李德平：中国科学院学部委员，中国辐射防护研究院研究员、名誉院长、中国核工业总公司科技委高级顾问。

个电表都坏了。从这件事上可以看出，他做实验是很严密的。

在清华大学毕业时，我们那一班人就是这几个人，还有就是：倪守正、李季良，后来还有王恕铭那一组，比我低一班毕业。这些同学后来都到地质方面去了，物理系头一批人很多都分到地质方面去了。我们那一班在物理系的历史上，人数是不算少的，十几个人，其中还包括了历年留下来的学生，一年级的时候 40 多人，二年级的时候就剩十几个了。在开迎新会的时候，叶企孙说了："这么多人都来学物理，我们很高兴，但实验室和设备并不能容下那么多人，好在有些同学今后可能想学别的专业"。也就是说并不是所有人都留在这儿，我记得有两个分数卡着，我记不太清了是 70，还是 75 分，就是微积分和普通物理，你要达到 70 和 75，否则你就要转系，那为什么要控制这个呢？后来才知道，老清华一直是控制人数，你培养的多了，社会上不能用，何必呢？那你不如学别的。所以有一个办学规模，一般来说，物理系的学生都很少，通常不超过 10 人，有时才出一、两个，出两、三个的时候经常有。一解放，立即停止控制人数。解放前是根据需要培养，当时并没有统一分配，但老师很关心学生的出路，特别是叶企孙先生，他很有想法，根据中国的需要，他派适合的学生去搞，譬如，过去还没有学气象的，你，赵九章去学气象；应用光学很重要，他的两个学生都去搞光学，其中一个是王大珩。那时学生毕业时，老师都帮助安排出路，一定不能离开北京的，就没有办法。老师到处找，这儿需要人吗？那儿需要人吗？分别把学生介绍出去。我们有一个同学说：我也愿意去教中学。那好，就说你去找谁、谁、谁，那个同学就去了。所以当时的师生关系和现在不太一样。后来变成统一分配了，到现在就变成自谋职业了。我记得那次毕业开会时，黄祖洽是定下来要考研究生的，就没有安排，何泽庆说："我现在还不想做事，这么乱，我还不想做事"。所以后来霍秉权说了一句笑话，说："以后你就想做事了"。那时的师生关系就是这样，尽量把学生都安置了。我记得比我高一班的一个同学，他等呀，到处找工作，后来把他介绍给天津的一个大学，然后人家回了封信，说要总平均成绩 75 分以上的，当时系主任又写信给他，说：你也知道我们的 75 分不太容易，他比 75 分低点，但还是不错的，但他的毕业论文和你那里的路子一样，可能到你那里会有用。对方说，那把他的毕业论文给我看看，那时没有复印机，所以赶紧抄，抄完之后送去，后来那个同学跟我说，人家要了。就是说，你介绍出去的学生如果没有质量，那谁还要你。所以我说过去的那种师生关系不一样。

另外在黄祖洽的故事里面在学术界很重视的问题，就是钱先生把他让给了彭先生，当时他们从国外回来，说我在国外都能带博士了，可在中国还不能带，所以他们看到好学生后都是全心的高兴，而后来钱先生在清华的时候，也开了原子核物理的课，我记得在钱先生到苏联去的时候，就是黄祖洽替他讲课。所以钱先生收到这个学生之后非常高兴，这一辈老先生得到好学生后非常高兴，当时近代物理所招人时，各校都介绍学生来，钱先生看着看着，有时看到清华的学生，就叫我去问问，看到好学生，就说，你看看，这个人，就该要他嘛，像这样的人就该干我们这一行。所以在这一行里，收集起那么多人才，钱先生是花了不少苦心的。可是清华替彭先生收了一个研究生不行，是收了以后等彭先生来的。黄祖洽也是，是收了以后等钱先生来的。给彭先生收的那个人，后来没有做多少工作，但是成为了一个精神贵族，写点零碎文章，但是毕竟也做了件完整的事情，就是翻译了波耳（R. W. Pohr）的一套书，这种精神贵族式的人，我们背后讲，彭先生不满意，而钱先生让出了黄祖洽，说："我看这个人才由你来培养更好"。这种事在导师里是很少有的，因为这是爱才如命的，看见这种好学生就是高兴得不得了的，但是最好的一个，我让给你。这说明，一方面是钱先生和彭先生的关系很好，但最重要的是为了培养人，不是为了我当老师，而是为了把这个人培养出来，这两层意思都有。所以给天下培养人才，不分是你的我的，这在学术界是非常高尚的事情。因为钱先生回来之后，一心想在国内推行学位，但受到挫折，学位被说成是资产阶级法权。

西南联大的房子主要都是土坯房，本来都是铁皮屋顶，后来还卖掉一部分铁皮屋顶，改成茅草房，后来还造了一些两层的教室，也都是土坯的，只有几个旧的大教室是砖瓦房，连图书馆都是土坯房，图书馆的灯泡都是焊上去的，没有灯座。

当时学生在食堂吃饭，组织若干个饭团，[illegible]、二十桌一个饭团。然后学生抽签找出谁来管，有收账的，有管厨子的，然后招收一些逃难的人来做饭丁。也就是说在一个大食堂里，有几个饭团，每个饭团占了一个厨房的位置，承包厨房的人按时做了菜，然后送过来，大家吃。那时的代金差不多可以交饭钱，食堂里选出的人要管收钱、给厨子发工资、还要按时每天给他发菜钱，拿多少米呀，都要检查，就是这样分散式经营的。当然那时生活水准比较低，早饭是自己想办法，屋子就是各自隔开，上下床，找点破布、旧报纸给隔开，住在一个大屋子里，这样隔开，声音隔不开，老听见声音。

叶铭汉找到过一些联大的照片，后来好像还买了一些。叶铭汉和我同班，后来参军一年，回来后在下一个年级，49 年大学毕业，他也是清华的研究生。

何泽庆这个人很好，也很聪明，他不想让教授帮他找工作，但有时对社会的复杂性考虑的不多。

在西南联大还是有一定的实验条件的，当时是土房子实验室，而且也曾经遭受过飞机轰炸，所以一般都是在屋子里挖个洞，埋一个汽油桶，把不用的好仪器放在里面，盖上，万一房子塌了，还可以保证。当时虽然简陋，但一年级的普通物理实验课还是可以保障的。像电动音叉也不动了，用手一拨拉，就又动了。化学实验也有，当时说有的同学不小心把电流表的丝弄断了，但据我所知，是当时助教没有讲，结果就把里面的丝弄断了，结果叫他们赔了多少钱。谈李政道的比较多，实际上不是说他不会做实验，也不是为了这个实验扣他的分，只是强调了，后来那个助教（丁渝）分实验，两人一组，分到最后，剩李政道单个一人一组，这样他一面看读数，一面还要记下来，他就用大纸记录，眼睛看着望远镜，手上记着。其实他并不是不能做实验，后来都说的过火了。

黄祖洽做实验照样有办法，比如核乳胶实验做得就不错。他说："我一天晚上做一个实验，我一年可以做多少个。"后来的确也是做出来了。

以下是黄祖洽的大学成绩单，右边一栏是李德平的解释，教授名字是黄祖洽回忆的，但不是每个学生都选同样的课和同样的老师。

**第一学年：1944—1945**

| 项目 | 课程名称 | 授课教授 | 学分 | 李德平的解释 |
|---|---|---|---|---|
| 1 | 国文读本 | | 4 | |
| 2 | 国文作文 | | 2 | |
| 3 | 英文读本 | | 4 | |
| 4 | 英文作文 | | 2 | |
| 5 | 中国通史 | 吴晗 | 6 | 吴晗的分最难拿 |
| 6 | 微积分 | 程毓怀 | 8 | 申又枨，教微积分的曾经想拉黄祖洽去北大数学系，说如果去了，可以单独为他开门课。那时老师喜欢学生简直是不可想象。 |
| 7 | 普通物理学 | 霍秉权 | 6 | |
| 8 | 经济学概论 | 陈岱孙 | 6 | 他的分也不好拿 |

续表

| 项目 | 课程名称 | 授课教授 | 学分 | 李德平的解释 |
|---|---|---|---|---|
| 9 | 伦理学 | | | |
| 10 | 物理实验 | 助教：胡日恒 | 2 | |
| 11 | 军训 | | | 就是及格算了 |
| 12 | 党义 | | | 也就是及格算了，在叶企孙的书上，有一个某届考取留美的成绩单，有些人党义课都是不及格的。 |
| 13 | 体育 | 马约翰（华侨） | | 体育不缺课就是及格，黄祖洽的成绩还不错呢。 |
| | 统计及总平均 | | 40 | |

**第二学年：1945—1946**

| 项目 | 课程名称 | 授课教授 | 学分 | 李德平的解释 |
|---|---|---|---|---|
| 1 | 力学（上） | 赵忠尧 | 6 | |
| 2 | 力学（下） | 王竹溪 | | |
| 3 | 电磁学 | 叶企孙 | 6 | |
| 4 | 高等微积分 | 申又枨 | 8 | |
| 5 | 高等代数 | 蒋硕民 | 6 | |
| 6 | 普通化学 | 孙承谔 | 8 | |
| 7 | 微分方程 | 田方增 | 3 | |
| 8 | 电磁实验 | 助教：丁渝 | 1.5 | |
| | 体育 | | | |
| | 统计及总平均 | | 38.5 | |

**第三学年：1946—1947**

| 项目 | 课程名称 | 授课教授 | 学分 | 李德平的解释 |
|---|---|---|---|---|
| 1 | 热学 | 王竹溪 | 6 | |
| 2 | 光学 | 余瑞璜 | 6 | |
| 3 | 光学实验 | 助教：孙洁 | 3 | |
| 4 | 德文（一） | 杨业治 | 6 | |
| 5 | 微子论 | 叶企孙 | 3 | |
| 6 | 物性论 | 叶企孙 | 3 | 叶企孙讲的好 |
| 7 | 无线电原理 | 叶楷<br>（电机系的课） | 6 | |

续表

| 项目 | 课程名称 | 授课教授 | 学分 | 李德平的解释 |
|---|---|---|---|---|
| 8 | 无线电实验 | | 3 | |
| 9 | 体育 | | | |
| | 统计及总平均 | | 36 | |

**第四学年：1947—1948**

| 项目 | 课程名称 | 授课教授 | 学分 | 李德平的解释 |
|---|---|---|---|---|
| 1 | 德文（二） | 杨业治 | 6 | |
| 2 | 法文（一） | | 6 | 可见黄祖洽的能量之大 |
| 3 | 近代物理 | 霍秉权 | 9 | |
| 4 | 电力学 | 叶企孙 | 3 | |
| 5 | 相对论 | 周培源 | 3 | |
| 6 | 量子力学 | 王竹溪 | 4 | |
| 7 | 光谱学 | 严济慈 | 2 | 严济慈是北平研究院的，来讲课。 |
| 8 | 毕业论文：地磁的作用 | 叶企孙 | 3 | 系里的各个教授出题目，然后学生去报，想跟谁去做。我们那年只有一个实验题目，剩下的都是理论题目。你看书看多了，就能解出来，一般都是这样。实验题目是有关无线电电路的一个实验题目，为什么我记得呢，因为那时有一个高班的同学参军回来后留在我们班，就选了这个题目，那时孟昭英看了他的情况，就把这个题目又降了一等，就是搞一个再简单一些的让他做。这要做点试验的，他就接受了，我还帮他做过，是做一个振荡器，也没有振荡起来，学校催系里报成绩，系里就报了个及格，结果他一看及格了，就跑了，就没有做出来。当时我是跟霍秉权做的题目，你去找他，他给你两本科学刊物，挺厚的，然后他说这里的基本观点在哪，并推荐几本参考书，看哪几个刊物，这儿没有，我给你写介绍信到燕京大学图书馆去找，然后你就拼命看，去找，慢慢你熟悉了，就到期刊上去找近期有什么新的发展。通过这一年就有了阅读文献的习惯了。然后写出论文，就及格了。现在找不到的学生毕业论文很有可能是存在哪个老师的手上，他可能对这个题目有兴趣。 |
| 9 | 伦理 | | | |
| 10 | 近代物理实验 | | | |

续表

| 项目 | 课程名称 | 授课教授 | 学分 | 李德平的解释 |
|---|---|---|---|---|
| | 体育 | | | |
| | 统计及总平均 | | 36 | 黄祖洽的成绩相当可观。 |

**李德平**：西南联大的学生宿舍没有盥洗室。就是在井边上，大家去洗。另外，请来管宿舍的人是当地一个打太极拳的，他的主要任务是分信。外面的信寄到学校后，他就把不同的信放在不同的格子里，学生就去拿。没事儿就教人打太极拳。昆明的气候比较好，有个毛衣就可以过一年，当时教会的青年会也在学校建了一个服务社，是一个小院，那里也开个图书馆，有些小活动，另外做些薄的，黑色的棉大衣，让缺少衣服的人去领。

人们都知道闻一多刻图章，但很少有人知道赵忠尧造肥皂。闻一多刻图章，请了很多有名的人给他写了一个广告。赵忠尧说的少，做的多，他用一个汽油桶放在灶上，做广告，学校里用的肥皂都是赵忠尧做的。他还做过铅笔，后来曾经有个人对他说，我是你那个铅笔厂现在的经理。我在清华的一个老实验室里曾经看到过一个玻璃管，里面放了一些黑色的东西，还抽了真空，封了起来，有一次我问赵先生，他说，这大概是我做的铅笔芯吧。在那种比较困难的时候，学生发的代金吃饭都不太够，有很多同学都要到外面找点活干，挣点收入，干什么活的都有，也有的人上了一年学，钱不够了，就休学一年，出去经商，各种都有，最多的就是给当地人做家庭教师，也有到附近的中学里去当老师，也有去邮政做事的，也有每天中午去放一炮的（相当按下课铃），所以当时兼差是很普遍的。但有了兼差之后，就逃课，不重要的课就不听了，后来联大就规定了，如果你有三分之一的课不上，那就没法给分了。在宿舍里看书的条件就相当困难了，可以在图书馆看，钱多的话，就去附近的茶馆泡碗茶，看书、发议论，总之联大的生活是很特殊的。在那么困难的时期，还能培养出那么多有用的学生，这是不容易的。而且三个学校合在一起，能把事情办好，也是不容易的。上面有飞机轰炸，下面也是物价飞涨，生活都非常困难，有些家庭已经不能保证小孩有牛奶、鸡蛋吃，只好多吃豆腐。

为什么抗战前物理系招的人很少，其实是有意不多招，就算是你学完了，没有你合适的工作，也是白学嘛。所以你是处在一个需要人的时候，有活干，而你又干的出来，这样才能出人才。的确有很多能力相当强的人，像黄祖洽那样，学什么像什么，包括中国通史、外文，成绩都很好，他学习方法对头，也专心。当时规定，理学院的学生必须学习中国通史，必须要学习社会科学里的一科，例如经济学，他成绩都是不差的。最后三校一分，在清华剩的学生就更少了，最后毕业的就十人左右，那我们上一班毕业的人少的很，那时一个老师给一个学生上课的事也是有的，能够达到这样水平的，我也照样开课。

彭桓武原来招的那个学生，后来是跟了回国的葛庭燧做研究生，但这个人的确不是那种刻苦干活的人。最后在葛庭燧那里也没有干下去。黄祖洽搞核乳胶已经搞得很好，核乳胶需要大量的化学知识，就是说有这种能力的人，干什么都行，就是给他一个实验室，他也照样能干好。我知道，他曾经在车床上车出过一个管子，他用过车床，我们都学会了吹玻璃，他也会吹玻璃，所以他不是没有做实验的能力和兴趣，而是在当时的情况下，几位老师做出更好的安排，这个是个很难得的事情。你不知道，那老师对好学生喜欢的不得了，别人看着都是羡慕的，我们都看的很清楚，这样的安排后来也比较合适，当然黄祖洽也是那种比较真，不太适合那种复杂人际关系的人，与何泽庆有一种相似的脾气，在学习方面，科研工作方面，那是非常正的。我们那一代最大的遗憾是：老一代在建立学科的过程中，同时也建立了一种很好的作风，这个作风在文革受到了很大的冲击，有很多传统保留不下来，这是我们所面临的情况。从前的师生关系也不一样，后来黄祖洽跟何先生一直关系很密切的；另外一大不幸就是他后来撞了车，当时这些老师也是无权无势的，但在一起安排了他如何治病，如何养病，怎么恢复工作，过去的老师在他力所能及的范围内都是做的很好的，比如他工作在东黄城根，把他安排在科学院院部（文津街 3 号）去养病，安排在文津街工作的人去照顾他，然后他的头脑一点没有受到损失，反倒更好了。

左：1948 年黄祖洽在西南联大四年级照　　右：1950 年 2 月黄祖洽摄于清华

李德平（左）、黄祖洽（右）摄于清华大学图书馆前

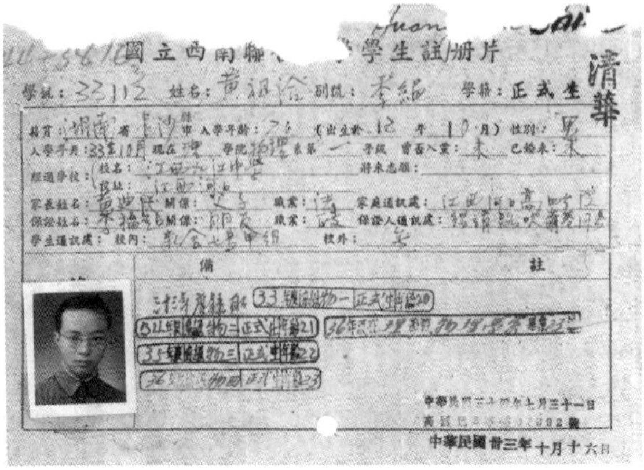

黄祖洽在西南联大的学籍卡

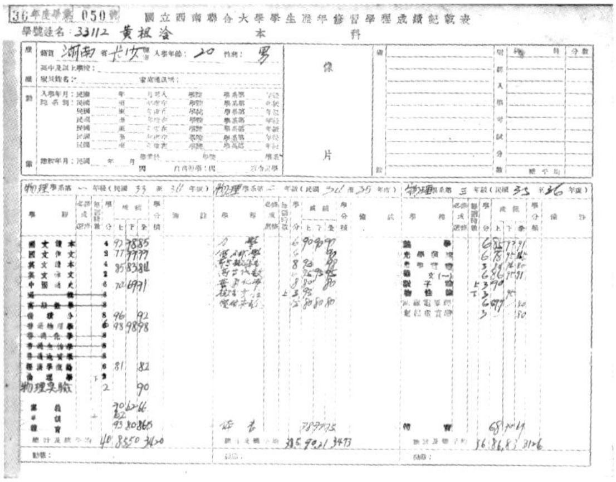

黄祖洽大学成绩单

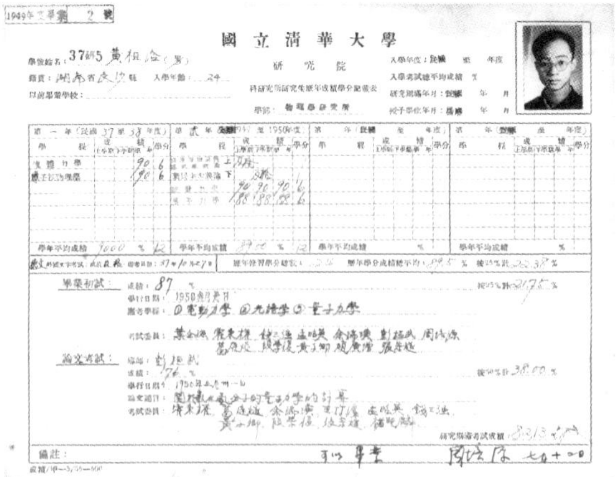

黄祖洽研究生成绩单

# 2012 年 9 月 9 日访吴翔[①]

吴翔：

我就讲讲和黄（祖洽）先生一起工作的经过吧，我是 1957 年从北大物理研究室（就是后来的技术物理系，搞核物理的那个系）毕业，本来应该是 5 年毕业，即 58 年毕业，和高崇寿[②]他们一样，但当时国家需要大量的原子能方面的人才，所以我们就提前一年毕业。但毕业后并没有马上工作，而是去了北京乡下劳动，向贫下中农学习去了，为什么呢？当时由于反右，上面认为在知识分子中间右派言论多，思想不好，先要改造，当然去之前就分配到原子能所了，在农村干了十个月后才回原子能所（401）上班。

58 年 10 月去原子能所后，分配到四室，室主任是彭（桓武）先生兼的，他还是原子能所的副所长，所长是钱（三强）先生。四室分三个组，第一组的组长是邓稼先，副组长是于敏，任务是搞原子核理论。我在四七组，组长是你父亲（黄祖洽），任务是搞核反应堆理论。还有一个组是四六组，组长是金星南，搞计算数学。金先生是个老教授，曾经翻译过一本我们上学时学过的书《量子力学原理》（布洛欣采夫）。四七组又分了三个组：一个叫四七一组，组长是蔡少辉，搞核潜艇里面反应堆的理论设计。我在四七二组，我（吴翔）是组长，任务是搞上海核电站（当时要搞两个核电站，另一个是北京核电站，北京核电站的任务交给清华大学了，由吕应中[③]做领头人，他是清华大学工程物理系的系主任。）上海核电站的任务就交给原子能所，领导人就是黄先生。我们小组的任务就是选型。还有一个四七三组，组长是杨先庶，负责 101 反应堆上运转里面的理论问题的。我分到四七二组后，黄先生就让我当了组长，组员

---

① 吴翔：理论物理学家，曾在原子能科学研究院工作，后调入二机部九院理论部（九所）参与原子弹和氢弹的研究。后来在同济大学物理系任物理系主任、教授。

② 高崇寿（1934.5.5—2018.4.28）：北京大学物理学院教授，理论物理学家和物理教育家。

③ 吕应中（1926.6.24—2022.12.23）：清华大学核能与新能源技术研究院离休教授

有李清润、叶宣化，除此之外组里还有一帮来进修的人，有十多个，都是其它单位派来的。因为当时全民搞原子能，像谢国强、严怀英分别是上海交大、哈军工派来进修的。我们三个人就带着这批人进行调研，调研上海核电站用什么反应堆比较合适？当时我们看了好多资料，我们的意见是，最合适的就是选石墨汽轮堆，当时写了一个报告并发表在《原子能科学技术》第一期创刊号上(1959 年)，用施淇洱做笔名，是四七二的音译，实际上这篇文章的主要负责人应该是黄先生，他是起决定性意见的人，这是我们在 401 所跟着你爸做的第一个工作。

后来到了 59 年的时候，中国人要开始搞原子弹了，于是成立了一个研究所，叫九院九所（九院的理论部），对外叫北京研究所，邓稼先就调到那里做理论部的主任，所以于敏就当了四五组的组长。当时钱三强所长说："现在国家要搞原子弹，401 所要承担一部分任务，要与北京研究所（九所）合作，搞原子弹方面的研究。"当时他就点了名，成立一个小组，组长是黄祖洽，组员有郑绍唐、吴翔、陈乐山和孙绍麟，孙绍麟是搞数学的，我们五个人这个小组，其任务就是跟邓稼先他们搞协作，协作大概是每个星期在坨里举行一次讨论会，然后就分工，每个人干些什么，当时主要的工作有：黄先生让我对美国的快中子堆进行调研，因为原子弹跟快中子堆比较接近。我写过几篇报告，然后就是对临界质量里的一些具体的东西进行计算，每个星期我们讨论一次，每次都是老邓带着几个人过来，有胡思得、朱建士（工程院院士）、还有已去世的陈小达（陈伯达之子，留苏回国，中国话说不好，喜欢北医三院的一个护士，但人家不同意，他就卧轨自杀了）等。每个礼拜讨论一次，彼此交流一下，各自都做了哪些工作，这样我们也做了一些工作，并写了一些报告，当时也不能发表，后来存在九所的档案室了。1960 年，干脆把我们 4 个组员调到了九所，组长黄祖洽一半在 401 所，一半在九所工作。

小插曲：我们四个人中，郑绍唐沉默寡言，不爱讲话，有时候我们 4 个人加上黄先生五个人坐在一个办公室，一整天一句话也没有，黄先生挺幽默的，有时爱说点儿笑话，那时彭（桓武）公还没有结婚，穿着不讲究。我第一次看到彭桓武的时候，看到他穿一身人字尼的西装，胸口都是黑的，吃东西用手抹的，皮鞋一只有后跟，一只没有后跟，一手拿着一包花生米，一手拿着根油条，把花生米往上一扔，用嘴一接，一边走一边吃，这就是彭桓武；他不修边幅是出了名的。他喜欢下棋，一次在天桥看到人家下棋，就凑上去看，那时刚解放，人家警惕性很高，一看这个人穿着西装（那时很少有人穿西装），但西装又脏，似乎很久没有洗过，就怀疑他是潜伏的特务，给派出所打了电话，就把他带到了派出所，问他是谁，他说，我是中科院近代物理研究所的副所长，他们不信这样装束的一个人是副所长，就打电话去问："你们那里是不是有个人叫彭桓武？"那边说："彭桓武是我们的大专家呀！"结果派出所就向他道歉，赶紧把他送了回去。有一次聊天时，黄先生就说："你们知道不，彭公一来，就满是异香扑鼻。"正巧，这时门开了，彭公进来了，黄先生就脸红了，也不知彭公是否听到。所以黄先生和我们聊得蛮好的，关系也挺好，开始我们称他为黄先生，后来他不让这样叫了，说叫老黄就行了，后来我们就叫他老黄，称邓稼先为老邓，于敏为老于……，他也没有什么架子。

吴翔教授

后来到了九所，黄先生是一半在401所，一半在九所工作；在九所主要管中子物理方面的工作。我那时主要是跟着老邓做些事情，搞流体力学方面的事，因为原子弹里有中子的问题，也有流体力学方面的问题。那时实际上我们是有个东西的。当时，苏联赫鲁晓夫和毛泽东关系挺好的，就是57年，毛泽东曾两次访问苏联，第一次去受到了斯大林的冷遇；第二次去时，受到了赫鲁晓夫的热烈欢迎。因为当时赫鲁晓夫上台后需要得到支持，所以对毛泽东很热情，毛主席很高兴，谈得也很投机，赫鲁晓夫答应毛主席要帮助中国搞原子弹，但是条件是很苛刻的，就是在中国搞一个核武器研究所，所长、室主任、组长这些一把手都要用苏联专家，中国人只能担任副职，各个室之间、各个组之间是相互保密的，也就是说中国人自己没有一个人可以了解到整个原子弹的情况，中国人只是出劳动力帮他们干活，给他个地方做爆炸试验，实际上就是这么回事。所以原子弹爆炸后，毛泽东说，我们要给他一个一吨重的大勋章。邓稼先说，洋和尚来了不念经；苏联专家来了，几个月也不讲。那时我们的部长叫宋任穷，宋就跟苏方说，你来了几个月了，总要给我们讲讲原子弹是怎么一回事吧；苏联专家组的组长是个上将，他也不好拒绝了，就决定做个报告，但有条件，只有二机部的副部级以上的人才能参加听讲，但他们没有想到副部级里有个科学家，钱三强。第二个条件是不许做记录，讲到快结束时，他发现钱公在桌子下面做记录，就急了，说，你怎么做记录呀？这时宋任穷反应很快，他就一把抽出钱公记录的纸片，说："老钱，你违反规定呀，你不该记录呀，你怎么记录呀，我负责销毁。"那个苏联专家想要过来销毁，宋任穷说："你放心，我来销毁"。转身把它锁在了保险柜里。那个苏联专家到底是个上将，也不好与他争；后来这个东西拿出来，就是给我们研究原子弹的最主要的参考资料，这是很重要的，我们的第一颗原子弹就是根据这个东西做的。苏方给了一个教学模型，他们教学生搞原子弹，有一个教学模型，原子弹是怎么做的，使用的是内爆式，每一层是个什么样子的，而且数据也很详细，原子弹爆炸每一层的压强是多少都有。我们就根据他这个教学模型去算，算了半天很遗憾，好多数据都对上了，就是一个数据对不上，就是一个地方的压强。我们算出来的数据总是比他们给的低一个数量级，小十倍左右，老邓组织一批人算，这批人算出来不对。结果又组织第二批人去算，我是第二批去算的，这些都是流体力学的东西，我们算了两遍，结果和第一批人算的结果一样。还是那个压强数值不对，其它数据都对。这很奇怪，因为其它数据都对，就这一个不对，是不是他故意给错的呢，也不好说。因为苏联专家讲课是不拿稿子的，就是那样讲，也不像是故意给错的。这个专家看上去还是诚心实意帮助我们的，因为数据不对，就不敢去做实验。后来周光召回来了，老邓就把他找过来做理论部第一副主任。周当时在九所那一级里是最年轻的，他来了之后做了一个工作，是用最大功原理去证明那个地方不可能有那么高的压强，这样一来就说明我们自己算的是对的。老邓是个很谨慎的人，有一点问题他就不敢马虎的，周光召做了这个证明后，他也就放心了，就把结果报上去了。后来就是用了这个东西做了我国的第一颗原子弹，叫596。当时黄先生来九所主要从事的是中子输运理论的工作，郑绍唐跟着他做，我后来在九所是跟着老邓做流体力学方面的工作。

**黄萌**：当时算这个压强的时候，我父亲是不是还是一半一半的跑，他参加这个工作了吗？

**吴翔**：他参加了，还有老秦（秦元勋）、老周（周毓麟），他们都是属于中间一层的大专家，上层的大专家就是钱三强、彭桓武、郭永怀这样的人。我们算的时候，他们都来的，都要一起研究的，整个理论部集中全力搞这个工作。你父亲不是具体的参加那一组的工作，实际上他都管，他们这一层的专家比高一层的大专家搞得还要细一些。老一辈的就是来看一看，听一听，而你父亲这一层有时都是跟着一起算的。后来就算成了，就用这个结果做了第一次核试验。报上去，上面批下来，就交给实验部去做冷实验，然后交给设计部去做设计，生产部去制造，最后原子弹爆炸，就是这样一个过程。所以说第一颗原子弹的爆炸有很大一部分功劳是苏联人的，应该说原子弹是不难的，原子弹的原理，大学生都懂，而且美国人的教科书上都写着的，美国人搞了两种原子弹，一种是枪式，枪式就是用两块高浓度的核材料，然后用炸药使劲一推，把它并在一起，两块都是次临界的，并在一起就变成超临界了，中子链式反应出来以后，中子越来越多就爆发了，这叫做枪式。枪式的效率很低，因为它的超临界度不高，材料用得很多。美国投到广岛的第一颗原子弹就是这种，他们称作“小男孩”，第二次投到长崎的是内爆式的，称为“胖子”。因为铀235有临界质量，超过它时才能够爆炸，超过的越多，它爆炸的威力越大。但它的临界质量是跟密度有关系的，枪式的密度是没有变。内爆式的，周围是用炸药，采用聚心压缩，是由各个方向推过来，因此就可以把里面的核材料压缩的密度很高，所以这样就可以达到比较高的超临界密度，而且也比较节省材料，效率比较高。苏联人一开始就教给我们的是这种方法，是比较先进的。我们做完理论设计大概是1962年，实际上就是周光召回来把那个压强的问题弄清楚了之后，这个设计也就完成了。所以说苏联专家有功，是因为人家都画给你了，一层层是什么材料都有。

1962年之后，因为原子弹的理论设计已经完成了，就开始研究氢弹，黄先生就和我们一起研究。氢弹就比较复杂了，因为谁也不知道氢弹是怎么一回事，美国、苏联都保密。从美国的小册子上只知道两件事，一件是利用轻核聚变反应，最易产生聚变，并且产生自持。产生自持的条件，英国有个叫劳森的，给出一个条件，就是给出一定的密度，在一定时间内，维持一定的高密度，和一亿度以上的高温，才能够自持。因此我们从美国人写的一些通俗的小册子上知道，氢弹所用材料肯定不是氘、氚气体，因为气体密度太低了，没有效率，一定要用固体。但是氘、氚固体是没有的，那书上讲了，要用氘化锂，因为锂吃了一个中子后，要蜕变产生氚，所以氘是原来就有的，氚是用的时候才产生出来的，这样就可以用固体密度比较高的东西来开始做这个材料。从小册子上知道的第二件事是要用一个原子弹，相当于扳机，也就是给氢弹提供高压和高温的这么一个东西。

知道这两件事情了，老邓就组织在一个大教室里每隔两天举行一次“鸣放会”，不论职位高低，谁有主意都可以上去讲，就像现在的 Brianstorm（头脑风暴）一样。所以当时大家想了很多各种各样的主意，画了好多图，有的说把原子弹放在中间，有的说放在外头，但材料用的太多了，反正大家想了很多办法，但都没有成功。

1965 年初，于敏过来了。在之前，钱三强让黄祖洽和于敏在 401 组织了一个班子，叫轻核预研组，预研氢弹，黄祖洽是组长，带了好几个年轻人，其中有张国平，还有两位绰号叫“丘克、盖克”的邱玉波，盛家田。后来说要集中力量，全都调入九所。

当时研制氢弹有两个方案，一个方案由周光召带着一批人去搞，另一个由于敏带着另一批人搞，我是在于敏的那个组里，记不清你父亲当时是搞哪一个了。周光召搞的那个“边烧边压”方案失败了，但是，于敏搞得那个方案成功了。实际上所有这些工作都是集体努力的成果。不光是老一代科学家，中年科学家，还有我们这些青年科学家，都是做了许多贡献的。确实是个集体的成果。

1966 年底搞了一个氢弹原理实验，我们那个组是个主要的组，我被派到青海 221，做理论工作组的组长。那时他们实验部和设计部都很迷信理论部，有一天晚上，我正在睡觉，忽然有人来喊我，说：“老吴，快来看看，出大事了！”他说有个老师傅一刀下去挖深了，把氢弹的外壳挖出一条沟来。他问，这还有用吗？如果没有用了，整个材料都要报废，还要重新弄。我看了看，说这问题不大，还是继续做吧，后来证明也没事。他们迷信理论部到这样的程度，他们测出来的数据每一次都和我们做出来的非常接近。一次我就问他们的一个人，他说，没有什么稀奇的，凡是测出来和你们不一样的，都不要了，也就是说他们觉得理论部算出来的都很准确，因为每次算出来的和实验做出来的都差不多。

1969 年，氢弹成功之后，我们就去了五七干校，黄先生喂猪，有一次还被当兵的训，你说说，大科学家被当兵的训。我碰到过两次当兵的，第一次我到新疆的基地去，那个当兵的对我们是真好，每天早上把洗脸水、刷牙水搞好端到你面前，因为我们是专家呀；第二次就是在河南五七干校，那当兵的就不把知识分子当人。黄先生喂猪喂了一段时间。我们种地，盖房子，后来也被大水冲掉了。1972 年从干校回来，也就是林彪摔死后，把我们这批业务骨干调回去了。但调回去后，大家的心也凉了，都不愿意在那里干了。都要求外调。彭桓武是被军管组负责人当众羞辱后最先走的，继而是周光召到科学院去了，之后是黄先生到师大去了，秦元勋也走了，苏肇冰也走了。我也要求走，后来去了同济大学。于敏跟我说：“党员都走了，只留下我这个非党员。”觉得挺委屈的，因为他也想走。都走了，只留下他一人，担子只好他挑着。

我当时是两地分居，领导说要解决家属问题，就要到四川闭塞的曹家沟去。我爱人、孩子及父母都在上海，因此我要求调到上海工作。他们说不会放你走的，我说，彭公、周光召都能走，我为什么不能走，直到 81 年才调到上海同济大学。

**黄萌**：您能讲讲去上海用切片计算法时的细节吗？

**吴翔**：1963 年，我担任理论部蒙特卡洛方法组的组长，副组长是黄启晋，是陈雅深的夫人，那一年我带了几个人到上海来，研究蒙特卡洛的计算误差问题，利用上海的 J501 计算机进行计算。1965 年，也就是老于带 13 室年青人突破氢弹原理计算那一年，有一天老于来了，找到我说：“我有一个想法，想算一算，你能不能用蒙特卡洛方法帮我算算？就是算算怎么把原子弹里的能量输送到氢弹里去，是怎么个过程？”我想了想，说“可以的，用光子输运。”就让那几个搞数学的同事编程序，正常情况下编这样一个程序需要一个月左右，我们只花了一个多星期就编好了。编好以后就去算，算的过程中，一定要有一个搞分析的人在旁边。数学方面有好几个人，而物理方面只有我一人。那时的计算机还比较原始，用穿孔机打在长条纸带上，所以要有一个人在旁边看着，以免出错。一旦发现错误，就赶紧停下来重算，否则就会把原来的磁鼓冲掉了。所以一定要一个搞物理的人做当场的在线分析。就我一个搞物理的在那里盯着，算了三天三夜，也没有睡觉，困到站着都能够闭上眼睡着。后来怎么算都不对，就停下来。老于也在那里，赶紧查错，结果程序真出错了，马上纠正。然后再算，结果三个小时就算完了，确实是可以把原子弹的能量送到氢弹里去。这样就跟原子弹爆炸不一样了，原子弹周围放的是炸药，是球对称的，但氢弹里进去的能量不是球对称的，每个地方的压强都不一样，就要算一个非球形的压缩问题，这样就涉及到二维的计算方法，这样一来工作量很大，二来我们的计算本领也没有那么大。1966 年，也就是氢弹原理爆炸试验成功后，为了抢在法国人前爆炸真正的氢弹，我就提出用一维的计算方法。像切西瓜那样，一片片切开算，就变成一维的计算方法了。每片进行修正，有的地方薄，有的地方厚，每片算完再凑起来，就变成整个一个西瓜了。方法是我提出来的，名字不是我起的，名字是李德元起的，一次我给大家报告的时候，李德元说，这个方法好，就叫切片法好啦。

1960 年，我和郑绍唐、陈乐山和孙绍麟一起调到九所，孙绍麟的爱人叫耿沪男，在四六组搞计算。

**黄萌**：您四位过去以后对九所有什么影响？

**吴翔**：我们当时做了一些工作带了过去，记得我和郑绍唐一起搞了一个原子弹一维计算的核参数，有人给起名叫“郑吴参数”，这是带过去的，后来他们也一直用的。后来那个切片法，九所也是一直用来做设计的。彭公的儿子先去世了，他的儿媳妇对他也不好，所以他就把钱拿出来都分给大家了。一次，他打电话给我说，“我搞了一个彭桓武纪念赠款”，把他得到的奖金都分开了，每一年有 3—5 人得到这个奖，每人得到三万块钱。我收到过一封他的信，就说我想给你这个奖，赠款的条件有两个：1. 曾经和我一起合作、工作过的；2. 工作中给我留下深刻印象的。满足这两个条件的，我就给他一份赠款。他说我想给你这个赠款，看你接受不接受。他还说，这些奖金是我去领的，实际上是我代替你们去领的，工作是你们大家做的，我只是个代表去领奖。我觉得这是实事求是的，这么大的一个工程，靠一两个人是完不成的。他又说，已经评上院士的，或得到过奖励的，我就不考虑了，我只给那些做了工作，没有名，没有利的人发奖。后来他寄给我三万块钱。

你父亲管我叫“三鬼”：烟鬼、穷鬼、瘦鬼。哈哈哈……

**黄萌**：您对我父亲还有什么印象？

**吴翔**：我记得473组，杨先庶那个组的一个年轻人，有一次被他批得都哭了。因为这与老师的传帮带有关。他的老师，彭公，也是这样的，也是搞不好就批，批得要掉眼泪的。我没有被批过，他说得蛮厉害的，弄不好就会哭出来。实际上对年轻人是好的，严师出高徒嘛。另外他带学生的作风与于敏不同，于敏带学生很细，是手把手的教。黄先生是引导式的，我在同济也是采用他那种方式。我在九院时，你父亲、于敏和邓稼先都是我的导师，我有时跟这人干，有时跟那人干。于敏是很细的人，对年轻人也不发脾气。

# 2012年12月20日在原子能研究院退休职工活动中心的座谈会

参会人员①：陈叔平、萨本豪、郁金南、杨桢、胡华琛、苏宗涤、何汉新、张锡珍、陈永寿、黄萌

参会人员合影。后左：苏宗涤、何汉新、陈永寿、陈叔平、郁金南、萨本豪、张锡珍，前排：胡华琛、杨桢

---

① 陈叔平：中国原子能科学研究院，研究员，反应堆物理学家，1956年大学毕业后曾任支部书记

萨本豪：中国原子能科学研究院，研究员，理论物理学家

郁金南：中国原子能科学研究院，研究员，反应堆物理学家

胡华琛：中国原子能科学研究院，研究员，反应堆物理学家

杨桢：中国原子能科学研究院，研究员，物理学家

苏宗涤：中国原子能科学研究院，研究员，理论物理学家

何汉新：中国原子能科学研究院，研究员，理论物理学家

张锡珍：中国原子能科学研究院，研究员，理论物理学家

陈永寿：中国原子能科学研究院，研究员，理论物理学家

黄萌：黄祖洽的长女

**陈叔平**（当年的支部书记）：

黄先生培养了我们国家第一批搞反应堆的人才，以后他们都分散到各个地方，九院和其它的地方，起到了星星之火可以燎原的作用。尽管后来他不搞反应堆了，但他的基础非常扎实，他翻译的那本《经典场论》是一本经典著作，在历史上起到了很好的作用。从那以后，他把俄文也掌握了。

我那时是支部书记，那时的支书与现在不一样，我大学毕业刚刚转正，当时谁也不愿意做党的干部，就让刚毕业的学生做，那是1956年，后来我57年生病了。其实黄先生在政治上也是有些看法的，但是他比较稳重，和于敏一样，都是业务上的尖子。可能是对政治看透了，所以不愿意参与政治里的那些事，59年时批判于敏走白专道路，其实黄先生也一样，但因为他们的业务太强了，所以别人也不敢把他怎么样。

**苏宗涤**：那时从各个大学高年级的学生调了一批来北京大学物理研究室（后改称技术物理系）学习，萨本豪就是从吉林大学来的，蔡敦九是从南开来的。

**陈叔平**：我们那个组都是毕业生，56年毕业来的，在技物楼[①]东边的六层，彭先生和黄先生也在六楼给我们讲课，胡济民先生主持的北大技物系在下面上课。我们的工作保密，所以在最高一层。

**胡华琛**：当时我们在六层上课，彭先生很认真，每人发那么大的一个笔记本，一章一章的往下仔细讲，我们写下来，每次听完课，笔记本就锁到保密柜里。彭先生认真地讲课，学了一阵下来，分了两个部分，一部分人是搞石墨堆，一部分人搞重水堆；我也参加了重水堆，重水堆又分成3个小组，我跟郑绍唐在一起，两个人同时算，然后核对，怕错，都是这样的。荣茉英又和王贻仁一起算。李清润与方励之他们搞石墨堆，我们算的东西每周要向黄先生汇报一次，黄先生要我们做一些很复杂的计算，而且要求很严，这对我后来遇到的计算上的麻烦和困难就是一个锻炼。对这一点，我要感谢黄先生对我们的严格教导。彭先生的脑子也很活，他讲课的时候，还要讲一些工作方法，要把东西学透了，转行也容易，他有许多观点。荣茉英算的和我们不一样，她算的是中间抽掉一根铀棒的结果怎么样，我是做81根棒的情况是怎么样的，最后都做

---

① 技物楼：位于中关村的北大技术物理系楼简称计物楼

临界实验，我做的与临界实验很接近，我很高兴。所以我对这一段的工作记得很牢，这是做了几个月的工作，后来在《原子能科学技术》杂志①上才把黄先生计算的重水堆的东西登出来了。

**陈叔平**：方励之因为差点被打成右派，所以就没有留在原子能所。

**杨桢**：最早，解放前中央研究院分两处，一个叫北平研究院，另一个是在南京，叫南京研究院，北平研究院在东黄城根，有个老的三层楼，老的楼在前面，叫近代物理研究所，新点儿的在后面，叫应用物理研究所。还有个老四合院，解放后四合院的北面是搞机修的，东面屋里有几个机床，专门打磨玻璃的，有个头头，叫王工程师，就是王大珩。后来所有的有关光学的研究所都是从那里出来的。黄祖洽那时在近代物理所理论组，在二层楼北头的两个小房间，很小的房间。我们器材处也在二楼，就一个小房间，顾太太（顾功叙的夫人）做器材处的处长，房间里就那么几样东西。黄祖洽中间出国去了，不常来，于敏当时是小青年，经常和我们一起跑饭馆里吃馄饨，还有几个年青人：邓稼先，金星南，李寿枬。彭先生是组长，王淦昌是副组长，每天给我们讲原子核物理，当时就是在这样一个条件下发展起来的。我对黄先生不太了解，那时我与李德平在三楼，和戴传曾在一起，探测有没有原子核反应、核衰变。那时什么东西都没有，困难无比。那时朝鲜战争已经在打了，彭德怀亲自跑到我们那个小楼里找钱三强，问："假使美国使用原子弹，有什么办法探测放射性？"然后李德平和戴传曾两位先生集中力量研究盖革计数管，没有那个东西，根本没有办法解决问题。当时器材很困难，美国限制进口，盖革计数管外面需要个电阻，这个电阻叫淬灭电阻，就是它一放电的时候就赶紧灭掉，好打第二个，那个电阻是个 1 兆欧的，现在有的是，但那时候跑遍北京都找不到。钱先生把从法国辛辛苦苦带回来的一个叫做居里静电计，是有电子学之前测量放射性的一个仪器，就是一个静电计，把它交给我。我就负责调那个东西，费了好大的力气去做。当时黄祖洽是个小青年，何泽慧每天骑个破车上班下班，那个车简直是其破无比。我记得黄先生骑车去清华，被校车撞了脑袋，受了伤，当时由陆祖荫去照顾他，伤得很重，住院昏迷不醒，神志不清，说胡话，什么镇

① 《原子能科学技术》1959 年 03 期，文章题目：研究性重水反应堆的物理计算；作者：黄祖洽

压反革命呀，陆祖荫就把他压在床上。后来到苏联学习很紧张，他因几次犯撞伤后遗症，就从苏联提前回来了，处于半休养半上班的状态，不大出来。

**胡华琛**：原子能所行政楼的二层，王承书回来之后，开始就在那里办公。反右派后有一个双反运动，李毅[1]说像黄祖洽这样的人就要时常的敲打敲打。对于敏也批判，叫红烧中段。他们都是白专典型。

**萨本豪**：黄先生是个党员，还好一些，于敏不是党员，就更被批了。

**陈叔平**：因为他们业务上很好，对他们也不敢怎么样。还得靠他们。有两件事：第一件事，1958 年底，专门找了我们几个人，说找我们去搞 09 任务（核潜艇），那是非常保密的，黄先生参加了首批的中国核潜艇的工作，他是核心领导之一，因为 09 的理论部分就在他那儿，把我也调到那儿去了。第二件事，1958 年，大家都在调研各种堆，黄先生就提出来，要搞核电，这个思想非常有前瞻性，后来批判黄先生"不搞阶级斗争"，其实搞两弹才是真正的以阶级斗争为纲。

**萨本豪**：我在 09[2] 是搞屏蔽的。

**胡华琛**：宋任穷[3]让我们说话，我说我们的反应堆要上天。结果宋任穷说，你是穆桂英，我是老黄忠。

**苏宗涤**：这次我请杨顺海来参加座谈，他特别讲到这句话，他今天没有来，我代他说了，黄先生翻译的加拉宁的那本书《热中子反应堆理论》，用笔名示水出版。要重视这本书对我国核反应堆的发展起了很重要的作用，起到一个历史性的作用。搞反应堆的都是从这里开始的。

**杨桢**：黄先生第二次出国，钱三强为团长，当时我已经留苏回国，我是学电子学的，因为懂俄文，也被派去做翻译，在热工物理研究所学习。整个代表团被安排在离莫斯科不远的一个小宾馆里，都住在一起，每天汽车接送，每人学的都不太一样，彼此没有太多的交流，但我知道彭桓武和黄祖洽俩人与苏联的专家加拉宁教授在一起。彭桓武嘴很馋，喜欢吃所有的餐厅，尝尝菜的味道，而黄祖洽的活动很少，基本上不说话，成天学习，学了一年多反应堆理

---

① 李毅，原子能所党委书记。

② 09：是核潜艇的项目编号

③ 宋任穷是当时的二机部部长

论。我跟着何泽慧搞探测器，那次出国对黄祖洽来说是第二次出国，也是真正学反应堆了，对他是很重要的。我们在那里的生活也很特殊，完全是封闭的，班车来回接送，有两道警卫。我们现在的原子能所就是跟他们学的，进门时登记，发一张卡片，出门时再交回卡片。

**黄萌**：还记得那次出国有哪些人吗？

**杨桢**：学物理的有何泽慧，钱先生，彭桓武，黄祖洽，赵忠尧（后去的），年轻一代的有：黄胜年，顾以藩，杨桢；学放射化学的有朱培基，关井树，顾国英等十几个人；冯麟是政治领导。很保密，与外界不联系。那个阶段与苏联的关系不错，与苏联专家接触的也最多，一个小而全的班子，有核物理的，有反应堆的，有化学的，三十几人，一个小面包车，每天到郊区去，不坐那个车根本不行。

**胡华琛**：加拉宁的妹妹叫加拉尼娜，与何泽慧一起指导顾以藩的。还有一本戴维森的《中子输运理论》俄文版好像是加拉尼娜翻译的。

**陈永寿**：当时苏联的理论物理是很先进的，我们后来的理论工作，理论水平，特别是在两弹研制上面，弹的质量与理论工作的关系很大，像朝鲜搞的就不是像我们这样，所以最初是黄先生他们到苏联接触到最高的核物理理论，然后介绍到中国来，然后在中国带学生，培养人，这都是历史上做的事情。如果没有打下那么好的基础，原子弹、氢弹不会搞得那么好，那么快。今天听到还健在的前辈们讲这些事，只有这些实实在在的历史才是很感人的，我整理了一个材料有两点：1. 黄祖洽应该是中国核反应堆事业的开拓人之一，核反应堆理论的创始人之一；2. 黄祖洽先生是中国氢弹的重要参与者和领导者。不是因为他没有拿两弹元勋，在我们的心目中他就是两弹元勋，这是我们很多学者都公认的事实。我想最感动人的、最宝贵的是他能给中国的核事业留下的东西，是他具体的成就，是他的学风，是他在经历的这些过程中所做出的贡献。

**杨桢**：我们当时那批人里有一些人很有才能，因为种种原因被刷掉了。

**陈叔平**：四室当时公认的业务能力最强的是黄祖洽和于敏，是白专典型。黄先生不善于搞人事关系，精力都去搞业务了。

**薩本豪**：于敏自己也说，我业务能力不比周光召差，但我的组织能力不如他强。

**苏宗涤**：昨天我和卓益忠交换意见，我们共同认为，黄先生最大的特点就是他不去追求各种权力，很淡薄，这种品质反映在后来他又回到原子能所做副所长，我就是那个时候与黄先生有过接触。我的办公室与他的斜对面，他到所里来了，就找我们去问都做些什么？他虽然是副所长，但他任何权力都不要，什么批这个钱，批那个钱，他都不要，对这些事都很淡漠，这是他最大的特点。譬如上次我讲的到庐山去开会的小故事①，对权力，名利看得很淡薄，就是一心钻研业务，对我们年轻人做出了榜样。记得当时我和薩本豪一起做个项目，就是用蒙特卡洛方法对重粒子的速度做个计算，因为它是个矢量，方向性很难把握，有一天黄先生来了，我找他说了这个问题，说我们还没有找到一个合适的办法，他就把这个问题了解了一下说，我捉摸捉摸吧，然后我和薩本豪就去做各自的事。等到快下班时，就把我叫过去，说你看这样做行不行，画了几张图，我和薩本豪看了之后就豁然开朗，就把这个问题搞得很清楚了，这是我与他很具体接触的一件事例。他什么权力都不要，就是愿意与我们多接触接触，跟这个谈谈，跟那个谈谈，解决些具体的问题，看看能帮些什么忙。

**郁金楠**：在临界安全方面，可以找阮可强谈谈，因为他们搞中子物理的传输，最早就是黄先生领着搞的。这方面的工作像燃料处理的安全性、08 反应堆的物理问题等等，都是从黄先生开始的，跟阮可强他们去搞的。临界安全有两个部分：1. 反应堆部分，2. 工艺部分；工艺室要多大，浓度要多少，这都是安全问题。我跟黄先生的接触，感觉他是那种埋头搞业务、思想很敏感的人。核电现在最大的一个问题就是对燃料最有效的利用，还有就是对核放射性废料的处理，这是两个最关键的问题。现在用的是聚变堆来生产核燃料，来蜕变核废物，这叫做聚变裂变堆，这个大家都比较反对了，因为本来一个干净的能源，这样搞，就变得反而不好，国际上对这一方案是比较否定的，可我们国内现在还在搞。那么我提出的想法，黄先生马上支持，我们是反过来，叫裂变聚变堆，用裂变中子来搞氘氚的棒，让它产生锂-6，而产生氚，由氚直接打击锂，这样产生聚变中子，聚变中子在中间输运时产生大量的氘氚反冲核。而这

① 苏宗涤讲的小故事：78 年在庐山开会，有天下午没有会，黄祖洽自己就出去了，太阳很晒，他拿个毛巾，用水搞湿了，放在头顶上，自己跑到五老峰爬山去了，刚好那天钱（三强）公来参加我们那个会的分会，可能那天他的脾气不好，批评这个，又批评那个，把谁都数落一遍，也批评黄先生了。后来黄先生回来问我："开会讲了什么？"我把批评的事说了，他说："反正我不在场，他爱怎么说就怎么说吧！"

种反冲的原子，它自己马上发生聚变，一旦发生聚变，就会产生更多的聚变中子，就是裂变聚变堆，这样也可以生产燃料，也可以蜕变核废物，这样就可以使一个脏的能源慢慢变成一个干净的能源。我在这方面写了一篇文章，经过一些计算然后去找黄先生，他很热情，给了很多指点，这是 2005 年左右的事，这篇文章叫《裂变聚变中子源》①。给我的印象很深的是他对这方面的事非常敏感，也很有兴趣，对我的文章也进行了具体的指导，我感到，虽然他年龄那么大，但对具体的问题，思路还是那么清晰，整个系统、逻辑都是非常清晰。所以他讲课没有问题。这就是搞学问的人。所以我很敬佩他。

**何汉新**：我讲讲黄先生带研究生的事，1964 年，我和刘寄星是黄先生的第一批研究生，当时张锡珍考的是彭桓武的研究生。1964 年，我们先到河南农村下放劳动了一年，1965 年才回来，那时原子能所氢弹预研的人都到九所去了。后来彭桓武和黄先生一起带我们三人，彭先生先来讲了培养目标、方向和学习方法。方向是等离子体物理，目标是培养全面的等离子体物理人才。学习方法就是一边搞科研一边学习，从实践中学。彭先生和黄先生带我们的方法实际上就是在思想上做指导，基本上是一个月来一次，有时两周来一次。开始两次是彭先生来，后来他们基本上是一起来。我想讲：给我印象比较深的事，他们主要是提供一些思想方法，黄先生来时给我们提供学习等离子体物理的参考书，我记得比较清楚的是朗米尔的《等离子体物理基础》，还讲了研究的基本思想。有一次刘寄星生病住院了，不在，给我讲了一个半小时，讲怎么搞科研，结合原子能所的情况，他说要搞出成绩来，主要是要创新，必须要有自己的想法。他也举了些例子，为什么有些人成长的慢，而有些人成长的快，这与彭先生的思想是一脉相承的。我在大学的毕业论文就是彭先生带的，彭先生还有个思想，就是要目标明确，这大概是黑格尔的思想，那次黄先生讲的基本上也是这些，特别强调创新，这对我今后的发展也有影响。另外他做工作非常严谨，有一次我提了些具体问题，他就一一做了解答，给我印象深的是：搞科研要创新，在个人成长过程中也要创新，还举了些例子，包括他本人的体会。他翻译的那本《经典场论》，我特地买了一本，因为我要考他的研究生，所以特意买了一本，这本书对我也有影响，在那本书里，数学处理非常严谨，从经典

---

① 《核科学与工程》2007 年 04 期，裂变聚变中子源，郁金南

场论的角度来看问题。当时报研究生时，不很了解黄先生，因为他没有给我们上过课，他给我们高年级（58 级）的学长们讲过输运理论，因此开始我是报的于敏，后来科大管报考的人介绍说，黄祖洽有丰富的理论和实践经验，58 级的人也给我们介绍黄先生讲课的情况，说他数学、物理非常好，所以我就报了黄先生的研究生。后来因为文革，就中断了学习，我看了黄先生的《三杂集》，那张研究生的表里都没有我们[①]，因文革，我们没有完成毕业论文，实际上第一批研究生应该是刘寄星和我。我的毕业论文题目都与黄先生讨论过《有关冲击波的结构》，虽然文革中断了，但对我们后来的工作还是起作用的。

**陈永寿**：在理论物理学家中，有两类，一类是物理特别强，一类是数学很强，但黄先生这两方面都很强。我是他的粉丝，他是我国反应堆理论的创始人之一，是原子弹、氢弹研制重要的参与者和领导者之一，他又是杰出的教育家，带研究生，对年轻人的培养，比如像我们这一代人，曾经是中国核物理理论方面相当强的力量，这是国内大家都公认的。这就是原来彭先生、黄先生和于先生他们那时四室的延续。64 年原子弹一响，预示着一种历史性的转变。中国的领导层没有预见到这个事情，还是认为培养的人是为两弹的。64、65 年进原子能所 800 人，都是顶尖大学里挑出来的好学生，实际上两弹爆炸成功以后容纳不了那么多人了，所以有些人就转向以后的这些基础研究。所以像当初黄先生、朱先生、彭先生、于先生那样以任务带学生培养了下边一梯队的人，这些人也具有搞基础研究的能力，到我们这里，就主要搞基础研究了。这部分人就会上的很快，包括直接的学生和间接的学生，所以成为国内最强的力量。为什么我觉得教育这方面要着重些呢？因为我觉得黄先生的一些教育思想和一些做法，是真正地培养科学家。而现在一些老师培养学生的做法，我是不赞成的，一个人带十几个，二十几个研究生。所以不能拿带研究生的数量来比较导师，不能这样比，所以这些老的科学家的教育理念应该传承下来，这部分要好好写。我曾劝他，年纪太大了就不要讲课了。他说，既然是教授，教授就是劳动者，那你就得教。他讲课是非常受欢迎的，讲课的物理思路非常清楚，这部分教育教学的财富是要记录下来的。

**何汉新**：当时我们在学校时，就知道有四个人专业上很厉害，就是彭桓

① 这次再版中的表里加上了何汉新和刘寄星两名研究生

武、朱洪元、黄祖洽和于敏。

**张锡珍**：说实在的，到目前为止国内在粒子物理和核物理方面，还没有人能够超过他们，和赶上他们。

**杨桢**：黄祖洽被车撞了之后，消息传的很快，都说，哎呀，黄祖洽受伤了，因为那时车很少，出车祸的事也不多。

**苏宗涤**：黄先生还很仗义执言，有些人受到不公正的待遇时，他敢于出来说句公道话，例如对于一些有争论的人，他敢于说句公道话，比较公正地处理问题。一次，有篇文章是关于统计物理的，有些争议，编辑拿来给我看，我也不是搞统计物理的，我就推荐他去找黄先生，后来黄先生看了之后，做了公正的判断，那篇文章就出版了。其实他也不认识写文章的人。

**黄萌**：最近我看到原子能研究院孙汉城①教授写的一篇文章，读《探索原子核的奥秘》一书的感想，题目是“认识物质结构，开发巨大能源”。以下是文章的原文：

## 认识物质结构，开发巨大能源

——读《探索原子核的奥秘》

孙汉城

我爱不释卷地一口气读完了由中国科学院院士黄祖治教授撰写、湖南教育出版社出版的《探索原子核的奥秘》这一本引人入胜的科普读物。

黄先生以大手笔的笔法，从原子弹爆炸追溯到为什么太阳能够持续数十亿年不断地燃烧发光作为全书的开始，一直写到争取实现可控热核反应这一跨世纪工程和认识物质结构的更深层次这一长远目标。他生动地描绘了人类认识自然与征服自然的万里长征。

长征中有成功的经验，胜利的喜悦，也有失败的教训，“真理碰上了鼻子还没有被发现”和“后悔就差去捅破那层窗户纸”的遗憾。历史上有名的中子的发现过程与裂变的发现过程，都有一个迂回曲折的过程。书中阐述了本世纪30年代一些世界一流的实验室如何错过了这些发现的教训，以及另一些实验室终于成功地作出了这些划时代发现的经验，真是发人深思。

探索原子核的奥秘，离不开反映微观世界运动规律的量子力学。作者以深

① 孙汉城：中国原子能科学研究院研究员、博士生导师，著名原子能研究专家。

入浅出的语言阐明了这门深奥学问的物理基础以及一大批才华横溢的理论物理学家对此做出的贡献，也给人以深刻的启迪。

对于丰富多彩的核结构模型与核反应机理，作者以简洁的语言作了概括的叙述，使读者头脑中建立起一幅幅形象的图画。

人类认识世界的目的在于改革世界。本书的最后部分阐述了核弹的原理，核能应用的途径，特别是可控热核反应这一艰巨而诱人的前景。

认识过程并没有到此结束，新的，更艰巨的探索更深层次物质结构的任务又摆在人类面前。本书最后一句话“年轻人在推进对物质认识的探索中正大有可为哩！”说明了这一真理，也寄托了老一辈科学家对年轻人的厚望。

记得 50 多年前，当我还是一个初中学生的时候，各种新鲜事情都引起我的兴趣。我幻想过将来当个画家、书法家，也幻想过当个数学家，甚至想过当武术师，始终拿不定主意。是当时的一些物理学方面的科普书使我对相对论的质能互换有了皮毛的了解，特别是原子弹的爆炸使我叹服于如此巨大的能源，从此立志攻读物理学，特别是原子核物理学。在经过几十年实践，尝尽此中甘苦后读到黄先生此书，使我联想翩跹。但愿更多年轻人能从此书得到启发，为我国的原子能事业，为我国科学技术现代化作出比前人更加辉煌的贡献。

黄祖洽和老同事们（左起：孙汉诚、陈永寿、黄祖洽、苏宗涤、萨本豪）

# 少年黄祖洽

程琪①

黄祖洽院士是我国当今原子能科技理论与实践上作出重大贡献的一位著名科学家，1943 年秋，黄祖洽在江西铅山杨村省立九江中学高中毕业，此前三年期间，我和他是九中②同班同学，对他在校学习情况有所了解，我深深感到，黄祖洽在少年时期就充分显示出了他那不平凡的气质与才华，他对学习有远大的理想，有坚定的决心和信心，因而学习如饥似渴，分秒必争。做到手不释卷，长年累月历久不懈。因此对于完成受课的学习任务根本不在话下，多余的时间，他也从不放松学习，全部用来超前学习更高一年或几年的教学内容和其它有益的书籍。在课堂上，有时他向老师请教提出的问题往往难住了任课教师，不用说他的各科学习成绩总是远远领先于班上其他同学。同学们一提起他，无不表现出钦佩仰慕之情。

且列举数例，以见一斑。

黄祖洽超前阅读大学英语课本和英语原文书籍，背诵英语词典，其英语程度是其他同学所望尘莫及的。

记得有一次老师布置英语作文题是“The Star（夜星）”，命题超出一般要求，叫人无法动笔，独有黄祖洽略经思考就援笔直书，一挥而就，写出一篇文意与英文语法俱佳的英语长文，足有两三千字之多。当时，在学生中素有崇

---

① 程琪是程珊（后来改名华夏）的哥哥，在《三杂集》中有一段描写黄祖洽与程珊从赣县到贵阳的赶考过程。程琪与黄祖洽是高中时期的同班同学，程珊比程琪高一年级，程琪经常在家里夸赞黄祖洽，所以程珊后来也成为黄祖洽的好朋友。因报考的大学不同，后来失去联系。一直到上世纪 70 年代，程珊才找到同在北京工作的黄祖洽，那时程珊已经改名为华夏，他从事美术专业，在文艺研究院美术研究所工作。这篇文章是程琪写给华夏的，他又转交给黄萌，程琪一直在江西从事教育工作。

② 九中：江西省立九江中学的简称，现在的江西省九江一中。在抗日战争期间，为了躲避日军的进犯，这所历史悠久的中学从九江市转移到铅山县杨村，直到抗战胜利才返回九江市。

高威望的任课教师李真老师看后赞不绝口，感慨地说："我也只能写出像黄祖洽这样的英语作文！"

黄祖洽学习语文的劲头也丝毫不减于英语，学校图书馆藏丰富①，古典文学和中国历史书籍应有尽有，黄祖洽经常出入图书馆，连《资治通鉴》这样大部头的书，他也是一本接一本的不断地阅读，看得快，记得牢，又能恰当应用，每次作文，黄祖洽总是高度集中思想，先是边磨墨，边审题，边打腹稿，10 分钟左右之后，挥笔疾书，畅所欲言，从不起草。当他笔一停，受人尊称"汪夫子"的汪廷熙老师就急忙快步走近他，拿起文章就摇头晃脑地朗读起来，连声赞赏。汪老师希望在学生中能有更多的"黄祖洽"，在批改黄祖洽的作文之后，还经常写上"抄贴"，展示他的模范作文，让全校学生阅后受启发，向他学习。

黄祖洽学习数学更是举重若轻，高中数学课本内容，他早已成竹在胸，只好别寻课外读物来看并超前钻研高等数学、微积分、微分方程等等。学校有位化学权威兼教数学的蔡希欧老师，在课堂上经常夸赞黄祖洽说："黄祖洽的数学总平均分，不用打算盘，保险都是 100 分。"

黄祖洽在物理学科上既是学生又是老师，而且是一位好老师。他对物理课的学习最感兴趣，用力最勤，学习成绩之高最为突出。后来进大学深造就学的是物理学科，他对祖国做出重大贡献的核工业，也是以物理学的知识为基础的。记得是高三年级上学期，学校缺了物理老师授课，校长情急智生，决定商请黄祖洽辅导同学们自学这门功课，要求同学在自学过程中，遇到疑难问题，自己经过努力钻研还不能解决时，再向黄祖洽请教，这一措施确有成效，黄祖洽每问必答，对大家学习物理帮助很大，而且在同学们向他请教解题时，他总是那么谦虚，他喜欢说的一句话是："等我想想，试试看吧！"其实对于我们所提出的难题，到他手里就不算难题了。

黄祖洽治学精神之严谨可以说是无以复加的了。每天 24 小时，除了睡眠、吃饭以外，整天把自己泡在艰辛的学习里，即便是休息时也忘不了学习。在校时是如此，寒暑假在家自学更忙。假期，如有同学到他家来访，他一面欢迎、泡茶、请坐、问好，一面又不肯中断学习，只说一声对不起就继续伏案看书

① 九江中学在抗战期间将学校的图书和教具全部用船运到铅山县杨村，保障了学生的学习。

了。在校时，他的生活极有规律，很注重户外散步，有时也参加短足旅游，在这黄金似的休息时刻，黄祖洽还是手不离书，心不离学。外出时间长一点时，他在出发之前，口袋里必装满学习卡片，一想起学习，就从口袋里掏出卡片来，边走、边读、边思考，牢记心中。

黄祖洽之所以有今天这样的卓越成就，攀上了世界科技高峰。授课老师的爱生重才、辛勤教导、热情鼓励虽也有一定的促进作用，但起决定作用的还是他自己勤奋好学、自强不息和始终如一的学习精神所取得的丰硕成果。

黄祖洽 1940 年初中毕业照

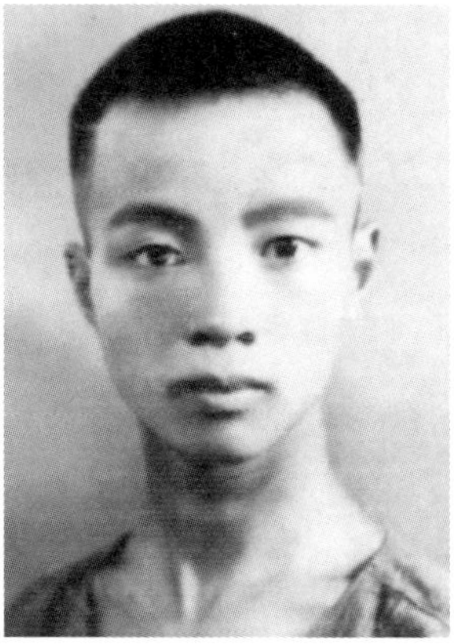

黄祖洽 1943 年高中毕业照

1990 年 6 月，黄祖洽与九中老同学华夏（左）、汪滨（中）小聚合影

# 与祖国“同呼吸、共命运”的理论物理学家[①]

## ——读《黄祖洽文集》

何祚庥

今年——亦即2004年，是我们的老学长、著名理论物理学家黄祖洽院士的80寿辰。1994年，北京师范大学出版社出版了黄祖洽教授的一本文集——《黄祖洽文集》。我曾经为这一文集写过一篇题为《读<祖洽文集>》的后记，记录了我所知道的黄祖洽院士所做的贡献和黄祖洽学长与我们这些学弟间的友谊。时间过得真快，又是一个十年了！为了祝愿黄祖洽院士健康长寿，对这篇十年前的旧作略为做了一些补充，作为寿礼送给黄祖洽院士。

这是一部反映着历史印记的文集。

这一文集记录着在新中国成立以后，一位教授、学者对新中国的原子能科学技术，对新中国的理论物理学所做的历史性的贡献。这本文集记录着新中国的一位爱国者由学生而专门家、而科学院院士这一学习成长而成熟的历程。这本文集，也从一个侧面，一种角度，反映出新中国的一代理论物理工作者对国家事业的热忱、热心及与国家的兴衰荣辱“同呼吸、共命运”的高尚情操。这本文集也记录着在相当长一段时期内的我国科学技术工作在探讨什么、研究什么，为什么在那一时期，竟会有那么一些人都同时在关注这些重大科学技术问题？

不记得是哪一位诗人写下这样两句话：“雪泥任凭留痕迹，鸿爪那复顾东西。”

飞翔着的大雁只是努力追求其目标，从来没有关心过他们在飞翔的历程中留下什么印记没有！但是，科学史工作者和思想教育工作者，却有责任努力从他们的“鸿爪”在“雪泥”上留下的“痕迹”中，追踪他们的“过去”，希望

---

① 1994年何祚庥先生曾经为《黄祖洽文集》书后撰写读后感，后来该文经略加修改发表在《物理》，期刊第33卷，第9期，2004年

能从即将磨灭的“痕迹”中，找到对后辈、对年青学者有启迪和有教育意义的“东西”。

我觉得，这是出版者和编选者出版这一论文集的最重要的理由。

黄祖洽教授是新中国培养出来的第一批“土”学者之一。他是1949年新中国成立后在清华大学研究院里毕业的第一位研究生，1956年任原子能研究所的副研究员，又在1962年任研究员。这一段简历，如果发生在改革开放以后的二十五年——特别是近十年内，也许算不得什么新鲜的事情。但是，在那一时期——亦即科技人员的职称先后被冻结达二十二年之久的年代里，这一经历却是不寻常的。重要原因之一是因为黄祖洽教授一贯地按着国家的需要，不断地调整着自己的科研方向，在实际工作中做出重大贡献。

本文集收集的第一篇论文——《关于氟化氢的一个计算》，是黄祖洽教授在清华大学做研究生期间的学位论文。遗憾的是，新中国刚刚成立不久，还没有来得及“制礼作乐”，他毕业了，因而也就没有授予什么学位。题目自然是导师彭桓武教授建议的。这一题目巧妙之处，在于乍一看，这似乎是9+1=10个电子的相互作用问题，涉及维数极高（至少是30维）的薛定谔方程，但实际上却有可能大大化简，归结为一个“空穴”和电子间的相互作用问题——也就是还原为固定外场下的两体问题。彭桓武先生的原意是希望他用Hartree Fock方法求解，但那时这是不得了的工作量。因为五十五年前的清华大学物理系，不仅没有电子计算机，也没有现在看来通常的计算器，仅有一台手摇的计算器，而且还要大家排队使用！我至今还记得王竹溪老师在课堂上向我们介绍如何使用7位对数表的种种技巧，说这是从事理论物理学研究的“基本功”。黄祖洽一想，这不知道什么时候才能毕业。于是他偷偷地躲了起来，花了两到三个星期的功夫，用一种巧妙的变分法将氟化氢分子的结合能近似地求解了出来。彭先生一看他已经做完，虽然和自己的本意不一致，但仍然赞成这一结果！

这是一段有趣的故事，大约彭先生至今也还不知道这一逸事！但那时的黄祖洽同学是我们的学长，是全校公认的优秀学生，他经常辅导低年级同学们的学习，也经常向我们传授他的学习经验，所以，他和我们这些低年级同学之间有很好的友谊，他也就将他这一“秘密”透露给了我们。

“初出茅庐第一声”！这就是黄祖洽教授在学生时代显露出的才华。

文集所收的第二篇文章——《无限长黑圆柱情形下密恩问题的近似解》和第三篇文章——《关于中子在两种介质中的慢化问题》，是黄祖洽教授为适应国家需要毅然决然转到核反应堆理论工作的两篇成果。黄祖洽本来有志于基本物理问题的研究。1952 年，他在苏联学习时期，研究的是宇宙线理论，亦即粒子物理的理论。但是，有远见的钱三强教授一直提醒理论物理工作者要关注国家的重大问题。1955 年，由于急需发展核反应堆的理论，于是那时的彭桓武、黄祖洽教授就率先转入这一领域的开拓和研究。在那一时期，彭桓武和黄祖洽做了大量的工作。也许用科学论文形式表现出来的工作只有本文集中的少数几篇文章，但是他们的实际贡献远远超出论文所涉及的范围。在那一时期，他们两位不仅回答了有关核反应堆的理论问题，而且还回答了有关核反应堆的大量实际问题、决策问题等等，同时培养了大批核反应堆方面的科技工作者。彭、黄两位都属于物理直观和运算技巧兼优的理论物理工作者。他们知识丰富，对物理问题理解透彻，兼之善于估计数量级，所以他们两位就在核反应堆工程这一重大科学技术工程方面，做了许多奠基性质或开拓性质的工作。譬如，有关核材料的临界安全问题，就是核工业生产中经常遇到而又必须可靠地并且经济地加以解决的问题。这不能用理论计算（因为很难进行精确解析计算），又不能用实验测量（因为对象太多，无法一一实测），但是又不能过于谨慎保守（因为这要耗费大量投资），而且还要速战速决（因为往往在现场就要解决）。所以解决这类问题最为有效的途径是“物理直观”＋“数量级的估计”。这是对理论物理工作者的工作能力大小的一个最直接的“考试”。当然，他们两位出色地解决了这一困难而复杂的问题。

我还记得，1956 年，钱三强、彭桓武教授等人组织了原子能研究所副研究员的评级“考试”，黄祖洽报告的就是有关核反应堆的若干理论工作。这一文集所收录的《无限长黑圆柱情形下密恩问题的近似解》即是他所做报告中的一部分。我还记得他报告的中心问题是如何求解柱形铀棒和慢化介质中的中子通量的空间分布和临界尺寸问题。他分别用两种易于近似求解的极端情况的模型做了估计，指出实际情况处在这两种理想情况之间，但由于这两种“极端模型”均得到近似相同的结果，因而他就在实际上解答了有关中子通量的分布和临界尺寸问题。我当时是在台下的听众之一，对于他做的这一工作十分钦佩，觉得这是一项高水平的科学工作。我还记得，当时与会的许多前辈师长均高度赞扬了他的工作。尤其是周培源教授十分兴奋，觉得中国年青的物理工作者已经开始掌握了这一关系国民生计的重大科学技术。

黄祖洽教授从事的另一类重要工作是关于原子弹和氢弹理论的研究。文集中所收的某些论文即是这方面工作的反映。自新中国成立以来，中国理论物理工作者为新中国是做出了贡献的。当时有许多理论物理工作者纷纷“改行”，转到原子弹和氢弹理论的开拓工作。由于这是一个高度敏感性的理论问题，找不到现成的文献资料，一切都需要“从头做起”，或者用我们惯用的“行话”来说，要从“第一原理”做起，有时甚而参与对“第一原理”做某些发展。

黄祖洽教授当然是上述两方面工作的开拓者之一。当时曾和黄祖洽教授共同工作或在他指导下进行工作的“战友们”，当能回忆出他的这些论文、或在后来才整理为科学论文的工作对于实际问题解决的贡献。例如，收集在本文集内的《关于起反应的粒子混合系统的运动论》,《关于高温高压热核反应系统中的中子输运方程》就是涉及氢弹理论基础的两篇重要文章，而题为《高速运动介质中中子输运的新处理方法》,《中子输运对介质流体力学运动的影响》,《关于热核反应装置中轻核的能谱和有关的问题》,《多层介质中激波穿透的最佳条件》,《高温轻介质中辐射流体力学的等温近似》等文章，就是后来整理的属于“可发表”之列的一些文章。更多的和实际问题相关的工作，可能要留待核武器理论“解密”以后才能公诸于世了。虽然这一文集所收录的只是黄祖洽院士大量实际工作中的一小部分，但是当我们今天再读到这些论文时仍倍感亲切，又将那时曾经属于“同一战壕内的战友们”的心情，带回到愉快的回忆里。

文集中的另一重要部分是黄祖洽教授1985—1993年的科学工作。这里有凝聚态物理，如金属氢的理论及制备问题；有统计物理的基本问题，如相变动力学若干问题；还有是他新参与的工作，如有关浸润相变的研究，等等。由于“隔行如隔山”，我已没有能力对他所开拓的新工作做科学的评价。但由于他一直是我们敬仰的一位学长，只能抽象地说一句，“其中必有可观者”。

多年来，我一直在黄祖洽教授影响下学习和工作。还在学生时期，他曾经向我们讲述过他如何通过书本向 Sommerfeld 这位理论物理学的大师学习，如何向王竹溪老师、彭桓武老师们学习（在解放前后，在清华大学物理系学习理论物理学的一个重要经验，就是向王竹溪老师借读有关电动力学、统计力学、量子力学的笔记，那时没有合适的教科书，这一经验就是黄祖洽学长向我们传授的)。在参加科学工作后，黄祖洽教授在科学工作上的认真、严格和一丝不苟的科学作风，都给予我们深厚的教益。他在实际工作中，如何创造性地提出各种各样的科学问题，而又如何回答和解决这些问题，更是我们的楷模。

黄祖洽教授今年已年届“古稀+10年”之年，不过，早在50年前，由于他开了一句玩笑，“老夫耄矣!”；于是，大家便戏称他为“黄老”！日月不淹，春秋代序，他现在早已是“名副其实”的黄老了。然而，我宁愿再做一次翻案文章（注：在1994年已翻案了一次!），那就是“黄老不老”——因为就他所正在从事的科学工作、教学工作来看，他至今仍是一位活跃人物，精力和影响都不减当年。所以说，“黄老”不老!

文集的编选者曾希望我能为本文集做“序”。我没有资格来做“序”[①]，但是有责任写下读后感。尤其觉得需要向读者们、后学者们推荐的，是黄祖洽教授毕生为人民服务的精神，一个共产党员奉献于国家和人民的奉献精神和刚正不阿、坚持真理的风格。解放后，我们大家都学习《为人民服务》，都学习过要将科学工作奉献于人民，奉献于我们的国家，而不是首先汲汲于个人的名誉、地位、声名等等。同时，作为科学家，要永远坚持真理，对一切事情坚持严肃的科学态度。黄祖洽同志是这样做人，也是这样做事和做学问的。我觉得这一文集，正是黄祖洽教授几乎是近50年来的科学工作的实践，实际而具体地体现出以上高贵品质的一份完满的答卷!

近25年来，黄祖洽院士又献身于教育事业，在北京师范大学培养了许多后辈年青理论物理学家。黄祖洽院士还热心关注中国各种现实问题，积极参加各种重大现实问题的讨论、评审和争论，并提出许多有价值的意见。我们的黄祖洽院士一身正气，始终是正直的声音的呼唤者和捍卫者!

---

① 《黄祖洽文集》的“序”后来是请彭桓武先生做的，彭先生在“序”中高度评价了黄祖洽的科学工作，赞扬他“为人正直，治学严谨，工作中虚心求实，主动认真，细致可靠，判断审慎，不盲从，有创见，并善于启迪后学，发挥众人所长．他的各个时期的研究论文也反映出他的深入实际、开拓进取的风格。”

# 俄罗斯科学院通讯院士鲍里斯·约飞的回忆

刘寄星

2004年俄罗斯科学院通讯院士鲍里斯·约飞（Boris Lazarevich Ioffe）出版了一本回忆录，书名为《没有修版——物理学家们在时代背景中的像片》（Без Ретуши. Портреты физиков на фоне эпохе），讲述了作者大学毕业以来从事科学工作的经历。约飞是苏联理论物理学家朗道的研究生，后来长期与著名理论物理学家邦梅拉丘克一起从事理论物理学研究，在基本粒子物理学方面颇有成就。约飞参加了苏联的核计划，特别是参与了苏联核反应堆设计的计算工作。约飞这本书共有11章，在第9章“力能学与政治”中，谈到了作者所亲历的援助中国和捷克建造反应堆的事，其中有一段话涉及1955年11月到1956年6月彭桓武、黄祖洽先生在莫斯科苏联科学院热工研究所参加苏联援建我国的重水反应堆设计审查的情形，特将该段话原文及译文附录如下：

原文：

Б. Л. Иоффе

БЕЗ РЕТУШИ

Портреты физиков

на фоне эпохи

ФАЗИС

Москва ○ 2004

Остановлюсь ещё на сооружении атомных реакторов в Китае, которое проводилось на основе советских проектов и в основном руками наших технических специалистов — своих в Китае тогда не было. Глава китайской ядерной программы Цянь решил начать её с создания исследовательского тяжеловодного ядерного реактора. Сделать проект такого реактора и послать в Китай специалистов для его строительства и пуска поручили ИТЭФ. Я получил задание выполнить физический расчёт реактора. Для того чтобы научиться рассчитывать реакторы, к нам в ИТЭФ приехали три китайских физика, которых мне предстояло обучать. Одним из них оказался Пэн (Peng), теоретик, работавший в 30-х годах с В. Гайтлером. В 50-х он уже был академиком, который главным образом представительствовал. Другой, очевидно, являлся комиссаром при группе, наука его не интересовала, перед ним стояли другие задачи. И лишь третий — молодой человек по имени Хуан — оказался способным и работящим и за короткое время смог освоить эту науку. Исследовательский реактор в Китае был сооружён очень быстро и пущен в 1959 году. (Этот реактор работает до сих пор.) Одновременно с сооружением исследовательского реактора с помощью СССР строились военные реакторы для производства плутония и химические цеха для его выделения. Сверху последовало указание предоставить Китаю самые современные проекты, которые в СССР только реализовывались. Физики и инженеры, которым следовало выполнить эту задачу, понимая политическую ситуацию лучше начальства, попытались передать более старые проекты. Однако Задикян, советник СССР по атомным делам при китайском правительстве, поймал их на этом и донёс наверх. В результате передали самую совершенную технологию, а вскоре произошёл разрыв отношений с Китаем.

译文：

这里我还要专门讲一下为中国装备反应堆的事情，这件事是在苏联设计的基础上基本由我国的技术专家完成的，当时中国还没有自己的专家。中国原子能计划的领导人钱（三强）决定以建造一座研究型重水反应堆开始这项计划。设计这一反应堆以及派专家到中国建成并启用重水堆的任务交给了理论与实验物理研究所（ИТЭФ，当时对外称热工研究所）。我的具体任务是进行反应堆的物理计算。中国方面派了三位物理学家来我们研究所学习反应堆的计算，由我向他们讲解有关知识。三人之中的一个原来是三十年代曾与海特勒一起工作过的彭（桓武），他在 50 年代已经是中国科学院的院士，他的身份主要是作为中国方面的代表。另外一位是这个小组的政工领导。**第三位姓黄，是一个很有才能并干活勤快的青年人，他只用很短的时间就掌握了这门学问。**中国的研究反应堆很快建成并于1958年投入运行（这个反应堆至今仍在运行）。

在建成研究反应堆的同时，苏联还帮助中国修建了生产钚的军用堆和分离钚元素的化学车间。我国高层随后指令向中国提供刚刚在苏联才实现的最新设计。应当完成这些任务的物理学家和工程师们远比高层更理解政治形势，他们试图向中国转让一些较为陈旧的设计。然而，苏联派往中国政府的原子能顾问扎季卡扬（Задикаян）发现了他们的行为并告到上级部门，结果我们向中国转让了当时最完善的技术。然而不久之后就出现了与中国关系的破裂。

**注：**

黄祖洽先生在《三杂集》（本书第一部分）讲述过他这次（第三次）访苏的情况，称“我们在热工研究所听了该所主管工程师关于将要提供给我国的重水反应堆工程结构的报告后，先阅读……”看来约飞就是黄先生文中提到的“主管工程师”。他在彭先生和黄先生访问该所近50年后，仍能记得他们二人的基本特点，可见二人留给苏联同行的印象之深。约飞用“很有才能”（способныый）和“干活勤快”（работящий）来形容黄祖洽先生，倒也贴切。

# 我的领路人[①]

蔡少辉[②]

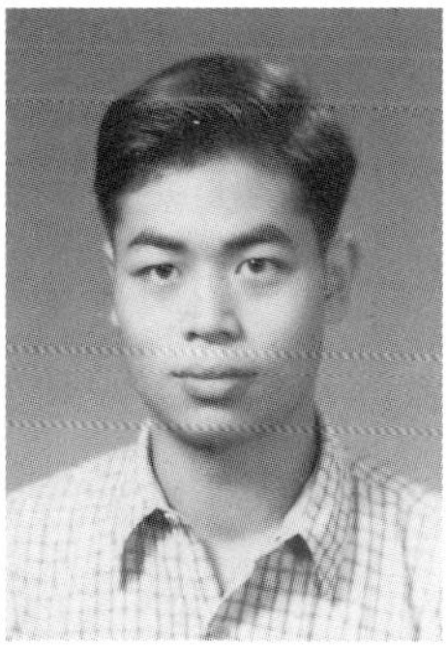

蔡少辉

1955 年 8 月我从广州中山大学物理系毕业，被分配到中国科学院近代物理研究所。从 1956 年起到 1980 年，我师从黄祖洽教授廿四载，后来他就被调去北京师范大学低能核物理研究所了。在彭桓武先生领导下，黄先生把我们这些刚走出校门的大学生领进核反应堆理论和粒子输运理论的研究领域，从事核反应堆理论设计，而后又转战核武器理论探索和设计研究。

我们 1955 年毕业的大学生有四位（云南大学的王贻仁、复旦大学的荣茉英、东北人民大学的刘创基和我）被分到反应堆理论小组。那时候，彭、黄二先生还在苏联．我们暂由场论组的朱洪元教授代培。朱先生安排我们读 Bohr 和 Wheeler 1939 年发表的重核裂变文章并自学俄文版《核反应堆理论基础》一书的前四章。这些都是我们当年大学期间没有学过的内容。余下的章节朱先生要我们用轮流报告和集体讨论的方式认真读完，并风趣地对我们说，“我只能送你们到这一程，下一程你们就得等彭公和黄先生回来再说啦”。我们就是在这种调研和读书的气氛中度过了头一年。第二年，反应堆理论组又有北京大学技术物理系首届毕业生和其他单位的代培生加入，成员一下子增加到近二十人。不久，盼望已久的彭、黄两位先生先后回国，先后给我们开反应堆理论课，指导我们对重水反应堆进行理论计算。他们向我们展示了理论工作者如何用自己的知识去回答生产实践中遇到的问题，又如何把生产实践中遇到的问题提升为理论研究课题。在此期间，根据彭、黄两位先生的倡议，我们全组齐心合力，对 1955 年首届和平利用原子能国际会

① 由蔡少辉撰写的这篇文章曾发表在《物理》期刊第 33 卷，第 9 期，2004 年

② 蔡少辉（1933—2021）：北京应用物理与计算数学研究所研究员，理论物理学家。

议上发表的有关反应堆的论文进行了全面的调研和学习。

在大跃进“全民办原子能”的年代里，黄先生（那时彭先生的主要精力已放到全所性的工作上）在不打击群众热情的前提下，组织年青人学习 Davison 写的《中子迁移理论》一书。他的这种做法受到大家的欢迎。到 1958 年，我们除了回答我国第一座实验用重水反应堆运行中的一些理论问题外，还为发展我国反应堆事业进行了一些理论设计和计算，参与核潜艇动力堆堆芯的物理设计和有关实验装置的物理计算……所有这些工作都是在黄先生的具体指导下进行的。这一时期，黄先生通过亲自讲课、让年青人在工作中接受锻炼、举办组内各种学术活动等方法，培养和指导了一大批核反应堆的科技工作者。这些人后来都在我国自行设计建造的各种反应堆装置、可控热核研究装置……以及核武器的理论探索和设计研究工作中发挥着骨干作用。

黄先生的第二次改行大约是在 1959 年。由于国家需要，黄先生领导一部分人参加核武器研究所的原子弹理论研究工作。1960 年底，遵照所长钱三强的指示，四室成立了“轻核理论探索组”，黄先生任组长（次年于敏先生也加入了这个小组，任副组长）。我们开始了探索热核材料性能和热核反应机理的基础研究工作。这些工作也是在钱三强所长直接关怀和领导下进行的。与反应堆理论研究不同，由于武器研究的高度机密性，几乎找不到现成的文献资料，一切都要从头做起。记得大约是第二年，黄先生向我们报告了他那篇著名的论文“关于起反应的粒子混合系统的运动论”。这是一套包括中子、光子、电子和各种原子核在内，并考虑到核反应和相对论修正的广义玻尔兹曼方程。论文涵盖的物理内容之广，是我毕业参加工作以来首次遇到的。足见他的物理功底是多么深厚。对他的工作，钱先生是很满意的。这一期间黄先生根据工作发展的需要，除了对高温高压系统的中子输运的特点做了不少带指导性的工作之外，还在物态方程、辐射流体力学等方面做了许多有意义的工作，如关于“高速运动介质中中子输运的新处理方法”和“中子输运对介质流体力学运动的影响”[这两篇文章后来发表在 1981、1982 年《北京师范大学学报》(自然科学版)中，其中头一篇文章在内部发表的时间比美国著名学者 Wienke B R 等早三年]都是很有创意的文章。在这些带开拓性的理论工作和研究所理论部其他主任的工作基础上，在他的带领下，为突破氢弹提供中子分群参数和其他物理参数，并提供为两弹计算用的基本方程组。他经常和理论部的其他主任们在一起讨论、切磋，更多的时候和年轻人在一起阅读计算机纸带，分析数据，讨论结果，发现问题。正是这种上上下下的团结协作，官兵互学的精神，使我们能够在很短的时间内打破了超级大国的核讹诈和核垄断。

1980 年，黄先生被调到北京师范大学低能核物理研究所。他仍然关心着我国核能事业的发展，积极指导中国核数据中心的建设和工作。在这以后的二十多年中，他在粒子输运理论、凝聚态物理、统计物理等方面开拓了新的研究方向，发表了许多文章，并为国家培养了许多高级有用之才。前几年他在北京师范大学开讲《输运理论》课时，我们研究所的许多同志都骑自行车前往听课，因为他讲课深入浅出，逻辑性强，物理概念清楚。学习他写的讲义和内部发表的论文，一直成为年青人直接切入实际课题最有效的捷径之一。他 1983 年出版的一本《核反应堆动力学基础》和 1987 年出版的《输运理论》一直成为我们在科研工作中的重要参考书。

欣逢黄先生 80 华诞，谨以此文表达对黄先生的崇敬与感激，衷心祝愿他健康长寿、家庭幸福。

# 我所熟悉的黄祖治先生[①]

郑绍唐[②]

黄祖洽院士1924年10月2日出生于湖南省长沙市。1943年高中毕业。1944年考入西南联大物理系。抗日战争胜利后，1946年随校北上，选入清华大学物理系，1948年8月毕业，考入清华研究院。先是师从钱三强教授研制核乳胶，后改从彭桓武教授研习理论物理。1950年8月研究生毕业。学位论文的题目是“关于氟化氢分子的一个计算”。同年9月分配到中国科学院近代物理所（后相继改名为物理所，原子能所，现在的名称为中国原子能科学研究院）工作。1951年8月由中国科学院派遣去苏联科学院列别捷夫物理研究所研习宇宙线物理，因身体原因，于1952年8月提前回国。20世纪50年代的前5年，我国不断受到美国政府的核威胁和核讹诈，迫使中国领导人下决心研制核武器。1955年1月15日中共中央书记处扩大会议上，决定建设原子能工业。4月27日中苏签订《关于苏维埃社会主义共和国联盟援助中华人民共和国发展原子核物理研究事业以及为国民经济需要利用原子能的协定》。协定规定由苏联帮助中国建造一座功率为7000千瓦的研究性重水反应堆和一台直径1.2米2兆电子伏的回旋加速器。1956年4月毛泽东说，我们“不但要有更多的飞机和大炮，而且还要有原子弹。在今天的世界上，我们要不受人家欺负，就不能没有这个东西。”在这样的国际、国内形势下，1953年黄祖洽先生按照组织的安排，毅然放弃自己所爱好的研究方向，开始调研核反应堆理论，并于1955年11月至1956年6月被派遣至苏联热工物理研究所实习，回国后转而从事核反应堆的理论研究。

我与黄祖洽院士相识是在1956年。那时黄祖洽与彭桓武先生等一起刚从

---

① 本文选自《峥嵘岁月》北京应用物理与计算数学研究所/编

② 郑绍唐（1934—2021），男，研究员。1956年北京大学物理研究室毕业，同年分配到中国科学院原子能所工作。1960年7月调到九所，曾任九所副所长、科技委主任。

苏联学习反应堆理论归来。当时国内还没有人搞反应堆理论，苏联援建的重水反应堆正在加紧建设，计划在1958年建成，接着就要做零功率物理实验。为了培养一批反应堆理论工作者，从北京大学物理研究室（即今技术物理系）挑选了十来个应届毕业生，又从其他院校挑选了数学、工程方面的十来个人，组建了一支从事反应堆理论和设计工作的队伍。我就是这样被分配到原子能研究所并在彭桓武和黄祖洽先生领导下工作的。头一年主要由彭桓武先生讲反应堆理论课，黄先生间或讲上一二堂。接着就由黄先生带着我们做反应堆的物理计算，为重水反应堆开堆作准备。黄先生不但手把手教我们具体的计算方法，还结合工作教我们做科研工作的方法。譬如，他告诉我们：工作没有做完，不要把草稿纸扔掉。这句话听起来很平常，但在我们以后的实际工作中却获益匪浅，并且受用终生。黄先生是我的入门老师。紧接着，我国决定建造核潜艇，黄先生又带领我们进行核动力反应堆的选型和设计工作。这段时间里，黄先生做了大量核反应堆理论研究设计的开拓性的工作，他与彭桓武先生一起为我国培养了第一代核反应堆理论研究队伍。这些人以后陆续输送到核反应堆、核武器等研究设计单位，以后有的又到核电站建设单位成为那里的骨干。彭先生和黄先生是我国核反应堆理论的奠基者和开拓者。

1957年10月，中苏签订国防新技术协定。协定规定，为援助中国研制原子弹，苏联将向中国提供原子弹的教学模型和图纸资料。1958年建立核武器研究所，等待接受苏联的援助。但当苏联向我国提出旨在控制我国、侵犯我国主权的关于建立联合舰队和长波电台的建议遭到我党中央严正拒绝后，1959年6月，苏联背信弃义、撕毁协议，停止了对我国核武器研制的援助，并在1960年8月撤走援助核工业的233名苏联专家，带走了重要的图纸资料。我国从此走上了完全依靠自己的力量自力更生发展核武器的道路。就在苏联撕毁协议以后，1959年下半年，在钱三强所长直接领导下，原子能研究所在理论研究室（四室）成立了一个四人小组（郑绍唐、吴翔、孙绍麟与陈乐山），由黄祖洽先生领导，探索原子弹的设计原理。这个组与核武器研究所理论研究室邓稼先、胡思得等研究人员，平行开展工作，并不定期地进行成果交流。但原子能所在城外，核武器所在城里，按照当时的保密规定，核武器所的地址是保密的，原子能所的人不能到核武器所去，所以常常是在中关村找一个地方来交流工作。这样过了一段时间，大家感到很不方便，领导上也为了集中力量加快掌握原子弹技术，就在 1960 年 7 月将这四个人调到了核武器研究所。

在核武器研究所全力以赴研究设计我国第一颗原子弹的时候，二机部领导高瞻远瞩及时部署了突破氢弹的力量。1960 年 12 月，二机部刘杰部长和钱三强副部长做出决定，原子能所先行一步探索氢弹原理。在原子能所成立“中子物理领导小组”，由钱三强所长负责。在“中子物理领导小组”的领导下，在原子能所第四研究室成立了一个“轻核反应装置理论探索组”（简称“轻核理论组”，代号“乙项任务”），由黄祖洽先生任组长。1961 年 1 月于敏先生调入该组，任副组长。从 1961 年底起，黄先生抽一半时间到核武器研究所兼职，任理论室副主任，1964 年 3 月起随着核武器研究所建制的改变，任理论部副主任（后理论部改为研究所的建制，改称副所长）。那时黄先生来回两边跑。当时有个规定，原子能所这边的工作，他可以对核武器研究所讲；但核武器研究所的工作不能对原子能所讲，所谓的“半导体”。所以当时黄先生既从事、指导原子弹的研究工作，同时又从事、指导氢弹的研究工作，两边跑来跑去，任务十分繁重，其劳累程度可想而知。后来 1964 年 10 月 16 日我国成功地爆炸了第一颗原子弹后，领导上为了集中力量尽快突破氢弹，1965 年 1 月，将这个组的三十多个人调到核武器研究所，两股力量拧成了一股绳。

黄先生的组织关系也在这年 5 月转到了核武器研究院。在从 1960 年底到 1965 年 1 月的四年多时间里，原子能所的“轻核理论组”，在黄先生和于先生的领导下，解决了一系列有关热核材料燃烧的应用基础问题，也对氢弹的设计原理作了一些初步探索，提出了几种设计思想。这些工作为我国氢弹的快速突破起了重要的作用。在氢弹试验成功十几年之后，法国“快堆之父”万德里耶斯访问中国时，曾向钱三强提过一个问题：“中国的氢弹为什么发展得这么快？法国原子弹比中国爆炸得早，但中国氢弹却比法国爆炸得早。当年戴高乐总统非常震惊和惊讶，还批评了法国原子能总署。你们到底有什么诀窍？”钱三强回答他说：“我们在研制原子弹时，就提前安排了氢弹原理的探索性研究和热核材料的生产。”黄先生在这一时期完成的工作，一部分以“中华人民共和国科学技术委员会原子能科学技术文献”的形式内部出版。重要的有：《ALU 系统中中子的增殖、慢化、扩散和有关的问题》《关于起反应的粒子混合系统的运动论》《关于轻核反应装置中通过高能中子作媒介的链式反应机构》《关于轻核反应装置中轻核的能谱和有关的问题》《关于高温高压热核反应系统中的中子输运方程》等。氢弹的设计原理，各有核国家都把它列为最高机密，不可能在文献资料中找到。因此这些工作都是开拓性的，从无到有完全靠自己一点点摸索。黄先生的这些工作水平很高，如他推导的考虑原子核运动的中子输运方程，在核武器的设计工作中得到很多应用，他的许多工作为以后年轻同志的有关核武器理论研究工作打下了基础。在他 1980 年 5 月离开核武器理论研究所后，他又将一部分基础性研究成果总结在《核反应堆动力学基础》（1983 年出版，原子能出版社）一书中。1985 年 3 月钱三强先生在《光明日报》上专门撰文推荐这本书。像钱先生那样工作繁重的领导同志，在报纸上写文章推介一本书，是很少有的。

在黄祖洽先生到核武器理论研究所兼职后，他是核武器物理研究设计的主要负责人之一。他与邓稼先、周光召等领导人，以及后来的于敏先生一起，各自分管一个方面的研究工作。他开创性地完成了带中子的辐射流体力学方程组的推导和确立，研究了核武器数值模拟计算中必不可少的材料的状态方程及中子多群参数，研究了原子弹中点火中子源的设计和中子产额的问题，探索研究了加强型原子弹，分工领导了含热核材料的加强型核弹的理论设计工作，并亲自到青海核武器研制基地，向核武器的生产、实验部门交付理论方案。这一试验装置在 1966 年 5 月 9 日进行了核试验并获得成功。在探索氢弹原理过程中他负责一条技术途径的试算工作，还参与了二机部一个三线核工厂临界安全规程的研究和制定。在氢弹原理突破后他参与领导多种型号核试验装置（包括氢弹原理试验装置和第一颗空投氢弹核试验装置）和第一代核武器的理论研究设计工作，为加强我国的国防力量做出了贡献。另外，他在热测试理论研究方面做了许多工作，他还积极建议和推动核数据研究及数据中心的建立，这对以后的核武器研究起了积极的作用。由于他在原子弹、氢弹理论研究中的一系列重要工作，1982 年他与彭桓武等科学家一起荣获国家自然科学一等奖。这一奖项的题目是："原子弹氢弹设计原理中的物理力学数学理论问题"。1994 年在他 70 岁生日的时候北京师范大学出版社出版了《黄祖洽文集》，文集中的相当一部分论文是以核武器研究任务为背景的。

黄祖洽先生为我国原子弹、氢弹设计技术的原理突破和第一代核武器的物理设计做出了重要贡献，建立了卓著功勋。

"文化大革命"中，知识分子被当作"臭老九"，受到了不公正的对待。黄祖洽先生也没有幸免。1969年年底，他被下放到核武器研究院在河南省上蔡县的“五七干校”劳动了两年。记得在1971年春节过后，那时黄先生刚从北京探亲回到干校，跟我说过一件事：有一次他去西单外文旧书店看书，旁边有一个年轻人在找量子力学的外文书，看到黄先生，也许是从黄先生谢顶了的头发上，估摸他是一个有学问的人，就向黄先生提出来，要拜黄先生为师，学习量子力学。黄先生对他说：“我是养猪的！”黄先生说的并非假话，黄先生虽然并不是养猪的，但是他在干校确实种过地，盖过房，养过猪……由于这个故事里记载着我们这一代知识分子的一段辛酸史，尽管时光过去了三十多年，却一直不能忘怀！

黄先生为人正直，热忱爱国，淡泊名利，治学严谨，才思敏捷，研究问题必刨根究底，务求甚解，性格豁达开朗，乐观幽默，从不迷信洋人、迷信书本，不怕鬼、不信邪。在把苏联当作“老大哥”的时代，他就发现苏联给我们的一个核反应堆数据是错的。后来经彭桓武先生核实果然是错的。他作风务实，不图虚名，爱护后学者。我们经常听到他说“知识是抓来的”，强调在实践中学习的重要。从“五七干校”劳动两年回来后自然会忘掉很多东西，他就拿高等数学习题一道一道地做。后来听说他中学念书时英文字典翻破过三本。作为在新中国成立不久，1950年1月就入党的老党员，他放弃自己的兴趣爱好，一直把服从国家任务需要当作自己的责任，从来没有向组织上说过二话。从1959年到1980年，他把从35岁到56岁这一段人生最宝贵的黄金时期奉献给了祖国的国防科研事业，同时在核物理、统计物理、中子物理等领域取得了一系列科研成就。他的业绩使人敬佩，在他八十高龄之后，还坚持上班，坚持给学生讲课，脚踏实地在科研与教学园地里不停息地耕耘，为发展国家的科研事业，为培育人才，默默地做着一件件实事，尤其使人感动！

我们要学习他深入实际，献身新中国国防与科学、教育事业的精神，学习他坚持真理、刚直不阿的品格和严谨治学、不图虚名的作风。

# 难忘的岁月[①]

## ——“黄祖洽兵团”杂忆

杨先庶[②]

1994年秋，我回中国原子能科学研究院参加庆祝黄祖洽院士70华诞的聚会，又见到了分别30多年的黄先生，回想我出校门踏上工作岗位的第一步就是在黄先生手下迈开的，黄先生对我的教育和熏陶对我后来的工作有很大的影响。所以我说：“我为曾是‘黄祖洽兵团’的一员而感到自豪。”这里所说的“黄祖洽兵团”，是指原中国科学院原子能研究所理论室的反应堆理论组（简称47组）。下面就是我对47组期间科研工作的一些片断回忆。

**1. 大胆用人**

1958年秋，我在武汉大学物理系毕业，被分配到原中国科学院原子能研究所。到京后得知是在仰慕已久的钱三强先生领导下从事原子能科学技术研究。能为振兴中华出一份力，真是喜出望外。我被分配到47组，组长就是黄祖洽先生。

我报到时，47组下分三个小组，小组长都是1956年或更早毕业的同志，有一定工作经验。我分到47-2组，小组长是李清润。大概是1959年中，因为工作需要，47组作了调整，老一点的同志都集中到47-0、47-2、47-3组担任更重要的任务去了，新建的47-1组就唐泉清、谢国强和我三个1958年刚毕业的新人以及一位老同志胡华琛（后来才来了劳动归来的俞沛增、杨传德两位老同志），再加上一批外单位来的实习同志，而由我担任小组长。1958年的我虽然脑袋也够热的，却也知道我虽然学过理论物理，但对核反应堆还一无所知，心中不免忐忑，总想先多学一点再干。黄先生大概也看出了我们的心思，强调执行“以任务带学科，边干边学”的方针，而且很快就把我们推到了第一线。

---

① 该文原刊于2004年《物理》33卷第9期

② 杨先庶：国家发展和改革委员会

我们 47-1 组的主要任务是会同 101 组（中国重水堆运行单位）和 22 组（堆物理实验组）一起研究解决中国重水堆的物理问题。

**2. 要善于学习**

黄先生一再告诫我们要善于学习，不但要从书本上学，而且更要在实践中学。47-1 组的工作为我们提供了理论联系实际，向运行单位和实验工作者学习的极好机会。

不久，中国重水堆的换料问题被提上了日程，换料方案如何确定，我们脑袋里只有“点堆燃耗”的概念。在 101 组同志的帮助下，我以每个阶段各工艺管道的热功率为权重推算出各工艺管道的燃耗，建立了燃耗记录档案，提出了第一次换料方案。

按照书本知识，圆柱形堆的径向中子通量分布应是零阶贝塞尔函数，但根据热功率分布推算出来的却在中心有凹陷，我很不理解。黄先生又安排我向苏联总顾问瓦尔比约夫请教，才知道是由于中央大实验管道引起的轴向中子泻露所致，使我对所谓“大炮效应”有了点感性认识。

在解决控制棒刻度问题时，22 组的吴当时同志发现一般周期法给出的“倒时数公式”是针对无源情况的，而我们是重水堆，运行后会形成一个较强的光中子源，与公式的使用条件不一致。后经反复试验研究，找到了校正办法，得出了满意的结果。黄先生就是这样给我们创造在实践中学习的条件的。

**3. 分析与综合**

黄先生常提醒我们，作为物理工作者，面对复杂的问题，要善于分析与综合。根据这一思路，我们像剥笋一样对“中毒碘坑”实验中的矛盾进行了分析。

我们分析了开堆的历史，校正了控制棒的刻度，剔除了有关温度效应的影响，估计了非均匀效应，对“中毒”曲线的分析得出了较满意的结果。但是在“碘坑”中理论与实验曲线的分歧还较大，原因何在？经过进一步分析发现，测量碘坑时堆是处于次临界状态，而强大的光中子源形成的次临界状态下的功率不可忽略。对此进行修正后，碘坑的理论曲线也与实验符合。

说实话，重水和铍有光中子我们从书本上是看到了的，而且也记得，但只知其对临界质量有影响，没想到会给运行带来这么多的问题。只知静态，不知动态。通过实践，把各种因素综合起来，我们不仅较好地解决了中国重水堆运行中的反应性问题，也使我们头脑中零零碎碎的死的知识慢慢地活了起来。

**4. 理论工作者的任务**

黄先生不但要我们深入实际，在实践中学习，而且还强调理论工作者要从实践中提出理论问题深入进行研究。在不违反保密原则的前提下，黄先生以“seminar”（研讨会）的形式组织我们互相交流，并率先垂范。

在发现光中子问题后，黄先生没有停留在就事论事上，而是安排专题由胡华琛同志进行系统的调查研究。黄先生还将这些问题与他以前对重水堆临界试验研究的成果综合起来，写出了《关于重水反应堆的若干物理问题》的论文，使我们对重水堆的认识前进了一大步。

黄先生的《中子在轻介质中的慢化问题》和《中子在铀水介质中的慢化长度》两文对我影响极大。他以堆理论为武器，深入分析了国内外各种实验结果，明确指出有“中子物理意义下的慢化长度”和“堆物理意义下的慢化长度”之分。清晰的物理图像，条理分明的分析，准确的判断，使我终身难忘。后来才知道，当时 47-0 组正研究核潜艇用堆，黄先生本人工作的重点也放在此类轻水堆上，黄先生这两篇理论文章就是为解决从这些实际工作中提出来的学术问题而作的。

囿于当时的条件，我们当时多用分离变量的两群扩散理论。黄先生认为堆理论工作者应有更扎实、更深厚的基础，为我们讲戴维逊的《中子输运理论》和费因别尔格的《非均匀堆理论》。虽然由于时间的关系只开了一个头，但却起到了很大的启蒙作用。

**5. 余音不绝**

1960 年秋，苏联专家撤走后，47 组发生了重大的变化。为了加强国防方面的研究工作，黄先生率蔡少辉等几位老同志转入核武器研究。我们 47-1 组分散到几个单位，47-0 、47-2 、47-3 组的大多数同志组成以黄锦华、张连贵同志为组长的堆理论组，与以罗安仁同志为首的零功率实验组共同构成 45 号堆物理室。外单位实习同志各自回到原单位。47 组的编制虽然撤销了，但在“黄祖洽兵团”工作或实习过的同志都把他们从黄先生那里学到的知识和工作方法带到了更多的单位。

我在从事游泳池式轻水堆的物理研究时发现，轻水堆中超热中子的影响不可忽略。我从各类文献中共查出六种修正超热效应的增殖因子公式，互相间差别还颇大，如何选用？经过研究，我写出了《考虑超热吸收和分裂后的增殖因子和两群方程》一文，指出修正后的增殖因子必须与相应的两群方程自洽，避免了乱点鸳鸯谱，这就是学习黄先生对慢化长度研究的结果。不仅在堆物理工作中，而且在后来涉猎系统工程、技术经济等领域后，黄先生关于要有清晰的物理图像，要注意公式和参数间的自洽性等教导，一直指导着我少走弯路。也正是在“黄祖洽兵团”的这些锻炼，才使我敢于根据工作需要涉足新的领域，敢于在谈判桌上对外商据理力争。“黄祖洽兵团”对我的熏陶使我一生受用不尽，我为一参加工作就能受到黄先生的教导而庆幸。

**6. 题外的话**

记得 1994 年为祝黄先生 70 华诞，我曾赋七绝一首，原诗如下：

**七绝　祝黄祖洽院士 70 华诞**

休云七十古来稀，廉颇开弓未足奇；
鹤发童颜攻核场，旌旗十万自成蹊。

分别三十余年，在会上看到黄先生虽非“鹤发”，但仍是“童颜”。现在又过了十年，这些年见过黄先生几次，黄先生仍是童颜永驻，仍在精神矍铄地进行科研和教学工作，令人感动。近年来黄先生先后送我《黄祖洽文集》、《黄祖洽文存》各一本。我捧读再三，不但为先生在物理学领域的成就而高兴，也为先生在古诗词方面的深厚功底所折服，更令人感佩的是先生那种为振兴中华而孜孜不倦的拼搏精神。

在庆贺黄先生 80 华诞之际，特赋《七律·咏荷》一首以为寿：

柳荫深处小桥东，万绿丛中数点红。
阔叶开怀承玉露，香花护蕊结莲蓬。
不登画阁装盆景，静卧陂塘喂蜜蜂。
冲破污泥身自洁，笑看桃李占春风。

祝黄先生健康长寿，松柏常青。

# 科学天空一颗璀璨的星

## ——贺黄祖洽院士八十华诞[①]

萨本豪、胡华琛、何汉新、苏宗涤

2004年10月2日，是黄祖洽院士的八十寿辰，黄先生以其毕生的精力和智慧贡献给祖国的核事业，在原子核反应堆理论，核武器设计等方面建立了不朽的功绩，我们在此祝愿他老人家健康、幸福、长寿！

黄祖洽院士如何以其敏捷的思维、孜孜的追求、顽强的毅力、高度的自信和独到的治学精神，由普通的学子成长为一位知名科学家，已有文章介绍；黄祖洽院士对我国科学技术事业的巨大贡献，已有文章给了很高评价。我们都是黄先生的学生，谨以他领导下在原子能研究所（中国原子能科学研究院前身）多年研究工作的亲身经历写下此文以表达我们的敬意和祝贺。

### 一、原子核反应堆物理的奠基者

黄祖洽先生和李政道先生是西南联大的同班同学，他们在班上都是佼佼者。黄先生对理论物理基础研究具有浓厚的兴趣，有大干一番事业的抱负，也有从事理论物理研究的良好基础，并且已经在宇宙射线理论和原子核理论研究方面显露过才华。

1953年为了发展我国空白的原子核反应堆事业，钱三强先生安排他从事核反应堆理论研究。黄先生毅然放弃自己的兴趣服从国家需要，全力以赴，很快就进入角色。1955年他与导师彭桓武院士一同被派遣去前苏联实习核反应堆理论计算。在实习中他的才华得以充分发挥，在重水堆临界大小设计中，曾因纠正当时苏联反应堆物理权威加拉宁教授的一个错误而受好评。

1956年黄祖洽先生从前苏联回国后与彭桓武先生一起，带领北大技术物理系第一期毕业生郑绍唐、胡华琛以及蔡少辉、黄锦华等学习输运理论并开始作

① 此文曾刊登在《现代物理知识》2004年05期、《大学物理》2015年2月 第34卷 第二期，本文选择了其中的主要内容。

有关核反应堆的理论工作。由彭先生讲授热中子反应堆理论，黄先生指导他们做核反应堆物理计算。后来彭先生因担任原子能所副所长，主要精力转向所务，开拓原子核反应堆物理的担子主要落到了黄先生肩上。1958 年萨本豪、梁文基、叶宣化等北大技物系第二期毕业生分配到黄先生为组长的核反应堆理论组。黄先生亲自讲授热中子反应堆及输运理论，挑起了授课和带领大家搞科研的两副重担。那时黄先生只有 32 岁，但已能成功地领导十余名大学生进行工作了。

为了准备计划于 1958 年建成的前苏联援建的重水反应堆的临界实验及此后的运行，黄先生制定了 4 套临界方案，指导大家对这些方案进行临界大小与动力学方面的物理计算。他还亲自参加了这一重要实验。这些工作为我国第一座反应堆的安全运行打下了坚实的基础。

黄先生为了让我们这些刚走出校门，仅做过习题，从未做过工作量大又这么重要的物理计算的学生，练出一个对待理论设计的认真作风，每个重要参数都安排两个人分别平行计算。那时没有电子计算机，主要工具是计算尺加上一台手摇计算机。而那段时间又恰逢反右派运动接着又是双反运动，白天时间没有保障，大多靠晚上挑灯夜战。1958 年全国各省市纷纷派人来反应堆理论组实习，包括实习人员在内最多时大组人数超过 30 人。人多虽是好事，但对于当时也还年轻的黄祖洽先生来说率领这支队伍谈何容易啊！可喜的是这些来实习的同志后来都成为全国各地的原子能事业的骨干，黄先生桃李满天下。

继重水堆之后，彭桓武及黄祖洽两位先生又带领我们承担起潜艇用核反应堆的物理设计任务，他们俩分别主持每周一次的 Seminar（学术讨论班），由大家轮流报告世界各国实验和动力堆的研究发展情况。在此基础上经大家艰苦奋斗，核潜艇动力堆选型问题很快就解决了。此外，黄先生还组织我们对高温气冷堆、轻水堆和均匀堆等进行过探索性的物理设计。

黄先生以其长期从事核反应堆和核弹理论工作的丰富实践经验，结合个人的创造，80 年代后撰写了《核反应堆动力学基础》及《输运理论》二本专著。这两本书和在他领导下完成的大量开拓性工作，以及他对我国反应堆事业的贡献，充分表明了黄祖洽院士是我国核反应堆物理的奠基人。

## 二、两弹事业的功臣

1960 年秋，原二机部领导决定：鉴于某院忙于原子弹的技术攻关，由原子能所组织力量在氢弹理论研究方面先行一步。副部长兼原子能所所长的钱三强先生立即在原子能所贯彻实施，在原子能所四室（今十一室）组建了氢弹理论预研组。由黄祖洽先生任组长，他率领蔡少辉、萨本豪、刘宪辉扬帆启航，白手起家，靠有关物理书籍的学习和杂志文章的调研，浩瀚大海觅木舟、字里行间寻启迪。

不久，刚从莫斯科联合核子所回国的何祚庥院士调入氢弹理论预研组，大大充实了我们组的力量。又过了不久，也就是 1961 年黄先生受命兼任某院理论部副主任，直接参与原子弹攻关的前后，于敏院士即被任命为轻核理论预研组的副组长。于先生也是新中国成立后自己培养起来的卓越的原子核理论物理学家，这一任命显然对预研组至关重要。又差不多同时，卓益忠、王德焴等数人也调入预研组，再次充实和加强了这支队伍。最大的一次扩充要算 1963 年；10 多名高校新毕业的大学生的加入，全组编制近达 40 余人。

那时黄先生和于先生都尚年轻，于先生比黄先生还小两岁。由他们俩加上何先生的协助带领这么一班人马，攻克氢弹科学难关，并不容易。但两位组长配合默契，领导有方，按学科把人马划分数摊。有研究轻核反应截面的，有研究中子输运的，有研究高温重物质性质和辐射输运的，还有研究中子和辐射流体力学的。他们除分别掌管各摊外，还不时聚在一起，沟通各摊研究进展，切磋实践中提出的各种难题，讨论解决的方案；再带回各摊讨论，求得问题的解决。我们大家那时都有强烈的光荣使命感，奋发图强拼命工作。那时的十二楼二层东侧，晚上灯火通明直至深夜。

黄祖洽先生率领我们近 40 名科研人员团结协作、艰苦奋斗，在 4 年多的时间里，对氢弹有关的物理过程，作用原理，以及可能的结构进行了探索和研究，认清了许多有关基本现象和规律。1964 秋还组织一支强大队伍到上海，利用华东计算所当时国内最快的计算机作过一些方案的总体计算，据不完全统计当时总共还撰写了 50 余篇论文，由科委铅印作为保密文件发表。原子能所氢弹理论预研组 4 年多奋战的成果，为后来突破氢弹技术奠定了一些必不可少的基础，也是原子能科学研究院院史的光辉一页。

1964 年 10 月 16 日，我国第一颗原子弹成功爆炸，震惊世界。1965 年初为了快速突破氢弹技术，二机部领导决定：原子能所轻核理论预研组并入某院理论部，黄和于两先生都是该部副主任。两股绳拧成一股，集中力量，形成拳头，集智攻关，只用两年零八个月实现了从原子弹到氢弹的跨越，于 1967 年 6 月 17 日成功爆炸了我国第一颗氢弹，成为继美、苏、英之后世界上第四个拥有氢弹的强国，而且创造了从原子弹到氢弹发展最快的世界纪录。

今天当我们以骄傲的心情回忆这段征程的时候，不禁涌起对组长当时率领我们征战的感激心情，更为他们为我国两弹事业建立的功勋再次拍手欢呼。

## 三、核数据编纂与科研的倡导者

黄祖洽院士为两弹事业奋斗的实践，使他深深体会到核数据编纂与科研的重要性。早在上世纪 60 年代黄先生就在一次核物理学术会议上呼吁：加强对在核反应堆和核武器研制中有重大意义的核数据的实验测量和理论计算工作。70 年代他正式向核工业部有关领导提出报告，建议组织和开展核数据编纂和科研工作，引起了领导的重视，促成了中国核数据中心的正式成立，他一直是该中心的顾问。

中国核数据中心的成立，从开头的艰苦创业时期，到发展的每一重要环节，黄先生都为它倾注了心血。起步阶段，因基础薄弱，困难很大，黄先生鼓励我们要“垦荒种地”。核数据工作的起步阶段，好比是开荒。不开荒、播种，哪有秋天的收获？

黄先生也极力推动与核参数事业有紧密联系的少体理论研究的开展。1978 年他在庐山举行的第三届全国核物理大会上作了“核三体问题研究进展”的评述性报告。当时正值文化大革命结束不久，无论是大学的老师，还是研究所的研究人员都渴望寻找研究课题来做；他的报告引发了高等院校和研究所的许多学者对核少体问题的关注，并着手于这方面的研究。在黄先生的倡导、支持、关心之下，从 70 年代末到 80 年代，每二年还召开一次会议；对活跃学术思想、交流成果起到积极作用。此后，有不少学者在核少体理论方面做出了很好的工作。

80 年代初，准备编辑出版一本反映各协作单位在第一期核数据理论方面的研究成果的文集。关于此文集的名字在编辑部里引起了很多的争议。有的名字太空泛，名不符实；而有的又过于狭义，不能涵盖各方面研究成果的内容。征求过许多意见，也没有能得到过大家满意的名字。后来征求了黄先生的意见，他在了解了文集内容后建议用“核反应理论方法及其应用文集”。这一名字提出后，大家都认为再贴切不过。该文集至今都是核数据理论工作者的一本重要参考书。

随着核物理的发展和网络技术的普及，需要建立核基础数据库和数据资源共享的平台。当我们为此征求黄先生意见时，他给予了大力支持和鼓励，并以他的睿智写下这样一句话鼓励我们："此议甚好，是为原子核物理和天体物理等交叉学科奠定基础的一项工作，值得组织进行"，还再三嘱咐我们要将此事坚持下去，一定要做好。

**四、后学的楷模**

刘寄星和何汉新是黄先生文革前的第一批研究生。当时黄先生还兼某院理论部副主任，工作非常繁忙。他每月一次到原子能所指导研究生。他时常教导学生：搞科研首先要勇于创新，要善于独立思考，要努力刻苦钻研，同时要严谨踏实，一步一脚印；并对学生谈了他自己当彭桓武院士研究生时的亲身经历。当时，彭先生出的论文题目原是"氟化氢分子的量子力学计算"，并让他用哈特利-福克方法求解，可是他却巧妙地用变分法得出了结合能的近似解，得到了彭先生的赞赏。他以此鼓励学生要敢突破框框，勇于创新。

黄先生不仅对他的学生要求非常严格，对他手下的工作人员也是这样。他时常不辞辛苦找手下工作人员单独汇报和指导工作。一旦发现错误，便直截了当地指出。这使一些人一时感到难以接受。黄先生的这种脾性，也曾为自己惹过不少麻烦；但是他认为这对后人成长只有好处、绝无坏处。我们这些过来人，也深深地体会到：导师的严厉对自己是最好的鞭策。不严格要求，一时轻松过关，最后只会落得"少壮不努力，老大徒伤悲"。

黄先生淡泊名利，不敛权力，从来与人无争。80年代初，他应领导的安排回来兼任原子能所副所长。来所的日子，有事在所里，无事就和我们一块研究重离子反应。到北京师范大学低能所任所长后也是这般。他还极开明，到时主动让位，放心让后来者接班，而且从不再干预；回头专心致志继续攀登科学高峰。黄先生这种直到耄耋仍然孜孜不倦，拼搏追求的精神也许源自他导师彭先生的传统，而通过他的身传言教，也影响了我们这一代。

凡黄先生要求我们的，他必首先做到。他自己为人正直、刚正不阿、实事求是、严谨治学、认真细微、工作可靠、不盲从有创见，始终奋战于科学第一线，以自己言行和举止，潜移默化地影响着后学者，不愧是后学者的楷模。

# 祝贺黄祖洽先生八十华诞[1]

刘寄星[2]

黄祖洽先生是为新中国富强做出重要贡献的理论物理学家，1924 年 10 月 2 日出生于湖南长沙，今年正好是他 80 寿辰。我有幸于 1964 年北京大学毕业后成为黄先生在中国科学院原子能研究所招收的第一批研究生之一，40 年来一直受到他的教育和指导。他的为人标准和为学之道，一直是我努力效仿的榜样。恩师大寿之年，为表达对黄先生爱国奋斗精神和科学成就的钦佩，不顾自己对音韵格律之无知，写了六首律诗赞扬先生功绩、品德。诗虽不雅，是我心声。现将之发表出来，并略加说明，献给黄先生。

有志少年出湘中，国患家贫锻真金；
铅山耕读评天下，昆明奋学入经门。
悉心钻研洞数理，明师引路王钱彭；
变分一法完学业，裂聚两弹献青春。

黄祖洽先生 1924 年出生在湖南长沙的一个知识分子家庭，父亲黄迪庆中学毕业，曾在司法界工作，后为中学教员；母亲张孝恂通文墨，操持家务抚养子女之余，喜阅报章古诗。受家庭影响、父母教育和学校老师的奖掖扶持，黄祖洽从小养成好读书的习惯并逐渐具备了自学求知的能力。黄祖洽的少年时代，正处于我国外受日本帝国主义侵略步步紧迫，内遭军阀混战和国民党“剿共”内战之苦，民不聊生的时代，国患家贫，使少年黄祖洽养成在困难面前不服输、不信邪、自立奋斗的倔强性格。1937 年秋，他考入长沙兑泽中学，1938 年 11 月，日寇逼近湖南，国民党军放火烧长沙，黄祖洽只身赴江西铅山，就读迁于该地之江西省立九江中学，直至 1943 年高中毕业。高中三年，他一面认真读书，自学大学数理课程，一面与其他两位赣、皖籍同学自辟“三省园”，开荒

---

① 此文曾发表在《物理》第 33 卷 第 9 期 2004

② 刘寄星：理论物理学家，中国科学院理论物理所，研究员

种地，以改善生活[①]。在此期间，黄祖洽写下不少作文，联系实际，抒发个人志向，评论古今人物，抨击汉奸贪官。为文犀利，逻辑严密，今日读之仍令人叹服[②]。高中毕业后，他虽考中厦门、广西和中正三所大学，但自觉并不如愿。遂或步行或搭车，长途跋涉，远赴贵阳考场投考西南联合大学。不意抵黔之时，考期已过，黄祖洽先生志向不改，一面自学，一面谋生，期间曾在西昌教过半年小学，终于在1944年于昆明考入西南联大物理系。创造了我国教育史奇迹的、由北大、清华、南开三所大学组成的西南联大，名师齐集、英才会聚。黄祖洽入此科学殿堂，得名师指教、学友切磋，更加刻苦学习，努力钻研，知识大进。其数学、物理两科成绩，常列榜首。两年后，三校复员，黄祖洽经上海至北平入清华大学物理系继续学业，直至1948年8月毕业。黄祖洽在西南联大和清华大学学习期间，曾得到王竹溪先生学业上的特别指教和生活上的切实关照[③]。毕业后考入清华研究院，先在钱三强、何泽慧二位先生指导下研究核乳胶半年，后随刚从英国归来的彭桓武先生从事理论物理研究。黄祖洽做彭先生研究生的经历，是以他只用了一年零八个月就创造性地用变分法算出氟化氢分子的各种结构常数完成硕士论文，于1950年从清华大学研究院毕业而结束的。后来彭先生常以“廿月师生”描述这段历史，不无褒扬之意。黄先生从此告别了他在学校读“小书”的生活，开始了一生读实际“大书”，为国建功、创造辉煌的艰苦历程。用彭先生的话说，是开始了他们“多年战友，逢时顺势同行走；科研设计育人才，尖端理论摇龙首”的长期科学奋斗。

预研轻核觅天火，索经苏京敢改经；
反应辐射细心析，高低能谱大胆缝。
纵是中子神通大，查踪黄氏有方程；
心血凝入震天爆，中华国威举世惊。

---

① 黄祖洽、《黄祖洽文存》北京师范大学出版社，2002.207，注释16

② 黄祖洽 《黄祖洽文存》. 北京师范大学出版社，2002.

③ 在西南联大时期王竹溪先生曾特别介绍黄祖洽先生阅读Appell的分析力学法文原著，亲自教他法语读音和拼法，并借法语语法书鼓励他自学法语。回北平清华大学后，知黄先生因吃食堂硬饭消化不良，特别叫他去自己家中吃饭调理，直至痊愈。黄大学毕业时，王先生又建议他报考钱三强的研究生。以上情况，引自黄先生近作“八十杂忆”手稿。彭桓武先生在《黄祖洽文集》序中也提及此事，说他“入大学后受到王竹溪教授的指导和赏识，做研究生时又为钱三强教授所器重”

从 1950 年被分配到中国科学院近代物理研究所到 1980 年调北京师范大学工作之间的 30 年，是黄祖洽先生为我国原子能事业发展无私奉献、取得重要科学成就的 30 年。此一阶段，除 1951 年至 1952 年被派往苏联科学院列别捷夫物理研究所从事理论物理研究一年后因病回国治疗之外，黄祖洽一直在原子能科学研究第一线攻关破阵。在真正的科学帅才①钱三强先生指挥下，他相继在我国核反应堆理论和原子弹、氢弹的理论研究方面作出了开创性的贡献。

**在核反应堆理论方面：**他从 1954 年即首先钻研中子输运理论，并于 1955 年用球谐函数展开法求得无限长黑圆柱情况下 Milne 问题准确到 P 5 的近似解。1955 年 10 月至 1956 年 4 月，他同彭桓武先生随钱三强率领的代表团前往莫斯科苏联热工研究所接受苏联援建我国的重水反应堆理论设计，他与彭先生专门阅读了苏方理论设计主管 Galanin A 的反应堆理论，必要时请 Galanin 答疑。黄祖洽结合反应堆结构复杂的实际，认真考虑了非均匀性对堆中中子输运的影响，发现苏方提供的设计中给出的临界尺寸有误。向 Galanin 提出后，对方承认黄的计算“可能是正确的”。以后在该反应堆启动时的临界实验中，黄的计算结果得到证实。回国后他协助彭先生举办了反应堆理论学习班，并带领一大批青年人钻研反应堆理论和设计。1958 年，他参与并领导了核潜艇用压水堆的初步理论设计，以后又先后参与和组织了用于核原料生产的石墨堆和用于试验元件的元件堆的理论研究和设计。因此，彭桓武和黄祖洽是我国核反应堆理论和设计的当之无愧的奠基者。

**在两弹理论研究方面：**1959 年 6 月，苏联单方面撕毁 1957 年签订的中、苏国防新技术协定，拒绝向我国提供原子弹图纸资料几个月后，黄祖洽即在钱三强直接领导下，带领原子能研究所理论研究室一个小组开始探索原子弹设计原理。1960 年 6 月，该组部分人员调入核武器研究所。在核武器研究所正全力以赴地设计我国第一颗原子弹之时，钱三强等领导人又有预见地作出氢弹原理探索先走一步的部署。1960 年 12 月在原子能研究所四室成立了由黄祖洽任组

---

① 中国原子能科学从无到有，从小到大，钱三强先生卓有科学远见的安排和调度有方的组织工作起了关键作用，所以他是实践证明了的真正意义上的科学帅才。彭桓武先生曾写诗赞他“遍国贤才不断求，知人善任预为谋。顺从需要多方面，组织科研一统筹。”（《彭桓武诗文集》，北京大学出版社，2001 年，第 69 页）。这种帅才与时下流行的那些不干活、乱要钱、满天飞、胡吹牛的所谓“帅才”们实有天壤之别。

长的轻核理论组（以后又有何祚庥、于敏加入，于敏任副组长）开始氢弹理论预研。轻核理论组从成立到 1965 年 1 月并入核武器研究所的四年多时间，对氢弹中各种物理过程和氢弹作用原理及可能结构进行了多方面的探索和研究，起到为后来的氢弹理论设计探索道路、提出想法、准备有关方程和数据、先走一步的作用。所以这支队伍和核武器研究所的力量结合起来，共同努力，只经过两年零四个月的时间，就爆炸了我国的第一颗氢弹，创造了世界上从原子弹试验成功到氢弹试验成功最快的纪录。钱三强先生后来高度评价了黄祖洽领导的轻核理论组的成绩，他说："我们为什么原子弹爆炸后仅仅两年零八个月就爆炸了氢弹，而法国却要经过六年多时间？法国的原子弹比我们先爆炸，但我们的氢弹却比他们先爆炸。除了我们在原料问题及早作准备外，就是因为在专业设计机构抓原子弹设计的同时，在二机部党委委托下，原子能研究所有一部分理论骨干集中精力探索氢弹原理，等到两支部队一会师，就比法国快得多地把氢弹关突破了。"①

黄祖洽在轻核理论预研和后来氢弹理论设计中，作出了重要的贡献。总结他在此期间理论成果的一系列论文（如《关于起反应的粒子混合系统的运动论》《关于轻核反应装置中轻核的能谱和有关的问题》《关于高温高压热核反应系统的中子输运方程》《高速运动介质中中子输运的新处理方法》），不仅对氢弹理论设计有直接应用，而且对非平衡态统计物理和输运理论的基本问题有新的发展。他对氢弹理论设计和型号设计等多方面的贡献，和他长期共同战斗的郑绍唐同志的文章中有更为具体详细的介绍，这里不再多说。

震动世界的 1967 年 6 月 17 日，我国西部地区上空的惊天一爆，彻底打破了超级大国的核垄断，令中国人民扬眉吐气。这惊天一爆，凝入了在国防科研战线拼搏的千千万万爱国志士们的心血，其中当然也有从少年时代即立志报国的黄祖洽的心血。30 年后的当日，彭桓武先生曾赋十六字令"氢，三十年前此日听。全球震，国势骤然增。"②表达了他们为国争光后的自豪，当然也代表了黄祖洽先生的心声③。

---

① 钱三强．《科坛漫话》．知识出版社，1984.

② 彭桓武．《物理天工总是鲜——彭桓武诗文集》，北京大学出版社，2001.

③ 黄祖洽先生 1976 年 1 月 25 日在核武器研究院也曾占十六字令赞我国第 18 次核试验，"春，鲲鹏直上九宵云；红雷震，蓬间雀儿惊。"

功成不羡麒麟阁，情寄杏坛木振钟；
才俊四方门下集，妙理万般从容寻。
先驱扰动消久期，又探相变到浸润；
材料改性射线束，超导有无金属氢。

黄祖洽先生2000年的“述怀”诗中有“殚思求火种，深情寄木铎”两句，总结了他科学人生的两大阶段——科研和教学。其实，同彭桓武先生一样，黄先生从来就是把科研和培养人才结合在一起的。早在1956年上半年，黄先生就与彭先生合作在中国科学院物理研究所举办了为期一年的反应堆理论训练班，为中国培养了第一代反应堆理论人员。即使在“金铎急催”的氢弹研制期间，他仍然在中国科学技术大学近代物理系兼职指导学生作毕业论文，而且于1964年秋天正式招收研究生，笔者与中国科学技术大学近代物理系毕业的何汉新同学就是那时考入中国科学院原子能研究所成为他的研究生的①。可惜由于文化大革命的干扰，我们跟从他和彭先生的研究生学习没有几个月就被打断，我与黄先生失去联系竟长达18年之久②。黄先生与我在中国科学院原子能研究所虽只有几次见面，但他在讨论问题时表现出来的在科学上坚持真理的精神，一直影响着我以后的科学工作和为人态度；他在原子能研究所给我提出的研究方向，成为我在1968年至1978年十年期间在七机部从事反导弹系统目标识别方法理论研究的主要内容。1980年，黄祖洽先生完成国防科研任务后，调入北京师范大学任低能核物理研究所所长，全力投入基础研究和教育事业，培养人才。在此期间，黄先生门下才俊云集，教学相长。黄先生的研究领域也大为拓宽，从气体输运理论到浸润相变，从凝聚态物理、材料科学到生物物理，多有佳作。其中指导丁鄂江完成的用奇异扰动法求解玻尔兹曼方程的博士论

① 我们考入中国科学院原子能所时，黄先生还没有调到核武器研究所。因入所后即去河南信阳农村劳动一年，我们在1965年回所后他已调走。在与导师第一次见面时他和彭桓武先生宣布，我们两人和同年考入彭先生研究生的张锡珍同学由他们共同指导，于是我们三人就都成了彭、黄二位先生的学生。

② 1984年，北京师范大学天文系李宗伟教授访问美国Texas大学时，告我黄先生调北京师范大学的消息，远在大洋彼岸的我托从Austin前往北京师范大学访问的Jefferes教授，将我一篇发表的论文和刚出版的Landau，Lifshitz理论物理教程第10卷Physical Kinetics代交黄先生，不久收到先生热情的来信，多有鼓励。此时距1966年夏天与黄先生最后一次见面，整整18年矣。

文，解决了玻尔兹曼方程求解时久期项难以消除的历史难题，提供了研究非平衡系统中随时间弛豫的有效方法，对非平衡统计物理做出了贡献。在黄先生的精心培养和热情鼓励之下，一批有为的年轻理论物理学工作者在北京师范大学逐步成长，北京师范大学物理学科的教学科研水平，也因黄先生的长期不懈的努力推动，大有提高。黄先生“述怀”诗中“杏坛二三子，起舞亦婆娑”两句，表达了他对优秀青年人才出现的满腔喜悦。

育才师大真堪赞，执掌学报先师承；
七卷立言后辈惠，一身树德正气存。
老来不觉桑榆晚，笑谈物理诲学童；
最喜我师心广阔，天地人生说大统。

黄祖洽先生在北京师范大学育才的同时，还于 1983 年 1 月 5 日接替重病住院的王竹溪先生①担任了中国物理学会主要刊物《物理学报》主编，直至 1999 年离任。王竹溪先生主持《物理学报》近 40 年，功绩卓著。黄先生承继先师，循王竹溪先生办刊“坚持原则，处事秉公，奖掖后进，平易近人”② 之道，使《物理学报》得到进一步发展．在他主持学报的 16 年期间，先于 1984 年创办了英文版 *Chinese Physics Letters*，又于 1992 年创办英文版 *Acta PhysicaSinica* (*Overseas edition*)③，并亲自用英文撰写了两个刊物的发刊辞，为中国物理学研究成果及时与国际同行交流开辟了新阵地。同时他坚持学术刊物出版的严格道德标准，领导《物理学报》与各种违反科学道德的行为进行了坚决斗争，保证了刊物的学术水平和健康发展。

古人有“三不朽”之说，曰“大（太）上有立德，其次有立功，其次有立言，虽久不废，此之谓不朽”④．黄祖洽先生倾全部心血，为国家的强大，殚思觅火，杏坛育才，可谓立功在先，且为大功。他于 1983 年后，在科研教学过程中，勤于著作，相继撰写出版的科学专著有：《核反应堆动力学基础》(原子能

① 黄祖洽先生担任《物理学报》主编后不到一个月，王竹溪先生即因重病不治于 1983 年 1 月 30 日在北京逝世。

② 引自黄祖洽先生亲自撰写的中国物理学会出版工作委员会和《物理学报》编辑委员会为王先生逝世所发悼词，刊于《物理学报》1983 年第 32 卷第 4 期。

③ 2000 年起改刊名为 Chinese Physics

④ 《左传·襄公二十四年》

出版社，1983），《输运理论》（与丁鄂江合著，科学出版社，1987），《表面浸润和浸润相变》（与丁鄂江合著，上海科技出版社，1994）；科普著作有：《探索原子核的奥秘》（湖南教育出版社，1994），《射线束与材料改性》（清华大学出版社，暨南大学出版社，2002）；文集有：《黄祖洽文集》（北京师范大学出版社，1994），《黄祖洽文存》（北京师范大学出版社，2002），共计七卷，可谓立言于后，堪称大著。黄先生之所以能立功立言，在我看来，源于他自少年以来即立下的报国之志以及始终坚持的"自爱"以"爱国"的修身原则．黄祖洽先生16岁时所写的一篇作文中有几句话说得好："人能自爱其德，则民族道德可保。人能自爱其智，则民族文化必高。人能自爱其志，则国家必无败类。人能自爱其行，则国家必有良才。"①，黄先生这样说，也这样做，始终把自己的实践与国家需要和民族兴旺紧紧连在一起。对此钱三强先生和彭桓武先生均有高度评价。钱先生称："他（黄祖洽）是随着新中国科学事业的发展，特别是50到60年代我国原子能事业的迅速发展成长起来的新一代理论联系实际的理论物理学家。他为我国的国防建设和科学进步作出了贡献"② ．彭先生指出："在新中国建立前后一段时间内，我国先后受外国的野蛮蹂躏和敌意封锁，为了在一穷二白的基础上建立起科学事业，新中国召唤并造就了大批优秀儿女，黄祖洽便是在这时期成长并有所建树的一位理论物理学家""黄祖洽为人正直、治学严谨，工作中虚心求实，主动认真，细致可靠，判断审慎，不盲从、有创见，并善于启迪后学，发挥众人所长"③。黄先生把爱国看得高于一切，他对那种虽有突出才能却以作中国人为耻的人，极为不齿。黄先生一身正气，疾恶如仇，淡泊名利，奖掖后进的高尚品德，老来"桑榆虽云晚，心旷不蹉跎"的奋斗精神，"本来无常住，终究归大统"之豁达胸怀，实在令人敬佩不已。若问何为立德，此之谓也。

近读黄先生为九江第一中学所撰"说莲实"一文，以莲寓人，盛赞"莲实淡泊、宁静、不忘济世的精神品质"，更感黄先生之高德，随诌"也说莲"二律，铭我向先生学习之志：

---

① 黄祖洽．黄祖洽文存．北京师范大学出版社，2002.167

② 钱三强．《推荐〈核反应堆动力学基础〉一书》．光明日报，1985年3月29日

③ 彭桓武．《黄祖洽文集》序．见《黄祖洽文集》．北京师范大学出版社，1994年

莲心高洁莲藕鲜，自古无人不夸莲；
独立泥污不染尘，人中君子花中仙。
世人常夸莲花美，我师独赞莲实甘；
耐得寂寞储精华，舍却自身惠人间。

荷花莲实能长成，赖有阔叶作后勤；
补充养料经日晒，遮风护株受雨淋。
幼叶可食成叶布，叶到枯时清香浓；
我愿此生效荷叶，聚露为珠不沾尘。

最后，衷心敬祝我们的黄祖洽先生健康长寿，壮心不已，童心不泯，为自己深爱的祖国再作贡献。

刘寄星（右）与黄祖洽 2007 年摄于北京植物园

# 悼念良师益友黄祖洽院士

毛剑琴[①]

接到黄祖洽院士去世的唁电，感到很突然，因为前不久我和老伴杜祥琬去301医院看他时，虽然他已卧床不起，但是头脑清醒，我们还进行了很好的交流。

我的印象中黄先生是一位在核物理方面有深厚功底的、思维敏捷、充满智慧、待人友善的大科学家。

我在九院九所工作期间，应我们组的邀请，他专门来给我们讲述中子输运方程。他不需要讲稿和书，仅用一只粉笔在黑板上推出了全部的中子输运方程及相关的公式。他在黑板上一板板地写，我在笔记本上尽量地把他写的公式和讲解内容快速记下，等他停下时，我才发现时间已过去一个多小时了。在那白天“抓革命”、晚上“促生产”的文革中，上班时间读报纸、打毛衣、打乒乓球都是合法的，听了黄先生的课，就像又回到了上北大时的课堂，吃了一顿业务学习大餐，很是过瘾。他讲的课概念清晰，语言简洁，节奏抑扬顿挫，能把听众牢牢地抓住。我心里对他十分敬佩，原来中子输运理论都已全部刻在他的脑子里了！使我领略了这位名符其实的大科学家的风采。他讲完后，又回答了大家提的问题，大家回味着他精彩的讲课，久久不愿散去。

我和黄先生及他的一家接触最多的还是在河南驻马店上蔡县九院五七干校的那两年。那是朴实、善良的一家人。文革期间三个孩子都小，没处安排，他们把孩子都带到了干校，白天干活很累，晚上还要学习，开批判会，大人、小孩都吃了不少苦。

连里安排从来没干过农活儿的黄先生去养猪，这是个又脏又累的活儿，弄不好猪会生病，很辛苦。然而，我见到黄先生时，他总是很乐观。在秋收时，他还要和大家一起到大田里抢收。经过一段时间的磨练，他居然能扛起180斤

---

① 毛剑琴：北京航空航天大学教授，博士生导师。

的麻袋了，这件事曾作为佳话在同事中流传。

还有一件事件想起来至今印象深刻。1970 年的春节，我请了几天假回京看我那未满周岁的儿子和年近花甲的母亲。那时黄先生的夫人张蕴珍，我们称她为老张，也正好回京，把他们的小女儿安排在亲戚家。于是我们就约好了一起回干校。走的那天还有江泽培先生同行。那时干校由军管领导，我们也都按部队编队，我们连住在上蔡县下地韩村。从北京坐火车到漯河，又换乘另一个运煤火车到驻马店。当我们搭上五七干校卡车好不容易到了上蔡县的干校总部时，已是下午四点多钟了。原指望可以在校部住一夜第二天再回下地韩村，没想到我们被告知校部没有办法接待我们，虽然有车，也没法送我们。这时天渐渐暗下来并下起了小雪，无奈之下，我们三人赶紧背上行李，踏上了去下地韩村的路。下地韩离校部有 10 多里路，正常情况下也要走 2 个多小时。我看了一下，我们三人中，江先生已 50 多岁，老张已 40 岁左右，我已 30 岁，真是一个“接受工农兵再教育的老中青组合”。天完全黑了，雪越下越大，我们打着伞，顶着北风，衣服和鞋都湿了，乡间的路很是泥泞。我意识到我是最年轻的，绝不能泄气，而且还得尽可能帮助同路的两位，于是一会儿帮这个提一下行李，一会帮那个提一下。放眼四周一片漆黑，几乎遇不到一个路人，好像地球上只有我们三个人一样。心里一阵阵地恐慌，我从小到大从来没有遇到过此情此景，本来就怕走黑路又遇上是这样的黑路！走了半天好不容易遇到一个人，先问他走的方向是否正确，在得到肯定的回答后，再问还有多远，他说还有 10 多里。真的不知什么时候才能走到！唯一的希望是远处隐隐约约可以看到的我们要路过的村落里的灯光。虽然天气很冷但我们已是满头大汗，外面的衣服被雪打湿了，里面的衣服被汗津湿了。总之，从里到外都湿透了。看看两位同路人，心里默默地祈祷，他们一定要挺住，万一倒下了怎么办呢。想到这里，我建议停下来休息一会儿，每人吃一根我带的香蕉充饥。我们仨虽然没说，但心里都明白：今天晚上只有把这条路走到底了，不管走多久，这是唯一的选择。吃完上路后又不知走了有多久，循着灯光，终于走到了下地韩村的村头，这才松了一口气，我们终于到了！当我把老张送到她家见到黄先生时，黄先生已经十分焦急了。但他什么也没说，马上给老张去热早就预备好的已经凉了的晚饭。再送江先生到宿舍后，我回到住处一看，时针已指到 8 点半了。也就是说我们三人在又黑、又冷、又湿的雪路上已经“战斗”了四个半小时了。

每当我想起这件事，那时的情景就像一幅油画，会出现在我的眼前。

老张是中国科学院的研究员，也是典型的贤妻良母，是黄先生的贤内助，在风风雨雨中陪着黄先生走过了一生。在悼念黄先生时，我又想起了这一幕。

其实，两年的干校“再教育”生活难以忘怀的故事是很多的，以上的一幕，仅是冰山一角，黄先生和家人的身心都吃了不少的苦。改革开放后，他用博大的胸怀消化了这一切，全身心的投入到科研和教学中。

黄先生见到年轻人的进步很是欣慰并总是不忘给以鼓励。改革开放后，听说我获得了我国执行学位制度后的第一批博士学位，黄先生和夫人专门来访问我家，并送给我一支英雄牌的金笔。虽然没说更多的话，但一切尽在不言中，多年来我一直珍藏着这支金笔，珍藏着黄先生对我的这一份鼓励。

我向以黄先生为代表的老一辈科学家深深地鞠躬，在近一个世纪的跌宕起伏的人生中，他们威武不屈，贫贱不移，忍辱负重，执着地为振兴中华做出了卓越的贡献，他们是民族的脊梁，我们的国家和人民应该永远地记住他们。黄先生虽然离我们而去，但他的科学精神是留给我们的宝贵精神财富，值得我们终生学习和传承。

黄祖洽与毛剑琴摄于 2004 年 10 月 9 日

# 我的老师黄祖洽先生

丁鄂江①

1984 年 6 月，我在北京师范大学低能核物理研究所通过博士论文答辩，时至今日已经整整三十年。我的指导教师是中国科学院院士黄祖洽先生。三十年后，回忆我在他指导下进行科学研究的很多事情，感到能够成为他的学生是我的幸运。可以说，黄先生是我科学研究生涯中最重要的导师，也是对我的人生道路影响至深的人。

我最初见到黄先生是 1981 年 12 月在武汉召开的全国统计物理学术会议上，他在那次会议上作了“波尔兹曼方程研究的新进展”的特邀报告。由于我对这个课题所知甚少，没能和黄先生做更多交谈。他的报告使我对波尔兹曼方程以及这个课题的研究现状有了初步了解，并产生很大兴趣。短短几天的会议，我感到黄先生的学术水平很高，同时还是一个为人谦和、平易的人，正是因为这些因素，极大地吸引了我对他的关注。

1982 年 2 月，在经过慎重考虑之后，我决定报考黄先生的博士研究生。首先让我印象深刻的是他主持的入学考试和以往我经历的考试有很大不同，他并不难为学生，不像有些考试，专出难题、怪题、偏题，考学生记住多少知识。在考场上，他让我讲述我的硕士论文，并很详细地追问我论文中每一步骤的物理意义和数学推导过程。我注意到，他试图通过这种方式了解学生的能力和水平，他注重的不仅仅是学生记住了多少书本上的内容，而更多的是掌握了专业方面的基础知识后，能否正确地理解，并能在具体的问题上灵活运用，系统、熟练地分析和处理问题的水平和能力。不久，我被录取为黄先生的博士研究生。

在几年的学习和以后的工作中，我们有了近距离的接触和更多的了解。黄先生做学问时严格认真的态度使我印象深刻，受益匪浅。我的博士论文除了理

① 丁鄂江于 1982 年 3 月考入北京师范大学低能核物理研究所黄祖洽院士的博士研究生

论上的文字阐述外，还有很多详细的数学推导。我完成初稿后交给黄先生审阅。令我完全没想到的是，他对每一步推导过程、每一个数据都非常详细地核对，重新进行计算。他发现的所有问题，包括我疏忽的一些很小的失误，像小数点后面位数的一些忽略他都一一指出并纠正。在学术问题上，他从来都是本着严谨求实的态度，这样的例子很多。一个研究生曾将他过去的论文拿给黄先生看。黄先生发现这篇文章中有很多错误，他也是逐一地标明，指出。即使对一些有一定学术地位、资历较深的人，在审查他们的稿件时，黄先生也从来不拘情面，一丝不苟。他的这种作风也成为我以后指导学生和做研究工作的榜样。

黄先生是输运理论方面的专家。1984 年，他给研究生开设专业基础课讲解输运理论。每次上课时，核工业部九所和科学院一些研究所的很多人都来听课，教室里坐得满满的。因为这个课程的对象是有一定专业基础的研究生或在这个领域有过科研经验的人，因此黄先生讲解得理论性很强。他将公式的推导过程和要点都做了详细介绍。听课的人普遍感觉收获很大。当时没有一本现成的合适的教材可供使用。黄先生在讲课中，综合了很多专著和文献的内容，准备了讲稿。他很注意将中国科学家在这个领域中的贡献及工作加入到讲课内容中，特别是对中国知名学者王承书、王明珍在输运理论上的突出贡献分别做了专门介绍。课程结束后很多人表示希望得到黄先生的讲稿。黄先生就要求我在我课堂笔记的基础上，整理出一份初稿。当时计算机打字还不流行，我将整理好的手稿交给他。原以为黄先生会在原稿上修改、补充，出乎意料的是，他却将原稿逐字逐句推敲，然后完全重新誊写了一遍。就是在他这份手稿的基础上，出版了《输运理论》一书的最初版本，后来这本书又多次印刷，并再版。

多年来，黄先生在从事科研工作，指导研究生的同时，还始终坚持在教学第一线。他主持讲授过很多课程。在不同种类的课程中，他会针对不同的听课对象，采用不同的讲课风格。有些课程他选择讨论班的形式，每一、两周由一个研究生分讲一段，然后大家提问、讨论，遇到大家难以解决的问题，他当场解答，并作出小结。很多年后，年事已高的黄先生还坚持为本科生开课，讲授《现代物理前沿选讲》。因为授课对象是刚刚入学的本科生，他没有运用复杂的数学工具，而是采用浅显易懂的方式，介绍了很高深的科学知识，其中还穿插一些小故事，以引起学生的兴趣，活跃课堂气氛。他新颖的课程内容和生动的讲授受到学生欢迎。

在物理科学方面，黄先生的学术水平得到学术界的充分肯定和备受瞩目。但在和黄先生交往中，他却从不谈及个人的学术贡献、成就，为人处事表现得非常低调、平实。在低能所的理论研究室，黄先生是当然的学术带头人。但他从不霸道，每次学术会议他都非常认真地听大家的发言，在学术讨论时总是中肯地提出自己的看法、意见或建议。所里有时组织大家郊游，黄先生总是尽量参加。有时候还主动提出组织理论研究室全体人员一起出去郊游。在郊游中黄先生一点没有架子，和年轻人一起玩，一起乐。时而会顺带探讨一些学术问题，也会和大家讨论治学方法，有时也会涉及生活哲理。黄先生兴趣广泛，历史、自然以及人文科学等方面的知识也懂得很多。郊游中，他看到某种熟悉的植物就说说它的习性，看到某种景物，也会和周围人聊一些相关知识，见到某个历史或文化景点，也会讲一些个人见解。有时玩累了，就找个茶馆，请大家喝茶。所以每次郊游大家都非常愉快，感到既玩了又有很多收获。有黄先生在，整个理论研究室始终非常团结，学术风气很浓，大家也感到工作有奔头。

我曾多次和黄先生一起参加学术会议。经常见到有些与会者对分配的房间、火车票是否如愿等会务服务不满意的情况。黄先生虽然年龄大、学术地位高，但从来不对会议组提任何要求，和大家一样听从会议服务人员的安排。他就是这样不居功，不自傲，处处严于律己。

一次，黄先生、我及另外一些老师去北京大学参加学术活动。在进入北大校门时，被门卫拦住不让进。司机小刘年轻气盛，和门卫吵了起来。黄先生见状走下车，劝告小刘，按照门卫的指示，换个门进入。回来路上快到师大时遇到堵车，车子行驶缓慢。有些老师看到快到师大了，车子又开不动，就决定下车走回师大。我对黄先生说，你着急的话，也走回去吧。黄先生说，不必了，先走回去对司机不够尊重。他一直坐在车上，等到堵车缓解后，才和司机等人一起回到学校。黄先生总是非常尊重身边的每一个人，无论职位高低，年龄大小。

1989 年，中国科学院准备出版一本中国现代科学家的传记，要我写《黄祖洽传》部分。那次使我有机会和黄先生有更深入的交流。为了给我提供写作素材，他给我讲了很多他青少年时期的经历，还让我看了他母亲保存的他高中和大学期间的日记。从他的经历和日记中能够看出黄先生从青少年时期就非常注重身心修养，立志要发奋读书。在高中期间他就自学了很多大学的课程，日记中有多篇他的读书计划。他勤勉、进取，自觉地在从书本中学习，向老师学习，向周围的同学学习。有一篇日记中他写到某个同学非常发奋，在学习上进步很快，他就激励自己学习这个同学的精神。在撰写《黄祖洽传》的这段时间，我不仅更多地了解了黄先生的成长历程，也接触到黄先生内心世界的很多东西，对黄先生有了更深层次的理解。

黄先生曾经向我讲述过一件难忘的事情。青年时期，他在西南联大读书，有一段时间肠胃很不好。王竹溪教授发现了他消化不良的情况，就邀请当时还是学生的黄祖洽每天去他家吃饭，直到大约一个月后身体彻底恢复。听着黄先生的讲述，我内心非常感慨，像是突然明白了为什么黄先生以及许多老一代的科学家能够那样不为物欲所诱惑，那样真挚坦诚。我想，他们曾有过的这些经历，曾遇到过这样具有良好师德的老师也是原因之一吧。教师，不单单是传授知识，不仅仅需要会做学问，更重要的是要身体力行，传授给学生怎样做人。

不论黄祖洽先生还是王竹溪教授，以及许许多多德高望重的老一辈科学家，他们之所以能够在科学的历史中，在社会发展进程中留下痕迹，是因为他们在学术上的建树、成就，也是因为他们道德情操的高尚和人格的魅力。首先他们有一种对社会的责任感，有一颗正直、善良、仁爱之心，他们不仅仅是学术上的大师，也是道德上的典范，因此才受到人们的尊重和仰慕。

丁鄂江（右1）与老师黄祖洽摄于1983年

# 做人、做事、做事业

## ——记恩师黄祖洽先生[①]

朱慧珑[②]

### 师生缘

1982年，我将要从中国科学技术大学本科毕业，正在考虑报考理论物理研究生。正巧我父亲的同事说北京师范大学低能核物理研究所最近来了一位非常著名的科学家黄祖洽院士做所长。黄先生是我国研制原子弹氢弹的功臣，为此他作为主要作者之一获得了国家自然科学一等奖，且于1980年当选为中国科学院学部委员（院士）。当时我查了一下招生简章发现黄先生的招生方向正是我所喜欢的，就以第一志愿报考了先生的研究生并被录取，以后又很幸运地成为他的第一位硕博连读生。

1988年我博士毕业后不久，赴美工作19年，主要从事材料科学研究和超大规模集成电路研发方面的工作。2009年全职回国加入中科院微电子所，担任国家科技重大专项项目首席专家。30年来，我和先生一直保持着师生之间的联系，他对我们学生无论是做人还是做事等多方面都有着颇为深远的影响。

### 求实求真，追本溯源

黄先生认为：习惯决定气质。其实，你不用跟先生接触时间长，就可以感觉到他做事非常认真负责的特点。先生有一种刨根问底、追本溯源、不放过每一个细节的精神。例如，他会以老师或学生轮流讲课的形式授课。记得我们当时以讨论班的形式学习过 Landau 和 Lifshitz 的理论物理系列教程第10卷 *Physical Kinetics*。先生自己讲的书中内容，他会亲自推导一遍。学生讲的内容，他也会推导一遍。因此我们学生谁也不敢掉以轻心，怕被先生发现的书中

---

① 该文曾刊登在《大学物理》2015年2月，第34卷，第二期

② 朱慧珑：中国科学院微电子研究所研究员

笔误或错误被我们漏掉了，久而久之我们也养成了自己亲自推导讲课内容的好习惯。这种训练为我们以后自学和做研究打下了很好的基础。先生这种认真做事的例子不胜枚举，再例如：勤查字典。他的字典就因用的太多而散架多次，不得不修复了再用。

如果跟先生接触时间更长一些，你可发现他特有的独立思考方式和挑战精神。我们知道，先生早期的一项著名的工作是：对中国第一个重水反应堆作了理论计算并纠正了苏联专家设计的临界大小数据。我时常在问：为什么先生在他 31 岁时通过自学核反应堆理论仅两年左右，就敢于挑战苏联权威？回答这个问题对我们今天如何培养创新型人才有着重要的现实意义。我想有三点：先生 1）对基本原理的透彻理解、2）对自己计算功底的自信和 3）有一种平等交流的心态或从来就没有迷信过权威。先生要求我们要有自己的“三板斧”。要有坚持的精神，才能形成有特点的“三板斧”，否则挑战权威不但不成，屡战屡败只会使你变得迷信权威。如果不透彻地掌握所学的东西，学习有时反而会成为创新和挑战的包袱。关于第三点，通过先生平时淡泊和宁静的心态可以反映出来。这使他既尊重我们这些普通的学生又不仰视权威，他经常提醒我们不要因名人所言，就被动和随意地接受。他的这种心态不仅会影响到我们自身，而且会影响到我们如何教育下一代。当我的孩子跟老师的观点不同时，我就跟他说“老师和家长都会犯错误，你认为你对，就要坚持！但也要尊重老师保留自己看法的权利。”其实，在教育过程中如何保护孩子或学生的好奇心和挑战精神是黄先生一直关心的中国教育问题。我想之所以黄先生在他处于核武研究的事业巅峰时，决定转入北师大从事教书育人的工作，与他洞悉到中国教育存在的一些问题不无关系。

养成好习惯，从小事做起。先生在做人方面对自己要求很严。他于 1983 年接替王竹溪老先生任中国物理学会《物理学报》主编。当时他还经常自己亲自写文章，但以他个人为第一作者的文章，他不发表在《物理学报》上。另外一个示例是在上黄先生的《输运理论》课时，受其中数学方法的启发我完成了一篇求解薛定谔方程的文章，经先生看过后投师大学报发表。在此文末致谢中写了“黄祖洽教授给予很多指导，并审阅了全稿……”。先生看后建议今后不要这样写，因会给审稿人带来思想压力。此后我投稿就不再这样写了。上述点滴事例虽小但却真实地反映出先生高尚的人品。

## 启发、帮助、鼓励式的育人方式

黄先生带学生尤其注意学生独立研究能力的培养。他有意识地给我们营造一个自由、民主的学术气氛，每周与我们讨论，积极鼓励提问，同时把因获得自由而需付出的代价一责任，也压在了我们身上。当他发现有些学生有向他要具体研究题目的倾向时，他会说："我要是知道哪些题目能做得出来，我早就自己做了。"先生是想让学生断掉"导师给学生具体研究题目"的念头，"逼"我们尽快独立。这些对我们独立研究能力和创新意识的培养与提高起到了非常积极的作用。例如，他对学生的研究选题基本不设限，这从他指导过的博士论文研究方向上可略见一斑：Boltzmann 方程、超导、辐照损伤、氢物质相互作用、非线性光学、浸润相变等理论研究。这一方面反映出黄先生尊重和保护学生的兴趣爱好，另一方面也体现出他极深的理论物理造诣、广泛的研究兴趣、超凡的学习能力及愿意在培养学生上倾注大量心血的崇高精神境界。先生鼓励我们自学，也鼓励向其他老师学习，记得在他的鼓励下我当时就会跑到清华大学和中科院物理所找老师们请教问题。

对于每一个学生的研究课题，先生会亲自和我们一起认真定题，方式是自由探索，但要经得起批判。有些问题需要反复多次讨论才能定论。记得我在研究扩散问题时得出了一个乍一看不符合物理常识的结果，我们当时怀疑此结果的正确性。先生说：不管结果对与错，都要把问题搞清楚！经过几轮的讨论证明最初结果是正确的，最终形成了一篇论文发表在《物理学报》上。现在我自己作为一名老师，更能体会到引导学生真正独立地做研究是件很有学问的事儿，要因人而异，尽最大的可能给学生自由发挥的空间。

先生虽然有不放过每一个细节的精益求精的精神，但讲课时却重点突出。先生的授课让人可感受到一种复杂之后的简单之美，给学生留有很大的自由发挥空间，因此大家都愿意听他讲课。记得我们当学生的时候，每当黄先生讲课，教室里总是座无虚席，还经常有其他科研单位的科研人员慕名前来听课。后来先生于 2000 年和 2002 年当选为北京师范大学最受本科生欢迎的十佳优秀教师，是实至名归。

黄先生对待考试灵活且开放。记得一次参加黄先生讲授的《输运理论》开卷考试，考题 6 选 4。参加的考生没有一人能按时完成，先生允许我们带回家继续做，我们花了整整一周的时间才做完。还记得我的答卷平均每题20页左右，这是我遇到的最难也是最开放的一次考试。在总结课上先生选了几道考题，认真地给我们讲解，但给大家的分数却差不多。说明他更重视我们是否真的学到东西，而对得分高低并不看重。黄先生经常问学生的一句话是“你是不是真正掌握了?”就像“会开车”应是已形成了“人车一体化”一样，“站在巨人的肩膀上”的真正含义应是“巨人肩膀已成为自己的一部分”。

急他人之所急，乐于助人。在我就读先生的研究生时，他作为科教一线的教授、所长和《物理学报》主编，工作十分繁忙，但他仍然设法抽出宝贵的时间帮助我们。我在写博士论文时，得知一篇俄文文献可能对我有帮助，但我不懂俄文，也没有像先生那样一个月就可搞定一门外语的天赋。先生得知后，就把那篇文章要了去。一周后当我们再找他请教和讨论问题时，他把一页写得整整齐齐的、那篇文章的重点摘译递给了我，当时我非常吃惊和感激，真可谓雪中送炭！还有，我90年去美国后不久，我有一篇师大学报的文章需要出版前的校对，当时没有像现在的email这么方便，先生主动提出并帮我校对，为我和师大学报节省了宝贵的时间。

先生和蔼可亲，平易近人，学生们都喜欢跟他讨论问题，他也会根据不同的情况和时机及时地给予我们鼓励和建议。我刚到美国时，先生回信鼓励我说：你思想活跃，工作勤奋，以后会前途无量。虽然我现在很惭愧没能做出什么成绩，但先生这些鼓励的话对我们这些刚到美国“洋插队”的人来说，的确是莫大的鼓励。1993年得知黄先生和夫人张伯母一起访美，我非常高兴。当时他们暂住在位于密西根州北上角的密西根理工大学（MTU）附近的亲戚家中，我连续开车12个小时由南向北，从我的住地伊利诺伊州，穿过威斯康星州到密西根去看他们。见面后，黄先生关心地询问了我在美国的生活、学习和科研工作情况，我们一直谈到深夜。当时黄先生夫妇还热情地邀请我第二天一起郊游踏青，只是因我有事须返回伊利诺伊而遗憾地未能一同前往。

2009年我回国后，常去拜访先生，向他请教做人、做事和做事业的实际经验。他以自己研制原子弹和氢弹的亲身经历和宝贵经验，建议和鼓励我们在做大的攻关项目时要特别注意理论联系实际，勤于思考，多用理论指导自己的工作。他的建议对我们这些从事技术科学的人来讲是尤为重要。在我们所从事的国家重大专项项目的专利申请和研发任务中，我们的确做了大量的理论估算和数值模拟，大大地提高了工作效率，取得了显著成效，现已完成专利申请1100多项，其中包括国际专利申请350多项，为我国集成电路产业的可持续发展及提升我国在微电子领域的竞争力奠定了一定基础。像黄先生这样老一辈的科学家，生于积贫积弱的旧中国并亲历了战争的历史创伤，有着强烈的使命感和责任感，深知强大的祖国对国民的物质和精神生活意味着什么。这激励着他们几十年如一日地艰苦奋斗，不计个人名利，把中国的自然科学和技术科学从“无”做到“有”、又从“有”做到“大”或“强”，而现在我们这代人有着不可推卸的历史责任，应在此基础上把“大”或“强”继续做到“强”或“最强”。

1986年4月黄祖洽与朱慧珑摄于香山

中国经济发展正处在关键的转型阶段，要跨越“中等收入陷阱”，对人才素质的要求也会随之改变，我们须提前布局。追赶、接近、超过目标的过程分别对应着知目标、猜目标和无目标的不同阶段。不同的阶段对从事相应工作的人的素质有着不同的要求。以我现在所从事的超大规模集成电路领域为例：当我们落后于对手较远时，对手的产品已上市，我们的追赶目标明确，人才设备也相对便宜，具有强有力的执行力就能有效地缩短与对手的差距；当我们接近对手时，他们的产品未上市并处保密状态，我们的追赶目标较模糊，人才设备也相对较昂贵，因此不仅需要强有力的执行力，还需加强反向分析，才能大量节省R&D时间和设备投资；当我们将成为或已成为领先者时，除需要强有力的执行力外，因无目标可供参考，独立探索的能力和精神就变得尤为重要。中国学生在执行力和反向分析力能力方面较突出，相比之下在探索能力方面所受到的训练较少。但是我们要成为领跑者就必须加强这方面的培养，黄先生培养学生的思想和方法非常值得我们学习和借鉴。

写到最后，我很想用一句话来描述黄先生做人、做事、做事业的风范。先想到“淡泊以明志，宁静而致远”，但最后不知为什么，我从先生身上更有一种“明志以淡泊，致远而宁静”之感。

# 人生的转折点[①]

冯世平[②]

我的老师黄祖洽先生1924年10月2日出生于湖南省长沙市，今年10月2日是他的百年诞辰日。自从他2014年9月逝世后，他的音容笑貌时常在我的脑海中浮现。在他百年诞辰之际，也是在他离开我们10年之际，我撰写此文，郑重地表达对他深深的感激和永远的怀念。

黄祖洽先生是我国著名的理论物理学家、核物理学家和物理学教育家，他早年进入西南联合大学物理系学习，1950年毕业于清华大学研究院，是新中国成立后从清华大学毕业的第一位研究生。研究生毕业后至1980年，黄先生先后任职于中国科学院近代物理研究所（后相继改名为中国科学院物理研究所、原子能研究所、和中国原子能科学研究院）、中国原子能科学研究院和中国工程物理研究院第九研究所等单位。他和彭桓武先生是我国核反应堆理论和设计的奠基人和开拓者，他为我国原子弹和氢弹的原理探索和战略核武器的研究设计率先开路、贡献卓著。文化大革命结束后，黄先生痛感十年动乱造成学术界几乎断代，决心将自己的后半生贡献给教育事业。在这样的大背景下，1980年黄先生从中国工程物理研究院第九研究所副所长的任上调入北京师范大学低能核物理研究所任教授兼所长。从这时开始，他更多的时间和精力就转移到了物理学的基础研究和为我国的现代化事业培养高级专门人才的教育工作上了。

1984年5月前后，当时我正在北京师范大学物理学系马本堃先生和中国科学院物理研究所李铁城先生的指导下攻读硕士学位，黄祖洽先生的博士研究生丁鄂江[③]找到我，告诉我黄先生当年将要招收博士研究生并建议我去报考。

---

① 该文将发表于2024年《物理》53卷第9期

② 北京师范大学物理系教授，博士生导师。

③ 丁鄂江是黄祖洽先生文革后招收的第一个博士研究生，他于1984年6月获博士学位。

我听到这个消息后特别高兴并当场表示愿意报考。在丁鄂江的引荐下，黄先生邀请我到他家里汇报我在硕士研究生期间所做的工作。在丁鄂江的陪同下，我第一次来到当时黄先生位于中国工程物理研究院第九研究所塔院家属区 5 号楼的住宅①。黄先生的家有三间屋子，其中大一点的一间既是黄祖洽的书房，也是他的卧室，墙上挂着一块黑板。借助于这块黑板，我向黄先生汇报了我在硕士研究生期间所做的工作和相关的文献调研情况，黄先生对我的汇报似乎比较满意，后来在 1984 年的秋季我顺利通过了由他亲自出题的博士研究生入学考试的笔试和由他主持的面试。我于 1984 年 12 月获得硕士学位，然后于 1985 年 3 月 1 日正式开始在黄先生的指导下攻读博士学位。那年与我一同被黄先生录取的博士研究生还有来自于武汉大学的吕燕南同学。

2013 年 2 月冯世平（右 1）与黄祖洽（右 2）、张蕴珍（左 2）等合影于北京

作为黄先生的博士研究生，我们第一次正式接受他的学术指导仍然是他在塔院的家里。令我非常惊喜的是，我们到达黄先生家里时，发现德高望重的彭桓武先生已经提前到达并将参与指导。在这第一次的讨论中，黄先生安排我们二人都探索合成金属氢的新途径，不过侧重点不同。我的主要工作是研究合成

① 当时北京师范大学的办学条件相当艰苦，包括黄祖洽先生在内的物理学科的所有教师都没有自己独立的办公室，和他讨论问题只能到他的宿舍。

金属氢新途径中涉及到的固体物理问题，特别是他还详细地说明了他的一些想法和思路，以此来启动我的研究工作。金属氢的合成是黄祖洽先生和彭桓武先生十分关注的一个非常重要的问题，不仅涉及一系列基本的物理问题，而且具有极其重要的应用前景。从这之后我们就在黄先生的指导下开展合成金属氢新途径的探索，每周都要向黄先生汇报文献调研情况和研究工作进展。从 1985 年 3 月初至 1987 年 7 月这段期间，我们每周到黄先生家讨论和汇报研究工作进展至少一次，而且这段期间早期的一年多时间里彭桓武先生每次都参与讨论。

黄先生和彭先生都是为我国原子能事业和战略核武器的研制立下了不朽功勋的杰出科学家，然而在我们与两位先生的讨论中，我们发现二位先生待人平等，对待我们这些后辈学生的看法十分重视，时常讨论到下午六点多，这时黄先生就邀请我们在他家里一起共进晚餐，而且边用餐边继续讨论。一年多后，虽然我的调研工作很顺利，而且也在相关的状态方程方面做了一点工作，但终因我的研究兴趣转移到了重费米子系统物理性质及重费米子系统超导电性的研究方面而暂停了对合成金属氢新途径的探索。让我非常感激的是，黄先生不但没有由此而责怪我，反而鼓励我按照我的想法去做，为此还专门介绍我去参加中国科学院理论物理研究所关于类似课题的研讨班。

虽然我的研究方向有了变动，但是每周到黄先生家里的学术讨论和研究工作进展汇报依然是雷打不动，我的研究工作也始终是在黄先生的精心指导下进行的。黄先生思想敏锐、知识丰富，对物理问题的理解十分深刻，在听取我的工作进展汇报时，他反应极为迅速，经常即刻就能指出哪里是问题的关键。在黄先生的精心指导下，我于 1987 年 7 月获得博士学位，然后留校任教至今。我自己感到特别幸运，在黄先生这样的理论物理学大师的指导和关爱下工作了近 30 年，他是我工作和生活的引路人。

除了学术讨论之外，在黄先生指导下攻读博士学位期间，每年特别期盼、也是特别愉快的活动就是与黄先生的其他学生以及北京师范大学低能核物理研究所理论物理研究室的教师一起陪黄先生春游和秋游，早期时彭桓武先生也参加活动。游览过程中，两位先生兴致极高，经常或一起背诗、或二人联诗。在我看来，这是他们自幼接受中国传统文化熏陶的自然流露。他们都严守中国知识分子固有的美德，都有仁爱的胸怀。他们都自幼就开始感受到国弱被人欺，所以忧国忧民、以身许国。他们都认为只有振兴科学才能兴国，因而都为中国的国防科技事业做出了杰出的重大贡献。在春游和秋游中，两位先生不时提到他们的前辈和友人，回忆起来充满温情，而对其他一些事情的评述则出人意料，虽然是点到为止，但是又入木三分、发人深省。他们的这些谈话总能使我们这些入世不深的青年人大长见识。

1986 年 10 月黄祖洽先生（左 2）与彭桓武先生（右 2）和博士生冯世平（左 1）在北京西山农场秋游

特别令人难忘的是，在春游和秋游中两位先生与我们探讨问题，阐述他们的见解，言谈的范围宽广，而我在两位先生面前则言谈随意，没有任何拘束感。在这样轻松愉快的气氛下也激发了我时常会大胆发问，而此时的两位先生则和颜悦色、春风化雨，充满机智和启发式的点拨给我不少的人生感悟。在一次谈话中，彭先生告诉我："我们国家的原子弹和氢弹的理论研制和设计其实是同时开始进行的，他（黄祖洽）就是氢弹理论预研小组的组长，而且同时作为负责人之一负责原子弹的理论研制和设计，他是唯一的一位同时从事原子弹和氢弹理论研制和设计的人"，这更是让我们这些后辈学生对黄先生敬佩不已。

我留校工作后，与其他（她）教师一起陪黄先生春游和秋游这一愉快的活动一直延续，甚至在他逝世前一年的春天里（2013 年 5 月初），我和他的大女儿黄萌女士仍然陪他到香山植物园春游。

黄先生属于物理直观和运算技巧兼优的理论物理学大家。他知识丰富，对物理问题理解透彻，兼之善于估计数量级，所以能在涉及重大国防科学技术工程方面做出了许多奠基性质和开拓性质的工作。黄先生不止一次地告诫我："原则上数学是可以自学成才的，而物理学、即使是理论物理学也不可能自学成才"。这一方面是他对自己实践了一生的理论物理学研究要以解决实际问题为目标的自然流露，同时也是他对自己师从像彭桓武先生这样的大家学会在理论物理领域纵横捭阖、所向披靡取得重要成就的深切体会，而在另一方面也是提醒我们后辈学生理论一定要联系实际，要认真向有经验的老师学习。这些忠告给我带来了很深的影响。

黄先生为人正直、低调，在日常生活中是一个十分和蔼可亲的人。2004 年 10 月初在北京师范大学举行了物理学前沿学术研讨会暨黄祖洽先生八十华诞庆贺大会，这次会议引来了彭桓武先生、何泽慧先生等前辈和李政道先生、杨振宁先生等同辈好友以及晚辈和学生数百人前来庆贺和祝寿。北京师范大学得知物理学界几代领袖都将齐聚北京师范大学，因此学校相关部门委托我向黄先生询问：（1）开会时如何安排来宾座位的次序？（2）学校桌餐宴请如何安排来宾座位的次序？我随即向黄先生作了汇报。黄先生在听取了我的汇报后要我转告学校的相关部门："（1）开会时不需要特意安排来宾座位的次序，来宾自由入座；（2）学校宴请来宾的最好形式是自助餐，这样来宾可以自由、轻松地交流"。他还特别要我转告学校的相关部门："特意安排来宾座位次序这件事，我做不了，谁也做不了"。这件事情上充分体现了黄先生一生都平易近人、待人真诚平等。黄先生爱惜人才，奖掖后进。即便在上世纪 80 年代至 90 年代中一段时期，基础研究的大环境不是很好的情况下，他为了留住人才仍然尽最大努力创造出一个相对好的学术环境。曾有人批评他，说他对人过于严厉。然而在我看来，他的严厉，全在于他对研究工作的认真、严谨和一丝不苟。对于学术研究，他一丁点错误都不能容忍，眼睛里不能揉任何沙子，对粗制滥造更是深恶痛绝。我在他的指导下攻读博士学位期间呈报给他的调研报告、撰写的学术论文等，他都仔细审阅、修改，并指出不足之处。记得我撰写的第一篇学术论文呈报给黄先生后，他的修改极其详细，从修改错别字开始直到验算了所有的计算公式，修改意见密密麻麻地写满了整个稿纸的空白处。这是我第一次亲身体验了黄先生对研究工作的认真和严谨，他的言传身教使我受益终身。黄先生传授给我的不仅仅是他的学问，更重要的是他治学严谨的态度和解决实际问题的精神。

1985 年 3 月 1 日正式开始在黄先生的指导下攻读博士学位，那个时刻也是我人生的转折点。自那开始直至黄先生 2014 年逝世这近 30 年的时间里我都是在他的指导下工作。而在生活方面，他则对我充满体贴和关爱。黄先生对国家的重大贡献和他的学术造诣，为我们这些学生立起了一座学术丰碑，我们虽难望其项背，但在他的鼓励下决心不断攀登。而他为人正直和淡泊名利的处世态度和治学严谨、虚心求实、主动认真、细致可靠、判断审慎、不盲从、有创新，并善于启迪后学的治学精神和科学作风则始终是我们这些后辈学生的楷模，为我在工作和生活中所努力效法。为了永久纪念黄先生，我们这些学生于 2019 年 6 月初在北京师范大学校园物理楼前为黄祖洽先生竖立了一尊雕像。愿这尊雕像永远鼓励一代又一代的青年学子，继承黄先生一心为国、矢志奋斗的高尚精神，为发展我国的物理学事业奋斗不息。

# 送别恩师黄祖洽先生①

刘寄星

我于1964年北京大学毕业后成为黄祖洽先生在中国科学院原子能研究所的研究生，和我同时考取的还有中国科学技术大学近代物理系毕业的何汉新同学。1965年10月下放劳动锻炼回来，我们才第一次见到先生。那时我生病住院，先生来看我，给我开了一个书单，上面列了三本书：Conrad L. Longmire写的*Elementary Plasma Physics*，L. D. Landau和E. M. Lifshitz写的《连续介质电动力学》和Wolfgang K. H. Panofsky及Melba Phillips写的*Classical electricity and magnetism*。先生鼓励我，说“生病没有什么了不起，我大学毕业后叫汽车撞了，昏迷了好几天，现在不还是好好的”。因为他当时已调到核武器研究所，指导我们不便，他和彭桓武先生决定，把何汉新、我及彭先生的研究生张锡珍三个人当成他们两个人的研究生，研究方向是等离子体理论，由他们共同指导，每一个月来原子能所一趟，听我们做读书报告。两位先生很谦虚，说“我们也不懂等离子体物理，你们先学，再教给我们，大家一起学习”。记得先生给我提出的具体题目是高速飞行体在稀薄等离子体中产生的物理效应，叫我们自己读文献。期间发生的一件事令我对先生钦佩不已。事情是在他来指导的一次报告会上，我报告阅读Kenneth Watson发表在*Physics of Fluids*上的一篇文章的体会，讲到半截，他打断我，说我通通错了，我坚持自己是对的，结果相持不下。最后他说：“你把那篇文章的坐标给我，我自己读一下再和你讨论”。我把文章的卷期页写给他，他就回中国工程物理研究院第九研究所（简称九所）了。他走后，想起下放劳动时何祚庥曾告诫我说，“你的老师脾气很大，你一定不要给他提意见，否则他不会好好教你”，心里有点不安。不想过了一个星期，原子能所二道门的收发员交给我一封信，说是一位老先生留下的。打开一看，是黄先生写来的，信的内容是12个字：“刘寄

① 此文曾发表在《物理》第43卷 第10期 2014

星：你对了，我错了。黄祖洽"。此事令我感动一生，先生的科学精神，就在这 12 个字中。以后文化大革命爆发，研究生制度取消，他和彭先生就没有再来指导我们了。不过先生交给我的题目，我一直做了十几年，原来那个问题是反导系统目标识别的一个重要理论问题，这是我后来分到七机部二院时才知道的，感谢黄先生和彭先生，他们总是为国家国防建设预先谋划，把最关键的问题想在前头。

先生献身国防，为国家战略武器的研制立下不朽功勋，令我敬佩。先生指导后辈，严格体贴，高瞻远瞩，实是我辈楷模。

1984 年我在美国德克萨斯大学学习，听人说先生从九所调到北京师范大学，刚好有一位叫 Jefferes 的天文学教授闲暇时请我辅导中文口语，说要去北师大访问。我请他把我的一篇新刊出的论文和新出版的 L. D. Landau 和 E. M. Lifshitz 的《理论物理学教程》第十卷《物理动理学》英文版带给黄先生，并写了封短信，表示自己做先生的学生多年，毫无建树，深感愧疚。不意先生收到书信后，给我来了一封长信，对我夸奖有加，并说我捎给他的《物理动理学》对他讲授输运理论极有参考价值，使我有受宠若惊之感。1986 年我回到中国科学院理论物理研究所工作，黄先生是理论物理所建所后聘请的两位所外研究员（另一位是胡宁先生）之一，因此常能与他见面请教，特别是与他一起担任研究生答辩的答辩委员，对他在学术上的一丝不苟深有体会。令人难忘的是，1999 年由欧阳钟灿、谢毓章和我写的 *Geometric methods in the elastic theory of membranes in liquids crystal phases* 出版后，送给他一本，过了不到一个月，黄先生来所里参加学生答辩，结束后交给我一张纸，写满了正反两面，对我们那本书里出现的大错小错列出好几十条，黄先生治学之严，可见一斑。

黄先生生前曾讥笑过我，说"你的字写得太难认，当年改你的研究生考试卷子可费了大劲"。黄先生也夸奖过我，说我"敢于和歪风邪气斗争，有胆量、有正气"。2004 年他 80 大寿时，我给他写过几首诗，他说我"有诗人气质"。现在先生走了，再也听不见他的批评和夸奖了。

黄先生，您走了，我们大家都很想念您，您既然说我有"诗人气质"，那我就将那几首诗重新抄一遍并再给您写几句顺口溜，供您在天堂笑阅：

(一) 成长

有志少年出湘中，国患家贫锻真金；
铅山耕读评天下，昆明奋学入经门。
悉心钻研洞数理，明师引路王钱彭；
变分一法完学业，裂聚两弹献青春。

(二) 立功

预研轻核觅天火，索经苏京敢改经；
反应辐射细心析，高低能谱大胆缝。
纵是中子神通大，查踪黄氏有方程；
心血凝入震天爆，中华国威举世惊。

(三) 授业

功成不羡麒麟阁，情寄杏坛木振钟；
才俊四方门下集，妙理万般从容寻。
先驱扰动消久期，又探相变到浸润；
材料改性射线束，超导有无金属氢。

(四) 立言树德

育才师大真堪赞，执掌学报先师承；
七卷立言后辈惠，一身树德正气存。
老来不觉桑榆晚，笑谈物理诲学童；
最喜我师心广阔，天地人生说大统。

(五) 赞莲

莲心高洁莲藕鲜，自古无人不夸莲；
独立泥污不染尘，人中君子花中仙。
世人常夸莲花美，我师独赞莲实甘；
耐得寂寞储精华，舍却自身惠人间。

(六) 效莲

荷花莲实能长成，赖有阔叶作后勤；
补充养料经日晒，遮风护株受雨淋。
幼叶可食成叶布，叶到枯时清香浓；

我愿此生效荷叶，聚露为珠不沾尘。①

（七）送别

先生最爱莲，为民身心献。

此去天堂路，会师彭、何、钱。

共忆取天火，锻盾卫国安。

人间众弟子，日日思君颜。

先生心胸宽，荣誉视等闲。

此去天堂路，拜会众先贤。

为国已尽忠，笑看天地转。

人间众弟子，自当效师言

彭桓武（前排右）、黄祖洽与三位学生 2004 年摄于原子能所。

后排左起：何汉新、刘寄星、张锡珍

① 这六首诗在前文《祝贺黄祖洽先生八十华诞》出现过，为保证文章完整性，此处再次援引全部原文。

# 立功已绘麟阁，立德典范永存[①]

## ——深切悼念黄祖洽先生

朱邦芬

10 年前的 10 月 9 日，我有幸参加了庆祝黄祖洽先生 80 寿辰的典礼，这是中国物理学界一次令人难忘的盛会。中国最早获得诺贝尔物理学奖的杨振宁先生和李政道先生极其难得地同时坐在黄祖洽先生的两旁，50 多位院士出席仪式向黄先生致敬和祝贺，表明了他的为人、功绩和学问受到大家由衷的尊敬。

1991 年 7 月黄祖洽与朱邦芬在卡拉奇

我在庆典中代表黄先生的母校——清华大学物理系发言，我用了“太上立德，其次立功，其次立言”来描述黄先生做人做事做学问的追求，引起了与会者的共鸣。转瞬间 10 年过去了，2014 年 10 月 2 日是黄先生的 90 周岁大寿。我曾多次问冯世平，北京师范大学准备怎样庆贺黄先生 90 大寿。在得知黄先生本人不赞成举办任何活动后，我也曾计划约一些同事到时当面向黄先生祝寿。想不到 9 月 8 日突然收到北师大的讣告，使我震惊和难过。

我和黄先生相识于上世纪 90 年代初，2000 年我到清华大学工作以后，我们的接触更多了一些。多年来，在我心目中，黄祖洽先生是他那一代中国物理学家中最值得我尊敬的一位。

---

① 该文曾刊登在《物理》期刊第 43 卷，第 10 期，2014。

## 一位没有头衔却实实在在的“两弹元勋”

黄祖洽先生和他的导师彭桓武先生是我国反应堆理论的奠基人和开拓者。1953 年初，按照中国科学院近代物理研究所钱三强所长的部署，黄祖洽开始从事核反应堆理论研究。两年后，他和彭桓武先生一起作为中国代表团成员到苏联热工研究所审查苏联专家为中国设计的重水反应堆。黄祖洽认真考虑了反应堆实际结构的非均匀性对中子输运的影响，计算得到的反应堆临界值应是 56 根铀棒，而非苏联专家计算的 63 根铀棒。两者虽然相差只有百分之十几，但是，超过临界值可能会引发重大事故。黄祖洽计算的反应堆临界值最终在实验中得到了证实，为我国首个重水堆的启动和运行作出了重大贡献。回国后，他和彭先生举办了为期一年的我国第一个反应堆理论学习班，还组织和参与了我国各种类型的反应堆的研究和初步理论设计，如压水堆（用于核潜艇）、石墨堆（用于生产）和元件堆（用于试验元件）的研究和初步理论设计，为这些反应堆的建造打下了扎实的基础。

黄祖洽先生是我国核武器物理研究设计的主要学术带头人之一。1959 年下半年，中国科学院原子能研究所（前身即为中国科学院近代物理研究所，现为中国原子能科学研究院）在理论研究室成立了一个由黄先生领导的研究小组，探索原子弹的设计原理。黄祖洽先生研究组与核武器研究所理论研究室邓稼先等研究人员，一段时间内平行地开展工作，并不定期地进行成果交流和讨论。从 1961 年年底起，黄先生被要求一半时间在核武器研究所兼职，曾兼任理论室副主任（1964 年 3 月起核武器研究所改成核武器研究院，他兼任理论部副主任，后理论部改称九所，其任副所长），主要参加研究原子弹所需的“状态方程”，探索中子源部件设计。另一方面，由于钱三强、刘杰的高瞻远瞩，1960 年 12 月中国科学院原子能研究所成立了“轻核反应装置理论探索组”（简称“轻核理论组”），由黄祖洽先生任组长，刚从苏联回来的何祚庥是其中主要成员，翌年 1 月于敏先生调入该组任副组长。他们带领一批年轻人进行氢弹预研工作，黄祖洽是唯一同时参加和指导原子弹研制和氢弹研制的理论物理学家。按照钱三强的规定，黄祖洽可以把轻核理论组的研究情况提供给核武器所，以促进研制原子弹这一头等重要的工作加快进行；然而逆过程则严格禁止，核武器所关于原子弹的研制绝不能向外界有点滴泄露。因而黄祖洽获得了一个外号——“半导体”。1964 年 10 月 16 日我国成功地爆炸了第一颗原子弹，为了集中力量尽快突破氢弹，1965 年 1 月，轻核理论组的 30 多个人调到核武器研究所，黄先生的组织关系也于同年 5 月转到了核武器研究院。正是基于对原子弹研制和对氢弹预研的深刻认识，我国研究人员只经过一次含有热核材料的加强型原子弹和一次原理性氢弹的试验，便在原子弹爆炸仅仅两年零八个月后，成功爆炸了我国第一颗氢弹，创造了从原子弹试验成功到氢弹试验成功的最快世界纪录。这中间在黄先生和于先生领导下的“轻核理论组”的自主探索为我国氢弹的快速突破发挥了极其重要的作用。作为我国核武器理论研究和设计的主要学术带头人之一，黄祖洽先生个人在中国原子弹和氢弹武器的理论突破上也作出了杰出的贡献。他从基本原理出发，考虑到热核武器爆炸物理系统是一个轻核、重核、电子、中子和光子等粒子的混合系统，在极高温度下这些粒子间有可能起核反应，因此必须对通常的玻耳兹曼输运方程加以修正。1961 年，他完成“关于起反应的粒子混合系统的运动论”，写下了包含多体相互作用和反应的广义运动论方程组，并在这方程组的基础上导出了带中子的辐射流体力学方程和反应动力学方程组，后者是核弹理论研究中经常用到的重要方程组之一。这一时期黄先生的重要研究还有“ALU 系统（加强型原子弹）中中子的增殖、慢化、扩散和有关的问题”，“关于轻核反应装置中通过高能中子作媒介的链式反应机构”，“关于轻核反应装置中轻核的能谱和有关的问题”，“关于高温高压热核反应系统中的中子输运方程”等。黄先生还做了许多学术领导和管理工作，如分工领导了含热核材料的加强型核弹的理论设计工作，并向核武器的生产和实验部门交付理论方案，确保这一试验装置在 1966 年 5 月 9 日核试验获得成功。在探索氢弹原理过程中，他负责了一条技术途径的试算工作，在氢弹原理突破后他参与领导了多种型号核试验装置（包括氢弹原理试验装置和第一颗空投氢弹核试验装置）和第一代核武器的理论研究设计工作，为加强我国的国防力量作出了贡献。此外，黄祖洽先生还参与了二机部一个三线核工厂临界安全规程的研究和制定，在热测试理论研究方面做了许多工作，他还积极建议和推动核数据研究及数据中心的建立，对以后的核武器研究起到了积极的作用。由于黄先生在原子弹、氢弹理论研究中的一系列重要工作，1982 年他与彭桓武等科学家一起荣获国家自然科学奖一等奖。

由于各种原因，黄祖洽先生没有获得“两弹一星功勋奖章”，许多人为他鸣不平。然而，对于“两弹一星”这样一个汇集体之大成的巨大的科学技术攻关项目，评出23位元勋是极其困难的，而且不可能绝对公平，我们只能把23位元勋理解为这个英雄群体的代表人物。黄先生在《述怀》中用“山花今烂漫，何须绘麟阁”两句诗抒发了自己的心态和胸怀——献身祖国的核武器事业，绝不是为了进入“麒麟阁”（古代的功臣纪念馆）。古往今来曾有许多人撰文赞美莲花，而黄先生在散文“说莲实”中写道：“我以为，莲花的高洁，得莲实淡泊、宁静、不忘济世的品质而益彰。别的果实多半挂在枝头，用它们美丽的颜色吸引着人们的注意，显得有几分张扬；而莲实从它初成果实的时候开始，就默默地隐在花芯，藏身在由花托膨大而形成的浅黄色小莲蓬中；就是等到莲蓬长大变绿后，莲实（莲子）们也依然让莲蓬的粗糙组织包裹着，不急于向人们露；更谈不上夸耀自己。”这里的莲实是黄先生的自喻和自勉。

**一位呕心沥血培育下一代的大师**

有人曾说黄祖洽先生“一生两辉煌”。前一次辉煌是作为中国核反应堆工程和核武器设计的奠基者，后一次则是手执教鞭，为祖国的教育事业而诲人不倦。“文革”结束后，我国“两弹一星”的研究工作已基本告一段落，一批为核武器立下卓越功勋的中国物理学家，纷纷离开核武器研究院，到高校和科学院研究所再创辉煌。1980年5月黄先生调到北京师范大学低能核物理研究所担任教授。当时，清华大学正在筹备恢复物理系，也想从外面引进一些物理学大家，特别是老清华校友。后来我曾问过黄先生，为什么80年他离开九所时选择去北师大而不是回到自己的母校？黄先生笑了笑，恳切地说，清华条件比较好，而他去北师大可以发挥更大的作用。

2013年1月29日黄祖洽先生与甘子钊（左）、朱邦芬（右）合影

黄祖洽先生自小就酷爱学习，也喜欢教书。他曾告诉我好几个他当教师的小故事。先生回忆，在江西上中学时，教师的教学很一般，但后来许多同学都

学有所成，原因在于有几个优秀同学每人努力自学一门课，学懂后再给其他同学讲。黄先生的中学物理这门课以及他对物理的兴趣就是在这样的自学和当“小老师”的过程中培养起来的。1943 年他从江西赣县长途跋涉报考西南联大的途中，在西昌“川滇西路公路局子弟小学”担任过半年教师，他自认是位“全能教师”，同时教几个不同年级学生的语文、算术以及体育课。北京解放后，钱三强出国一个月，他委托黄祖洽代上他在清华大学教的一门研究生课——“核物理”。尽管黄先生当时还只是一个研究生，但他课讲得很好，来自清华不同系的研究生都相当满意，钱先生回国后送给他一个小小的简易相机以示感谢。以后 30 年间，黄先生即使在研究部门没有教学任务，他仍然尽心教育培养年青一代研究人员。

调任北京师范大学以来，黄祖洽先生以“师缘不浅、福乐自造”的态度做学问，致力于学生的培养，希望能培养出超过自己这一代的接班人。黄先生在北师大给研究生讲了“输运理论”、“当代理论物理的前沿”、“从分子动理学到流变学”等课程。他根据自己成长的经历，在带研究生时着重培养学生对研究工作的兴趣，充分发挥学生的主观能动性，而不是限定学生研究的领域和题目。他在北师大培养了 14 位博士和 5 位硕士，其中有丁鄂江、冯世平等优秀的物理学家。黄先生学生们的论文题目相当广泛，很多并不属于黄先生自己的研究领域，这在一定程度上反映了学生研究的主动性和自由度。

北京师范大学低能核物理研究所从 1999 年开始招收本科学生，暑假后黄先生主动给本科生开了一门大课——“现代物理前沿选讲”。这门课是为大学物理类专业新生了解现代物理学的全貌和概况，重点介绍一个世纪以来物理学在微观、宏观和宇观三个尺度的进展。它突破了传统的普通物理、大学物理的课程的范式，主要目的在于引起学生对物理学的兴趣。课程吸引了一百多位新生，有不少是非物理类的学生，甚至文科生。黄先生的课程有 15 讲，每讲两节课，延续整个学期。最使我感动的是，近年来黄先生腿脚不便，眼睛不好，我多次问他还讲课吗，他总是淡淡地对我说，“腿不好只能坐着讲，眼睛不好只好请助教多帮忙。”一直到体检病患被发现，黄先生还在坚持上这门课。不像某些大专家讲了一堂导论课就在媒体上大肆宣扬给本科生讲课，黄先生从不在外宣扬自己给本科生上课。10 多年来，黄祖洽先生讲课与时俱进，不断选入物理学的最新进展，如冷原子物理，宇宙加速膨胀，暗物质和暗能量，量子精密测量、超高压物理等。我曾经为科学出版社评审过黄先生撰写的“现代物理前沿选讲”书稿，发现整本书稿确是精品。它阐述严谨，资料、数据均经过反复检查；我更为它的深入浅出、通俗易懂而折服。我提的一些小小的修改意见和建议，后来发现在正式出版的书上都做了相应的修改，我深深为黄先生的虚怀若谷和一丝不苟而钦佩。黄先生还为高年级本科生上过“粒子物理基础”这门课。曾有记者问黄先生为什么这么高龄还要给本科生上课，他回答道“当教授去讲课是理所当然的，当教授不讲课就是不正常的。”其逻辑和答复就像他的老师彭桓武先生在回答记者为什么回国时所说的，“回国不需要理由，不回国才需要理由”。

**一位老清华物理系精神的传承者**

黄先生作为清华大学物理系 1948 年本科毕业生和解放后第一位毕业的研究生，对母校非常有感情。叶企孙、王竹溪、余瑞璜、钱三强、霍秉权和彭桓武等名师的传道授课和解惑，清华精神的熏陶，老清华物理系师生亲如一家的温暖，使他终生难忘。1946 年他刚到清华园因不习惯北方饮食而肠胃不适，王竹溪先生看到他面黄肌瘦，就让他到自己家里来吃饭一个多月，直到完全恢复。清华园一直是黄先生魂牵梦绕之地，最近这些年每到清华校庆，我经常遇到胸前挂着校友红布条的黄先生在校园里溜达，或独自一人或与师友三两人。

2003 年 4 月底我被学校要求担任清华大学物理系系主任。不久，我在中国科学院理论物理研究所学术委员会的一次会上遇到黄先生，他语重心长地对我说，要“多学习叶企孙先生办老清华物理系的方法和精神”，他多次对我谈到叶先生对清华物理、清华理科以至中国科学技术的重大贡献。黄先生这番话使我深受启发，决心以叶先生和其他老前辈为榜样，竭尽全力做好系主任。

2003 年起我们组织了一个“与大师面对面”的系列讲座，请一些物理学界老前辈谈物理和人生。当年 11 月 20 日，黄先生在“与大师面对面”的系列报告会上，以自己的亲身经历和体会，教导同学们如何做人、如何做事、如何做学问。我印象最深的几点是，自主学习和自主研究、多问问题、从头推导，这些对于他的成长极为关键。叶企孙先生的教学思想是“只授学生基本知识，重质不重量，理论和实验并重”。当时清华和西南联大的老师在课堂上讲的内容不算深也不算多，但鼓励一些优秀学生课余自学，黄先生在这样的环境里受益匪浅。程毓淮先生的微积分课上，他自修了 Courant 的微积分并做了上面的习题；霍秉权先生的普通物理课，他自学了 Grimsehl 的《物理教程》；叶企孙先生的电磁学，他课余研读了叶先生推荐的两本参考书，Abraham 和 Becker 的书长于物理概念，Jeans 的书长于数学推导；叶先生的物性论课程，他自己扎扎实实地研读了玻尔兹曼的经典著作，奠定了他的输运研究的基础，他的本科毕业论文也是基于叶先生课上提到的 Nature 一篇文章而展开研究的；王竹溪先生的"理论力学"和"热力学"两门课，其风格和严格的推导影响了黄先生的学术风格；王竹溪还鼓励他自学法语，教了发音规则后，就借他一本语法书，一个暑假后黄祖洽就能阅读法文原著。黄先生以及其他许多老清华校友的求学经历，使物理系广大师生体会到老清华物理系育人成功的秘诀，感受到了大师的风采和境界。

2009 年我担任清华学堂物理班的首席教授，黄先生因身体不好不能出席开班仪式，但他专门给我写了一封信：

邦芬，你好！

传来有关《清华学堂物理班》研讨会的电邮及信件均已收到，谢谢你们的邀请！无奈因身体关系，不能前来出席。敬请原谅！并将想到的几点意见奉告如下：

1、这是一件值得祝贺的好事。如果能够按照你们的实施方案切切实实地做下去，它必然会对促进我国新一代物理学杰出人才的涌现和成长大有好处。

2、依据你们优秀的生源、高质量的师资和学术环境，假以时日，相信你们一定会培养出新一代物理学杰出人才来。

3、我觉得同学之间无拘无束切磋的习惯、师生之间面对面的讨论和亲密无间的交流是为达到物理班的目的必不可少的氛围和风气。最好大力提倡、努力培养。

粗浅的意见仅供参考。顺祝成功！

黄祖洽

黄先生病中热情洋溢的鼓励和自己成长及育人经验的传授，使我深受感动。这些年来，我有幸直接接触一批老清华物理系的校友，对老清华物理系培养人才的经验思考较多，有机会比较深入地思索和研究当前中国高校育人制度的利弊。黄先生的亲身经历和意见对我主持清华学堂物理班的育人工作帮助颇大。

清华大学的一个传统是“自强不息，追求卓越”，无论做什么事，都要力求做得最好。黄祖洽先生继王竹溪先生之后长期担任《物理学报》主编，他也是《中国物理快报》的首任主编，他们这辈人的认真和精益求精是出了名的，真令人感叹！

黄祖洽先生和我所熟知的黄昆先生，我都称呼他们“黄先生”。我感觉两位黄先生有许多共同的地方：为人低调，生性幽默，做事认真，一丝不苟，热爱教学，年轻时对人要求极严而文革后对人宽容了许多。有时候提到某位黄先生，我眼前往往浮现出另一位黄先生的身影。

如果说叶企孙先生那代人是把西方自然科学搬到中华本土的开创者，那么黄先生这代人，以身许国，受尽磨难，不改衷情，对中国的科学技术立国和发展，作出了巨大牺牲和不可磨灭的贡献。没有他们，就不会有今天中国在国际上的地位。

黄祖洽先生离开我们了，但先生之风，山高水长！他做人的高尚品德，做事业的丰功伟绩，做学问的真知灼见，已载入史册，典范永存！

# 怀念我们的父亲黄祖洽

黄萌　黄硕　黄葵

**黄萌（黄祖洽长女）：**

父亲是一位慈祥而又严厉的人。

回忆我小学二年级的时候，期中考试时我突然发起高烧，坚持做完题后就吐了一地。夜里，父亲背着我步行走到北医三院急诊。诊断后得知我得了急性黄疸性肝炎，第二天就住进了传染病医院的儿科病房。住院的日子是无聊而漫长的，但父母总会抽空送来几本有汉语拼音标注的故事书和课本，让我自学。这些书陪伴着我度过了那段时光，也让我认识了不少生字。出院后，我还不能马上上学，在家中休养了一段时间。在这段时间里，父亲让我自学算术和语文，补上生病期间落下的课程。我还是挺贪玩的，有时马马虎虎地学完父亲布置的作业，就去玩了，因此当父亲检查时，就会发现很多错误。我就会受到严厉的批评，为了让我长记性，有时会用打手板的方式教训我。

父亲对我们虽然严厉，但他也很民主。记得出院后不久，由于父亲的工作调动，我们家要从中关村科学院宿舍搬到塔院的二机部宿舍。我和弟弟黄硕就面临着转学。当时我在中关村六年制的小学上学，弟弟在西城五年制的丰盛实验小学上学。父母想让我们俩转到一个学校，同时又让弟弟接着上五年制的小学，所以就找到了师大实验小学。有一天，父亲找我谈转学的事。说转学要我再上一遍二年级，问我是否愿意？但我不想留级，父亲就建议我超前学习一些更深的课程，参加实验小学的插班考试。我感到有一些难度，但也明白要想不留级，就要放弃一些玩儿的时间，努力提升自己，才能通过考试。父亲为我购买了一些语文和算术课本，除了温习二年级课程内容外，还需每天背诵新字词，解答更多的算术题。每当我想偷懒，不专心读书时，都会受到父亲的严厉斥责。他经常给我讲他幼年时自学的故事，激励我自主学习。在假期里，我积累了大量的字词，做了许多算术题。之后，我顺利地通过了实验小学的插班生考试，成功升入了三年级。这一切都要感谢父亲啊！

1966年初夏，我正上小学四年级，由于开始了文化大革命，学校经常停课，我和弟弟只能在家里度日。为了不让我们荒废学业，父亲特意购买了数理化自学丛书，并鼓励我们自己制定作息时间和学习计划。当时，社会氛围偏向左倾，我又处于少年叛逆期，记得曾对父亲提出，为何只让我们学习数理化，而不学习政治。父亲并没有反对我的意见，就让我每日背诵一段毛主席语录，他下班回来后还要检查。现在想起来，我的提问真是可笑。

文革在家期间，除了按照父亲让我们制定的计划学习之外，我还经常参与到黄硕的兴趣爱好当中。除了养小动物，我还协助他对捉到的蚂蚱、螳螂和青蛙做解剖实验，观察他们的内脏和神经系统；或者协助他完成想要制作的玩具。有时我们也会犯错误，一次，不小心摔坏了体温表，就去玩体温表摔出来的水银。父亲回家后看见非常生气，就把我们叫过去，给我们讲解水银散落后的危害，并推导出一滴水银可以产生多少升的有害气体，使人中毒。告诉我们如何用硫磺收集散落在地上的水银。这些往事都深深地印在我心中。

父亲对我们的兴趣爱好很支持，总是因势利导为我们创造各种条件。比如：给弟弟买各种工具和电子零件，给我买小提琴、口琴，给妹妹买手风琴。父亲喜欢闲暇时看小说，有时看英文小说，如《汤姆·索亚历险记》《双城记》。我经常缠着他给我讲那些故事，因此我也对英文有了一些兴趣。工作以后我跟着收音机广播学习英语，自己练习翻译英文小故事；用母亲买的旧打字机练习英文打字，顺带学会了打字的指法。后来我喜欢画画，父亲就托人买了世界名画册给我。在我退休后，父亲曾建议我为他的科普小册子《探索原子核的奥秘》，改画成“小人书”的形式，从中可以看出父亲很想让我学习和理解这本书，同时满足我绘画的爱好。

1967年春节过后，我升入了初中。当时的班主任是北师大数学系毕业的大学生，她上的第一节数学课就是摸底考试。我暗自高兴，感谢父亲让我提前自学了六年级和部分初中的课程。之后，我成为了班里的数学科代表，当老师开会不能来上课时，会让我们几个学习好的同学组织同学们自学。

在中学，工农子弟的地位比较高。因出身为“臭老九”，我始终无法加入红卫兵。这让我感到十分郁闷。一次回家后，我向父亲提出了疑问：为何要学习那么多的文化，还要被称为“臭老九”，为何不当工人呢？父亲没有回应，似乎很无奈。我哪里知道，正是因为父亲有扎实的数理化基础，才能够为国家研制原子弹、氢弹，成为默默无闻的功臣。

父亲总是教导我们要随遇而安，遇事要顺其自然。1969 年暑假后，我升入了初三。大部分 93 中的同学都住在周边的几个大学，而我则是唯一住在黄楼的。当时，许多大学都计划外迁或在外省建立“五七干校”，班里的同学也一个个因为搬家走了，班里的人越来越少。当时我只有 14 岁，心里也开始想可能有一天我也会跟着家里走。在入冬以后不久，父亲被告知我们全家要去河南“五七干校”劳动锻炼，他坦然接受了这一决定，并努力做好搬迁的准备。

离开北京的时候，父母做好了思想准备，在农村好好劳动锻炼。我们一家人上了一个闷罐车，开车时，母亲对我说：“我们不知何时能再回来了！”车厢中间安装了一个炉子。地板上有很多干草，被褥就铺在草上。我们全家五口人都躺在上面。为防止火灾，炉火一直被碎煤压制着，因此车厢内温度极低，包里煮熟的鸡蛋都冻得冰凉。

火车走走停停，到达西平后，有人前来接应，将我们送至当地居民家中暂住。我家被分配住到某农户家的厨房，那厨房是一间十多平米的土坯房，有一扇窗户和一个破门。窗户是纸糊的，门由几块破木板钉成，中间有条大缝儿，冬天的冷风很容易灌入。父亲建议我用报纸贴在门的正反面，可稍微抵挡一下风寒。那时，村里尚未使用电灯，普遍使用煤油灯。父亲为我们找到一所当地农村的中学，让我们插班学习，每天上学需步行 40 多分钟。那里的学生都很用功，路途遥远的学生可以住校，宿舍也是草铺，生活条件较为艰苦。我们也入乡随俗，努力适应艰苦的生活条件。放学回家后，父亲在煤油灯下还要检查我的功课，看到我们能继续学习，他还比较欣慰。

一次，妹妹黄葵发高烧至 38 度多。母亲回忆说：“干校配备的医生建议注射青霉素。由于附近没有医院和药房，只能到设在萧庄的干校医务室购买。你爸爸马上骑自行车前往。他早出晚归，回来后马上请医生为黄葵注射，使她转危为安。身体逐渐康复。”

1970 年春天过后，我们搬至叶李庄，考虑到上学不便，以及面临学籍归属和毕业的问题，我们三个原来在北京一起读初三的女孩与父母商议后，决定先回北京参加毕业分配。

回北京的决定做出后，父母帮我收拾好行李，他们因劳动无法送行。出发那天，多亏几位农村同学帮忙，找来架子车将行李放入，并步行送我们至西平火车站。道路泥泞，坑洼不平，若不是几位有力气的农村同学相助，到达西平之路可谓困难重重。

回到北京后，我们三个女孩暂时借住在塔院五号楼，与别人合住一间房。我们三人不在同一所学校——我在 93 中，另外两人在马甸中学。上学期间，早、中、晚餐都是在外面随便吃点东西。我清晰记得父母的牵挂。那时父亲常常写信询问我的生活和学习情况，是否有什么困难。有一次我在信中自称“光棍”，父亲在回信中则纠正我的用词，并指出我写别字的错误。他常常与我分享他小时候独自离家去读书的故事，强调要依靠自己，不依赖家庭。在父亲的鼓励下，我也坚定地相信要独立自主，自强自爱，积极面对生活中的各种挑战。

初中毕业后，我在北京 101 厂做了一名工人，一干就是八年。在这期间，我感受到了知识的匮乏，经常想起父亲的教导，就自学文化知识。1972 年初，父亲结束了“五七干校”的劳动，回到北京，我们一家又团聚了。1976 年底，高考制度的恢复为我们的未来带来了希望。父母闻讯后，积极为我们寻找复习材料，帮助我们备战高考。我和弟弟只有一本化学书，父亲则巧妙地将书一分为二——有机化学和无机化学两部分——我们各自学习各自的部分，然后交换，充分利用有限的资源。

我工作的地方离家很远，每周只能回家一次，在那仅有的一天时间里，我把平日积累的问题都集中起来，请教父亲。他总是告诫我，要善于利用一切有效的时间，将厚重的书本学得精简，抓住其中的重点。在父亲的帮助下，经过我们的努力，黄硕 1977 年考上了北京师范大学电子系。次年我考上了北京邮电学院分院无线电系。这个学校要走读，开始我还在犹豫是否再考一次。父亲鼓励我说：“学校的条件好坏并不重要，重要的是尽早得到上学的机会，而学习主要是靠自己的努力”。他还跟我讲述早年他在西南联大学习时的艰苦经历。听了父亲的讲述，使我坚定了努力学习的信心。

以前，父亲会采用一种引导和启发的方式让我们学习。随着我们逐渐掌握了自学的方法，父亲便更多地以答疑解惑的方式协助我们。他很少主动讲解，总是鼓励我们先自己学习、思考，只有实在感到困惑时才敢向他求助。他总是从最基本的公式和原理开始推导，一步一步引导我们理解，最后得出答案。观摩他推导的过程，使我获益匪浅，也让我逐渐领悟到了学习的真谛。

大学期间，我因优异的成绩被选为学习委员。毕业后，我回到原单位工作。凭借自学的良好习惯，我能够独当一面地解决技术难题，开发新设备，排除故障。最终，我顺利通过了工程师和高级工程师的评审，这一切都得益于父亲的培养和教导。

回顾这段经历，我深感幸运与自豪。拥有一位科学家父亲作为导师，是我人生中最宝贵的财富。他的教导不仅让我在学业上取得了优异成绩，更培养了我独立思考、解决问题的能力，为我的职业生涯奠定了坚实基础。

父亲是一位专心做学问的科学家，不图名图利，他希望能发挥自己的专长，为国家和社会多做些事情。他特别珍惜时间，无论什么场合，一有空就会捧起书全神贯注地看起来。他对我们的要求也是这样，不要追求虚荣，要用知识充实自己，只有自己有知识、有文化了，才能有更宽广的视角，才能把握住机会。

在生命的某些特殊时刻，父亲对我的关爱尤为深刻。特别是在我 2005 年手术后康复的那段日子，我深刻感受到了父亲的陪伴与关爱。那时，我暂住于师大父母的家中，身体虽虚弱，但父亲的陪伴却给予了我无尽的力量。

为了让我从病痛的阴霾中走出，父亲常在晚饭后与我一起在师大校园中漫步。那时，他总爱与我共同品味古典诗文的韵味，我们曾一同背诵那首《春江花月夜》。初时，我总是难以完整地背诵全诗，每每此时，我便自嘲年岁已大，记忆力不复当年。然而，父亲却以他的亲身经历告诉我，年龄并非记忆的绊脚石。他分享了自己在七十多岁时仍能背诵此诗的经历，并强调理解与复习的重要性。在他的引导下，我逐渐领悟了诗文的深意，也学会了如何更有效地记忆。

退休之后，我有了更多与父亲相处的时光。我们时常一同出游，漫步在自然的怀抱中，畅谈人生百态。在那些温馨的时刻，我时常聆听他讲述自己的成长经历，以及他与友人、同事之间的点滴往事。这些故事让我更加深入地了解了父亲的人格魅力与处世之道。

父亲不仅以言语教导我们，更以行动为我们树立了榜样。他坚持每天打太极拳、练习八段锦，无论身处何地，都能找到一片空地坚持锻炼。他还特别注重口腔卫生，每餐饭后都会用清水漱口、刷牙。在他的影响下，我们也养成了良好的生活习惯，注重身体健康与锻炼。

退休后，我也练瑜伽、太极拳等，希望能像父亲一样保持健康的体魄与乐观的心态。父亲的言传身教让我深刻体会到了生活的智慧与真谛，我将珍视这些宝贵的回忆，并努力将其传承下去。

**黄硕（黄祖洽长子）：**

**从父亲的家庭教育说到我的职业生涯**

我的父亲黄祖洽已经离开我们10年了。回想我和姐姐妹妹从小长大的过程，常常想起父母尤其是父亲对我们的教育，这其中倾注了他们的爱子之心。这样的教育是有明确目标的，也是悄无声息和潜移默化的。我受父亲的影响，走上了电子工程的职业道路。直到今天，我仍然在这个行业里工作，并享受着这个职业给我带来的快乐和成就感。

我从小长大，一直只知道父亲是研究理论物理的，不知道他参与了中国核武器的研究工作。所以我心中的父亲，从未与核武器有什么联系。他在我心里，始终是慈爱和严厉的父亲，也是指导和帮助我的老师。他的智慧和正直也教会我做一个正直老实的人。父亲对我从小到大的希望，就是做一个对人类、对社会有用的人。

**儿童时代的兴趣**

从我的儿童时代，父亲就默默地鼓励我的兴趣，尤其在科学知识和动手能力两方面。三岁的时候，我家住在中关村三号楼。到了周末，父亲带我和姐姐去圆明园郊游。那时圆明园没有围墙，到处都是庄稼地。父亲在水田里捞了一些小蝌蚪，回家养在水盆里。我和姐姐每天都要去看小蝌蚪。渐渐地小蝌蚪长出了前腿和后腿。后来蝌蚪们渐渐长大，父亲怕它们在家里到处跑，并且发现这些蝌蚪不是青蛙的幼虫，而是癞蛤蟆的幼虫。他就把蝌蚪们又送回到庄稼地里。

大概是四岁的时候，我和姐姐在科学院端王府幼儿园上全托。每个星期六下午回家，星期一早上又从中关村坐大客车去幼儿园。一次，园里有小朋友患了传染病。为了控制病的扩散，幼儿园让所有小朋友周末也住在幼儿园，家长可在周末探视。我那时从别的小朋友那里刚学了用纸叠驳壳枪。爸爸知道了，特地在探视的时候给我拿来几张报纸，让我叠制驳壳枪，鼓励我在没有别人帮助下独立完成。终于我叠好了一支驳壳枪，很是高兴。虽然我年纪很小，但对这个事的记忆很清晰。

小时候父亲给我买了一个滚铁环，大铁环上面套着三个小环。用一个头上带弯钩的手柄可以推着铁环向前滚动。滚起来三个小铁环震动着发出清脆的响声。这是我小时候很喜爱的一件玩具。我逐渐掌握了控制方向的技巧，一有机会就去楼下玩这个铁环。一时玩得兴起，在颠簸的小路上快速滚动，结果大铁环的焊缝给震开了。这下铁环玩不成了。几天以后父亲拿着铁环，带我去小西天，那里有一个金属加工店铺，请工人师傅用气焊把铁环重新焊好，并把原来的三个小环在焊接以前套好。我看着师傅的焊接操作，很好玩。从那时起，我经常观看周围工人的各种操作，对机械也有了兴趣。

家里还有各种开发智力的玩具。我想父亲的用意就是创造一个多样知识的环境，让子女接触到有可能激发潜在兴趣的知识。父亲曾经从苏联带回一套铁制玩具，包括很多不同长度的带孔铁片、螺丝螺母、轮子等零件。这些零件可以组装成小车、房屋、起重机模型等。这套玩具对我的动手能力有所锻炼。此外，家里还有一套七巧板以及一本相关的图书。这也是我小时候常玩的。后来文革中兴起一个叫“船坞排挡”的智力玩具。父亲出差去上海时买了一个，我花了好几天的时间才玩通。

**对兴趣的引导**

每次看到我们子女玩新的玩具或游戏，父亲总是给予不同的回应。他鼓励我们选择那些有益于身体健康或增长知识的活动。

小学二年级的时候，我订阅了《少年报》，看到了竹蜻蜓的做法。用一个竹片，中间打个孔，两边用刀削成有角度的斜片，然后用一支筷子插在孔里，并压住线绳的一头，筷子插在一个有缝纫线的木轴里，线绳在筷子上卷满，然后使劲一拉，竹片就挣脱线绳，飞到高空。在制作的过程中，竹片可以用铅笔刀削，虽然慢，还是可以进行的。但是中间的孔我不知道怎么做，家里那时没有可以钻孔的工具。父亲就给我出主意，用炉子通条烧红了在竹片中间烫出一个孔。就这样我的竹蜻蜓做好了。

父亲买了一本《机械玩具》的书。其中一个玩具是橡筋动力小卡车。父亲贡献出了象棋子作为车轮，我则用木板和铁丝做了车架和车轴，然后用硬纸板制做了车头和车厢。小卡车在橡筋的动力下能从屋子的一头走到另一头。

父亲鼓励我们在游戏中去探索和想办法解决问题。

文革期间，每当冬季路上积水冻成冰，大院里的孩子们纷纷自制冰车，跪在冰车上玩耍。有些大孩子做的冰车是用两条角铁，而我找不到这种角铁，就用粗铁丝代替，虽然效果差了些，但也能在冰上玩。

还有就是曾经流行的“砸炮”。大孩子们做得比较讲究。装火药的底托是一种封头螺母，这种螺母封闭的一端是球形，另一端有一个盲孔，有螺纹。这种螺母是用在弹簧门的活页上面。那个时期几乎所有商店的弹簧门上的封头螺母都被孩子们拆走做“砸炮”了。等我想做一个“砸炮”的时候，却找不到合适的螺母。在父亲的指点下，我用牙膏皮化成铅水，倒入泥做的模子中。虽然看着很土气，还是能用的。把火柴头放在底托的盲孔里，上面用一个大钉子做的铁杆用橡筋拉力压住，铁杆的另一头系有飘带，向高空一扔，掉在地上就会发出响亮的声音。

有一次在《少年报》上看到一则消息，说剔除毛发能刺激毛囊加快新的毛发生长，我想如果把眉毛和睫毛剪掉，是不是会长出浓眉和长睫毛来，就对着镜子把自己的眉毛给剪了。父亲回来后发现我的脸不对劲儿，问清缘由后并没有责怪我，只是笑着说，等长出来看看是不是更浓密了。

当我们接触到不太好的游戏时，父亲总会为我们分析道理，引导我们少玩或不玩。比如拍三角，弹弹球。这些我看别的孩子们都在玩，但是父亲向我解释，在土地上玩这些不干净，渐渐地我也对这些失去了兴趣。

**家里的书**

到我小学三年级的时候，文化大革命开始了。学校停课。我们这样的小学生不像中学生和大学生那样，被卷到那个汹涌的浪潮里。我们多数都在家里玩耍。家里的书架上有很多书，好多是外国字的看不懂，但也有很多中文书籍。其中有一些书还挺有意思。有一本《不怕鬼的故事》，文言文，父亲曾经给我们讲过里面的故事。我也想自己看这些故事，就向父亲请教怎么看文言文，他大概介绍了几个关键字的意思，让我能够自己读这本书。我还发现一本书，《力学小丛书——图示力学》，虽然开始看不太懂，但是这本是个图画书，和看“小人书”差不多。后来在大学里学普通物理里的力学，发现很多基本力学原理都和那本小画书里所描述的相同。

当然小时候家里也给买了很多儿童读物。有一本大开本的《三毛流浪记》，我看了很多遍。还有《大林和小林》《宝葫芦的秘密》《一千零一夜》等等。我的少年时代，父亲给买了几本很好的书，包括《少年气象爱好者》《少年昆虫爱好者》《机械玩具》《船舰模型》对培养我的动手制作能力非常重要。文革停课以后父亲又买来《自学丛书——代数》、《自学丛书——三角》等一套书，让我在家里自学这些中学课业，弥补了因停课造成的时间损失。

还有一些父亲的书——并不是为我们子女买的——是父亲书架上的“杂书”。我在文革期间也读了很多这些书。《不怕鬼的故事》《原子弹的防护》《无线电词典》（苏联译）、《赤脚医生手册》。

《原子弹的防护》是我在1970年全民备战的时候找来看的，我当时还奇怪为什么我家早就有这种备战用的书。《无线电词典》是一部很老的书，是从俄文翻译的。当我开始对无线电感兴趣以后，就经常拿这本书看，从里面知道是波波夫发明的无线电通讯。我从书里了解了电波的调制、电视的原理，最初的电视是用一个转盘掩膜实现的像素扫描。文革前父亲有一套医学的书。文革开始家里一部分东西运到四川绵阳，包括那套书。而我们家去了河南“五七干校”。由于无人照管，运去四川的书后来都失散了。之后父亲买了一本《赤脚医生手册》，我从这本书里学到了很多医学常识和人体构造的知识。

现在看来，父亲的这些“杂书”也是有意放在家里的。家里书架上唯独找不到小说和名著。后来才知道，父亲小时候在长沙家中，也是读家里的书学到很多知识。爷爷的书柜有一个是上锁的，父亲偶然一次发现里面放的是很多小说，包括“七侠”“五义”等，自那之后父亲曾因迷恋阅读这些小说，耽误了中学复试。我想这就是为什么那时家里有那么多知识类的书，而没有小说的缘故了。

**父亲教我做人、上进**

我小学一年级在丰盛学校就读，位置在府右街。因为离家所在的中关村很远，我借住在东四钱粮胡同小姨家，每天坐7路无轨电车上下学。一年以后父亲帮我转学到北京师范大学实验小学。那时我家已经从中关村搬到了塔院，离实验小学有三站地。父亲给姐姐和我买了乘车月票，每天乘31路公共汽车上下学。

刚转入实验小学，与同学都比较陌生。班里有个“蹲班生”（留级生），比我们别的同学大两岁，长得也比我们高大。他专拣势力弱的同学欺负，常常找我的麻烦，搞得我对上学有了惧怕和厌倦的情绪。接连两天，我从家里出来，没有到学校，而是坐车向城里方向。开始也不知道要到什么地方，后来想到父亲带我去过天桥旧货市场，也就顺着同样的路线去了天桥。在旧货市场无目标地逛了半天，然后就坐车回家了。我没去上学的事被老师告诉了父亲。周末父亲很严肃地把我叫到他的房间里，问我那两天到哪里去了，为什么不上学。我只好老老实实地把缘由告诉了父亲。父亲听完以后，火气没有刚开始那么大了。这以后可能是父亲和老师讲明了情况，老师对那个"蹲班生"也进行了批评教育。

我小学上算术课不太认真，不是不会，就是做题总有三成做错。父亲知道以后，让我背熟《九九乘法表》，并让我做题要认真。不记得是贪玩还是什么原因，后面一次考试成绩还是不好。看到成绩以后，父亲让我和他出去散步。他严厉地对我说"不劳动者不得食""你这样不好好学习，以后怎么自己劳动养活自己?""这样不上进，你就不要在我们家了，出去讨饭自谋生路吧!"他指着旁边农村的一个稻草垛说，"你晚上就睡草垛里好了。"这次谈话对我触动很大，知道不好好学习，以后连吃饭都不能保障。从那以后我对做算术题重视了起来。同时父亲也教了我一些计算的技巧，以后的考试成绩就都是90分以上了。

小学三年级的时候，一天在校园自由活动时，我在操场的沙坑里捡到了一个吸铁石。从沙坑里可以吸出很多铁削，这些铁削放在纸上，用吸铁石在纸下面活动，铁削就会像头发一样立起来，很好玩。不久，班里有同学告诉老师，说我偷他的吸铁石。老师把这个情况告诉了父亲。一天晚上，父亲又把我叫到他房间，严肃地质问我是不是拿了别人的东西。我说没有。然后父亲问起了吸铁石，我就把怎么捡到的过程告诉了他。父亲知道了以后没有进一步责怪我，但是认真地对我讲，捡到的东西也不能据为己有，要设法找到失主，或者交给老师。如果见到好东西就想自己要，以后就会离犯罪越来越近了。

父亲还经常对我讲做人的道理。他告诉我，一个人的成功起源于他在日常生活中养成的好习惯。每个寒暑假他都要我做一个详细的计划，定好做事的时间表。这个习惯在我以后的学习和工作中都获益匪浅。他还给我讲马太效应，让我在一个环境里努力达到中上水平，这样就有一个竞争的良性循环，就更容易使自己的学习或工作水准进一步得到提高。

1971年我上完初中，分配到外文局纸库当装卸工。这个时候父亲刚从河南“五七干校”回北京。我经常晚饭后和父亲散步，除了谈论一些知识类的话题，我也经常把纸库里工人师傅和年轻同事的事情讲给他听。每每说到人和人的关系，他都讲出他的见解和评论。这些话对青春期时我的思想和人格的形成起到了很大的作用。

**我的业余爱好**

我上小学的时候，有一次，父亲发现我在看少年杂志里的矿石收音机制作，他很鼓励我也做一个——尽管我那时对无线电和电路的知识一点都不懂。父亲让我看杂志上面的文章，有什么不懂就去问他。后来又给我买了一副高阻耳机和可变电容器。制作过程需要绕线圈，我不知道哪里能买到漆包线。父亲就带我到天桥的一些旧货店，买到了一个旧的变压器。回家我把这个变压器拆开，用拆下的漆包线制作了矿石收音机的谐振线圈。矿石收音机做好了，我一到晚上就戴上耳机，寻找能够接收到的广播电台。

1966 年文化革命开始，学校停课。我和姐姐整天待在家里，玩了那个时期所有孩子们玩过的东西。养蚕、养热带鱼、养兔子、玩“砸炮”、竹蜻蜓、冰车等等。除了这些以外，我们还玩了别人家的孩子很少玩的东西。我自己动手做过一个幻灯机，躲在桌子下面的暗处放映自己画的幻灯片。我做幻灯机的计划先提交给父亲，并向他要买透镜、灯座、反光镜的钱。父亲了解了我的目的，很支持。给我零用钱让我把材料买回来。我和姐姐还读了一本《少年气象爱好者》，学着用头发制作一个湿度计——头发要先用酒精浸泡去油。我们不慎把酒精碗打翻，酒精把桌子上的油漆泡掉了。父亲回家以后听到了我们的解释，也没有过多地责怪我们。

父亲去苏联的时候，带回来一部放大机。我们很小的时候记得父母曾经把窗户用毯子遮上，在屋里洗相片。文化革命时，我把这些东西都要了过来，把家里一个壁橱改成了一个小暗室，这样白天也能洗相片了。父亲母亲看到我有兴趣，很支持。父亲给了钱让我去买胶卷、相纸、化学药剂等；母亲从同事处给我借来一本《摄影化学配方》，让我学习显影液和定影液里都有哪些化学成分，各自起到什么作用。后来我就不再买配好的显影粉和定影粉，而是直接买各种化学单剂，自己按配方配制显影液和定影液。从这个过程，我还学到了不少化学知识；而我的摄影爱好一直持续到我上完大学。

文化革命期间，很多大人也成了“逍遥派”。装半导体收音机成为了当时的时尚。有了以前制作矿石收音机的经历，我也想学装半导体收音机。和父亲商量之后，得到了他的经济支持，买来了各种零件。但有些关键零件北京买不到——比如小型可变电容器就买不到。我以前矿石收音机上用的空气介质可变电容器个头太大，不适合用在半导体收音机上。不久父亲出差去上海，在那里给我买到了比较新型的薄膜介质可变电容器，很小巧。零件买全以后，照着电路图焊接电路。虽然电路不是太复杂，但是第一次和第二次装好以后都没有声音。我一时不知道该怎么办。父亲知道以后说帮我找人问问。过了几天他请来一位他的同事，是搞无线电专业的。这个叔叔先看了我用的电路图，发现了一处接线的错误。他教我在焊接线的时候，可以每接一条线，就在电路图上用红笔画上，这样就不容易接错。改正了接线错误以后，收音机还是没有声音。叔叔问我哪里买的三极管，我告诉他是处理商店买的，他告诉我，那些处理晶体管放大倍数一般不够大，按正常电路的零件值不一定能够在工作点上。他教我把各个晶体管的集电极电流要调整到 1mA 左右，才能正常工作。可是我家里没有万用电表。不久后父亲让母亲带着我去东四人民市场买了一个万用电表。当时的价钱是 125 元，相当于普通人八、九个月的工资！父母亲对我的无线电爱好真是下了大本钱。

从那以后，我爱上了无线电电子学。当了装卸工以后，每天下班以后还有很多时间，我骑着自行车到全北京市各处的电子零件处理商店，挣到的工资一大部分都用去买了电子零件。我先后装了十几部半导体收音机，还制作了洗相片用的电子定时器。在 1975 年，社会上兴起装电视机，我也学着装。几经波折，直到第三次才把行输出和场输出电路及高压电路攻下。后来加上视频信号的接收电路，电视终于可以看了。记得这个时候正是 1976 年，唐山大地震以后，毛主席逝世。我们全家看追悼会的电视直播，我装的电视没有机壳，放在桌子下面，害怕有地震把刚装好的电视机震到桌下摔坏。

1970 年我先期从河南“五七干校”回北京。又住在钱粮胡同小姨家。每天骑自行车从东四到北郊的北航附中上学。那时社会动荡，我当时的理想就是到我每天上学路过的北京无线电三厂当工人，觉得到那里面当工人一定很有意思。可是念完初中以后我被分配到外文局纸库当装卸工。我的无线电工人的梦想破灭了。刚当上装卸工，很不适应，力气不够大。工人师傅说我“喊得那么大声，力气没出多少”。后来我逐渐适应了装卸工的劳动强度，手臂上的肌肉也长得更强壮。我发现装卸工虽然劳动强度很大，但装好车等下一辆车的时间不算短。于是我经常带一本无线电、物理或数学的书，等装车的时间就看书。

1977 年恢复高考，我终于看到了希望，有机会去学我真正感兴趣的知识了。我和姐姐抓紧一切业余时间复习数学、物理、化学，父亲也竭尽全力帮我们搜集一切能找到的复习资料。他多次和我去西单的一个旧书店去买学习资料。经过紧张的复习，我参加了 1977 年的全国统一高考，考场位于北京八一中学。考完以后，一天父亲请来了一位朋友，他参加了高考阅卷的工作。父亲让我把我考试的情况详细说给这位叔叔，他大概估计了我的分数。报志愿的时候父亲坚持让我第一志愿报北大物理系，我想他的想法是让我继承他的专业，可是我心里想的是要报无线电专业。经过磋商，我第一志愿报的北大物理系，第二志愿报的北京师范大学无线电系，第三志愿报的西安交通大学无线电系。等到分数发下来，我的分数不够去北大，结果上了北师大的无线电系。从此开始了我的无线电电子学的职业生涯。

现在，我已经快到了退休的年龄。大学毕业后从事的职业，一直是我所喜爱的无线电电子学。所以工作对我来说一直是我的兴趣所在。比起很多人没有干有兴趣的工作，我觉得我是幸福的。我也非常感谢我的父母，尤其我的父亲，让我从小培养了对科学的兴趣，走上我现在的职业道路。

**父亲对我的督促**

我当了装卸工以后，觉得自己以后的人生就是工人了，从此对学习初中以上的知识就不那么积极，转而开始自学技术工人的知识，比如机械制图、钳工、车工等等，还去书店买了相应的书籍。我的打算是把这些知识学好，说不定以后有机会能够转成技术工人。父亲还是坚持让我不要间断对基础知识的学习，他给我买了中专的数学和物理课本，督促我在有空的时候把相当于高中的课程自学下来。后来我想，反正工作中等车的时间没事干，读读这些书也挺有意思。于是就把这些课本当看故事书一样闲时来看。后来 1977 年恢复高考，这些闲时积累下来的知识节省了我大量的复习时间。

父亲又进一步让我学习英语。我那时当工人，觉得学英语没有用。学习数学物理还跟工厂里的技术有些相关。学英语又有什么用呢？父亲第一次让我学英语的尝试被我消极对待了。从干校回北京后，父亲借来一本英文文献，需要复制一部分。母亲从旧货摊买来一台古老的英文打字机，想帮助打印下来。那时的我仅仅知道26个英文字母，父亲鼓励我用这台打字机帮他打字。当时我也没想太多，只是觉得这玩意挺好玩的。无意之中接触到了很多英文字，很多字见得多了就忍不住查字典，慢慢就不那么陌生。于是父亲让我空闲时帮他把那本借来的英文文献用打字机打出来。父亲首先教给了我基本手法，哪个字母用哪个手指，并要求我打字时不要看键盘，眼睛要放在英文书上，这样可以练习用手指的触觉找到需要的字母。这个毕竟是动手的事，不像单纯学英语那样枯燥。在给父亲抄打英文书的过程，我对出现频率很高的单词渐渐熟悉，并问了父亲它们的意思。这些“is”“are”“to”“from”“and”之类的词学会了以后，对句子结构也基本有了了解。把这本书打完以后，父亲又让我看一些英文小读物，比如《汤姆·索亚历险记》，慢慢地我觉得学英语不像以前那么难了。那以后广播电台播出了“广播英语”节目，我又跟着学了一段时间。这些英语学习让我在上大学以前有了一些初步的英语基础。

而打字机的使用，还让我练就了熟练的打字能力。当我1982年到美国哥伦比亚大学学习时，所有的课程都要大量使用计算机，很多作业也要在计算机上完成。我当时练就的打字能力这时有了用武之地。后来在加拿大和美国公司工作时，我的打字速度比一般美国或加拿大人都要快。由于手快脑子快，我的工作效率比同组的人都要高，先后几位管理者都对我的工作很满意。

我现在意识到父亲母亲对我儿时的培养，在我长大独立以后，变成了他们给予我的、别人拿不走的知识财富。我一生都对他们给予我的这些财富感激不尽。

**黄葵（黄祖洽幺女）：**

在父亲诞辰100周年之际，我不禁回忆起他教导我的一些事，那些与他共度的时光仍然历历在目。

父亲非常注重培养我们独立思考、分析和解决问题的能力，这让我受益匪浅。记得中学时的我，对解几何题有着浓厚的兴趣，常常从同学那里拿来一些难题挑战自己。当我遇到困难时，便会向父亲请教。他从来不会直接给出答案，而是先关切地问我是否自己思考过，以及我的思考过程。然后，他会巧妙地给我一些提示，让我继续思考。这样的过程往往要来回三遍以上，如果我还是无法解答，他才会揭晓答案。此外，他还会给我们出一些趣味数学题或脑筋急转弯，让我们在思考中获得乐趣。

父亲是一个做事极其严谨认真的人，这种态度不仅体现在他的学术研究中，即使是日常生活中的小事，他也一丝不苟。记得有一次妈妈出门办事，我负责做饭，爸爸主动来帮忙。我通常会让他择菜，但他的择菜过程可不一般。他会先拿起一颗菜，仔细地上下审视两三遍，然后再决定如何处理。由于他的认真，我常常等不及，干脆自己动手。

父亲还是一个博学多才且好学不倦的人。他不仅深入钻研理论物理和自然科学，对古文、诗词和历史也有着浓厚的兴趣。他坚信“活到老，学到老”的理念。已经掌握了英语和俄语两门外语的他，在五十多岁时又开始通过广播学习日语。晚饭时，他会用新学的日语说：“美味的东西，我要把你吃掉了!”父亲有晚饭后散步的习惯，他会从塔院走到北航，再走回来。我很喜欢和他一起散步，因为在路上我们会畅聊各种有趣的话题，从古代到现代，从天文到地理，从自然现象到风土人情，无所不包。回想起来，我在学校学到的知识固然重要，但更多的是在和父亲散步时的交谈中获得的。父亲还喜欢看武侠小说，他收集了许多金庸、古龙和梁羽生的作品。在紧张的工作之余，他会看一部小说来放松自己的大脑。

在我成长的过程中，父亲的言传身教对我产生了深远的影响。他的智慧、严谨和好学精神一直激励着我前进。

岁月流转，时光荏苒。在时间的长河中，我们失去了两位至亲——敬爱的父亲与慈爱的母亲。他们分别于 2014 年 9 月 7 日和 2023 年 9 月 27 日离世，但他们的精神永存，他们的教诲将永远照亮我们前行的道路。

父亲与母亲，他们不仅赋予我们生命，更在无数个日夜中辛勤付出，教导我们做人处世的道理，培育我们成为有道德、有知识、有情感的人。他们的言传身教，是我们人生中最宝贵的财富，也是我们克服生活与工作困难的坚实后盾。

2023 年 11 月 3 日，我们怀着无尽的思念与敬意，在八宝山为父母举行了合葬，墓碑上写着：“物理化学长结合，天上人间永相随”。让他们的灵魂永远结合与相随。也让我们的心得到稍许慰藉。

今年，恰逢父亲百岁诞辰。在这个特殊的日子里，我们更加深刻地感受到他对我们生命的深远影响，更加珍视他留给我们的精神遗产。我们要铭记父母的养育之恩，传承他们的优秀品质，将他们的精神发扬光大。

1966年6月，左起：黄硕、黄葵、黄萌

1999年8月，黄祖洽和张蕴珍在旧金山湾区黄硕家中

2009 年 10 月 16 日，左起：黄萌、杨平平、张蕴珍、黄祖洽、黄葵、黄硕在京师园楼下

2014 年 4 月 13 日在树林中散步

# 后 记

在父亲百年诞辰之际，再版父亲写的《三杂集》一书，并且在书中加入他工作前30年的科研经历、一些访谈记录和纪念文章，更名为《山花今烂漫，何须绘麟阁》[①]。这是十年来，我一直期盼能做到的事，同时也是兑现曾向父母许下的心愿。

经过几个月的酝酿，在对过去访谈素材的整理、甄选和修改之后，我终于写出了《黄祖洽工作前三十年的（1950—1980）科研经历》这篇文章。因自己不是学物理专业的，我对这一领域的专门知识了解甚少，只能通过阅读大量一手资料才能完成这种纪实性的文字。幸亏在十二年前，父亲给我们留下了珍贵的口述记录，加之那时我精力充沛，有幸访问了多位父亲的同事、朋友、学生等人，留下了大量访谈记录。同时幸亏有父亲的学生刘寄星先生对我的帮助，在他反复揣摩、查证文献、校对人名、地名以及反复思考后，根据父亲的口述，我们共同整理出了《听黄祖洽先生谈自己的科研经历》[②]一文，这篇文章对我写父亲前三十年科研经历大有帮助。

在这篇长文之后，本书收入了几篇2012年到2013年期间的访谈记录，这几篇访谈的被访人从不同的角度提供了他们与父亲一起工作时的实际情况。同时，书中也收入了若干在期刊上刊登过的、纪念父亲的文章，这些文章的作者从各个方面表述了他们对父亲学习、工作和对科学贡献的观点，从而丰富了本书的内容。

我殷切地期望这本《山花今烂漫，何须绘麟阁》的出版，不仅是对父亲学术生涯的一次回顾，更是对后世学子的激励与启迪。它如同一座桥梁，连接着过去与未来，让父亲的精神与智慧得以传承。

---

① 我们选用父亲《抒怀》诗中这两句为书名，为的是弘扬他老人家一心为国、不计个人荣辱的高尚品德和为人准则。

② 此文将发表于2024年《物理》期刊，第53卷，第9期，2024

此外，我也期待这本书能够激发更多人对科学的热爱与追求，鼓励年轻一代在科研道路上勇于探索，不畏艰难。正如父亲一生所践行的那样，用知识的光芒照亮前行的道路，用不懈的努力和坚持，为科学事业的发展贡献自己的力量。

这里要感谢父亲对我的信任，感谢刘寄星先生对我的鼓励和帮助，也感谢冯世平、朱慧珑和应阳君（他们也都是父亲的博士生）和其他朋友对出版此书的大力支持，尤其要感谢胡思得院士为本书撰写序言，他这篇情真意切的文字令人感动。最后，我要特别感谢参与此书出版工作的原子能出版社的领导和陈喆编辑，正是由于他们的辛勤付出，才能让这本书在父亲百岁诞辰之前得以顺利问世。愿《山花今烂漫，何须绘麟阁》能够给求知者一些启迪，引领他们走向更加辉煌的学术殿堂。

黄萌　于 2024 年 8 月